大学章程

第二卷
UNIVERSITY STATUTES

主编　张国有
副主编　李强　冯支越
执行副主编　胡少诚　陈丹

图书在版编目(CIP)数据

大学章程.第二卷/张国有主编.—北京:北京大学出版社,2011.10
ISBN 978-7-301-16767-0

Ⅰ.①大… Ⅱ.①张… Ⅲ.①高等学校—章程—汇编 Ⅳ.①G649.2

中国版本图书馆CIP数据核字(2011)第055978号

书　　　名：大学章程(第二卷)
著作责任者：张国有　主编
套 书 主 持：周志刚
责 任 编 辑：刘　军　周志刚　泮颖雯
标 准 书 号：ISBN 978-7-301-16767-0/G·3093
出 版 发 行：北京大学出版社
地　　　址：北京市海淀区成府路205号　100871
网　　　址：http://www.jycb.org　http://www.pup.cn
电 子 邮 箱：zyl@pup.pku.edu.cn
电　　　话：邮购部 62752015　发行部 62750672　编辑部 62767346
　　　　　　出版部 62754962
印 刷 者：北京中科印刷有限公司
经 销 者：新华书店
　　　　　　730毫米×1020毫米　16开本　29.25印张　539千字
　　　　　　2011年10月第1版　2011年10月第1次印刷
定　　　价：680.00元(精装,全五卷共七册)

未经许可,不得以任何方式复制或抄袭本书之部分或全部内容。
版权所有,侵权必究
举报电话：010-62752024　电子邮箱：fd@pup.pku.edu.cn

序

随着北京大学章程建设的逐步推进，我们越来越感到，起草或修订好一部大学章程，需要有坚实的研究基础和认真的经验总结。尽管中国和外国在国情、体制等方面有诸多不同，但高等学校所面临的基本使命大多是类似的。由于大学章程和大学治理方面可参考的国内文献并不丰富，因此我们在收集中国的大学章程、研究中国大学治理经验的同时，也有意识地去选择、收集国外重点大学的章程，以资借鉴。

这项工作，其实在2008年就着手进行了。2009年初，我召集工作组和秘书组的同仁商定：进一步扩大收集国外大学章程的范围，遍及美、欧、亚、非和大洋洲，兼选公立和私立，而且译成中文；创造条件，选辑出版《大学章程》；同时设计专题，启动大学章程及大学治理的研究工作。在2009年学校寒假战略研讨会上我就此作了汇报。因为工作量浩大，相关方面给予了经费上的支持。经过大家两年多的齐心协力，终于成就了国外大学章程的多卷本，此为第二卷。

大学章程的名称、形态与效力渊源

由于各国各校文化、传统、习惯的差异，大学章程的名称有所不同。一般而言，大体有四种情况：一是法令（Act）或宪章（Charter）。历史上，加州大学都有 Act。《澳大利亚国立大学法1991》就是澳大利亚司法部专门为澳大利亚国立大学制定的法令，相对于该校局部的 Statutes，Act 更类似于我们所说的章程。Charter 是大学发展史上的特许状。时至今日，不少美国的 Charter 历经修订，如耶鲁与康奈尔等大学的 Charter，仍然发挥着效力。在日本国立大学法人化改革进程中，东京大学采用了宪章（Charter）的形式阐明其长期目标与基本理念。二是章程。分为 Statute（呈现较多细节的章程）和 Constitution（侧重于组织原则的章程）。欧洲国家普遍适用 Statute，牛津、剑桥和巴黎一大、巴黎高师等校都以 Statute 作为章程。而希伯来大学的章程名为 Constitution & General Statutes。相对于重视细节的 Statute，Constitution 更像是组织大纲。三是次要法规（Bylaw）。美国大学的现行章程多为 Bylaw，主要是因为在历史上曾经存在 Organic Act 和 Charter 作为其依据。四是准则（Guidelines）或行政指南（Administrative Guide）。如哈佛大学即是如此。与此同时，还有以评议会的手册作为对应性文件的。德国大学有基本规则（德语 Grund Ordnung）和宪法（德语 Verfassung）。上述"章程"、"宪章"、"校规"、"规约"、"规程"、"条例"等词都有可能用来表达大学章程的内涵。

在中国以外，相传最早的具有典型意义的大学章程形成于公元 13 世纪。1215 年教皇特使为巴黎大学制定了章程，内容主要是一些不成文的惯例。在意大利博洛尼亚大学发现的一份类似于章程的不完整的管理文件，形成时间大约是在 1252 年。至今还没有找到早于 13 世纪的完整的章程。美国最早的大学章程可以追溯到殖民地时期由英国王室或殖民地议会为学院颁发的具有法律效力的特许状。特许状以法律的形式确认了学校存在的依据。1650 年，马塞诸塞议会为哈佛学院颁发了特许状（Harvard Charter of 1650）。这个特许状对大学的基本状态、组织机构、权利、印章、财务等方面做出了规定。1701 年，殖民地当局通过了成立耶鲁学院的特许状（Yale Charter）。哈佛的两院制（the Dual Board System）和耶鲁的一院制（the Single Board System）就是从这些最初的特许状中确立起来的。

许多现代大学及其章程在国家意志中成形于 19 世纪。1804 年 11 月 5 日，俄罗斯亚历山大一世签署了《批准诏书》，批准了莫斯科大学章程及喀山大学章程文本。1806 年，法国拿破仑政府颁布《大学组织令》，大学依据组织令进行设立和管理，法令取代了章程对大学行为进行规范。1810 年，德国创办柏林大学，其组织框架主要体现在由施莱尔马赫（Friedrich Schleiermacher，1768—1843）制定的"大学章程"中。这个章程包括学院（Faculty）制、教师等级制、评议会制、教授会制、讲座制度和利益商谈制等。1862 年美国国会颁布的"莫雷尔法"（Merrill Act）对于促进美国公立大学的蓬勃发展起到了积极的作用。1868 年，加州据此颁布了标志加州大学从此建立的《组织法》（Organic Act）。1886 年，日本颁布了《帝国大学令》，该法令对日本的大学建立和发展具有基础意义。

从以上情形可以看出，历史传统和所依据的法规制度的差异，影响着大学章程的效力渊源。现代大学章程一般是由大学的权力机构根据大学设立的特许状或政府的相关法规制定的，大学章程与国家法律、政府法规处于一种彼此混合的状态。国家法律制约大学章程，大学规制体现国家意志。这种传统型态在中国大学章程的发展历程中也有相似的情形。

就章程体例看，可以分为单一型与复合型两类。一般而言，大陆法系国家的大学章程多为单一型，更具有纲领性、概括性，类似于成文法，如法国、德国、俄罗斯，也包括中国内地，其大学章程一般是结构严谨、体系完备的独立文件。而英美法系国家的大学章程多为复合型，更突出操作性、配套性，类似于习惯法，如在英国大学中普遍存在法令（Act）、特许状（Charter）、章程（Statute）、条例（Ordinance）和规定（Regulation）中的二至四种管理文件。美国大学，无论公立或私立，各有其章程体系。耶鲁大学的治理文件就包括Charter、Bylaws 和 Regulations。而加州则为 Organic Acts、Bylaws 和 Standing Orders（常规）。新加坡、澳大利亚和中国香港也在英美法系中。

美国四所大学的章程结构及其大学治理模式

美国大学一般都由权力机构（董事会）根据大学设立的特许状及国家或地方政府教育法律法规而制定大学章程。耶鲁大学（Yale University）、加利福尼亚大学（University of California，简称 UC）、密歇根大学（University of Michigan，简称 UMich）和南加利福尼亚大学（University of Southern California，简称 USC）的章程（bylaw）体现了上述的基本关系。作为组织规程，美国大学董事会章程（bylaw）的内容一般包括六个方面：法人构成、董事会、董事会委员会、大学官员、学术组织、学生事务和杂项。由此可见，美国大学董事会章程主要是关于组织与成员的规定，虽然源于英国的法律传统，但更多地借鉴了欧陆大学章程的体系性。

耶鲁大学是私立大学，其大学治理由三个主要文件来指导：一是1701年耶鲁学院的特许状，不到一千字。经学校董事会与康涅狄格州议会多次交涉，于1872作了修订。内容主要包括大学的名称、地点、目的、权力、董事会成员的数量、名字、产生方式等条款。二是耶鲁法团章程，最初于1795年颁行，也经过了多次修订。现在看到的耶鲁法团章程有8500字。法团章程系统地阐述了大学的组织结构、教师聘任、学生注册、图书馆、博物馆、美术馆、教堂、医院、体育设施、校友会等方面的事务。这个章程搭建起了耶鲁大学治理结构的基本框架。三是成型于1938年并在不断修订中的杂项条款，包括了一系列政策和细则，用于理解和处理大学的一些具体事务。

加利福尼亚大学是依据加利福尼亚州的大学《组织法》设立的。1868年，加利福尼亚州颁布了《组织法》，依此法设立了加州大学。《组织法》实际上就成了加州大学的宪章。《组织法》涵盖了大学主要方面的管理和运作规则，包含28款条文。《组织法》明确了"加州宪法—大学章程"法制模式，体现了大学和国家意志相结合的办学理念,并规定实行"多层、多元决策和个人负责"的内部管理体制、"集中统筹"和"二方制衡"的财务管理制度,强调"全能"师资的选择、事务的对外公开性、董事会事务的无偿性等。加州大学董事会章程和常规于1969年4月18日由校董会通过,体现了《组织法》的基本理念。现在的加州大学的章程分为董事会章程和董事会常规两个组成部分。董事会章程主要是对董事会体制机制的规定,包括法人名称、法人印章、法人、非正式印章、法人组成及权力、权力的行使、与董事会相关的特别规定、董事会的委员会及常设委员会的职责、董事会和委员会会议,董事会和委员会规程、法人主管官员、法人主管官员的职责和责任、杂项规定和修订等章节。董事会常规则包括学校主管官员,教师及其他大学雇员,关于主管官员、教师和大学其他员工的特殊条例,学术评议会,学术组织和大学相关活动,退休制度和董事会常规的变化等章节。

密歇根大学作为公立宪法性大学,主要通过州法令的形式设立于1817年,并经密歇根州最高法院确认。除了由州法令规定其法律地位以外,密歇根大学董事会制定了一份比较详细的章程,英文有83页,由序言和14个章部191节构成,包括董事会,行政领导者,商务管理、财政和财产事务,大学评议会,教师和学术人员,系和学院,学生事务,学生录取和注册、毕业和学位,收费,以及附属单位,大学图书馆,大学其他单位,机构和服务,其他规则等。公立大学董事会在其职能范围内具有与州立法机关同等的权力,因此并不受州行政法的限制,相对于州议会制定的法律也有一定的自由度。

南加利福尼亚大学是一所私立大学,"在社团条例、学校章程和加利福尼亚州法律的约束下,本社团(即后文有时所指称的大学)应由董事会或在其指导下行使权力、控制财产并处理事务"。《南加州大学章程》虽然是由董事会通过并修订的,但并未采用"董事会章程"之名。在结构和内容上,与耶鲁大学、加利福尼亚州立大学、密歇根大学的三部章程相似,内容条款更为明晰,包括董事会、董事、董事会会议、董事会委员会、委员会组织与会议、本组织官员、行政管理者、学术组织、学术项目、学位和杂项等。

美国四所大学的章程中显示出的大学治理机制值得关注。

一是治理主体法人化。在美国,法人社团或者董事会(Corporation)是大学的最高决策与审议机构。美国大学现行的董事会制度源于1701年耶鲁大学确立的一院制。1795年,耶鲁校长德怀特(Reverend Timothy Dwight,1795年至1817年任职)指定3名教授组成教授会,共商校务,开创评议会制度。此后,耶鲁逐渐形成"教授会立法,校长同意,董事会批准"的传统。不过,现行的《耶鲁法人章程》,并无评议会的建制,但规定所有本科生院的院长组成"院长理事会"(The Council of Masters),就学院重大问题的决策向校长提出建议。《耶鲁宪章》规定，耶鲁大学的治理团体（governing body）在法律上由"校长与耶鲁学院院士"组成，简称为"董事会"（Corporation）。董事会由19名成员组成。其中3名成员是大学校长、康州州长与副州长；10名成员是"原董事的继承人"，即由现任董事选出的他们自己的继承人；6名成员是校友董事，由校友直接选出。耶鲁人认为，由宪章明确规定的大学治理结构（governance structure）是耶鲁稳定性的源泉。

二是决策程序明确有序。大学董事会是决策机构，且决策过程明确有序。耶鲁、加州和南加州大学董事会均有10个以上的常设委员会，加州大学董事会下设合规和审计、教育政策、财务、场地及建筑物、投资、能源部实验室监督、卫生事务、薪酬会、管理、长期规划等10个委员会。南加州大学董事会下设执行、学术事务、财务、大学发展、校友事务、校园规划、董事会人事、学生事务、审计和纪律、公共事务和投资等11个委员会。董事会的职能很大程度上是通过专门委员会的常态化运作得以实现的。密歇根大学则仅有两个委员会，即财务、审计与投资委员会和人员、薪资与治理委员会。常务委员会向董事会提供建议，并定期提交议案和报告，但不得约束董事会的权力。

三是决策权与执行权分离。大学决策权由董事会行使，同时实行以校长为首的行政管理体制。校长作为大学的首席执行官和各类治理机构的当然成员，是法人团体、学术自治机构、行政管理体系和对外关系网络的枢纽。校长的职权、产生方式和任免程序是大学董事会章程重点表述的内容。《加州大学董事会常规》100.4条总校校长职责共开列了41款，译成中文后约有六千余字。除董事会主席外，美国大学所有社团成员，行政和学术高级管理人员都接受校长领导。美国大学实行多副校长制，一般设有6到8名副校长，耶鲁大学的行政管理者包括校长、教务长、秘书长、财政与商业运营副校长、发展副校长、法律总顾问、纽黑文（New Haven）市和康州事务及校园发展副校长、人力资源管理副校长。密歇根大学除校长、分校校长外，还有教务长兼主管学术事务的常务副校长、常务副校长兼首席财务官、主管医疗事务的执行副校长、主管政府关系的副校长、主管研究事务的副校长、主管发展的副校长、主管学生事务的副校长、副校长兼秘书长、大学副校长兼法律总顾问、主管公共关系的副校长等。副校长既是法团的主要成员，又是大学的行政管理者。兼任教务长、秘书长和首席财务官的副校长作为董事会成员，具有较重要的地位。

四是行政职责与管理流程相配套。章程对副校长的职责权限都有具体、详细、明确的规定，责权到位，以便行责和问责。根据章程，副校长必须全力尽职、事必躬亲。《密歇根大学董事会章程》从商务、财政和资产管理的角度,明确了执行副校长兼财务总监的职责,该职责包括财务监督、会计、资产管理、财务报告、采购、非学术与非行政人员管理和报销额度、补助费用审核等方面;规范了不动产和动产交易合同的审核与签署程序;还对工资、基金、保证金、捐赠、募款、赠与或信托基金、证券、专利、版权和产权以及其他所有权作出了详细规定。耶鲁大学里分管财政和行政工作的副校长负责"财政规划与审计,非学术性的支持服务以及由法人或校长间或分配的其他行政工作",但其权力则受到财政、审计、投资、土地与建筑、投资责任等多个委员会的牵制。《密歇根大学董事章程》认为,学生参与决策对于提高学生在校的生活质量十分重要,主管学生事务的副校长要帮助学生为提高参与度而建立有效的保障机制。大学设立学生事务政策委员会,这个委员会由5名学生和4名教师共同组成。

　　五是学术治理民主化。大学治理吸收教授及各方人员参与,以便反映学术意愿及各方面的诉求。教授参与大学治理是美国大学的特色,同时吸收学生参与治理活动。董事会章程对学术评议会有总体规定。与此同时,学术评议会自身也订立章程,以便进一步规范自身行为。如加州大学学术评议会章程,其内容包括成员、权力与组织,全校范围内的组织与委员会,学术评议会的分会等。加州大学学术评议会伯克利分会同样通过常设委员会来实现其学术自治的职能,其常设委员会分为两类:一类是无学生代表参与的教职工及评议事务委员会,另一类是有学生代表参加的教育事务委员会。美国大学的教授权力更多地是体现在学院这个层面,如耶鲁大学章程规定,"每个学院教员中的终身聘任制教授同时也是学院终身职员,与校长、教务长、院长一起组成终身职员理事会。该理事会是学院的管理机构,处理有关教育政策、学院管理的事情"。

　　六是财务制度与人事管理相联系。其基本理念是经费来源决定组织行为,体现了人事管理的基础在于经费;而财务管理的根本是为人员聘用和学校运行服务。美国大学的财政权力由学校掌握,资金主要来源有政府、民间、学费等三个渠道。由于资金压力,无论是行政系统的设计,还是教师及工作人员的聘任,大学的岗位设置都要做到精打细算。耶鲁大学章程中规定教师岗位必须根据项目而设,教师如果长期没有申请到科研项目,即使已荣任终身教授也得不到相应的"待遇"及"发言权"。一个青年教师若能申请到科研项目,也可以根据规定拥有相应面积的实验室或办公室,独立地开展学术研究。由于大学的经费、收入,如学生学费、科研项目经费等,要依靠教师卓有成效的工作,耶鲁大学的行政人员自觉地为教师提供全方位的后勤服务。《密歇根大学董事会章程》针对教员和学术职员,特别是教员、教授职员、主管教员、教学职员和教学科研的初入职者的具体内涵进行了明确的界定，对职员的聘任、聘期、升等和辞职，解职、降级或终止聘任的案例程序，离职金，多职、兼职服务，校外聘任和政府活动，公休、休假、缺勤、病假及休假津贴，退休等人事制度的细节性问题都作出了便于操作的指导性规定。

七是社会公益与共同治理相呼应。美国大学的学术活动具有较强的社会公益意识，《密歇根大学董事会章程》指出，设立各学院的目的是为州和国家政府提供如下三方面服务：第一，提供民众教育；第二，在构成现代文化、专业实践以及工商业社会领导力的各个知识分支领域，开展学术研究；第三，将这些知识用于解决社会问题。与之相对，共同参与大学治理的特点体现在大学董事会的人员构成上。美国大学的权力机构（董事会）一般都由利益相关者的代表组成，包括来自政府、社会、大学等机构的成员。董事会中的校外人员代表公众利益，侧重于大学的长远规划。教师参与学校决策和管理的权利还体现在学院的教授会上。在美国大学中，学校层面表现出董事、行政人员和教授之间权力复杂交织在一起的特点。董事会处于权力的制高点，但把许多权力委托给校长行使，只保留法律控制权和最终处置权。总体而言，美国大学中的教授的专业权威在院系中体现得较强，而行政人员的权威在大学层面体现得较强，董事和其他校外人员的公众权威在州和联邦政府体现得较强。

八是注重程序的合理性。美国大学章程一般都详细规定各种会议的会议通知、会议地点、法定人数、表决规则、书面或邮件投票、会议记录、保密与信息获取等程序性的内容。如前所述，密歇根大学章程在商务业务管理、财务与财产的章节中，具体规定财务总监的职责，使管理人员的行为有章可循。大学各方面事务的流程性规定在章程中无处不在，公共事务的各种情况都被充分考虑，密歇根大学章程甚至规定了潜在利益冲突的解决程序。耶鲁大学章程第61条规定："该章程的更改、修订、废除或代之以新章程，需由出席董事会会议或特别会议的2/3成员投票通过方可进行，但是关于章程修订、废除、增加或代替的提议需在会议召开前至少三十天内通知其成员或以邮件告知。"美国大学章程修订频繁，有利于章程与实际情况的吻合，从而有利于章程的贯彻、执行。

欧洲六所大学的章程形态和大学治理的理念、规则

现代大学起源于欧洲，欧洲的大学章程形态和大学治理的理念、规则缤纷多彩，既有盎格鲁—撒克逊传统，又有罗马法的特色，还有社会主义的影响。总之，欧洲的大学章程具有深厚的历史积淀和丰富多样的内涵。

英国大学的章程是由大学理事会依据特许状来制定，并经过枢密院批准。一般章程规约的治理机制包括：社会参与的发展决策机制、校长负责的行政执行机制、教授治学的学术自治机制、监管分离的财务安全机制、程序公平的人事管理机制等。

本丛书的第四、五卷收入了牛津、剑桥大学的章程与条例（规则）。这两部章程传承了牛、桥二校700多年来的治理经验，均由枢密院通过。牛津大学有三个重要机构：一是评议会（Convocation），选举荣誉校长（Chancellor）。二是"摄政院"（Congregation），拥有立法、授予学位、任命校长等权力，重大事项也可用通信表决。三是"每周校务会"（Council，或译为"七日理事会"），由25人组成，包括7名当然成员和由Congregation选出的18名理事，履行规划、行政、财务决策之权。剑桥大学也有三个类似的机构，但名称略有不同：一是评议会（the Senate），有权颁布条例，推选校长和大学高层管理人员。二是摄政院（The Regent House），作为立法机构，行使颁布法令和发布命令的权力，举行的会议称为Congregation。三是理事会（Council），作为大学主要行政和决策机构，对管理大学、明确使命，规划业务、管理资源负有全部责任。

伦敦大学是一所由"具有法人身份的不同独立学院组成的联合法律实体"，伦敦大学在其章程中指出，本大学有权力授予学位和各种奖励，开展其他一切法律许可的实现这些目标所必要的或值得的工作；为实现大学的目标、发挥大学的功能，本大学可单独、也可与英联邦或海外的团体合作开展工作；为了实现大学的权力，本大学的收入以及财产应全部用于促进本大学章程规定的大学目标的实现上；作为一个特许法人，本大学具有进行各种性质的投资和进行各种形式借贷的一般性权力，此外还具有运用任何金融工具对投资和借贷进行支援的权力。《伦敦大学章程》特别强调"每个学院均是独立的自治机构，其法人地位独立于大学及其他学院"。章程规定大学在体制上实行董事会和理事会（Board of Trustees and the Collegiate Council）"两院制"结构，董事会由9名独立董事和理事会推举的4名学院领导组成，具有处理校务的普遍权力。理事会则由各学院联合组成，基于各学院意见向董事会提供决策咨询意见。伦敦大学还实行巡视员和督察员制度，提倡学术自由和反歧视原则等。与牛津大学、剑桥大学完备而翔实的章程体例相比，伦敦大学的章程显得格外凝练。

法国大学章程的篇幅相对比较简短，就其主体，更像是组织条例。一般而言，章程要明确校长、行政委员会、科学委员会和大学学习生活委员会的选举、组成和权限，特别注重不同选举团和学科群代表的平衡性，并详细规定委员会的选举和任命程序。

《巴黎第一大学章程》强调,"本大学的使命是世俗的,不受任何政治、经济、宗教和意识形态的影响;致力于确保知识的客观性,并尊重观点的多样性。保证研究者、其他学校工作人员和大学生实现精神自由、政治自由和工会自由,制裁学校内部任何损害上述自由的行为。"章程在确立达到国际最高水平的总目标基础上,阐释了教学、研究、继续教育和国际关系方面的使命。巴黎一大的章程对该校的领导决策机构作出了详细的规定。校长对大学的行政管理拥有决策权;行政管理委员会(C.A.)拥有审议权;科学委员会(C.S.)和学习生活委员会(C.E.V.U.)拥有建议权。行政管理委员会由14名教学科研人员代表、5名学生代表、3名非教研人员代表和8名校外人士组成。巴黎一大根据校长提名分别从行政、科学和学习生活三个委员会中各选举出2—3名副校长,其中包括2名从学生中选出的副校长,副校长具有代表性和民意基础。巴黎一大还建立了相应的理事会和委员会制度,在行政委员会下设章程、财产2个理事会,此外还设有选举、科学2个咨询委员会以及技术、机构、卫生和安全3个委员会。

《巴黎高等师范学校章程》特别规定,"主管高等教育的部长对本学校行使大学区区长和大学训导长的职权"。由于法国籍的学生入学后可取得实习公务员身份,这个头衔意味着优裕的学习和生活条件。因此,巴黎高师的章程对学生权利、义务和纪律都有严格的规定。

大学章程的结构与各国高等教育法规密切相关,法律的统摄性和约束性越强,大学章程文本的同构性和同质性则越明显。如巴黎一大和巴黎高师章程受法国《高等教育法》"萨瓦里法"(Savary Act)影响,两章程结构雷同。2007年8月10日,法国国民议会和参议会通过了《大学自由与责任法》,规定在2012年以前法国所有的大学都必须过渡到自治。截至2011年1月1日,在全国83所大学中,有75所大学实行预算和人力资源自治。随着《大学自由与责任法》的实施,法国大学章程中的相关内容如校长的选举程序和行政委员会的成员比例等,也会相应有所变化,校长和行政委员会的核心地位正在得到加强。

德国高等学校自1990年以来一直处于改革状态。国家将市场机制引入高等教育领域,并通过加强高校行政管理者的职权,提高大学自我负责的能力。1998年,德国《高等教育总法》按照自由、多样、开放的原则进行修订,删除了许多规定性条款,为各州留下了更多立法空间。2006年,德国通过了"联邦制改革方案",联邦与州签订《2020年高校协定》,构建战略伙伴关系,增加各州在高教领域的权限和责任。现在,德国大学章程主要依据州的大学法或高等教育法来制定。所以,在州辖范围内的大学,其章程又体现出所在州的影响,《柏林洪堡大学章程》和《慕尼黑大学章程》分别以柏林州和巴伐利亚州高教法为依据,二者文本结构差异较大。尽管如此,仍有类似或相近的地方。例如,第一,两个章程均有总则(或州与大学的关系)、大学领导层、董事会、学院(系所和其他研究机构)等章部。第二,在决策与评议机制方面,《柏林洪堡大学章程》除序言外,在其10章中,有学术评议会和全校代表大会1个章部。《慕尼黑大学章程》在其14章中,有全校代表扩大会议、其他核心机构(评议会和校务委员会)、中心委员会、学术工作人员联合会及职工联合会等4个章部。虽机构设置和职责相近,但篇章布局有较大差异。第三,在议事程序、规则方面,《柏林洪堡大学章程》有成员参与决策,地位平等(主要针对妇女代表)、学术机构成员的权利、议事与决策程序,暂行与最终条例等4个章部。《慕尼黑大学章程》则有各类专员(包括妇女问题专员)、招聘(招聘决策)程序、教学科研组织的程序准则、最终投票等4个章部。虽内容相关,但各有侧重。第四,两章程也有完全不同的章节,如《柏林洪堡大学章程》有图书档案1个章部,《慕尼黑大学章程》有学生组织1个章部。

依据《柏林洪堡大学宪章》和《慕尼黑大学基本规程》,两所大学都设立了董事会,但洪堡大学的董事会是权力机构,而慕尼黑大学董事会的职责仅是"维护学校的社会利益,促进大学使命的实现"。相对其他国家而言,德国大学中的校长和副校长的集体领导机制更加明显,一般通过校务会议(或称为校长委员会)来行使校长职权,对大学实施行政影响。章程对校长和副校长的选举程序详加规定。慕尼黑大学的5名副校长由校务委员会根据校长的提议投票产生,除分管财务及人事的副校长外,副校长中至少三名应从教授中选出。德国的大学普遍建立了学术评议会和全员代表大会制度,做法上有些差异。《柏林洪堡大学宪章》对评议会的职能进行了严格的区分,就事务的不同性质,在可以发表建议、作出决议和表明态度上有所区分。学术评议会下设七个专门委员会,就专门事项提供咨询和支持。学术评议会和全员代表大会通过同一选举机制产生,相互之间形成了类似于上院和下院的关系。《慕尼黑大学基本规程》则显示,其全员代表大会依托于学术人员联合会和非学术人员联合会(或称为职工联合会),专门委员会(包括发展规划、科研、教学和学术调查委员会)相对独立,同时向学校领导层、全员代表大会和学术评议会提供咨询和支持。德国大学章程对院系管理体制都有详细规定,对跨学科的教学科研活动,则在相关学院基础上建立共同委员会机制。如慕尼黑大学的学院设有院长、副院长、教务主任、科研主任、院务委员会、学院董事会、学院发展规划委员会、共同委员会、专业学习咨询机构以及科研后备力量的培养机制,充分体现了大学管理重心下移、基层自治的特点。《慕尼黑大学基本章程》重视学生组织的自治,学生可以通过专业学生会、全院学生专业联合会、学生专业联合会、执行委员会等机构共同参与学生事务。此外,两所大学的章程还有一些共同的意向:一是坚持教学与科研相统一、教与学相结合的理念,强调学术人员自主履行教学科研任务,倡导学术自由和自律精神。二是高度重视男女平等,反对性别歧视,在校务机构中切实保障女性代表的权利和地位。三是严格规范教师聘任的程序,明确双重成员的身份,建立专门的教师培养机构。

俄罗斯联邦经历了不同体制的变迁,大学治理也有些变化,但总体而言,大学仍遵循联邦及共和国的法律制定章程。莫斯科大学是独立的有自治权的大学,在俄罗斯联邦具有特殊地位。《莫斯科大学章程》包括总则、资产和经费、机构设置、招生和教育活动、科研活动、工作人员和学生、学校管理和附则等章节。章程首先确立了莫斯科大学的地位、基本任务、自治途径、财政来源和办学收益,充分保障大学的自治权利。章程不但明确了财政保障的实现方式,还具体规定了大学的主要经济责任和有权开展的17项可以带来收入的经营性活动。其次,规范了校内机构如系、所、中心乃至教研室、实验室的管理体制和运行机制,对教学科研活动的开展提供具有可操作性的规则。再次,明确了工作人员和学生权利、义务以及相关管理制度。最后,规定了学校的领导体制。莫斯科大学实行校长一长制和委员制相结合的教学科研人员和学生共同参与决策的治理原则,章程详细载明了全员代表大会、学术委员会、校长和董事会的职责权限。莫斯科大学副校长也要签订劳动协议,且协议的有效期与校长的任期相符,副校长的职权由校长分配。

亚太地区六所大学的章程特色及其自治自律机制

亚太区域范围广大,国情各异,大学的产生背景各具千秋,发展道路各有差别,大学章程也就各有特色。在如此丰富的状况中,本卷选了六所大学,即东京大学、京都大学、早稻田大学、澳大利亚国立大学、新加坡国立大学和以色列的希伯来大学的大学章程。

东京大学"宪章"、京都大学的"组织规程"、早稻田大学的"校规"等,从不同侧面显示了日本大学章程的不同形态。与此同时,《国立大学法人法》规定,在国立大学法人中设置"管理人员委员会"、"经营协议会"和"教育研究评议会"等三个职能机构。国立大学受其影响,组织规程内容结构大同小异。日本大学治理结构,在法人化改革以后,由以往的以学部为中心的教授治校转为以大学为中心的责任管理体制。

东京大学通过制定"大学宪章"的方式来阐明大学发展的价值取向和长

远目标。《东京大学宪章》在序言中阐述了东京大学的历史以及它的使命和愿景,指出"东京大学将努力使自己建设成世界一流的学术研究机构,并且培养出有全球性发展眼光的知识分子,这些知识分子将为实现一个没有偏见的社会,为促进科技进步和创造新文化作出贡献"。在其正文中明确规定,东京大学的目标"是以学术自由为基础,不断追求真理,创新知识,使其教育和研究保持在世界领先地位"。学校的教育目标是"除了传授学生专业知识,培养学生的理解能力、洞察力、实践能力和想象力之外,还培养学生的领导品质,拥有这种品质的学生具有国际化性格和开创精神"。《东京大学宪章》是日本大学中最早制定并公之于众的一部大学规范。宪章从学术、组织和管理三个方面显示出大学的目标、理念、自主、自律的组织运行基本原则与特色,反映出大学在两个方面的制度诉求,一是对外部评价的一种责任说明,二是在法人化改革的法律框架下大学行使自治权利的自我规范。《东京大学宪章》明确指出:"在校长的统一领导和全面负责的基础之上,东京大学将构建教学研究和行政管理两方面人员达成共识、有效而灵活的管理体制。另一方面,东京大学也努力使大学的运作管理能够体现社会各方面的要求。"东京大学在其宪章中指出,"本科学院、研究生院和附属研究所等作为自主运营的基层组织单位,将公平地拥有参与大学整体管理的机会。另一方面,校内基层组织必须以大学整体的教学研究发展为目标,推动自我变革,从综合大学的视角出发积极参与大学运作管理"。

"组织规程"是日本大学章程体系中的重要文件,"组织规程"在京都大学的规程体系中居于首要地位,具有一定的统摄性。在京都大学的"组织规程"里,对"国立大学法人京都大学"、该法人所设置的"京都大学的组织"以及事务组织分别加以规定,体现了法人治理、学术自治和事务实施相对独立的原则。早稻田大学的"校规"是学校法人与学术机构的基本章程,包括总则、管理、解散与合并、规约的制定等若干部分。校规以表格的形式详细载明了研究生院设立的研究科类和专业学位课程,以及各学部下设的专业和课程。在"管理"一章中,详细规定了早稻田大学作为私立大学的理事会、监事、评议员会和商议员会的制度。2004年9月,早稻田大学设置"学术院",作为新的教员组织,将在此之前被定位为独立机关的大学部、研究院与研究所等各个体系一并统合成学术院,目的在于促进各领域更为紧密的合作。但2010年"校规"还没有将"学术院"制度列入其中。

由于同属英联邦,澳大利亚国立大学和新加坡国立大学都在"国立"框架下共同承袭英国大学传统,但又有各自的特点。澳大利亚、新加坡的司法部门各自为其国立大学制定法令,以此作为大学法人成立(或院校合并)的依据。但在大学治理实践中,由于大学法令和大学章程的不同法律地位,两所大学又有不同的章程关系。《澳大利亚国立大学法》是根本性的文件。大学法令从国家层面明确了国立大学的职能、权力和组织结构，对于大学法人治理主体董事会的权力、组成、会议、授权和权力行使的约束条件进行了明确规定。法令对高等研究院、校友会、大学的高级官员、合同、程序的规定也都是从董事会的角度加以描述的。法令还授予董事会使用经费和制定章程的权力。而澳大利亚国立大学制定的章程（Statutes）和规则（Rules）则是对大学法条款进行释解和具体化的独立文件。《新加坡国立大学法》则是侧重于规范学校的外部关系，大学章程及与之配套的规定是学校内部治理的准则。《新加坡国立大学章程》也称为"国立新加坡大学社团备忘录及法规"（Memorandum and Articles of Association of the National University of Singapore），由董事会提交评议会同意而制定。评议会是学校的决策机构。章程明确了教学机构（院系、特殊建制学院和学术单位）、研究所和学生社团的组织原则，并在《新加坡国立大学规则》中设专章记录学院下设的学术单位和研究所，其规则版本因研究机构的增减适时更新，同时对学生会的组织机构、管理和活动形式予以规定。《新加坡国立大学章程》在学生纪律和捐赠基金方面制定了非常细致的条款。章程详细开列了17种导致纪律处分的情由和8项纪律处分权力，载明了裁决和申诉流程，对学校与捐赠者之间的权利与义务作出了恰如其分的界定。

澳大利亚国立大学和新加坡国立大学受英国大学治理结构的影响，机构名称多有相仿之处，但组织精神有其新意。澳大利亚国立大学设有评议会（Convocation），保留了大学毕业同学会的传统；理事会（Council）包括院校、师生、行政、学术等各方面的代表，具有控制和管理大学的全部权力，可以从事与大学相关的任何事务，并以其认为最有助于大学利益的方式行事。新加坡国立大学的评议会（Senate）包括当然成员、代表团成员和选举成员。所有终身全职教授均作为当然成员，侧重决策学术事务；评议会代表团（Senate Delegacy）包括当然成员、选举成员和指定成员（校长任命的12位管理人员），则具有一定的行政性。

以色列《耶路撒冷希伯来大学宪章和基本规程》是一部融合了欧陆大学和美国大学章程特色的组织规程。前言大体相当于宪章，载明了大学的地位、目标、权力、高级职员、组织机构和规章制度体系。正文共有九章，应为基本规程（The General Statutes），对理事会、执行委员会、管理委员会、评议会、学术政策委员会、院系教授会、校友会等机构的组成、职责权限、成员的产生办法和任期、会议形式、法定人数和运行机制等都有详细的规定，对大学校长、名誉校长、副校长、教务长、院长（系主任）等高级职员的遴选、职责和终止等也有具体规定，实现了体系化和程序化的结合。

十六所大学的章程结构及其大学治理方面的情况，分别展现了三个区域大学章程的不同体例、不同风格、不同国家大学治理的不同传统，以及跨国界、跨大学的一般理念及规则，对我国大学建设很有借鉴意义。通过对这些章程的翻译及结集出版，我们真切感到辛苦付出所呈现的价值。本文就梳理第二卷内容的一些体会和看法，作为卷序，以期与大家共享与研讨。

第二卷所译外国章程选取现行章程及其最新版本，译稿章节序号尽量按照原文格式。专有名词尽量采用学术界的常见译法，或与中国大学机构名称相对应。这里想特别说到的是翻译国外大学章程涉及英语、德语、俄语、法语、日语、希伯来语等若干种语言，组织翻译、校对、统改用了两年时间。译稿既是集体智慧的结晶，也是一项严肃认真的学术研究工作。尽管我们力求译稿臻于信达雅，也请熟悉相关大学情况的专家、学者反复审校，但目前对外国高等教育的专业术语尚无统一的翻译标准，不当之处在所难免，敬请读者不吝指教。

张国有[①]

北京大学校务委员会副主任

2011 年 6 月 29 日

[①] 张国有，北京大学光华管理学院教授，北京大学副校长(2005.11—2010.5)，北京大学校务委员会副主任(2010.5—　)。E-mail: zgy@pku.edu.cn

目录

美国编

耶鲁法人章程　/3
加州大学董事会章程与常规　/19
学术评议会伯克利分会章程　/67
南加州大学章程　/93
密歇根大学董事会章程　/114

欧洲编

伦敦大学章程　/181
先贤祠—索邦巴黎第一大学章程　/190
巴黎高等师范学校章程　/204
柏林洪堡大学宪章　/216
慕尼黑路德维希—马克西米利安大学基本章程　/237
罗蒙诺索夫国立莫斯科大学章程　/288

亚太编

东京大学宪章　/311
关于国立大学法人京都大学组织的规程　/317
学校法人早稻田大学校规（基本章程）　/346
澳大利亚国立大学法 1991　/358
新加坡国立大学章程和规则　/385
耶路撒冷希伯来大学宪章与基本章程　/417

后记　/446

美国编

耶鲁法人章程
(The Yale Corporation By-laws)

本章程自 2009 年 4 月 25 日起生效

主译人　陈　微　郑裕璋　李　燕
校阅者　周曼丽　余宁平

　　耶鲁大学宪章明确规定其治理主体,即法律上所指的"校长及耶鲁学院董事会成员",简称"法人机构*","享有治理、维护及管理学校的权利与义务,并且制定出他们认为适合于教学和学生教育的合理法律"。
　　耶鲁大学董事会由 19 位成员组成。
　　三名当然成员是:耶鲁大学校长、康涅狄格州州长及副州长。
　　十位"首任校董的继承人",他们由首任校董自行选择。按照他们自己投票决定的规定,校董继承人的任期,最多为两届,六年一届;如在特殊情况下受到校长的推荐,原创立董事的继承人可获得三年以下额外任期。原创立董事的继承人一旦年满 70 岁就必须退休。
　　六位校友董事①,依照杂项细则规定由校友会选举产生。
　　除校长以外,耶鲁大学的行政官员还包括:一名教务长、一名副校长兼秘书长、一名副校长兼法律顾问、一名负责财政与商业运营的副校长、一名负责学校总体发展的副校长、一名负责纽黑文市和州政府事务及校园发展的副校长和一名负责人力资源及管理的副校长。

---

　　* 即董事会,以下统一译为董事会。——译者注
　　① 依据 1792 年康涅狄格州大会通过的法令,八名当然董事加入十位继承人董事。其中,八名当然董事是:州长、副州长,以及六位本州评议会的高级助理。1819 年,六位高级助理被六位高级州参议员所取代。然而,这些参议员不能准时、可靠地出席法人会议。因此,1871 年立法会决议取消参议员在法人的成员资格,并赋予耶鲁大学校友会选举六名法人成员的权利,每年一位并以六年为任期。

校长和董事

1. 校长及耶鲁学院董事（法人）的常规会议，除非另行规定，应在校长的建议下由法人每年至少安排五次。董事会的特别会议应由校长召集，在校长缺席的情况下由秘书长召集，或依照宪章规定执行。秘书长应在此类特别会议会期前至少五天通过邮件、传真或其他电子通讯方式将书面会议通知传达至每位成员。特别会议的通知应包含拟讨论事务的主要议题的描述。成员可以通过任何方式出席任何一次会议，以便所有成员能够同时相互倾听。法人或法人的任何委员会上所要求或允许的活动，倘若所有拥有投票权的成员书面同意，且这些书面同意函被法人记录在案的话便可以不经过会议而被采纳。如有请求，董事会会议应公开举行。

2. 对长期聘用教授的提名及院长的提名需至少在讨论此提名的会议前十天通过邮件寄达至董事。倘若所有董事会成员全部同意，此类通知则可以免送。

校长

3. 校长是本校首席行政官员，并因此对学校所有事务的总体方向负责。校长除拥有审计、薪酬和校董职权外，还是每一个教师和治理董事会、每一个教师委员会、行政委员会和法人委员会的当然成员。校长应使这些委员会可以与他本人相互接触并可在各委员会主席的邀请下出席会议。校长可以解除或行使任何缺席或不能行使职权的教职员中任何人员的职责与权力，或者任命临时官员去解除或行使他们的权力或职责。校长应向董事会提交来自全体教师和大学其他机构的建议，这些建议需要得到法人的批准。校长应该准备并在六月会议上向董事会提交需要批准的来年运行预算及资本预算。最终的两项预算应该在6月30日之前被董事会采纳。校长应根据投资委员会的政策来任命一名对大学资产提出建议并实施投资方案的首席投资官。

教务长

4. 教务长是校长之后的主管教学和行政事务的大学首席官员。教务长根据校长提名,由董事会选举产生。在校长辞世、伤残或长期缺席的情况下,或依据校长嘱托,教务长应当行使校长的职责直至董事会作出新的任命或安排。

在服从校长的权威下,教务长应在全校范围内引导教育政策和活动。教务长应在财政与商业运营副校长提供的预计运行收入与资本收益的基础上,制定大学的运行与资本预算,并将这些预算提交给校长。教务长同时担任财政委员会、教育政策委员会及医学院委员会的秘书长。教务长应是每个教授及管理机构的当然成员,也是所有委员会和其他有关教育政策或教员聘任/晋升机构的当然委员。除校长以外,所有院长、委员会主席及其他教育官员都应向教务长汇报。教务长应出席董事会会议及其重大事务委员会的会议。经校长提名,董事会可任命一名或多名校级副教务长、院级副教务长或助理教务长在专门领域内协助教务长工作。

秘书长

5. 秘书长是经校长提名并由董事会选举产生的行政官员。秘书长负责大学的公共信息项目、大学官方职能的实施及大学安全事务。秘书长还负责与耶鲁校友会、耶鲁校友会出版公司及其他校友团体的联络事宜,以及由校长或董事会分配的其他事宜。秘书长应出席董事会及重大事务委员会会议,应准备并保存董事会的相关记录。秘书长应负责保管大学印章及其他官方徽章。秘书长应担任重大事务委员会、董事委员会及荣誉学位委员会的秘书长。秘书长应监督指导校友董事的选举。秘书长应做好准备,并同校长一起签署所有的学位证书。秘书长应安排耶鲁大学学生的注册及发布官方出版物。大学讲座、音乐会及大学会议应通过秘书长办公室预约。董事会可任命秘书长为副校长。经校长推荐,董事会可任命一名或多名校级副秘书长、院级副秘书长及助理秘书长,承担大学非学术领域的监管职责。

财政与商业运营副校长

6. 负责财政与商业运营的副校长是经校长提名并由董事会选举产生的行政官员,就财政及某些非学术行政事务对校长负责。财政与商业运营副校长同时也是大学的当然财政主管,依照职权行使所有权力并承担相关事件的责任,包括那些1978年7月1日之前发生的事件或决议所产生的权责。

财政与商业运营副校长的职责包括：财政规划与审计，非学术性的支持服务以及由董事会或校长间或分配的其他行政工作。每当财政或行政事务影响教学或科研活动时，财政与商业运营副校长应同教务长协商。财政与商业运营副校长应出席重大事务委员会会议和董事会会议，并应担任审计委员会的秘书长。董事会可能会要求财政与商业运营副校长担保一定的数额。经校长提名，董事会可聘任一名审计官、一名或多名其他官员协助财政及商业运营副校长的工作。

7. 财政及商业运营副校长应掌管法人的账目。财政及商业运营副校长应把所有可转让证券储存在一个经过财政委员会批准且只有在董事会授权的情况下方可被接触到的地方。财政与商业运营副校长应收取并说明学费、杂费及大学学生的其他费用，但财政与商业运营副校长可以将收取及临时保管这些资金的权力委托给由董事会任命的一位财务主管或下级职员。在每个财政年度的年终时期，财政及商业运营副校长应向财政委员会提交一份整理后的过去一年财政收支账目表，以及一份资产与负债的总平衡表，这份平衡表须经财政委员会选定的审计员审核。财政及商业运营副校长应打印一份大学上一年度财政运营报告并附上审核人的证明。

8. 财政与商业运营副校长应依照已通过的预算控制大学的所有开支，未经董事会或重大事务委员会授权批准的任何预算外开支都是不允许的。

9. 财政与商业运营副校长拥有如下权力：无条件地在现在及将来以耶鲁大学校长或耶鲁学院董事之名，或以耶鲁大学之名，或以负责财政商业运营副校长或耶鲁大学财政主管之名，出售、转让、移转、转移、放弃、解除和行使所有权利和权力，包括，但不限于行使和转移对于股票、债券、抵押或其他证券所有权的代理权、其他票据及其附属权利。还有权基于这些目的委任一名或多名法律代理人。但必须保证这一切都在遵循投资委员会所制定的法规的前提下进行。

10. 校长和财政与商业运营副校长，以及他们每人被授权以学校的名义代表大学履行如下事宜：

(i) 实施和履行任何及所有使大学可能或已成为缔约一方的书面协议和合同，包括但不限于大学所属不动产的租约，关于或涉及大学所属不动产的出售或转让，与大学利益相关的合同、契约及其他文书，但前提条件是出售或转让大学位于纽黑文市的不动产，或用于教育目的、位于其他任何地方的不动产，须经董事会或其重大事务委员会授权。

(ii) 在现在或可能的未来，以耶鲁大学校长和耶鲁学院董事身份或以耶鲁大学的名义，分配、让渡或清偿任何及所有的抵押物或其他的担保利益，并执行和交付这些分配品、让渡品或清偿品。

（iii）接收和开具大学及校内任何学院、系或部门到期的和应得的款项的收据，包括与遗产捐赠有关的款项。

（iv）签署和背书支付大学或校内任何学院、系及部门的授权、账单和其他所有文书。

（v）在总法律顾问的批准及财务委员会的批准下，当耶鲁大学需支付的款项或某一项索赔数额超过250000美元时，解决、协商并调整本校提出或针对本校的任何索赔事宜，及那些与耶鲁大学有利害关系的任何争议，并施行相应解决方案、协商方案或调整方案的条款和规定。

（vi）在得到正式授权的情况下，在本段提到的所有单据及文书上署名并加盖耶鲁大学印章。

11. 负责财政和商业运营的副校长有权委派一名或多名下属官员，或在校长的批准下在适当的时候委派给另一名官员或官员的下属，履行第9款及第10款中部分或所有职责的权力。除了第10款第（ii）项、第（iii）项、第（iv）项或第（vi）项以外，任何此类授权行为须经财政委员会审批通过。

发展副校长

12. 发展副校长经校长提名并由董事会选举产生，应出席董事会和重大事务委员会的会议并担任大学发展及校友事务委员会的秘书长。发展副校长承担着从非政府渠道、捐赠组织募集资金的主要职责，以及维护大学发展记录的行政职责，并负责耶鲁大学校友基金。大学发展副校长应代表学校开具捐赠收据。经校长提名，董事会可任命一名或多名大学发展副校长助理协助大学发展副校长工作。

总法律顾问

13. 总法律顾问由校长提名并经董事会选举产生，应出席董事会及重大事务委员会的会议，并担任机构政策委员会和投资责任委员会的秘书长。在校长的领导下，总法律顾问主要承担处理大学所有法律事务的责任，是除校长之外唯一官方授权可以代表学校聘用或批准聘用律师的官员。总法律顾问还应负责大学与联邦的关系。总法律顾问应当履行董事会或校长临时指定的、对大学产生影响的法律或与之相关的事务。董事会可以任命总法律顾问为副校长。经校长提名，董事会可任命一名或多名副总法律顾问或总法律顾问助理协助总法律顾问的工作。

纽黑文市和康涅狄格州事务及校园发展副校长

14. 纽黑文市和康涅狄格州事务及校园发展副校长由校长提名并经董事会选举产生，应出席董事会和重大事务委员会的会议，并担任建筑和场地委员会的秘书长。在校长的领导下，纽黑文市和康涅狄格州事务及校园发展副校长负责处理社区关系和州政府关系，协调大学在纽黑文市的倡议活动，大学所有不动产和设备（但不包括纽黑文市以外出于投资目的而保留的不动产或设备）的所有权和管理；负责建筑物及场地的维护；公用设备的管理；适当授权下的建筑物建设及变动。

15. 校长和负责纽黑文市和康涅狄格州事务及校园发展的副校长，以及他们每人都被授权，或以大学之名义，代表学校履行以下条款：

（i）执行和履行使大学可能或已成为缔约一方的、与大学不动产和设备所有权和管理相关的书面协议和合同，包括但不限于大学所属不动产的租约和许可证，关于或涉及大学所属不动产的购买、出售或转让，或与大学利益相关的合同、契约及其他文书，但前提条件是：出售或转让大学位于纽黑文市的不动产，或用于教育目的、位于其他任何地方的不动产，须经法人或其重大事务委员会授权。

（ii）在现在或可能的未来以耶鲁大学校长和耶鲁学院董事身份或以耶鲁大学的名义，分配、让渡或清偿任何及所有的抵押物或其他的担保利益，并执行和交付这些分配品、让渡品或清偿品。

（iii）在总法律顾问的批准及财务委员会的批准下，当耶鲁大学需支付的款项或某一项索赔数额超过250000美元时，解决、协商并调整本校提出或针对本校的任何与不动产或设施建设相关的索赔事宜，及那些与耶鲁大学有利害关系的任何争议，并施行相应解决方案、协商方案或调整方案的条款和规定。

16. 纽黑文市和康涅狄格州事务及校园发展副校长应有权将任何或所有第14款和第15款中提及的权力授权给以下人员：一名或多名下属官员，或经校长的批准且在他们可以胜任的情况下，给另一位官员或其下属官员。授权行为若涉及第15款第(i)项和第(iii)项中的权力，则必须经过财政委员会批准。

人力资源与管理副校长

17. 人力资源与管理副校长是由校长提名并经董事会选举产生的行政官员，就以下事宜向校长负责：人力资源、组织发展、劳资关系和人力资源多样性，以及其他由法人或校长分配的非学术性支持服务和行政工作。当本章程赋予人力资源与管理副校长的职权会影响教学或科研活动时，人力资源与管理副校长应当咨询教务长。人力资源与管理副校长应参加学校政策委员会和董事会的会议。由校长提名，董事会可任命一名或多名人力资源与管理副校长助理协助人力资源与管理副校长工作。

18. 校长和负责人力资源与管理的副校长，以及他们每人都被授权或以大学之名义代表学校进行以下活动：

（i）履行和执行任何及所有关于人力资源、组织发展和劳动关系及多样性，以及其他非学术支持服务和行政工作的书面协议和合同，这些工作根据章程分配给人力资源与管理副校长，包括但不限于雇佣和解聘、劳资双方谈判合同和其他关于工会的协议等。

（ii）在总法律顾问的批准及财务委员会的批准下，当耶鲁大学需支付的款项或某一项索赔数额超过25万美元时，解决、协商、调整本校提出或针对本校在雇佣、解聘和其他人力资源事务方面相关的索赔事宜，及那些与耶鲁大学有利害关系的任何争议，并施行相应解决方案、协商方案或调整方案的条款和规定。

19. 人力资源与管理副校长应有权将任何或所有第17款和第18款中提及的权力授权给以下人员：一名或多名下属官员，或经校长批准且在他们可以胜任的情况下，给另一位官员或其下属官员。任何上述授权须经财政委员会批准。

官员、教员和行政人员权力的限制

20. 本校的任何官员、教员和行政人员均未被赋予任何名义上或实质上的权力（包括财政或者其他方面的权力），除非该权力由本章程、大学财政预算方案或其他董事会合法通过并记录在案的决议赋予。校长应当在各部门、院系负责人上任的时候，将上述限制告知本校学术领域或非学术领域的各院院长、各部门部长和本校其他分支及部门的负责人及他们的继任者。

非特殊任期官员

21. 除非其任期为特殊任期，教务长、秘书长、财政与商业运营副校长、大学发展副校长、总法律顾问、纽黑文市和康涅狄格州事务及校园发展副校长、人力资源与管理副校长，及所有非被法人选定或聘任为特殊任期的官员，他们的任期应听从法人安排。

各委员会

22. 下列常设委员会的成员，只要他们是董事会成员，就应履行其职责直至他们的继任者被正式任命：重大事务委员会、财政委员会、审计委员会、投资委员会、教育政策委员会、机构政策委员会、名誉学位委员会、建筑物与场地委员会、大学发展与校友事务委员会、薪酬委员会、托管委员会、投资责任委员会及医学院委员会。校长应担任重大事务委员会主席。校长和其他资深董事协商后提名、经董事会选举产生（除重大事务委员会以外的）各委员会委员及各委员会主席。各委员会应安排各自的会期，并在需要时向董事会或重大事务委员会报告。除经各委员会主席特别邀请，下列委员会会议只对该委员会成员开放：审计委员会、薪酬委员会、投资委员会、重大事务委员会和托管委员会。各委员会拥有投票权的成员的大多数方可形成法定人数。大学里负责各委员会相关事务的一位或几位官员应出席该委员会的各项会议。

23. 重大事务委员会是董事会的执行委员会，由校长、资深董事及下列委员会主席组成：财政委员会、教育政策委员会、机构政策委员会、投资委员会、建筑物和场地委员会及大学发展与校友事务委员会。重大事务委员会会议应在校长的召集下召开，如校长不在，由教务长或资深董事召集。重大事务委员会应拥有除授予学位的权力、修改大学章程的权力以及聘任终身职员的权力以外董事会拥有的所有权力，在紧急情况下和大部分法人成员书面同意的情况下，重大事务委员会可以聘任终身职员或决定这些终身职员的工资（已以特定形式安排年薪的除外）。重大事务委员会应向法人汇报其活动。

24. 财政委员会应由至少五名董事会成员组成。财政委员会应制定董事会的财政政策；审核学校的财务规划，审查并批准大学的年度运行预算和资产预算，并监督当前收入和支出使之与预算相一致；负责审查和批准已获得批准的运行或资产预算以外的支出；负责批准授权政策以及向教员和职员发放大学贷款的政策；负责审查并批准购买和出售出于教育目的而留用或使用的不动产，并应监督这些资产的管理。审查和批准由财政和商业运营副校长或人力资源与管理副校长提交的因索赔或争议而请求授权的法律解决方案，并应向董事会汇报此类授权。

25. 董事会的审计委员会应由不少于三名董事会成员组成。具有审计经验的董事会成员以外的人员可以被邀请成为该委员会成员，但无投票权。经校长提名，审计委员会推荐并经法人批准，董事会可邀请这些成员在特定时期内任职。审计委员会应在其认为适当的时间召开会议以听取大学内部独立财政审计人员的报告。

26. 投资委员会应由不少于三名董事会成员组成。投资委员会可以邀请具有投资经验的董事会成员以外的成员成为委员会成员，但无投票权。他们的任期由委员会推荐并经董事会批准。在可使用的董事会政策范围内，投资委员会有权代表董事会批准经理人员的选用及解聘，以及批准对捐赠款所做的特别投资及由法人授权的其他基金的选取和终止。委员会应定期向董事会汇报其活动。

27. 教育政策委员会应由不少于五名董事会成员组成。它处理与教育政策和计划相关的事务；它应了解不同院、系的情况，及出于教育目的、最高效地利用大学资源所应采取的措施。教育政策委员会应在大学教育方案的发展与执行方面为校长及其同事/副手提供建议与帮助，并定期检查图书馆和各博物馆内的学术资料资源。

28. 机构政策委员会应由不少于五名董事会成员组成。它负责与其他委员会不明确相关的、非学术行政领域的政策建议。机构政策委员会应监督大学涉及地方、州政府、联邦政府等方面的工作，并在这些事务上协助校长。

29. 荣誉学位委员会应由以下人员组成：至少三名董事会成员，五名由校长推荐的教职人员，一名由大学理事会推荐的理事会成员，以及由耶鲁校友会董事会主席推荐的三名校友。荣誉学位委员会须向董事会报告其（荣誉学位）推荐人选。

30. 建筑物和场地委员会应由不少于五名董事会成员组成。非董事会成员但具有相关经验的人员可以被邀请成为该委员会成员，但无投票权。这些成员可以被董事会邀请担任董事会所批准的任期。建筑物和场地委员会应审查校长向法人提交的如下提案：关于资产运作与维护的计划；建设需要的优先性；新建筑物的选址、设计和建设；建筑物和场地的维护及改善；并应在校长向董事会提交提案之前就上述各方面提出意见与建议。如所提出的建议涉及的费用不包含在已通过的预算中,在向董事会提出此建议以前,建筑物和场地委员会应将此建议提交财政委员会;财政委员会应在校长向董事会提出提案之前、在其管理范围内就提议内容提出意见与建议。建筑物与场地委员会应就大学公寓的使用制定政策,并逐一审核、批准任何有关大学所属、由大学官员占用的公寓楼的维护与翻修的提案。

31. 大学发展与校友事务委员会应由不少于四名董事会成员组成。该委员会应协助制定与大学发展和校友事务相关的政策,同时监督学校发展程序及其他资金筹集方面的工作。

32. 托管委员会由不少于四名董事组成,其中一人应为资深董事。该委员将对可能接任董事工作的候选人进行评价并向董事会推荐;它将向耶鲁校友会常委会推荐可作为校友董事提名的候选人;它将审议聘任非董事进入法人各委员会的提议。该委员会将定期审议董事会的运行与程序并提出改进建议;在修改大学章程的建议提交给董事会审批之前对其进行审查。

33. 薪酬委员会应由不少于三名董事会成员组成。薪酬委员会向董事会提出关于校长薪酬的建议。该委员会负责审核校长在官员薪酬方面的意见并就这些个人的薪酬向董事会提出建议。此外,薪酬委员会还负责审核通过校长对大学各院长薪酬的建议,及其他由校长任命的高级官员或教职人员的薪酬建议。

34. 投资责任委员会应由不少于三名董事会成员组成。该委员会必须考虑主要投资政策的相关事务并在这些方面提出建议,并负责就股东决议的股权持有者及其他涉及道德问题的事宜为投资者责任重大事务委员会和投资办等单位提供政策性的指导。为保证这项工作的顺利进行,投资委员会应当接受并审核投资者责任重大事务委员会的相关报告。

35. 医学院委员会应由不少于三名董事会成员组成。非董事会成员但在医学研究、病人护理及医学教学等领域有经验的人员可由校长推荐,经董事会批准被聘请为一定任期的委员会成员,但无投票权。医学院委员会应审核医学院的学术与战略规划、财政事务,以及其他涉及医学教育、研究和临床实践的大学活动。

36. 除去上述条款所述的常设委员会,董事会可以在其认为必要的情况下临时组建其他委员会就有关大学的事务向董事会或大学提供建议。

学位

耶鲁大学授予的学位分为三个类别:课程学位、职务学位和荣誉学位。

37. 根据董事会批准以及大学公布的条件,在各学院教员群体推荐下,课程学位应由董事会授予。此类学位证书的公开授予仪式应在毕业典礼时举行。

38. 文学硕士学位可被当然地授予下列人员:尚未取得耶鲁大学硕士或博士学位的董事会成员、董事会其他行政官员或本校教授。在一些例外情况下,董事会可以向不具有教授身份但在校内提供行政服务的官员授予文学硕士学位。

39. 董事会可投票授予如下荣誉学位:文学硕士、理学硕士、神学博士、理学博士、医学博士、社会专业学博士、音乐博士、文学博士、文学荣誉博士、人文学博士、艺术学博士和法学博士。荣誉学位候选人应亲自出席学位授予仪式。

大学组织机构

学院

40. 耶鲁大学的课程教学由以下十二所学院分别承担:

耶鲁本科学院(1701)、医学院(1813)、神学院(1822)、法学院(1824)、研究生院(1847)、文学院(1865)、音乐学院(1894)、林业与环境研究院(1900)、护理学院(1923)、戏剧学院(1955)、建筑设计学院(1972),及管理学院(1975)。每个学院均设有一个教员委员会、一个终身职员委员会或其他管理委员会,以及一位院长。耶鲁本科学院和研究生院还包含谢菲尔德科学学院。

41. 每个学院的教员委员会应由院长、各级别教授、讲师及其他由校长和教务长正式任命的职员组成。在董事会的批准下,每一个学院的教员委员会可以允许其他学院的教员(到该学院)共事,但不具有投票权,而与谁联合则由教职人员统一投票决定。各个学院的教员委员会应负责课程、教学方法和学术要求等事宜。

42. 每个学院教员委员会中的终身聘任制教授应是该学院终身职员,与校长和依照职权的教务长及院长共同构成学院的终身职员委员会。上述委员会是该学院的管理委员会,负责与教育政策和学院管理有关的事宜,但就耶鲁本科学院和研究生院而言须服从文理学院的领导。对于终身聘任制教授数额不足的学院,校长可指定由(该院)教师群体中资深教员组成管理委员会。这个管理委员会应履行终身职员委员会的职能。除推荐学院终身职员的聘任和终身职员的工作分配外，学院终身职员委员会或其他管理委员会可自行判断将处理任何事情（的权力）提交至教员群体决定。

43．各个学院的执行官为院长，校长与学院终身职员委员会或学院其他管理机构商议后向董事会推荐院长提名，董事会根据校长推荐聘任院长，任期不超过五年。院长应担任学院终身职员委员会或其他管理机构的主席，以及学院教员群体的主席。在校长或教务长指定的情况下，院长应向校长或教务长提交学院下一年度的财政预算。

44．谢菲尔德科学院的教职人员应由耶鲁学院和研究生院物理科学领域的教职人员组成。耶鲁学院与研究生院这些领域的学生同时也是谢菲尔德科学院的学生。

系

45．在校长或教务长的推荐下，董事会可指定在相近学科领域进行教学或研究工作的大学教学、研究人员组成系。各系及学科点的职责是根据各教授群体制定的课程学习要求提供必要的教学。校长咨询系里教授后向董事会推荐，在此基础上董事会聘任系主任，任期不超过三年。在教务长指定的情况下，每一位系主任应向教务长提交该系或学科点下一年度的初步预算。

文理学院

46．文理学院应由为耶鲁本科学院和研究生院服务的各系和学科点组成。文理学院的教员委员会主席为校长，校长缺席时则由教务长担任。该学院应有一个执行委员会，由校长担任委员会主席，教务长、文理学院下属各学院里的院长，以及由委员会选定的其他成员组成。

任命与分配

47．所有有可能由校长颁发的教授、副教授、助理教授及其他各级别的任命须由董事会作出。所有此类任命应由校长提名，或根据校长批准和通过的提名，并由终身职员委员会或学院的其他管理机构决定；在耶鲁本科学院和研究生院的情况下，应由终身职员委员会的联合会议决定。根据系和学科点的提名并由相应委员会、理事会同意后，校长可以批准其他级别人员的任命。对于系、耶鲁本科学院或研究生院学科点成员的任何聘任提名，除非校长直接决定，应由系或学科点决定。如经校长授权，一个学科点可以任命有限数量的人员为教员梯队（候补）人员。此外，如经校长授权，一个中心或理事会可以提名有限数量的研究或非梯队人员。来自于任何系或学科点的提名应由聘任委员会批准,该委员会人员来自耶鲁本科学院、研究生院或大学其他任何学院的教师成员,由校长任命,并通过该委员会传达至终身职员董事会。

校长可以组建一个或多个负责高级和中级官员任命事宜的任命委员会,也可以组建特别任命委员会。在除耶鲁本科学院和研究生院以外的院系终身职员委员会或其他管理委员会成员的提名会议,以及在耶鲁本科学院和研究生院中的系和学科点的终身职员委员会和其他管理委员会成员的提名会议上,终身职员委员会或其他管理委员会成员可被邀请参加并赋予其投票权。院系的其他非终身职员如其职位与将要提名的职位相同或稍高于该职位,则可被邀请参加会议,并被赋予投票权。只有那些长期任命且无任期限制的耶鲁医学院的临床学者和临床教育者及研究员可以被认定为拥有同等于传统系列内无任期限制的教授的地位。此类理事会及系任命会议应遵循出席及投票多数原则,且耶鲁本科学院和研究生院终身职员委员会应作为一个理事会投票。任命委员会会议应遵循出席及投票人多数原则,推荐的系或学科点内享有投票权的成员则没有投票资格。终身职员指没有任期限制的教授。

48. 根据学院院长推荐,并经校长传达,董事会可以作出分配人员到院里任教的决定。

本科生录取

49. 本科生录取办公室负责录取及助学金的管理事宜。

学生注册

50. 学生应注册为攻读如下学位的候选人:耶鲁本科学院通识教育学士、文学学士、理学学士;研究生院文学硕士、理学硕士、哲学硕士、哲学博士;医学院公共健康硕士、医学科学硕士(医学专业项目)、健康科学硕士、公共健康博士及医药学博士;神学院宗教文学硕士、神学硕士、神学理论硕士;法学院法律研究硕士、法学博士、法学硕士和法理学博士;艺术学院表演艺术硕士;音乐学院表演证书、艺术文凭、音乐学硕士、音乐艺术硕士及音乐艺术博士;林业及环境研究学院林业硕士、森林学硕士、环境科学硕士、环境管理硕士;护理学院护理证书、护理硕士后学位及护理理学硕士和护理科学博士;戏剧学院戏剧证书、表演艺术硕士、表演艺术博士;建筑学院建筑学硕士和环境设计硕士;管理学院企业管理硕士。

51. 非攻读学位的学生只有在相关领域教职人员的同意下经董事会批准方可注册。

52. 在本校一学院注册的学生只有在符合相关院长的特殊条件下方有权选修其他学院的课程。

本科学院

53. 攻读文学学士和理学学士学位的本科四年级、三年级和二年级学生均有资格入读以下本科学院：伯克利学院、布福德学院、卡尔霍恩学院、达文波特学院、蒂莫德怀特学院、乔纳森爱德华兹学院、莫尔斯学院、皮尔逊学院、赛布鲁克学院、西利曼学院、以斯拉斯蒂尔斯学院、特朗布尔学院和董事会今后可能建立的其他学院。本科一年级新生将被赋予某些特权。

学院学监、院长和其他管理人员

54. 各学院的事务应在各学院学监、院长和其他管理人员的指导下进行。根据校长推荐，法人任命学监，任期不得超过五年。学监应作为学院的执行官，在其他管理人员的协助下对该学院的整体福利负监督之责。学监须被告知任何拟采取的、对学院任何学生或教职人员任期产生影响的行为。根据教务长推荐，董事会任命院长，在有限任期内任职。在耶鲁本科学院院长的督导下，院长应负责学生的学术项目。院长也应当协助学监处理学院内的其他事务。根据学监委员会的推荐，教职人员，无论是教员与否，应由董事会聘任在有限任期内在学院中任职。关于教职人员的具体细则另见杂项规定。

学监委员会

55. 学监委员会由本科学院学监组成。校长、教务长、耶鲁本科学院院长、副院长和负责学生事务的副院长应为学监委员会的当然成员。根据校长推荐，委员会主席应由董事会任命，通常情况下任期为三年。学监委员会应在与学院利益相关的政策上向校长提出建议。在涉及两个或以上学院的事务时，学监委员会将担任管控委员会的职责。

机构

图书馆

56. 图书馆应由大学图书馆馆长领导，馆长由校长提名并经董事会任命。图书馆馆长有权出席各个院系教员的会议。在馆长的指导下，图书馆重大事务委员会协助图书馆馆长处理与馆长领导下的图书馆相关的事务及各项由馆长或委员会成员提请讨论的事务。图书馆重大事务委员会成员及主席应由教务长选任，或在教务长批准的程序下由大学社区选举。图书馆馆长和教务长应是委员会成员。

毕巴底自然史博物馆

57. 毕巴底自然史博物馆应由馆长领导，馆长由校长提名并经董事会任命，任期不超过五年。

艺术馆

58. 艺术馆应由馆长领导，馆长由校长提名并经法人任命，任期不超过五年。艺术馆理事会协助艺术馆馆长工作，并遵循董事会批准的、不断完善的章程。一切事务需在董事会的批准下，并遵循不断修改的章程的规定。校长在考虑理事会任命委员会及馆长推荐的基础上，任命艺术馆理事会成员。

耶鲁大学英国艺术中心

59. 耶鲁大学英国艺术中心由中心主任领导，主任由校长提名并经法人任命，任期不超过五年。

耶鲁大学出版社

60. 耶鲁大学出版社由社长领导，社长由校长提名并经董事会任命。被提名者名单由出版社理事提供给校长。在遵循董事会批准的管理条款的基础上，理事会将监管出版社的各项事务。理事会成员每年由董事会选举产生。校长、教务长、秘书长、财务和商业运营副校长、总法律顾问和人力资源与管理副校长以及大学发展副校长是该理事会的当然委员。

天文台与实验室

61. 本校的天文台和每一个实验室或几个实验室组成的小组都应在系主任或主管的领导下，他们须由校长提名并经法人聘任，任期为若干年。在组织、开销和下属职位推荐等事务方面，一个委员会可以协助主管工作，该委员会由相关的系的各个级别的教授组成。

耶鲁大学基督教教堂

62. 耶鲁大学基督教教堂应有一个治理机构，该治理机构由一个委员会组成,包括执事、委员会成员和牧师(牧师须是本校的大学教士或助理教士),由校长提名,并经法人任命。

大学医疗卫生服务

63. 本校的医疗卫生服务应在校长提名、董事会任命的主任的监管下执行。该主任应当听取由教务长任命的大学健康理事会的建议。大学健康理事会的主席由教务长任命。除决议会议外,主任依照职权作为理事会的当然成员出席理事会会议。

竞技运动、体育教学与娱乐部门

64. 竞技运动、体育教学与娱乐部门应拥有大学管辖区以内以及大学管辖区以外但涉及本校利益的有关本科生、研究生、教职人员及其家属的竞技运动、体育和娱乐行为和管理事务的管辖权。

大学理事会

65. 大学理事会应由至多 35 名成员组成,他们由校长提名并经法人任命,耶鲁大学校友会会长和校友基金会会长为当然成员。根据校长任命,成员任期至多为 5 年,并每年选举他们自己的主席。理事会的各委员会应研究本校的目标和特别领域的需求;他们应将研究结果和建议汇总递交至大学理事会,所有委员的报告应被分类并提交至校长和法人。

耶鲁大学校友会

66. 耶鲁大学校友会为耶鲁大学的利益服务,为校友和大学及董事会提供一个相互沟通的渠道,监督所有校友组织和项目的发展,并在适当的时候为本校的政策提供详细的解释和直接的审查,从而保证本校在一些影响校园发展的事务上的观点和政策可以为校友会及其代表所理解,同时使校友会的一些有益的建议得以传达至法人。

大学章程的修订

67. 在董事会常规或特别会议上,出席会议的三分之二以上多数成员投票通过即可对本章程进行修改、补充、废除、增加或删除。但是,关于拟修改、补充、废除、增加或删除的提案应递交至董事会成员,或在会议前至少 30 天邮寄到各位成员。

(最新版本参阅 http://www.yale.edu/about/bylaws.html。)

加州大学董事会章程与常规
(The Bylaws and the Standing Orders of the Regents of the University of California)

2008年11月最后修订

主译人　韩　笑　张甜甜
校阅者　陆　娇　周曼丽

前言

　　此加州大学董事会章程与常规于1969年4月18日由董事会通过，同时废止此前全部章程和常规。本版包含2008年3月、2008年5月、2008年9月和2008年11月所做修订。

戴安·M.格莉菲丝
秘书长

章程1　法人名称

1.1　名称

本法人名称为"加州大学董事会"。

章程2　法人印章

2.1　设计

加州大学董事会的法人印章应为以下形式和设计：

2.2[①] **使用**

法人印章仅在办理加州大学董事会和加州大学有关事务时方可使用。该印章可由秘书长盖于代表法人签署的文件上。经秘书长许可,该印章可用于大学建筑物的装饰或其他特殊场合。

章程 3　非正式印章

3.1　设计和使用

经加州大学校长许可,已删除"印章"字样的法人印章可作为加州大学的象征用于公务目的或校友、学生、公共项目相关事务。

章程 5[*]　法人组成及权力

5.1[②] **组成及权力**

法人的形式、组成、责任和权力根据《加利福尼亚州宪法》第 9 款第 9 条

---

① 2006 年 11 月 16 日修订。
* 章程序号原文如此,以下出现类似情况不再另注。——译者
② 1974 年 11 月 15 日和 1976 年 11 月 19 日修订。

规定如下：

a. 加州大学应组建一个公益信托组织且该信托由现有的法人"加州大学董事会"管理，该董事会有充分的组织和治理权力，且只在必要的情况下接受法律监督，如确保其资金安全，遵循大学捐赠条款，接受根据有关出租建筑合同、不动产销售、材料、货物和服务采购的规定而适用于大学的竞争性招标程序。上述法人形式上为董事会，包括七名当然董事：州长、副州长、众议院议长、公共教育监督官、加州大学校友会①主席和副主席、加州大学现任校长，以及18名由州长委任并由州参议院多数通过的委任成员——前提是18名现任委任成员将一直担任此职务直至任期届满。

b. 为确保新州长任期第一年不用任命董事会成员，自1979年3月1日或之后每四年（第四年）3月1日不进行委任活动；同时，1974年11月5日前得到任命的委任成员任期为16年；两名委任成员任期于每偶数年3月1日到期；两名新委任成员于1976年3月1日伊始任期，此后每年3月1日任命两名新成员。1976年3月1日及此后得到任命的委任成员任期均为12年。在全体委任成员任期过渡至12年任期期间，委任成员总数可多于上一条所规定的数量。

在任命委员任期不足的情况下，由州长提议并经参议院多数通过，为填补不足任期而获任的下一任委员任期仅限于不足阶段。

c. 董事会成员在慎重考虑、遵循董事会所定程序，并征求大学教职员和学生代表（包括相应的学术评议会成员和学生自治组织）意见的情况下，可以委任下列一至两人为董事会内享有完全参与权的成员：加州大学任一校区或其他高等教育机构的教员；加州大学任一校区注册的学生（且为在担任董事成员期间每常规学期注册的学生）。任何获此任命的成员任期自7月1日生效，时间不少于一年。

d. 董事会成员应是反映加州经济、文化和社会多样性的各领域有能力人士，包括少数族裔和女性。但这并不意味着董事会成员遴选需遵循某一公式或特定比例。

e. 在遴选董事会成员时，州长应征询重大事务委员会的意见，该委员会由如下人员组成：众议院议长，议长指定的两名公众人士，参议院现任议长，参议院制度委员会指定的两名公众人士，州长指定的两名公众人士，大学董事会主席，大学校友会选出的一名校友，大学学生会主席团②选出的一名学生，大学学术评议会选出的一名教师。众议院议长、参议院现任议长和州长指定

---

① "校友会"负责人进入董事会始于1987年10月。
② 加州大学学生会，1986年1月起生效。

的公众人士任期为两年,其他公众人士任期为四年;学生、校友、和教师委员任期为一年,且在担任重大事务委员会委员期间不得担任董事会成员。

  f. 加州大学董事会被赋予加州大学名下及为大学利益所持有地产的合法所有权、管理权和处置权。董事会有权出于大学利益或董事会行为的考量以购买、捐赠、赠送、遗嘱和其他不受限制的任何方式获得和持有大学或个人财产;若有相关法规规定,大学地产的销售必须遵循法律所规定的竞标程序。上述法人还拥有一切必要或方便有效管理财产的权力,包括有起诉权和被起诉资格,使用印章权,委托其下属委员会、学校教师或其他认为适合行使此权力和职责的组织的权力。董事会依照议会1862年7月2日法以及此后任何修正案接收所有出售土地所得。大学应完全独立于政治或宗派影响,保持董事会的任命自由和事务管理自由,不得因种族、宗教、民族遗产或性别阻碍任何人进入学校任何部门。

  g. 加州大学董事会会议应公开举行,如有例外情况应按照法规规定执行和通知。

章程7 权力的行使

7.1[①] 决定性投票

  除本文有具体规定外,所有呈递给董事会及其下属委员会的事务应当由多数票决定。

7.2 记名投票

  当任何成员提出要求时,理事会表决应采取记名投票形式。

7.3[②] 章程和常规的效力中止

  任何章程或常规的效力中止问题需提交董事会决议。若董事会成员的三分之二以上投赞成票,则该章程或常规的效力中止。

---

① 1975年2月14日修订。
② 1975年6月13日修订。

章程 8　与董事会相关的特别规定

8.1[①]　董事会成员薪酬

董事会成员不得因任此职务而领取工资或其他报酬。除校长外,其他董事会成员不能任命任何人担任有偿服务的学校职位,但董事会中学生董事可以从事领取薪酬的大学兼职工作。董事出席董事会或其下属委员会会议,以及因参加法人其他正式事务而产生的实际费用可以报销。代表加州大学董事会加入加州大学教育委员会的成员,可以依法领取委员会或下属委员会会议的参会津贴。

8.2　赠与、合同和拨款

除非经董事会特别授权,任何董事会成员不得代表法人制定或签订任何合约,作出承诺,或任何其他许诺;不得接受或同意管理任何出于学校利益而给加州大学或董事会的赠与或拨款;不得承诺或同意管理、处置或花费任何供加州大学自身使用的资金。

8.3　担任大学委员会职务

除非经董事会特别授权,任何董事会成员不得担任某一校区或全校性常设管理委员会的职务。

章程 10　董事会的委员会

10.1　常设委员会

a.[②]　为方便董事会及加州大学的管理,应按照如下规定设立常设委员会。任何递交董事会的事项应首先递交给常设委员会,除非董事会会议到会投票的董事以三分之二多数通过该事项,但投赞成票人数不足董事会成员数一半的不算。如果事项递交给常设委员会并经过了常设委员会审议后,常设委员会未向董事会作出建议或报告,该事项可以在任何董事要求下

[①] 1976 年 2 月 20 日和 1981 年 3 月 20 日修订。
[②] 1975 年 6 月 13 日修订。

递交董事会审议。除章程另有规定外,如董事会主席和大学校长确定某事项需要由一个以上常设委员会审议的,该事项应只提交至有主要管辖权的常设委员会。适合审议该事项的其他常设委员会的成员,应被邀请参加由有主要管辖权的常设委员会召开的审议该事项的会议。

除另有明确授权和本章程另有规定外,董事会保留所有对任何事项采取行动的权力。各常设委员会的职责仅为考量并对提交至该常设委员会的事项向董事会提出建议。

若干常设委员会分别负责及时处理与监督与他们名称所指明或适当相关的事项。

b.① 下列为董事会常设委员会:

合规和审计委员会

薪酬委员会

教育政策委员会

财务委员会

管理委员会

场地及建筑物委员会

卫生事务委员会

投资委员会

长期规划委员会

能源部实验室监督委员会

c.② 每个常设委员成员应不少于5名,且除当然委员外不得超过10名。

d. 常设委员会委员应任职至其继任者任命之时。

10.2③ 特别委员会

经董事会授权,特别委员会可以由校长或董事会主席任命,其权力与职责由董事会决定,但不得就某一常设委员会应负责之事务而设立特别委员会。一个特别委员会自任命之日起期限为一年,届满时该特别委员会被视为解散,除非设立该特别委员会时由董事会特别授权或每年由董事会特别授权其在更长时间内存续。除遴选新任校长的特别委员会之外,任何特别委员会除当然成员外的成员不得超过7名。

---

① 1982年6月18日,1995年6月16日,2006年7月20日,2007年1月18日和2008年5月15日修订。

② 1977年9月16日和2007年1月18日修订。

③ 2007年9月20日修订。

10.3[①] 小组委员会

每一个委员会可以根据委员会工作的需要设立小组委员会,但小组委员会仅仅因需要和服务于特殊目的而设立。每一个小组委员会的成员应由其所属的委员会主席任命,且每一个小组委员会自任命之日起任期应不超过一年,届满时小组委员会权力失效,除非设立时由董事会特别授权或每年由董事会特别授权其在更长时间内存续。任何小组委员会成员除当然成员外的成员不得超过5名。

10.4[②] 当然成员

该法人主席,董事会主席或在董事会主席缺席时的董事会副主席,前董事会主席任期届满后的第一年(且该前主席仍为董事),以及大学校长均为所有常设委员会、所有特别委员会和所有小组委员会的当然成员,但大学校长不得担任合规和审计委员会成员以及与遴选大学校长相关的特别委员会成员。

每一个委员会的主席应是该委员会的小组委员会的当然成员。

[③]在加州中等后教育委员会和加州教育厅中的董事会代表为教育政策委员会的当然成员。

章程 12 常设委员会职责

12.1 合规和审计委员会

合规和审计委员会应:

a. 就董事会监督如下事宜的职责向董事会提出建议:

(1) 大学遵守法律、规定和政策要求的质量和完整性,财务报告和财务报表以及与风险相关的内部控制;

(2) 法人合规的功能、披露和履行,与道德、合规、风险、金融、审计相关的内部控制和风险管理系统,以及大学中这些学院的恰当性;以及

(3) 独立的注册会计师的资格、独立性和表现,以及内部审计职能的

---

① 1988年1月15日修订。
② 1980年9月19日,2007年1月18日和2008年5月15日修订。
③ 1973年11月16日和1979年6月15日(1980年1月1日生效)修订。

表现。

  b. 每年至少召开 4 次会议。

  c. 审查内部年度审计计划，以及计划中重点提出的高风险领域的程度。

  d. 审查内部审计部门的年度报告，与大学审计员和管理人员讨论内部审计的重大问题。

  e. 与独立的注册会计师讨论年度独立审计计划的范围，并与独立的注册会计师和管理人员审查审计结果。

  f. 与独立的注册会计师和管理人员接收和审查年度财务报告。

  g. 在考虑管理人员的建议后，向董事会推荐注册会计师作为独立审计员，以及他们的年度审计范围，并批准独立会计师所提供的除审计以及与审计相关服务外的其他服务。

  h. 有权力通过其主席或该委员会成员的多数票（意见），要求管理人员对委员会授权范围内的具体事务进行阐述，并有权聘请独立的律师和其他顾问履行其职责。

  i. 就如下事项向董事会提出建议：批准法人合规项目模型，内部审计的任务说明，该委员会章程，其他与内部和外部的遵守以及大学内审计活动相关的管理文件。

12.2 教育政策委员会

教育政策委员会应：

  a.[1] 考量并向董事会汇报与教育理念和大学目标相关的政策、项目的实体性方面；与大学关系相关的事务；以及与学术规划、教学和研究相关的事务。

  b. 在建议的权限内就下列事宜向加州大学校长提供咨询：学生事务；校长就职安排及程序，宪章日，学位授予典礼活动，及其他公共仪式；荣誉学位候选人；董事会教授教席和大学教授教席的任命，以及由校长决定的应当被委员会考虑的学校这一类人员的任命。

  c.[2] 考量并向董事会报告加州大学研究、培训和公共服务活动等事宜，向董事会建议建立或解散学院、研究生部，已组建的多校区研究部门及其他主要研究活动、特别培训项目和公共服务项目，但委派给能源部实验室监督委员会的事务除外。

  d. 考量并向董事会建议争取和接受或实施与研究、培训、公共服务相关

---

[1] 1975 年 6 月 13 日修订。
[2] 1971 年 5 月 21 日，1994 年 1 月 21 日和 1996 年 3 月 15 日修订。

的拨款和合同(章程和常规中另有规定的除外);但是,所有与研究相关的活动如涉及划拨尚未划拨的大学资金,或承诺大学划拨其资金,须经由财务委员会批准。

e.① 向董事会就以下政策提供建议(常规中另有规定的除外):获得对加州大学的赠与和捐赠,这些赠与和捐赠的接受、使用和分配;但前提是,向董事会提供的有关不动产赠与的接受、使用和分配的建议须经财务委员会同意。

f. 审议并向董事会提出政策建议,以争取从多个来源,如个人、企业、公司、基金会、团体或组织获得拨款和捐赠。

12.3② 财务委员会

财务委员会应:

a. 考虑到所有涉及加州大学和法人商业管理的相关事宜。

b. 除常规中另有规定的拨款外,就所有的资金拨款、修改或增补款项提出建议。除非董事会另有指令,加州大学所有的拨款分配均由财务委员会提议并经董事会通过。

c. 审议并向董事会上报由大学校长准备的学校年度预算以及拨款要求。

d. 除非常规另有规定,就设计未来财政年度大学支出事项向董事会提出建议。

e.③ 除章程和常规中另有规定的,考虑章程21.4(d)和常规100.4(m)中规定的对外融资项目事宜。

f. 在董事会对于本委员会加以限制的领域,有权在任何时间出于大学利益的考虑采取关于预算请求和拟议立法的必要举措。

g.④ 审议并通过设定或调整固定薪金,以替代可用于主要国家能源部实验室的管理和运行外包的间接费用。

h. 确定大学行政主管官员和雇员所缴纳保证金的数额和性质,并从董事会此前批准过的名单中指定一家公司或数家公司持有债券。

i.⑤ 除非章程和常规中另有规定,考量不动产的购买、出售或租赁,并向董事会提出建议;审查教育政策委员提出的接受、使用和分配不动产捐赠的

---

① 1969年5月16日修订。
② 2006年7月20日修订。
③ 1996年3月15日,1999年10月14日和2005年7月21日修订。
④ 1993年7月16日修订。
⑤ 1969年5月16日和1999年10月14日修订。

建议，并向董事会作出报告。

j.① 除非章程另有规定，以法人名义开设、保留和关闭银行账户，包括储蓄和商业账户；指示应存款和撤出资金的情况，且除章程和常规中另行规定外，指定可以提款的法人代表。

k.② 审议并向董事会提出专利方面的政策，包括大学校长呈递的报告和建议。

l. 为校长就相关大学官员的任命提供咨询。任命的人选应当是委员会认为合适的，但最终由校长作出决定。

m.③ 就大学的注册费、教育费、学费、学生自治团体的必要费用，以及除住宅项目和停车场设施以外的使用贷款资金项目需支付的费用，向校长提供咨询，向董事会提供建议。

n. 在投资委员会就投资应上缴部分进行审查和建议后，听取董事会司库建议④，就司库提出的年度预算进行考虑并向董事会上报。

12.4 场地及建筑物委员会

场地及建筑物委员会应：

a.⑤ 按照常规 100.4(ff)中规定，考虑所有校园、站点、观测站和其他为学校目的利用不动产的场地和建筑物相关事宜。

b.⑥ 除非常规中另有规定，批准修缮计划，指导招标工作，向董事会就建筑和设备合同的奖励和实施提出建议。

c.⑦ 按照常规 100.4(q)，考虑资本改善要求，并向董事会提出相关建议。

d. 为校长就相关大学主管官员的任命提供咨询。任命的人选应当是委员会认为合适的，但最终由校长作出决定。

12.5 投资委员会

投资委员会应：

a. 管理法人的投资和投资地产。

---

① 1979 年 6 月 15 日修订。
② 1975 年 6 月 13 日修订。
③ 1972 年 2 月 18 日,1987 年 7 月 17 日和 1994 年 3 月 18 日修订。
④ 1996 年 5 月 17 日新增。
⑤ 1979 年 7 月 20 日修订。
⑥ 1993 年 7 月 16 日修订。
⑦ 1996 年 3 月 15 日和 2005 年 7 月 21 日修订。

b. 授权出于投资目的而持有或获得的不动产购买、出售或租赁,以及地上建筑物的建造和修理;法人所有资金的贷款;债券、股票及其他证券的购买、出售、转让或交换;在投资转移与任何捐赠不发生冲突的前提下,法人各基金之间的投资转移。除委员会管辖下投资基金的贷款外,任何法人基金贷款只有得到董事会批准后方可生效。

c. 通过适当的决议或多个决议,保证所有证券的监管有力。

d. 就大学的投资业务定期向董事会汇报。

e.① 在财务司库的建议下,向财务委员会就财务年度预算的投资资产部分进行考量并提出建议。

12.6② 能源部实验室监督委员会

能源部实验室监督委员会应:

a.③ 就与美国能源部的关系和有关欧内斯特·奥兰多·劳伦斯·伯克利国家实验室、欧内斯特·奥兰多·劳伦斯·利弗莫尔国家实验室和洛斯阿拉莫斯国家实验室有关事宜进行考量并向董事会或相应的董事会下属委员会报告。

b. 就欧内斯特·奥兰多·劳伦斯·伯克利实验室、欧内斯特·奥兰多·劳伦斯·利弗莫尔国家实验室和洛斯·阿拉莫斯国家实验室有关人员的任命为大学校长提供咨询。

c. 审议如下议题的报告:

(1) 实验室的管理;

(2) 实验室所有进行项目的科学和技术质量;

(3) 实验室最高权限人员的任命和保留;

(4) 公众和实验室雇员的健康和安全,环境质量和安全维护;

(5) 实验室,校园和更广泛科学群体的沟通;以及

(6) 实验室就所有实验室工作向公众沟通的质量。

d. 定期就条款 c 中所述的监督工作向董事会汇报。

12.7④ 卫生事务委员会

卫生事务委员会应:

---

① 1996 年 5 月 17 日新增。
② 1972 年 3 月 17 日,1975 年 6 月 13 日,1979 年 1 月 19 日和 1980 年 11 月 21 日修订。
③ 1987 年 9 月 18 日修订。
④ 1982 年 6 月 18 日新增,1995 年 6 月 16 日和 2006 年 7 月 20 日修订。

a.① 考量并向董事会提出大学临床医疗及各医学研究中心的战略计划。

b.② 除非常规另有规定,针对所有的影响大学医学研究中心和医学临床治疗的商业行为进行考虑并采取措施,这些商业行为包括但不限于合并个人行医者、医院以及其他物理设施,临床和辅助治疗,建立合资企业、合伙公司或法人,或任何其他实体,但交易购买总价或其他财政支付超过每单笔五百万美元或每医学研究中心每财政年度累计超过一千五百万美元,总计年限额超过五千万美元,应当呈递董事会批准。购买总价或其他财政支付应根据普遍接受的会计原则来决定,并全面考虑包括现金支付和假设或已有的债务净现值各种方式。委员会采取的所有行动应在下一次会议中报告给董事会。

c.③ 审议并向董事会报告各医学研究中心每一财政年度的资金和运营预算。凡提交给其他委员会、涉及任何有关资本预算项目的事务,应纳入卫生事务委员会的议程,允许该委员会审查涉及相关医学研究中心战略规划的建议。

d. 审议有关大学医院申请执照、获得认证、进行规划、护理病人、医务人员管理的相关事务,以及审议医院质量保证、和医学院关系事宜。

e.④ 对于大学医院的经营和管理方面进行考量并向董事会提出政策建议。

f.⑤ 在委员会认为适当的时间段内,审查并向董事会报告每家医院的财务情况,包括各种开支和收入(按来源分类)、病人住院时间和探访次数,以及其他重要相关的财务数据、资料及财务规划。

g. 考虑未来发展趋势,包括关系到医疗服务领域服务提供和资金来源重大变化的法律可能进行的修改。

h. 在校长任命大学医院院长时发挥顾问作用。

i.⑥ 对于各大学医院,至少应审查由校长和各校区校长提交的年度报告中有关执照、特殊服务、认证、规划、病人护理、医疗人员管理、质量保证、恰当的补救措施及与医学院关系等。每家大学医院的年度报告应当单独准备规定材料供委员会审查:

(i) 大学宗旨说明,需着重教学医院的三个基本功能:病人护理、教育和

---

① 1995 年 6 月 16 日新增。
② 1995 年 6 月 16 日新增。
③ 1995 年 6 月 16 日新增。
④ 1984 年 11 月 16 日修订。
⑤ 1984 年 11 月 16 日修订。
⑥ 1984 年 11 月 16 日新增。

医学研究；

(ii) 医务人员规章；

(iii) 按照加州行政法规第 22 条及医院认证联合委员会发行的医院认证手册对于大学医院管理机构职责作出的政策和程序。

j. 定期向董事会汇报委员会的职能和活动。

12.8① 薪酬委员会

薪酬委员会应：

a. 向董事会就有关大学雇员的薪酬福利各种事宜不断提出建议，以确保薪酬和福利政策、手续、项目和做法的公平、有效、明确、合理、透明和负责，并获得大学成员和公众的信任。

b. 在董事会规定各时间段，评估大学为增长薪酬、实现对各类雇员提供有吸引力薪资而采取的筹措、安排和分配资金方面取得的进步。

c. 就 2005 年 11 月通过的《高层领导薪酬政策》实施事宜进行审议并向董事会提出建议。

d. 采取如下措施，保证 12.8(a)、(b)和(c)条款的实施：

(1) 定期进行调研，以研究教师和各类行政人员的薪酬相比于同类机构的竞争力。

(2) 审核高层领导薪酬；此薪酬需先经过董事批准，再交由董事会审阅通过。

(3) 审核董事会制定现行教师和行政雇员薪酬政策及政策实施透明度，修订或制定新的适时政策。

(4) 审核高级管理层薪酬的年度报告，及高级管理人员校外职业行为年度报告。

e. 就大学主管官员职务薪酬向校长提供委员会认为合适的意见。

f.② 就以下事宜向董事会提出建议：

(1) 法人主管官员和大学主管官员的薪酬，包括董事会的主要主管官员和其重要副手、大学校长、常务副校长、资深副校长、其他副校长、大学审计官、各校区校长、实验室主任和大学医院院长；

(2) 高于标准薪酬范围的董事会任职教授薪酬，及领取"等级之上特等薪酬"(exceptional-above-scale)的教授校领导薪酬。"等级之上特等薪酬"指超过不时调整的现行学术等级薪资中最高等级，并根据《学年常规教师阶梯

---

① 2006 年 7 月 20 日新增。
② 2006 年 9 月 21 日修订。

薪金表》和《批准薪酬水平》之间的百分比差异不时调整。批准薪酬水准的标准应根据消费者物价指数每年进行调整，并上报董事会。

（3）大学其他人员（但不包括年度工资超出指数薪酬标准的董事会教授和大学教授）的薪酬。2004—2005财政年度的指数薪酬标准为168000美元，此后应按照消费者物价指数逐年进行调整，该比率增长应每年上报董事会。

（4）考虑并为年薪超过2004—2005财年的168000美元指数薪酬标准的医学研究中心教授制定政策。其年度指数薪酬标准亦应按照消费者物价指数逐年调整，该比率增长应每年上报董事会。

　　g. 就大学校长提出的学术人员和职员人事政策、人事计划和劳动关系进行考量并向董事会作出建议。

　　h. 就教授薪级事项向董事会作出建议。

　　i. 就有关雇员福利计划，包括大学校长提出的学校雇员退休制度等进行考量并向董事会提出建议。

12.9　管理委员会

管理委员会应：

　　a. 由董事会主席任命的人员组成，下一年的成员任命不迟于当年3月。董事会主席和大学校长不得任委员会委员。但是，法人主席为委员会的当然成员。董事会成员连任两届管理委员会成员后不得继续连任，除非有一年的间隔。

　　b. 在与董事会主席和大学校长协商后，在5月份例会上提名下一年度的董事会主席一名、董事会副主席一名和各常设委员会正、副主席各一人，经董事会批准后，被提名的成员应视为已获任命人员。提名的董事会副主席成员可以但非必须从多个常设委员会主席提名人选中选出。

　　c. 提名加州高等教育委员会的董事会代表和候补代表。经董事会批准后，如此提名的成员应分别视为已获任命的代表和候补代表。代表提名应在管理委员会5月份例会上提出，任期自7月1日开始，为期两年。按照《加州教育法》66901章节，代表和候补代表应从大学董事会成员中选出。董事会成员中，担任公立或私立高等教育机构长期全职教员或者每周超过6小时兼职教学工作者不能被提名为代表和候补代表。代表和候补代表经再次任命后可以连任。

　　d. 提名成员填补其他常设委员会和加州高等教育委员会代表和候补代表空缺。管理委员会的空缺由董事会主席填补。

　　e. 就有关常务委员会服务和出席情况进行考量并向董事会提供政策建

议,包括各董事出任的委员会数量,会议是否议题相关或同时举行,以及对特别委员会成员知识专长的要求。

f. 就章程的功能和效益(如法定人数,委员会最高人数限制等)进行考量并向董事会提供建议,若有必要可提出修改建议。

g. 就大学主管官员、各委员会主席和委员的任命、职责和权力进行考量并向董事会提供建议,若有必要可提出修改建议。

h. 就董事会会议形式进行考量并向董事会提供建议。

12.10[①] 长期规划委员会

长期规划委员会应:

(a) 由董事会成员组成,定期向代表更广泛团体的顾问委员征询意见。这些团体包括长期规划指导小组成员、各校区校长和副校长、教员、系主任、学生、校友和其他行政领导。

(b) 就有助于学校未来规划的所有事宜进行考量并向董事会提供建议,以促进学校发展、增强其实力,维持学校在科研、教学和社会服务的世界一流宗旨。

(c) 考虑长期规划委员会及其顾问委员会的作用和向董事会建议行动事项时所用程序,并就其作用和程序问题向董事会提出建议。长期规划委员会及其顾问委员会向董事会建议的行动事项将为学校未来发展带来积极影响。

章程 14 董事会和委员会会议

14.1 董事会例会

a. 除非经董事会免除,例会应每月举行一次,具体时间和地点由董事会不时决定。

b.[②] 秘书长应至少提前十天将例会通知提供给曾书面要求得到此类通知的人。

[①] 2007 年 1 月 18 日新增。
[②] 1982 年 11 月 19 日新增(1983 年 1 月 1 日生效)和 2006 年 11 月 16 日新增。

14.2[①] 董事会特别会议

董事会特别会议应该在校长、董事会主席或四名董事指示下由秘书长通知召开。特别会议可以在任何时间召开,具体时间、地点和日程的通知应该至少72小时前通过电话、信件或电报的形式及时通知每位董事的最后所知的工作或居住场所。此外,此类会议也应公开通知,应当经专人或邮寄递交发行量大的报纸或电视、电台发布,以便会议通知能在会议开始72小时前发出去。特别会议不应协商未在议程中的事宜。上述会议通知必须包含在会议记录中,并在随后的董事会议上宣读和得到批准,作为会议已按照规定进行通知的决定性证据。

14.3[②] 委员会和小组委员会的会议

委员会和小组委员会会议应该在董事会主席、该委员会主席、该小组委员会主席、大学校长或委员会或小组委员会三名以上成员指示下由秘书长通知召开。

与董事会会议同期举行的委员会和小组委员会会议应被认为是例会,除非另有说明是特别会议或紧急会议。

通知和日程要求同章程14.1和14.5对例会的规定、章程14.2对特别会议的规定和章程14.4对紧急会议的规定。

14.4[③] 紧急会议

董事会或委员会紧急会议应该在校长或董事会主席指示下由秘书长通知召开,会议可以在任何时间召开,具体时间、地点和日程的通知应该至少72小时前通过电话、信件或电报的形式及时通知每位董事的最后所知的工作或居住场所。紧急会议仅在发生或考虑以下事件时召开:(a) 停工或其他严重损害公众健康、安全或两者兼有的事件;(b) 严重损害公众健康、安全或两者兼有的重大灾难;(c) 行政纪律事项,包括但不限于需要立即予以重视的提议规定和未决诉讼。

如需大发行量的报纸或电视、电台发布董事会或委员会会议通知,则应在紧急会议召开1小时前由董事会主席,或大学校长或其指定人员电话通知

[①] 1971年2月19日修订,1982年11月19日修订(1983年1月1日生效),1984年6月15日修订,1998年1月16日修订,2006年11月26日修订。
[②] 1982年11月19日修订(1983年1月1日生效),2006年11月16日修订。
[③] 1982年11月19日新增(1983年1月1日生效),2006年11月16日新增。

该发行量大的报纸,或电视、电台。如电话无法使用,则事先通知的要求可以免除,董事会主席,或大学校长或其指定人员应在会议结束后尽早通知该报纸或电视电台紧急会议的举行、会议目的以及任何需要通告的会议内容。

紧急会议召开后,秘书长应尽早公示通知人员名单或试图联系人员名单、需通告的会议内容、包括记名表决和采取措施的会议纪要。公示时间为10日以上,

14.5[①]　董事会、委员会和小组委员会例会的议程和议程材料

在董事会、委员会和小组委员会例会举行十天前,秘书长应邮件通知每位董事会成员会议需讨论和办理的所有事项。不应讨论未列在议程中的事宜。董事会例会上可以讨论同期举行的委员会和小组委员会会议议程事项。

[②]在董事会、委员会和小组委员会例会举行七天前,或会议后最短时间内,秘书长应将大会议程材料邮件发送给每位董事会成员。这些材料应注有会上任命或卸任的法人主管官员、大学主管官员人名。

14.6[③]　公开会议;非公开会议

董事会、常设委员会、特别委员会、小组委员会会议的召开应根据《加州教育法》92030—92032条相关部分的规定:

除本条另有规定的,所有加州大学董事会会议应遵守《加州政府法典》标题2第3编第1部分第1章第9节(自11120条起)的规定。

"加州大学董事会"指加州大学董事会及其常设委员会、特别委员会、小组委员会,不包括在合同谈判中建议或协助校长、少于三名董事组成的团体。

加州大学董事会在讨论如下事项时可以进行非公开讨论:(1)影响国家安全的事项。(2)荣誉学位或其他荣誉授予和纪念活动。(3)涉及赠送、遗产和遗赠。(4)为助学基金和养老基金而进行的购买或出售投资。(5)诉讼的事项,公开讨论这些问题会严重影响或损害公共利益。(6)财产的取得或处置,公开讨论这些问题会严重影响或损害董事会以最有利于公众利益

---

① 1975年6月13日修订,1979年1月19日修订,1982年11月19日修订(1983年1月1日生效),1984年6月15日修订,2006年11月16日修订。
② 1984年6月15日新增。
③ 1971年2月19日,1975年11月21日,1977年6月17日,1979年7月20日,1982年11月19日(1983年1月1日生效),1984年11月16日(1985年1月1日生效),1993年11月19日(1994年1月1日生效)修订。

的方式取得或处置这些财产。(7)有关大学主管官员或雇员的任命、雇佣、绩效、薪酬或卸任;大学校长以外的董事则不在此列。讨论董事会主要主管官员、大学校长、副校长、各校区校长、副司库的薪酬不应该包括董事会为此类人员所做的薪酬提案。薪酬提案讨论应只在公开会议进行。上述人员的薪酬应包括工资、福利、津贴、遣散费(不包括解雇或诉讼协定中的遣散费)、退休福利或任何其他形式的补偿。(8)对大学主管官员或雇员的投诉,除非该大学主管官员或雇员要求举行公开听证。大学校长以外的董事则不在此列。

当证人正在任何公开或非公开会议接受审查时,此调查的任何或所有其他证人不应参加。

加州大学董事会各委员会在医疗合同谈判时可以举行非公开会议。

董事会的提名委员在进行董事会或下属各委员会提名时可以举行非公开会议。

董事会的提名委员在提名学生董事时可以举行非公开会议。

董事会为搜寻和遴选大学主管官员人选的委员会会议不应被要求当公布。

在讨论涉及《加州政府法典》第 3596 条(该条内容与《高等教育雇主与雇员关系法》的第 3596 条内容一致)有关事项,包括考虑和讨论大学的对会议的立场、与代表多样性有关问题或对大学指定代表作出指导时,董事会也可以举行非公开会议。

14.7[①] 发布信息——非公开会议

a. 允许董事会及其委员会对非公开会议予以保密,但须符合本章程的规定。

b. 董事会在非公开会议采取的措施通常应该在最终措施实施后由董事会或董事会授权的委员会公布。如披露将侵犯个人隐私或影响大学利益,行动可以不必公布或者延迟公布。非公开会议任命、聘用或解雇大学雇员,以及记名投票决定应在随后的董事会公开会议中公布。

c. 措施公布应根据其内容由相应负责的大学校长、秘书长、首席投资官、董事会总法律顾问在其相关职权范围内决定,并遵守董事会既定程序。

d. 除最后措施外的非公开会议资料,可只公布如下信息:

1. 相应负责的大学校长、秘书长、首席投资官、董事会法律总顾问可根

[①] 1979 年 11 月 20 日,1972 年 5 月 19 日,1979 年 1 月 19 日,1981 年 7 月 17 日,1982 年 11 月 19 日(1983 年 1 月 1 日生效),2006 年 11 月 16 日修订。

据大学普通商业行为的需要公开非公开会议的背景资料。

2.① 大学校长,在与董事会主席和董事会法律总顾问协商后认为适当的,可以出于学术目的公开非公开会议信息;当其内容不会在当前非公开会议中讨论,可以安排在非公开会议后公开,或 25 年以后解密。

章程 16　董事会和委员会程序

16.1②　董事会议事次序

如下为每次董事会例会议事次序:
唱名
批准上次会议记录
大学校长做报告
常设委员会做报告
特殊委员会做报告
董事会主管官员报告
未完成业务
主管薪酬的补充报告
新业务
特殊会议议事次序应为:
唱名
阅读会议通知和陈述相应服务
会议所要解决的特殊事宜
经由大多数出席董事会董事表决通过,常规议事次序可以在任何会议暂停。

16.2③　校友会代表出席

应邀请加州大学校友会秘书长和司库出席董事会会议。

---

① 1985 年 2 月 15 日修订。
② 1993 年 11 月 19 日修订(1994 年 1 月 1 日生效)。
③ 1975 年 2 月 14 日修订。

16.3[①]　董事会法定人数

董事会处理事务的例会应保证9名董事会成员的法定人数,董事会处理事务的特殊会议应保证12名董事会成员的法定人数。

16.4[②]　委员会法定人数

由5名常设委员会成员、特殊委员会成员或是小组委员会成员构成处理事务的法定人数。

16.5　不足法定人数会议延期

会议经由多数出席董事表决通过可延期并在选定日期的下一次会议上继续讨论,即使当次会议无法达到法定人数仍可照此条例进行。

16.6　主持委员会会议

当委员会主席缺席会议时,副主席应主持会议并承担主席责任,当委员会主席和副主席均缺席时,在场资历最深的委员应主持会议并承担主席责任。

16.7[③]　程序规则

法人会议及其委员会会议适用于《罗伯特议事规则(最新修订)》且未在本章程中得到说明的议程,均遵照《罗伯特议事规则》进行。

16.8[④]　报告程序

a.[⑤] 报告应该按照董事会采纳的报告格式提交给董事会及其委员会。

b. 提交董事会及其委员会的其他报告要求应在董事会或相关委员会中投票决定。

16.9[⑥]　沟通

提交给董事会或某委员会的沟通材料应为书面形式,在秘书长表示接

[①] 1993年7月16日修订。
[②] 1993年7月16日,2007年1月18日修订。
[③] 1970年5月15日修订。
[④] 1975年6月13日新增。
[⑤] 1984年11月16日修订。
[⑥] 1969年9月19日,1971年1月22日,1975年6月13日,1979年6月15日,1986年5月16日,2006年11月16日修订。

受后于下一次定期会议时呈交给秘书长。由学术评议会成员、教师、学生组织或是学校雇员传达的沟通事宜仅通过校长传达。此章程不适用于由加州大学学生会主席团及章程 16.10 中规定的学术评议会理事会成员提交的沟通事项。

16.10[1]　列席参加董事会和委员会

a.[2] 个人和组织遵循程序在董事会或某委员会讨论、考虑某一事项之前或当中的公开会议中就有关议题直接发言，有可能得到董事会决议的采纳。但董事会主席或者委员会主席需合理限制就某一问题进行公众听证的时间和每位发言者的讲话时间。主席可以用确认发言人内容与议题相关性，或这一事项并不涉及一名主管官员负责而应由另一名主管官员负责的方式来限制问证。

向董事会或者委员会谏言的个人应该在不晚于发言当日的上午场和下午场开始前首先将其意愿告知秘书长。

b. 除非经校长转达，任何主管官员、教师或者其他雇员、学生，或主管官员、教师，其他雇员、学生的群体不得擅自提交事务给董事会或其委员会进行正式讨论。

c. 教育政策委员会、财政委员会、场地和建筑物委员会主席，或大学校长有权要求加州大学学生会主席团和/或学术评议会理事会的成员就学生或者教师在上次委员会会议中表示关注以及经董事会考虑但未在上次委员会会议上公开讨论的问题进行发言。

d. 校长应该邀请学校主管官员和为学校利益最大化所需的其他人员列席董事会和委员会会议。

e.[3] 在教育政策委员会、财政委员会、场地和建筑物委员会召开的所有公开会议中，加州大学学生会主席团和/或学术评议会理事会的成员可在得到相应委员会主席允许后就会议议题发言。

16.11　重新考虑，撤销，或废除

[4]任何撤销或废除的提议都无权在董事会进行表决，除非该撤销或废除的意愿已经在上次会议上提出或经过秘书长发送电邮至每位董事会成员，

---

[1]　1971 年 1 月 22 日，1974 年 5 月 17 日，1975 年 6 月 13 日，1986 年 5 月 16 日，2006 年 11 月 16 日修订。

[2]　1979 年 6 月 15 日，1984 年 5 月 18 日，1994 年 1 月 21 日修订。

[3]　1979 年 6 月 15 日，1986 年 5 月 18 日修订。

[4]　1969 年 7 月 11 日，1982 年 11 月 19 日（1983 年 1 月 1 日生效），2006 年 11 月 16 日修订。

且其主要内容已经按照章程 14.5 的要求写入日程当中。

任何成员都可以提请董事会重新考虑某项决定,重新考虑的要求应在当次会议上提出并接受董事会投票表决。

16.12 董事会和委员会会议程序记录

a. 董事会会议程序记录应交由秘书长保管,在每次会议之后尽早将会议记录副本寄给每位成员。

b. 委员会会议程序记录应交由秘书长保管,在每次会议之后尽早将会议记录副本邮寄或递送给每位成员。

c.① 非公开会议的会议记录应和公开会议的记录分开保存。

章程 20 法人主管官员

20.1② 选派和资格

法人主管官员应为董事会总裁(州长)、主席、副主席;以下成员集体称为董事会主要主管官员:秘书长、首席投资官、投资副校长(兼任学校主管官员)、法律事务总顾问兼副校长(兼任学校主管官员)、资深副校长、首席合规和审计官(兼任学校主管官员),以及上述主管官员作为法人主管官员在其各自负责领域委任的代表、副手和助理。总裁、董事会主席和副主席应为董事会成员,但董事会成员并不是出任主管官员的必要条件。除总裁、董事会主席和副主席外,其他主管官员均可兼任董事会决定赋予的多项职务。

20.2③ 选举

除总裁(州长)外,董事会应选举主席、副主席和主要主管官员。主席和副主席应在董事会5月份例会上选出并自7月1日开始任期,为期1年,直至继任者选出。当主席职位出现短暂空缺时,副主席应接替主席职责直至选出继任者。在未到期的情况下,董事会主席不得连任超过两年。在未到期的情况下,董事会副主席不得连任超过两届。所有其他主管官员职位出

---

① 1982 年 11 月 19 日(1983 年 1 月 1 日生效),2006 年 11 月 16 日修订。
② 1993 年 1 月 15 日修订,1993 年 3 月 1 日生效,2000 年 7 月 20 日,2000 年 7 月 1 日生效,2006 年 5 月 17 日,2006 年 5 月 18 日,2006 年 9 月 21 日,2006 年 11 月 16 日修订。
③ 1975 年 6 月 13 日,1999 年 10 月 14 日,2006 年 5 月 17 日,2006 年 5 月 18 日,2007 年 1 月 18 日修订。

现空缺应选出胜任者,并在董事会同意的任期内任职。主席、副主席、法人团体主要主管官员的选举和卸任应经董事会多数通过,临时主席的选举应在董事会例会或特殊会议上经出席董事多数通过。

章程 21　法人主管官员的职责和责任

21.1[①]　总裁、主席和副主席

董事会总裁应主持董事会会议。但总裁要求主席主持,或总裁缺席或无法履行总裁职责的情况除外。

若董事会总裁和主席两人同时缺席或无法履行职责,在此期间,由副主席在得到总裁和主席授权事宜上代为履行职责。

如若董事会总裁、主席和副主席三人同时缺席或均无法履行职责,在此期间,董事会应从与会人员中选出临时会议主席,并可批准该临时会议主席在得到三人授权后代为履行职责。

除非董事会程序或决议明确权利归属他处,董事会总裁、主席或副主席、财务委员会主席或副主席有权代表法人管理委员会批准或委员会授权的政策和计划必要文件。但董事会总裁、主席或副主席、财务委员会主席或副主席签署的文件如无法人团体秘书长签字则无法律效力,除非董事会另有规章使其生效。

若联邦政府或其他机构为大学贷款提供担保,上述主管官员有权根据契约或合同在贷款无法清偿时将相应不动产或其他权益转让给联邦政府或其他机构。

21.2[②]　法律总顾问

法律总顾问和法律事务副校长,同时也是大学主管官员,应为学校主要的法律主管官员;主管所有涉及学校和法人的法律事务;出席董事会和其委员会会议;应在所有法律诉讼中代表法人;为法人、其委员会和主管官员、大学校长、学校主管官员、学术评议会主管官员提供法律建议;根据大学校长指示,确保大学获得所有的法律服务。

[①]　1980 年 10 月 17 日,1980 年 11 月 21 日修订。
[②]　1993 年 1 月 15 日修订,1993 年 3 月 1 日生效。

21.3 秘书长

①秘书长负责加州大学董事会和加州大学管理层之间的基本联络,在董事会主席和大学校长直接领导下工作,管理委员会项目、倡议和命令(包括董事会会议及议程),进行重要研究分析、规划、准备、支持和审查。秘书长应以董事会代表身份,代表董事会及其成员对联络事务和所发生的事件作出回应。

此外：

a.② 秘书长应管理董事会的年度运行预算,确保支出依照大学和董事会的政策和指导方针获得批准。

b.③ 秘书长应就董事会政策和程序向董事会和大学管理者发出通知和提出建议；通过经常咨询董事会法律总顾问,确保大学活动遵守所有有关政策和程序、遵从良治。

c.④ 秘书长应向董事会提供管理协助,具体为为指定的委员会提供人员支持,以及设计和协助新任董事就职培训。

d.⑤ 如被要求为董事提供协助,秘书长可加入由董事会董事组成的管理工作小组。

e.⑥ 秘书长应就董事会和委员会所有会议给出法律通知；应当记录和保存董事会和委员会所有会议纪要；应跟踪和协调所有的信息、报告,并跟进会议所讨论事宜；应向董事会提供综合行政事务支持。

f.⑦ 秘书长应是该法人所有正式记录(包括所有会议记录和法人文件)的保管者。

g.⑧ 秘书长应是该法人印章和其他董事会正式记录和其他重要法人记录的保管者；并代表法人依据要求对文件和证明加盖印章。

h.⑨ 秘书长可证明法人或大学董事会或委员会行为、法人或大学主管官员的身份、任命以及权力,该证法人的章程和常规,以及董事会会议记录的节选。

---

① 2006 年 11 月 16 日新增。
② 2006 年 11 月 16 日新增。
③ 2006 年 11 月 16 日新增。
④ 2006 年 11 月 16 日新增。
⑤ 2006 年 11 月 16 日修订。
⑥ 2006 年 11 月 16 日修订。
⑦ 2006 年 11 月 16 日修订。
⑧ 2006 年 11 月 16 日修订。
⑨ 2006 年 11 月 16 日修订。

i.① 秘书长可代表董事会执行或证明大学运行所需要的各种文件,包括但不限于,根据法人章程21.1中规定的由董事会总裁、主席或副主席、财务委员会主席或副主席执行的文件。

j.② 秘书长有权独自代表法人参与并执行以下事宜:

(1)③ 除非章程和常规另有说明,所有涉及不超过100万美元金额、经董事会或委员会批准的项目或政策文件。

(2)④ 所涉及的不动产交易文件。这些文件为大学校长或法人首席投资官在各自职权范围内批准的计划或政策实施所必需的,但下属文件须经董事会批准或由委员会授权[见章程21.4(q)和常规100.4(cc)]:

(aa)⑤ 不动产所有权转让的文件,但不包括根据章程1.4(o)和21.4(p)由首席投资官批准,及根据常规100.4(gg),100.4(hh)和100.4(ll)由校长批准的文件。

(bb)⑥ 初始租约规定每年土地租金超过50万美元,涉及天然气、石油、其他碳氢化合物矿产或地热资源的所有权租赁。

(cc)⑦ 超逾大学校长和首席投资官各自职权范围的不动产租赁、许可、地役权和通行权。

(dd)⑧ 大学为主管官员、代理人、雇员、学生、受邀人和客人以外人士行为承担责任的协议。此限制不适用于大学为其监管土地的状况而承担责任的协议。

(3) 通过董事会授予的权力、受托人的销售或法人持有担保债务违约引发诉讼而取得不动产收益所有权的接受证书。

(4) 有法人主管官员签名,用于保险索赔,以及根据理赔政策、代理或认可得到赔款的收据与发放,或用于通知及声明的损失证明。

(5)⑨ 所有与法人和大学业务相关的履约担保,但被要求提供担保金的主管官员和雇员担保金应与章程12.3(h)财务委员会的规定一致。

---

① 1980年10月17日,2006年11月16日修订。
② 2006年11月16日修订。
③ 1982年11月19日修订(1983年1月1日生效),1983年2月18日,1984年6月15日,1993年5月21日修订。
④ 1975年6月13日,1993年5月21日,1999年10月14日,2006年11月16日修订。
⑤ 1982年11月19日修订(1983年1月1日生效),1982年2月18日,1984年6月15日,2006年11月16日修订。
⑥ 1982年11月19日新增(1983年1月1日生效),1996年3月15日修订。
⑦ 1982年11月19日新增(1983年1月1日生效),1983年2月18日,1984年11月16日,1993年5月21日,1993年7月16日和2006年11月16日修订。
⑧ 1972年3月17日,1975年6月13日,1982年11月19日(1983年1月1日生效)修订。
⑨ 1978年3月17日,2006年9月21日修订。

21.4 首席投资官[①]

a.[②] 首席投资官,同时也是大学的主管官员之一,负责法人和大学的所有投资事宜;应就投资事宜向法人、委员会和主管官员、大学校长、大学其他主管官员提出建议;并在大学校长行政监督下,监管大学的全部投资行为。

b.[③] 首席投资官应根据董事会、财务委员会、投资委员会要求报告所有投资的收据、支付及与其工作相关的事项;在每年6月30日前就其工作向董事会做年度报告,形式和时间由董事会要求和批准。

c. 首席投资官保管所有为投资目的持有的或购买的债券、股票、票据、销售合同、抵押贷款,以及不动产信托,属于法人的其他证券,所有保险政策,其他有关文件,其保管地点和方式由投资委员会批准。此处提到为投资目的的资产包括捐赠资产。

d.[④] 首席投资官应负责收集到期债券利息和本金、股票分红、有抵押作为担保的票据的利息和本金、投资型地产契约托管保证的票据利息和本金及法人所投资或获得的所有租金和其他款项,首席投资官可授权大学校长收集法人的任何款项。

e.[⑤] 首席投资官通常应为法人投资经理,应采取一切必要措施保证法人债务的迅速偿还,及法人投资资产保持,并在投资委员会授权和指示下,出于投资目的购买、交换、出售或以其他方式交易债券、股票、房产抵押担保的证券、外汇合同和投资型不动产契约,以及法人其他投资。

f.[⑥] 首席投资官有权代表法人直接或从大学校长处接受基金、证券、地产或其他分发给加州大学董事会、加州大学、大学院系或学部的资产或捐赠,并签发相关收据和租约。

g.[⑦] 首席投资官可就投资型不动产的销售、购买和租赁进行谈判,实现有关文件内容,但不包括涉及地产所有权的文件;但购买或出售文件的实施需已获得董事会或相关委员会批准生效,或根据章程21.4(m)和21.4(n)得到首席投资官批准生效。

---

① 2002年3月14日,2006年9月21日修订。
② 2000年7月20日新增,2006年9月21日修订。
③ 1993年5月21日修订,2006年9月21日修订。
④ 1984年6月15日,1993年5月21日,2006年9月21日修订。
⑤ 1979年7月20日,1984年6月15日,1993年5月21日,1993年11月19,2006年9月21日修订。
⑥ 2006年9月21日修订。
⑦ 1984年6月15日,1989年11月17日,1993年5月21日,2006年9月21日修订。

h.① 首席投资官应对其直接收到给予法人的款项、法人名下的证券和其他资产提供收据。

i.② 首席投资官可以法人名义为支票和担保提供背书,但仅限于法人开户银行的账户款项。

j.③ 对于持有或获得的投资型不动产,当抵押贷款和担保的信托契约已全额支付时,首席投资官有权签署让渡书、清偿抵押贷款或信托契约回付请求。

k.④ 首席投资官有权执行在证券交易中直接配售交易收购的有关协议。

l.⑤ 首席投资官有权执行补偿保证书、损失证明和其他单证,执行这些单证需要得到新签发的证券以取代丢失、被盗或被毁的证券。

m.⑥ 首席投资官,或第一副首席投资官(Deputy Chief Investment Officer),或第二副首席投资官(Associate Chief Investment Officer)和助理首席投资官有权转让、兑换、背书、出售、分配、移交和交付任何或全部股票、债券、信用债券、票据、认购权证、股票购买权证、负债凭证或法人名下及拥有的其他证券,以及撰写、签署或交付任何或全部书面分配和转让文件,加盖法人印章使之生效。

n.⑦ 秘书长、副秘书长或法人助理秘书长应当在分配和转让文件上附加签名,且按照本章程规定,载明本部分的规定有完全的效力。此外,应当载明以下人员的名字:法人的首席投资官、第一副首席投资官、第二副首席投资官和助理首席投资官。所有拥有此证明和附加证明的人有权在不经进一步问询和调查,也不论其签署之日期的信任前提下承担或采取行动,这一前提为文书中列出的股票或其他股份已经被法人妥善地转交、认可、销售、分配、移交和交付,有关章程21.4(k)中的证券和首席投资官、第一副首席投资官、第二副首席投资官的相关方面权力继续完全有效。

o.⑧ 首席投资官有权批准赠与不动产的销售,或投资型赠与不动产的

---

① 2006年9月21日修订。
② 2006年9月21日修订。
③ 1984年6月15日,1993年5月21日,2006年9月21日修订。
④ 2006年9月21日修订。
⑤ 2006年9月21日修订。
⑥ 1973年7月13日,1979年1月19日,2006年9月21日修订。
⑦ 1970年10月16日,1973年7月13日,1979年1月19日,2006年9月21日,2006年11月16日修订。
⑧ 1982年11月19日新增(1983年1月1日生效),1983年2月18日,1987年7月17日,1993年5月21日,1996年3月15日和2006年9月21日修订。

接受,前提是资产价格不超过 1000 万美元。当涉及金额超过 1000 万美元,但未超过 2000 万美元时,需先征得董事会主席和投资委员会主席的同意,且此已获得授权的行为会在下一次董事会会议上报告时,首席投资官有权批准投资型赠与不动产的销售和接受。超过 2000 万美元的交易需经董事会批准。首席投资官有权批准让渡的接受或消除影响投资财产的所有权的留置权或抵押权;当涉及金额不超过 1000 万美元,有权批准投资型赠与不动产的执照、地役权和通行权。

p.① 首席投资官有权批准投资型赠与不动产的出租、租赁或转租权的分配,以及初始租约规定每年土地租金超过 50 万美元,涉及天然气、石油、其他碳氢化合物矿产或地热资源的所有权租赁的修订。

q.② 首席投资官有权代表法人批准和执行投资型赠与不动产合同、房地产租赁协议和其他有关文件,但第一年租金底价不得超过 50 万美元,而租赁期内总租金不超过 1000 万美元。若获得董事会主席和投资委员会主席批准,首席投资官有权代表法人批准和执行第一年涉及金额超过 50 万但不足 100 万美元,或租赁期内总租金超过 1000 万美元但不足 2000 万美元的投资型赠与不动产合同、房地产租赁协议和其他有关文件,但同时此授权行为需在下一次的董事会会议上报告。续以上所述,第一年租金超过 100 万美元和总租金超过 2000 万美元的合同及文件需经董事会批准。上述规定的最高初始租金底价和租金总额的最大值应每年各按照全国城市消费者消费物价指数(详见全国城市消费者消费物价各项指数)增幅增加同样的百分点。

21.5③ 资深副校长—首席合规和审计官

资深副校长—首席合规和审计官应制定并维持的法人道德、合规和审计程序,作为独立、客观的办公单位审查和评估大学内合规和审计事项。这一职务将直接监督董事会、管理机构、教师和雇员,并报告各监督对象遵守监管机构规则和政策、大学的政策和程序、大学伦理价值观和行为标准的情况。本职位有权采取必要的行动,以保证有效实现目标、遵守职业道德和审计程序。

21.6 副主管官员和主管官员助理

副主管官员和主管官员助理由董事会任命,在没有具体相反指示的情

---

① 1982 年 11 月 19 日新增(1983 年 1 月 1 日生效),1983 年 2 月 18 日,1987 年 7 月 17 日,1993 年 5 月 21 日,1996 年 3 月 15 日和 2006 年 9 月 21 日修订。
② 1993 年 7 月 16 日新增,1996 年 3 月 15 日,1999 年 10 月 14 日,2006 年 9 月 21 日修订。
③ 2006 年 5 月 17 日新增,2006 年 9 月 21 日,2006 年 11 月 16 日,2008 年 5 月 15 日修订。

况下,在其主管官员缺席或无法履行职责时,或在董事会或相应主管官员授权情况下,可掌握和行使主管官员的职责和权力。

21.7 主管官员的特殊职权

如董事会授权,法人的主管官员可拥有本章程规定外董事会授予的其他权力和职权。

章程 29 杂项规定

29.1 荣誉学位

a. 如大学校长推荐,在校长作出推荐的董事会会议后下一次的董事会会议上,由出席董事四分之三投票批准,方可授予荣誉学位。

b. 荣誉学位不得授予董事会成员或大学的在职雇员。荣誉学位不得授予大学的前雇员,除非该雇员已退休满 11 个月。

c.① 大学的任何仪式一次不得授予 3 个以上名誉学位,任何分校一学年授予的荣誉学位数不得超过四个。

章程 30 修订

30.1② 程序

在董事会常规会议上,如有三分之二以上董事会成员赞成,可修订本章程,但拟投票表决的修正案提议(包括草案)应在上一届董事会常规会议通知,且最初已按照章程 10.1(a)规定递交相应委员会。

常规 100 学校主管官员

100.1 主要职责

a.③ 学校的主管官员包括总校校长、常务副校长、资深副校长和其他副

---

① 1970 年 5 月 15 日修订。
② 1969 年 7 月 11 日,1975 年 6 月 13 日修订。
③ 1970 年 5 月 15 日,1975 年 6 月 13 日,1979 年 2 月 16 日,1980 年 9 月 19 日,1981 年 7 月 17 日,1982 年 6 月 18 日,1984 年 10 月 19 日,1985 年 1 月 18 日,1989 年 7 月 21 日,1996 年 3 月 15 日,2006 年 9 月 21 日,2006 年 11 月 16 日修订。

校长、副校长助理、大学审计官、分校校长、分校副校长及厄尼斯特奥兰多劳伦斯伯克利国家实验室主任及副主任、厄尼斯特奥兰多劳伦斯利弗莫尔国家实验室主任及副主任、洛斯阿拉莫斯国家实验室主任及副主任,以及各大学医院院长。

b.① 总校校长直接向董事会负责。除法律总顾问兼主管法律事务副校长、资深副校长以外,其他所有主管官员应直接或通过指定的渠道向校长负责。首席合规官兼审计官接受校长和董事会的双重领导。

100.2② 任免程序

（a）总校校长的任命和罢免须经过董事会多数通过。

（b）③ 常务副校长、资深副校长和其他副校长、总校审计官、分校校长和实验室主任任命须经由校长在听取常设理事会相关委员会意见基础上推荐,由董事会投票任命。应由校长决定,或者可为此目的成立专门的理事会。大学其他主管官员的任命须由总校校长决定,并每年向董事会汇报。

（c）④ 分校校长、厄尼斯特奥兰多劳伦斯伯克利国家实验室主任、厄尼斯特奥兰多劳伦斯利弗莫尔国家实验室主任、洛斯阿拉莫斯国家实验室主任、法律总顾问兼主管法律事务副校长、大学审计官的降职或罢免须在校长提出或者经征求总校校长意见后提请董事会表决。

（d）对学校其他主管官员的降职和罢免须经有关主管官员建议或是经征求其意见后由总校校长决定,并向董事会汇报。

（e）⑤ 校长有权临时任命任期不超过一年的学校主管官员。所有类似的任命都必须每年上报董事会。但分校校长、厄尼斯特奥兰多劳伦斯伯克利国家实验室主任、厄尼斯特奥兰多劳伦斯利弗莫尔国家实验室主任、洛斯阿拉莫斯国家实验室主任仅仅在紧急情况下可以由总校校长进行临时任命,同时必须在下次董事会例会上提请批准。

（f）⑥ 学校主管官员的职务微调须由校长同意并每年向董事会汇报。

（g）⑦ 若双方同意,主管官员在任期内发生的任职变动可经由校长批准后生效,并每年向董事会汇报。

---

① 1993年1月15日修订,1993年3月1日,2006年9月21日生效。
② 1975年6月13日修订。
③ 1996年3月15日,2006年9月21日修订。
④ 1980年9月19日,1981年11月20日,1985年1月18日,1993年1月15日修订,1993年3月1日,1996年3月15日生效。
⑤ 1981年6月19日,1984年10月19日,1996年3月15日,1996年9月20日修订。
⑥ 1996年3月15日修订。
⑦ 1980年5月16日,1996年3月15日修订。

100.3[①]　**薪酬**

（a）总校校长的薪酬须经薪酬委员会建议，由董事会决定。

（b）[②] 常务副校长、资深副校长和其他副校长、大学审计官、分校校长和实验室主任的薪酬，包括任命时薪酬及之后的薪酬变动都必须通过薪酬委员会，在校长的建议下由董事会决定。年薪低于168000美元的其他大学主管官员薪酬须由校长决定，并每年向董事会汇报。每年的薪酬标准须依照消费者物价指数标示出来，增长的百分比须向董事会汇报。

（c）[③] 依照章程第100.2(e)条任命的临时主管官员薪酬由校长决定，并每年向董事会汇报。但在紧急情况的条件下临时任命的分校校长、厄尼斯特奥兰多劳伦斯伯克利国家实验室主任、厄尼斯特奥兰多劳伦斯利弗莫尔国家实验室主任、洛斯阿拉莫斯国家实验室主任的薪酬不在此类。

（d）[④] 若双方同意，对任期长度的变化以及相应的薪酬变更可由校长批准，并每年向董事会汇报。

（e）[⑤] 若双方均同意，学校主管官员的任命生效日期的变化及相应的薪酬变更可由校长批准，并每年向董事会汇报。

100.4　总校校长职责

（a）[⑥] 校长是加州大学的行政首脑，对大学各项事务管理和运行拥有全部权力、担负除秘书长、首席投资官、董事会总顾问、资深副校长、首席合规和审计官以外外的全部责任。校长可以指定人选担任除董事会当然成员之外的其他职位。

（b）[⑦] 校长有权以董事会名义将专业学位授予由学术评议会推荐、各院系教务处证明的候选人，有权经董事会批准授予荣誉学位。如在校长缺席或经校长特别委派情况下，可由各分校校长授予董事会批准的荣誉学位。校长已批准的专业学位可由校长委派的总校主管官员或分校的主管官员授予。校长应该通过自己指定的委员会就授予荣誉学位事宜征求学术评议会的意见。

---

① 2006年7月20日修订。
② 1996年3月15日，2006年7月20日，2006年9月21日修订。
③ 1975年9月13日，1996年3月15日修订。
④ 1975年9月13日，1996年3月15日修订。
⑤ 1980年5月16日，1996年3月15日修订。
⑥ 2006年5月17日，2006年9月21日，2006年11月16日修订。
⑦ 1970年5月15日，1971年2月19日，1971年3月19日，1980年1月18日，1985年1月18日修订。

(c)① 在遵循校长制定相关条例的前提下，校长有权任命、决定薪酬、降职升职、罢免学校雇员，但章程和常规另有规定的，以及由秘书长、首席投资官、董事会总顾问管辖的人员除外。在进行涉及由分校校长、资深副校长、常务副校长和其他副校长、厄尼斯特奥兰多劳伦斯伯克利国家实验室主任、厄尼斯特奥兰多劳伦斯利弗莫尔国家实验室主任、洛斯阿拉莫斯国家实验室主任管辖人员的人事变动时，校长应该与相关主管官员进行商议，并考虑他们的建议。当人事变动涉及教授、副教授或是平级职位，助教、住院教授、住院副教授、住院助理教授、临床教授（如医学教授）、临床副教授（如医学副教授）、临床助理教授（如医学助理教授），有雇佣保障的资深讲师或是有雇佣保障的讲师时，分校校长应该与学术评议会妥善建立的委员会进行协商。

(d)② 校长和经由校长授权的人有权作为董事会代理人，履行《高等教育雇主雇员关系法》下的集体谈判职责。无论何时校长行使赋予他的基本或特殊的权力并对学校雇员的任期或是工作条件产生影响，这种行为只能在满足学校必须履行的职责的前提下进行，同时这种行为只能在校长批准的程度内进行。

(e)③ 校长有权遵照其制定的规章制度批准带薪或是无薪休假，分校校长、实验室主任、常务副校长、资深副校长和其他副校长带薪休假超过90天需经校长提议，由董事会审批。

(f) 校长每年应通过相应的常设委员会向董事会汇报学校预算、资产改善计划和资金拨款计划。

(g)④ 校长应该修订和确定所有的费用、罚款和根据学生数量制定的存款数额、付款条件和付款时间。校长应确保在评估学校登记费、教育费用、学费，以及获贷款资助项目的花费前得到董事会的批准，但由学生费用资助的设施、停车场和宿舍项目除外。

(h) 校长应该确定学校年历，但学术评议会可以建议并经董事会批准增加或取消学期。

(i) 校长有权在分校校长和学术评议会的建议下颁发各种奖学金、奖项，并批准因此目的的支出。

(j) 校长应该就学校的教学研究政策和分校长以及学术评议会进行商

---

① 1975年6月13日,1980年9月19日,1984年10月19日,1985年1月18日,1985年11月15日,1987年5月15日,2006年9月21日,2006年11月16日修订。
② 1975年6月13日,1980年6月20日,1981年1月16日修订。
③ 1975年6月13日,1980年6月20日,1981年1月16日,1993年7月16日,2006年9月21日修订。
④ 1972年2月18日,1987年7月17日,1984年7月15日,2002年5月16日修订。

议,就校内以及联邦和州政府作出的可能会对学校教学研究产生重大影响的决策都应及时告知各校区校长和学术评议会。校长应该就学校和其几所分校的学术计划向董事会提议,并将学术评议会向董事会提出的备忘录转达给董事会。

(k)校长应该制定、提出、实施并批准符合学校利益并与董事会政策相符的募捐活动。

(l)校长应在美国国会、美国官员或是加利福尼亚州的立法机构或官员提出的要求行动的事务上代表法人和大学。

(m)① 校长有权协商和批准间接成本率,该间接成本率将写入与校外资金方签订的合同中,并将适用于校外资金支持的项目运作过程中。但与美国能源部重大合同中用于代替间接费用的固定费用需得到财务委员会的批准。美国管理预算局A21号通报中所批准的间接费用和此后类似公告条款应每年向财务委员会报告。

(n)若合同、拨款和赠与依照董事会政策进行提取或协商同意,则校长有权允许从合同、拨款、赠与以及公司承付款项中冲抵开支。

(o)校长有权批准学校运行资金的转移或分配以及将资金用于资本改善目的的转移活动,上述资金转移可能受到如下限制:

1. 转移或分配的资金不得导致具有持续性义务的新政策、新项目、新活动的建立。

2. 从预留资金中进行转移的资金不得用于预留资金建立目的之外的用途。

(p)校长有权在下一年预算的生效日期之前批准占用预算的财政义务和支出。有关物品、服务和设施的预先支出不得超过州长报告给立法机构下一财年中用于此目的的预算的50%。有关任命的预先支出不得超过州长报告给立法机构的下一财年的职位数量和资金。校长应决定此类授权预先支出的数量。

(q)(1)②除(q)(2)所述情况,校长有权批准资产改善计划中少于1000万美元的修订案。若经董事会主席和场地和建筑物委员会同意,校长则有权批准资产改善计划修正案中超过1000万美元至2000万美元(含2000万美元)的项目,并需在下一次董事会中报告。但是如下情况须得到董事会的

---

① 1979年1月19日,1982年7月16日(1982年10月1日生效),1985年1月18日,1993年7月16日修订。

② 1979年1月19日,1982年2月19日,1985年1月18日,1996年3月15日,1999年10月14日,2006年1月19日,2008年11月20日修订。

同意：(1) 总费用超过 2000 万美元的项目；(2) 总费用超过 2000 万美元,导致追加费用超过标准费用增长(standard cost-rise augmentation)25% 的项目更改；(3) 当校长认为因涉及预算、外部融资、筹资活动、项目设计、环境影响、社区因素或是重大的计划变更影响资产改善计划建筑成本,需要董事会审核和批准时。

(q)(2) 本段仅适用于经场地和建筑物委员会批准、校园资产计划中资产改善计划流程再设计试用阶段。

校长有权批准不超过 6000 万美元的资产改善计划修订案。但是以下情况应得到董事会的批准：(1) 总费用超过 6000 万美元的项目,(2) 总费用超过 2000 万美元,追加费用超过标准费用增长 25% 的项目更改；(3) 当校长认为因涉及预算、外部融资、筹资活动、项目设计、环境影响、社区因素或是重大的计划变更影响资产改善计划建筑成本,需要董事会审核和批准时。

本段将在 2014 年 3 月 31 日失效并被废除。除非有 2014 年 3 月 31 日当日或之前生效的董事会决定宣布取消或是延长本段失效或废除日期。

(r) 校长有权修改完全的或部分自给自足的活动的预计收入,并据此相应增加或减少拨款数量。此权力受限制于可用资金数量。

(s) 校长有权根据捐赠者明确提出的条件决定捐赠的目的、拨发的校区或地点、资金的收益和使用原则,并作出相应分配。

(t)① 校长有权根据捐赠者明确表达的意图,决定捐赠的目的、拨发的校区和地点、资金的收益和使用原则,并在捐赠者未作规定的范围内相应的分配和重新分配。

(u) 依照(s)和(t)章程进行的所有行动都必须符合现有的学校纲要和政策,不得构成需要预算条目之外的支出义务。

(v) 若捐赠目的已实现或不可能实现或无法实现,且无其他的替换实现方式,则校长有权向总顾问征求建议后返还捐赠者全部或未使用的个人财产捐赠。

(w)② 若有用于消除坏账的充足预留资金或者用于此用途的特殊收入或拨款,校长有权销掉坏账。

(x) 校长有权销掉联邦政府支付间接费用的资金,或通常拨款及合同下不予批准的报销请求。

(y)③ 校长有权任命已批准项目的主管建筑师、主管景观建筑师和主管

---

① 1975 年 6 月 13 日,1985 年 6 月 21 日,1991 年 1 月 18 日,1993 年 7 月 16 日修订。
② 1979 年 3 月 16 日,1986 年 11 月 21 日,1993 年 7 月 16 日,2008 年 3 月 20 日修订。
③ 1993 年 7 月 16 日修订。

工程师及咨询工程师,并履行和他们的协议。

(z)校长有权批准建筑计划,要求对已批准计划进行投标,但校长不得批准董事会特别要求由场地和建筑物委员会批准的计划。

(aa)如果独立建筑物或项目的选址大体上与之前由董事会批准的学校的长远规划发展相符合,则校长有权批准独立建筑物或是项目的选址,并可以批准独立建筑物或项目在长远规划项目之外的选址,如观察站、研究站等大学地产上的选址。

(bb)① 校长有权代表法人对破产中的债主执行债务接收或清算,以及接收或清算已故人士财产。

(cc)② 除非章程和常规另有规定,校长有权:

代表法人同意并履行合同、不动产租赁合同、租约、地权租约和其他出于大学相关目的、不超过20年合同期的不动产使用文件(不包含大学是承租人的情况,但包含大学是出租人的情况)。

③如在本常规中提到,大学相关目的指为推动学校建设而持有并/或使用的不动产,不包括以投资为目的而持有的不动产。

(dd)④ 除非章程和常规另有规定,校长有权代表法人履行合同及其他完成校长职责所必需的文件,包括提取和接受抵押品的文件,以及赠与和拨款的文件。但以下文件或包含以下内容的文件需经董事会表决特殊授权:

1.⑤ 已获批准的大学项目、政策和任务中,未解决资金来源但需要大学承担费用或需新建设施但尚未获得批准的部分。

2.⑥ 与能源部就厄尼斯特奥兰多劳伦斯伯克利国家实验室、厄尼斯特奥兰多劳伦斯利弗莫尔国家实验室、洛斯阿拉莫斯国家实验室运行签订的基本合同续签和更正。

3.⑦ 大学基金贷款,但不包括现有学生、教师和行政人员的贷款基金。

4.⑧ 提供员工集体保险的合同,但当对现行合同的定期修改不会显著影响受益计划范围时,不需经董事会授权。

---

① 1971年11月19日修订。
② 1975年6月13日,1977年6月17日,1981年10月16日,1987年7月17日,1993年7月16日,1996年3月15日,1999年10月14日,2001年1月18日,2008年9月18日修订。
③ 2001年1月18日增加。
④ 1969年7月11日,1975年6月13日修订。
⑤ 1975年6月13日,1979年1月19日,1987年7月17日,1993年7月16日修订。
⑥ 1993年7月16日增加。
⑦ 1975年6月13日修订。
⑧ 1973年10月19日,1984年10月19日修订。

5.① 与其他机构或医院的附属协议，内容涉及此前未获批准的财政义务与承诺。

6. 和医疗人员协会商定的、为大学或附属教学医院患者提供服务收费的协议。

7.② 向美国联邦通信委员会提出关于操作电台和电视广播设备所需新执照的申请。

8.③ 超过拨款额度的建筑合同。

9.④ 需由大学承担除大学主管官员、代理人、雇员、学生、受邀人士和客人以外的个人行为责任的协议。若校长认为确有必要，经与法律总顾问商议，有权为应学校聘请成为某具体事务顾问的校外人员提供辩护并使其免受处罚。但本规定不适用于学校为其监护之下的财产状况承担责任的协议。

(ee)⑤ 若有任何未包含于上述(dd)条款中的，当情况紧急无法预先提交董事会时，校长有权采取行动，使所有履行校长责任所必需的文件生效。但校长应在下次董事会例会上通过恰当的理事会将所有行动向董事会汇报。

(ff)⑥ 校长有权商讨用于或将用于大学相关目的的不动产的买卖、受赠或是出租，并管理所有此类财产和收益。

(gg)⑦ 校长有权批准用于或将用于大学相关目的、低于2000万美元的不动产买卖、受赠或其他获得方式。经董事会主席及财务委员会主席同意，并在下一次董事会例会中上报此类行动，校长有权批准用于或将用于大学相关目的、2000万美元至6000万美元(含6000万美元)的不动产买卖、受赠或是其他获得方式。高于6000万美元的交易必须提请董事会批准。

(hh)⑧ 为进一步阐明上述(ff)项和(gg)项中的授权，校长有权签署所有文件生效，但不包括转让所有权的文件。先签署后批准、符合(gg)项所述情况的文件，应在获得此批准后方为有效。

(ii)⑨ 校长应为所有买卖合同、捐赠协议书、租约、执照、通行权、地权租

---

① 1975年7月11日修订。
② 1975年6月13日修订。
③ 1978年1月20日修订。
④ 1975年6月13日，2006年1月19日修订。
⑤ 1980年9月19日修订。
⑥ 1979年7月20日，1993年5月21日，1996年3月15日，2001年1月18日修订。
⑦ 1993年5月21日新增，1994年7月15日，1996年3月15日，1999年10月14日，2001年1月18日，2008年9月18日修订。
⑧ 1993年5月21日新增，2001年1月18日修订。
⑨ 1993年5月21日新增，2001年1月18日修订。

约、抵押借款、信托书、保险单的保管人,以及出于大学相关目的但章程和常规未提及的不动产交易文件的保管人。

(jj)① 校长有权对以下方面的执照、通行权进行批准并使之生效:(1) 用于或将用于大学相关目的的不动产;或(2) 将被他人使用的大学相关不动产。

(kk)② 校长有权批准第一年土地租赁费低于 50 万美元的租赁合同、合同分配或转租合同,以及包括天然气、石油、其他碳氢化合物、地热资源矿产权的文件。

(ll)③ 校长有权对董事会批准的住宅贷款项目管理采取恰当的行动,包括:(1) 接收和管理期票、抵押贷款、信托书、转让书,回赎权取消之契约;(2) 当由抵押贷款、信托书保证的学校住宅贷款项目期票已得到支付或偿还时,执行抵押贷款的发放和信托书的返还;(3) 通过取消抵押品赎取权,或代替取消赎还法律手续的文契及其他类似方式获得不动产产权。

(mm)④ 校长有权制定并实施有关知识产权的政策和措施,包括专利权、著作权、商标权和实物研究成果;有权签署管理知识产权的必要文件,包括作出 7 年以上承诺的文件。校长应每年就有关知识产权事宜向董事会报告。

(nn)(1)⑤ 除以下(nn)2 中所述情况,校长为法人所有外部融资的管理者。校长有权取得不超过 1000 万美元(含 1000 万美元)的外部融资,用于目的规划、建设、并购、购置及改进。经董事会主席及财务委员会主席同意,并在下一次董事会例会中上报,校长有权取得 1000 万美元至 2000 万美元(含 2000 万美元)的外部融资。高于 2000 万美元的外部融资需得到董事会批准。校长有权:(1) 商讨并取得为争取外部融资的临时资金;(2) 设计、发行、出售收益担保债券或其他为外部融资而设的债券;(3) 发行可变利率债券或固定利率债券,若有需要,实行利率交换以将固定利率或可变利率的债券分别转化为可变利率的和固定利率的债券;(4) 若校长发起再融资的数额不受限制,可出于降低利率支出而将现有外部融资再融资;(5) 提供准备金,并提供用于支付外部融资发行费的费用;(6) 开展与签署内容相符的合理必要行动;(7) 在不需要董事会一般信用抵押支付外部融资发行费用的前提

---

① 1993 年 5 月 21 日新增,1994 年 7 月 15 日,1996 年 3 月 15 日,1999 年 10 月 14 日,2008 年 9 月 18 日修订。
② 1993 年 5 月 21 日新增,1996 年 3 月 15 日,2001 年 1 月 18 日修订。
③ 1984 年 6 月 15 日新增,1993 年 5 月 21 日修订。
④ 1983 年 1 月 21 日新增,1993 年 5 月 21 日修订。
⑤ 1999 年 10 月 14 日新增,2002 年 3 月 14 日,2004 年 9 月 23 日,2008 年 11 月 20 日修订。

下,履行上述内容的相关文件。

(nn)(2)本段仅适用于为资产改善项目流程再造试验阶段、经场地和建筑物委员会批准的校园资产项目。

校长为法人的所有外部融资的管理者。校长有权取得不超过6000万美元(含6000万美元)的外部融资,用于项目的规划、建设、并购、购置及改进。校长有权:(1)商讨并取得为争取外部融资的临时资金;(2)设计、发行、出售收益担保债券或其他为外部融资而设的债券;(3)发行可变利率或固定利率债券,若有需要,实行利率交换以将固定利率债券或可变利率债券分别转化为可变利率债券和固定利率债券;(4)若校长发起再融资的数额不受限制,可出于降低利率支出而将现有外部融资再融资;(5)提供准备金,并提供用于支付外部融资发行费的费用;(6)开展与签署内容相符的合理必要行动;(7)在不需要董事会一般信用抵押支付外部融资发行费用的前提下,履行上述内容的相关文件。

本段将于2014年3月31日失效并被废除。除非有2014年3月31日当日或之前生效的董事会决定宣布取消或是延长本段失效或废除日期。

(oo)[1] 校长有权管理学校参与有限公司、无限公司及合伙企业的情况,并执行所有相关必要文件,但此类参与行为应为大学相关目的服务并得到董事会批准。校长应成为所有此类参与文件的保管人。

(pp)[2] 校长应在所有的银行账户、银行服务、银行关系中,及由银行外其他机构提供的金融和银行服务活动中代表大学,并有权执行相关协议,包括但并不限于以下方面:

1. 校长应该选择法人用以储蓄和支取资金的银行。

2. 校长有权将所有银行账户(包括存款时间证明、作为捐赠给法人的银行账户)转至法人名下,并有权从账户中提款或关闭账户。

3. 校长有权指定人员代表大学签署支票、汇票或者其他付款凭证,或对学校经常账户进行电子转账,但代理人需先签署信誉保证书。校长有权批准使用传真签名,并指示银行或是其他受托处认可传真签名。

4. 校长有权指定一组人员代表法人签署支票、汇票或者其他付款凭证,或对首席投资官现金总储蓄账户进行电子转账,从储蓄账户中提款,前提是所有此类行为需经两名代理人批准,其中一人来自校长办公室,另一人来自首席投资官办公室。所有代理人需先签署信誉保证书,且此处所有事宜不应被解释为授权校长指示银行或是其他受托处认可传真签名,除非得到财

---

[1] 2001年1月18日新增。
[2] 2002年3月14日新增,2006年9月21日修订。

务委员会授权。

5. 校长有权安排银行存款箱、电子转账、第三者保管的契约(escrow)服务、信用卡,及其他有利于资金募集与给付的措施。

100.5　副校长职责

(a)① 常务副校长和资深副校长若得到总校校长授权,可行使部分总校校长的职责。当总校校长缺席或无法履行职务时,各常务副校长应按照总校校长授权的顺序及范围,承担总校校长的所有职责与权力,但不包括总校校长作为董事会成员的责任与权力。

(b)② 其他副校长应该在总校校长分派的学校管理职责中向总校校长提供建议并协助工作。

100.6　各校区校长职责

(a)每一校区的校长都是该校区首席主管官员,为该校区所有活动的执行领导。但此处另有规定,并在董事会规定为整个加州大学的活动项目的情形除外,但这些活动需征询所涉及校区的分校校长意见。在各校区校长管辖权下的所有相关事务都应征询各校区校长意见。在各校区校长管辖权下的所有事务中,各校区校长对符合总校校长指定的总校政策、有预算的所有校内事务具有行政权力。各校区校长负责分校区的组织和运行,内部管理和规章制度。各校区校长依据董事会和校长制定政策以及预算分配作出的决定将是最终决定。每一校区的校长可以在符合常规的基础上提名各校区主管官员、教师和其他雇员。

(b)每一校区的校长可以聘请开展夏季学期教学活动所必需的教学人员,并在董事会制定预算和总校薪酬范围内固定教员薪酬。

(c)③ 每一校区的校长应主持该校区所有的正式活动。在有总校校长出席的正式活动和仪式中,各校区校长应该介绍总校校长作为大学主管人的身份,总校校长则按照加州大学的仪式与程序规定完成职责。各校区校长在总校校长的同意下,可代替或补充总校校长主持本校区的毕业典礼等正式活动,或让各校区副校长、各校区教务长或各校区学院院长代为主持分校区的非正式活动。

---

① 1970 年 5 月 15 日,1975 年 6 月 13 日,1985 年 1 月 18 日,2006 年 9 月 21 日修订。
② 1975 年 6 月 13 日修订。
③ 1971 年 2 月 19 日修订。

100.7 大学其他主管官员职责

大学的所有主管官员都应该承担总校校长规定的职责和权力。但经董事会决议通过的常规规定了职责的主管官员除外。

常规 101 教师和其他大学雇员

101.1 分工状况

(a)① 董事会讲座教授和加州大学教授的聘请应在征询教育政策委员会的意见后，在校长提议下，经由董事会投票决定。

(b)② 解雇终身教职或雇佣期保障内的教师须在征询所在各校区校长意见后，在总校校长提议下经由董事会投票决定。在提议解雇前，各校区校长应首先向学术评议会分会里的相应顾问委员会征询意见。

(c)③ 除章程和常规另有规定，所有教师和其他员工的聘用、升职、降职和解雇，都属于大学校长的管辖范围，并属于秘书长、首席投资官、董事会总顾问的各自职责管辖范围。

(d)④ 在教师和其他员工的聘用过程中不应对其进行政治考察。

101.2 薪酬

(a)⑤ 薪酬及其随后变动应由大学校长提议，或由秘书长、首席投资官、董事会总顾问在各自职责范围内提议，并由董事会决定：

(1)⑥ 董事会讲座教授的薪酬高于标准薪酬额度，加州大学教授的薪酬为特例级别薪金。"特例级别薪金"定义为高出不时调整的、可适用的学术等级薪资中最高等级，并超出部分高于学年常规教师阶队薪酬范围到同意薪酬水平（compensation approval level）之间的百分比。同意薪酬水平的定

---

① 1969年6月20日，1972年3月17日，1972年9月22日，1975年2月14日，1975年6月13日修订。
② 1992年6月19日新增。
③ 1992年6月19日，2006年9月21日，2006年11月16日修订。
④ 1977年2月18日修订。
⑤ 1971年11月19日，1972年9月22日，1975年6月13日，1976年5月21日，1977年2月18日，1979年6月15日，1980年9月19日，1981年7月17日，2006年7月20日，2006年9月21日，2006年11月16日修订。
⑥ 1983年11月18日修订，1986年7月18日（1986年7月1日生效），1996年3月15日，1998年1月16日，2002年5月16日，2006年7月20日修订。

义为校长有权批准的薪酬(168000美元)。同意薪酬水平须依照消费者物价指数每年编入索引,增长的百分比须每年向董事会汇报。

(2)① 除年薪等于或高于168000美元的董事会教授和加州大学教授之外的其他教师,其薪酬标准应依照加州消费者物价指数每年标示出来,上述增长百分比每年向董事会汇报。

(b)② (a)条款所列人员的就职生效日期和时间百分比变更经双方同意,应由校长及秘书长、首席投资官或董事会总顾问在各自职责范围内批准并根据董事会批准的薪酬标准作出相应调整。任何此类变更应每年上报董事会。

(c)③ 除章程和常规中规定外的其他员工薪酬应该属于校长的管辖权内,并属于秘书长、首席投资官或董事会总顾问各自职责范围内。

常规103 关于主管官员、教师和大学其他员工的特殊条例

103.1 服务的义务

(a)任何主管官员、教师和大学其他员工都须按照总校校长制定的相关规定积极从事大学的服务义务,否则将不予发放薪酬。

(b)任何人在从事大学服务期间不得沉溺于私人活动,也不得因工作之外的事宜干扰大学内的表现。主管官员、教师和大学其他员工的私人工作安排应该服从于大学校长制定的规章制度。

103.2 在学术评议会上举行听证的权力

学术评议会的任何成员均有权就有关个人、系所或大学的任何事务要求在学术评议会相关委员会或多个委员会上举行听证。

103.3 同等级别和权力

天文学家、副天文学家、助理天文学家和初级天文学家享有和教授、副

---

① 1983年11月18日修订,1986年7月18日(1986年7月1日生效),1993年7月16日,1998年1月16日,1996年3月15日,2006年7月20日修订。

② 1975年6月13日,1983年11月18日,1996年3月15日,2006年9月21日,2006年11月16日修订。

③ 1975年6月13日,2006年9月21日,2006年11月16日修订。

教授、助理教授、讲师相等的级别和同等的学术权利,服务时间从受聘之时起算起。学院和研究站内除教授、副教授、助理教授、讲师以外的成员,其同等学术级别应由校长确定、经董事会批准。

103.4① 学术休假

根据大学校长制定的规章制度,给予学术休假使休假者投入到集中的学习和研究中以成为更高效的教师和学者,提升为大学服务的水平。

103.5② 名誉头衔

(a) 教授和副教授退休时都将被授予名誉教授的头衔。学术评议会成员退休时其头衔都将被加以名誉前缀。经校长批准,非学术评议会成员但达到校长规定的特定标准的学术人员都将在其退休之时加授荣誉头衔。

(b)③ 根据其为学校作出的贡献,董事会主管官员以及学校主管官员都将在退休或服务期满时被授予名誉头衔。对于学校主管官员,可以根据董事会的制定标准,在退休或服务期满时由校长授予荣誉头衔。

(c)④ 对满足大学校长所做规定、在退休之际任有职务的其他雇员,可授予名誉头衔。

103.6⑤ 退休和退休后返聘

教师和学校其他员工的退休日期不做规定。学校主管官员和学校高级管理项目成员的退休日期如下:

(a)⑥ 对加入加州大学退休计划、有诚信记录的行政人员,并且该行政人员是董事会主管官员、学校主管官员或学校行政管理项目成员,除联邦法律和州法律另有规定外,退休日期为其67岁生日(若生日为7月1日)或生日后转年的7月1日。

(b)⑦ 对加入公共退休计划、有诚信记录的高级行政人员,并同时是董事会主管官员、大学主管官员或学校行政管理项目成员,除联邦法律和州法

---

① 1983年1月21日,2003年9月18日修订。
② 1973年3月16日,1975年6月13日,1978年9月15日,1980年9月19日,1991年1月18日修订。
③ 1991年1月18日,1994年1月21日,2006年9月21日修订。
④ 1991年1月18日新增。
⑤ 1973年2月16日,1975年6月13日,1979年3月16日,1982年6月18日,1984年7月20日,1987年5月15日,1990年1月19日,1994年11月18日修订。
⑥ 1984年7月20日,1990年1月19日,1992年6月19日,1994年11月18日修订。
⑦ 1990年1月19日新增。

律另有规定外,退休日期为其70岁生日(若生日为7月1日)或生日后转年的7月1日。

①校长可以年度为单位聘用已到退休年龄或者已经退休的雇员。在特殊情况下,校长也可以批准已退休职工一次性多年返聘,每次不超过5年。任何此类任命都不得违反法律,包括与发放退休金相关的联邦法律。

103.7② 遣散费

遣散费原则适用于解雇终身教职或雇佣期保障内的教师,其辞职有利于学校的情况。在此类情况中,校长在听取各校区校长意见后具有决定权。分校校长应该向相关学术评议会相关重大事务委员会征询意见。遣散费数额应视每一案例具体情况而定。

103.8③ 死亡恤金

任何任职超过6个月的主管官员、教师、大学正式雇员及法人的主管官员或正式雇员死亡,其下述一位或多位在世的亲人将获得死者一个月薪资:法定配偶或同居者;子女;父母;兄弟姐妹。如果上述无在世者,则其恤金将归属其遗产,如果无遗产,则授予由个人指定、学校支付的寿险政策受益人。此款项是对仍旧生效的死者养老金或退休计划之外的补偿。

103.9④ 终身任期

教授、副教授和同级别的聘用将为终身任期,直到退休、降职或解雇而得以终止。只有在理由充分的情况下,并有机会举行学术委员会相应成立的顾问委员会听证会后,连续的终身任期或其他教师的聘用在被聘人合同期满前终止。但与非学术评议会成员达成的谅解备忘录有规定的除外。

担任助理教授8年,或是同时兼有校长批准其他职务的助理教授,如未升为副教授或教授则不能继续工作。如在特殊情况下,校长可批准助理教授在此职位上继续工作不超过2年。

103.10⑤ 就业保障

除非与学术评议会成员达成的谅解备忘录另有规定,签订就业潜在保

---

① 1987年5月15日,1990年1月19日,1992年6月19日,1994年11月18日修订。
② 1996年3月15日修订。
③ 1981年6月19日,2004年1月15日修订。
④ 1980年5月16日,1985年6月21日,1987年5月15日修订。
⑤ 1980年5月16日,1986年5月16日,1987年5月15日,1988年9月16日修订。

障的讲师或高级讲师,或同时兼有校长批准其他职务的讲师或高级讲师任职满 8 年后,若无再次给予就业保障的聘任则不能继续受聘。

在特殊情况,校长可以批准签订就业潜在保障的讲师或高级讲师在此职位上继续工作不超过 2 年。

只有理由充分的情况下,并有机会举行学术委员会相应成立的顾问委员会听证会后,已签订的就业保障才能得以终止。

常规 105　学术评议会

105.1　学术评议会组织

(a)[1] 学术评议会成员包括校长、副校长、各校区校长、各校区副校长、学院院长、教务长、学科点主管、各校区和总校办公室招生主管、学籍注册官、地处各校区的加州大学图书馆馆员,以及以下属于学术评议会开设课程的教学人员:教员、住院教员、临床助理教授(如医学临床助理教授);副教授、住院副教授、临床副教授(如医学临床副教授)、代理副教授;教授、住院教授、临床教授(如医学临床教授)、代理教授;签订就业潜在保障的全职讲师或高级讲师,签订就业潜在保障的全职讲师或高级讲师。但是,工作不满 2 年的教员和住院教员没有投票权。在专业学院中教授研究生课程的教师可成为学术评议会成员,但是不能作为学术评议会成员参与其他学院活动。评议会成员不得因缺席或退休而懈怠责任。

(b) 学术评议会应在上述条例的基础上决定其成员,并据此组织选拔学术评议会的主管官员和委员会。

(c) 学术评议会应该行使董事会所赋予的权力,履行董事会所规定的职责。学术评议会可将有关权力分派给其分支或委员会,包括大学部和部务会,以便各自发挥相应作用。

105.2[2]　学术评议会的职责、权利和特权

(a) 学术评议会经董事会批准有权决定除荣誉学位外的入学、证书和学位事宜。学术评议会应向校长提议所有课程学位的候选人,并通过建立相关委员会向校长就授予各种荣誉学位事宜提供意见。

---

[1]　1969 年 7 月 11 日,1970 年 7 月 17 日,1987 年 3 月 20 日,2002 年 7 月 18 日修订。
[2]　1971 年 3 月 19 日修订。

(b)学术评议会应允许并监督由各系、学院、专业学院、研究生院,及董事会所批准的其他学术机构单独或共同开设课程。但学术评议会无权监管黑斯廷斯法律学院的课程、旧金山艺术学院的课程、专业学院的研究生课程,或继续教育学院提供的非学位课程。学术评议会无权对学院或专业学院课程作出更改,除非此类更改事先已得到相关教师的正式考虑。

(c)学术评议会应根据章程 105.1(c)条款决定各学部和部务会的成员(黑斯廷斯法律学院、旧金山艺术学院的学部除外),但经大学校长批准的个别系可以决定各系的管理组织形式,并且所有教授、副教授、代理教授、代理副教授、助理教授和具有两年以上工作经验的教员均在系级会议上拥有表决权。

(d)学术评议会有权选择一个或多个委员会就各校区预算问题向各校区校长提出建议,以及选择一个或多个委员会就总校预算问题向总校校长提出建议。

(e)学术评议会有权列席董事会,但其任何有关大学运行和福利的观点须经由校长表达。

(f)学术评议会有权就学校图书馆管理向校长和各校区校长提出建议。

(g)学术评议会有权选派一个或多个委员会就加州大学出版社出版手稿进行审准。

常规 110　学术单位和大学相关活动

110.1[①]　学术单位、职能、附属单位,及大学相关活动

董事会在加州大学各校区和设施成立学院、专业学院、研究生院、某些其他重要学术单位、附属单位和相关活动。经校长提议,征询学术评议会意见后,董事会将设立各种学位,上述学位随后将由大学各学术单位授予合适的候选人。经校长提议,征询学术评议会意见后,董事会应建立或者废除学院、专业学院、研究生院和有组织的跨校区研究单位。建立或者废除的具体条款应该在董事会会议记录中体现。经校长提议,董事会可以通过提案的方式对这些条款进行修改。在学术评议会批准下,校长有权批准学术单位的更名,学位的设立、更名和撤销。

---

① 1996 年 3 月 15 日修订。

110.2① **居民权有关事宜**

(a) 学生居民权的决定应该遵循《加州教育法》68000,68010—68012, 68014—68018,68022—68023,68040—68044 条中的居民权有关规定,但从第一段中去除"归为非加州居民,寻求重新分类",替换为"寻求分类",去除 68044,68050,68060—68061,68062 条第三段,但不包括 68062(h),68070—68078,68080,68083,68130,和 68132—68134 中的"包括未婚未成年外国人"。加州大学的非当地居民学生应当每学期缴纳州外学生学费,除非经校长批准,成绩突出的研究生、外国学生、助教或教员,有教学任务的研究生、助研、不满 21 岁需家庭供养的学生,大学教员同时为大学评议会成员的配偶或登记伴侣可以全部或部分免除或返还州外学生学费。根据《加州教育法》第 68120 条规定,因公牺牲的加州执法人员或消防员的配偶、登记伴侣或是子女免除州外学生学费和全系统强制征收费用。已故或残疾的加州退伍军人的子女或靠其供养者,因公牺牲或者永久残疾的加州国民警卫队成员的靠其供养者,未再婚或登记同居的(或因此再婚或登记同居的)在世配偶,不免除州外学生学费但可根据《加州教育法》第 32320 条规定免除其全系统义务费用。符合《加州教育法》第 68120.5 条规定的学生可以免除州外学生学费。符合《加州教育法》第 66025.3 和 68120.5 条规定的学生可以免除全系统强制征收费用和州外学生学费。第 68044 条涉及"经济独立"的定义,若学生具备以下情况则视为经济独立:a) 申请人在要求进行居住地分类的当年 12 月 31 日已满 24 岁;b) 美国军队退伍军人;c) 受法庭监护或双亲均已过世;d) 除配偶或登记同居者之外还有法定受赡养人;e) 已婚,或在当地登记同居,或研究生或专业学院学生,并在要求进行居住地分类前一年中没有其配偶、登记同居者之外任何人以其为理由要求减免所得税;或者为单身本科学生,自力更生生活超过两年,并在要求进行居住地分类前一年中没有其父母或其他人以其为理由要求减免所得税。若学生的总收入和其他来源收入超过 4000 美元,则被视为自力更生。用于证明自力更生的两年应是在提出进行居住地分类申请之前的两年。州外学生学费应该在注册时缴纳。

(b) 被归为非加州居民的学生直至按照加州大学表格格式提出申请并被重新归类之前都属于州外居民的状态。

---

① 1970 年 11 月 20 日,1971 年 6 月 18 日,1971 年 10 月 15 日,1972 年 3 月 17 日,1972 年 11 月 17 日,1973 年 3 月 16 日,1973 年 7 月 13 日,1973 年 9 月 21 日,1977 年 6 月 17 日,1983 年 5 月 20 日,1984 年 9 月 21 日,1986 年 11 月 21 日,1989 年 3 月 17 日,1990 年 5 月 18 日,1992 年 5 月 15 日 (1993 年秋生效),1998 年 3 月 20 日,2002 年 1 月 17 日,2002 年 11 月 14 日 (2003 年 1 月生效),2004 年 11 月 18 日,2005 年 11 月 17 日修订。

（c）若发现州内居民学生具备州外居民的条件则可随时将其重新分类为州外居民学生。若不正确的分类是由任何掩盖事实或者不诚实陈述造成,学生将被要求本应该支付却因错误归类而没有支付的全部学费,同时学生应该受到学校纪律的处罚。

（d）① 洛斯阿拉莫斯国家实验室（LANL）、劳伦斯利弗莫尔国家实验室（LINL）的州外雇员和非学校雇员。

（1）因工作被分配到加州之外地区工作的加州大学全职雇员,依靠其供养的子女、配偶或登记同居者可给予州内学生学费待遇。

（2）若学校以有限责任公司身份持有管理 LANL 和 LINL 的合同,则该公司雇员和被分配到加州外工作的大学雇员享有同样待遇,靠其供养的子女、配偶或是登记同居者可给予州内学生学费。

（3）因工作被分配到 LANL 实验室或其他加州外地区的加州大学全职雇员,或上述（2）所述、加州大学主管的公司全职雇员,或者在不间断工作的情况下转回加利福尼亚州工作的为加州大学全职雇员,给予州内学生学费待遇。靠其供养的子女、配偶或是登记同居者同样给予州内学生学费待遇。

（4）LANL 或 LINL 实验室工作的全职学校雇员或者依靠其供养的子女、配偶或是登记同居者,已在加州大学校区攻读学位的,若加州大学管理 LANL 或 LINL 实验室的合同已经到期且学校对其管理终止时,则在该学期剩余时间内仍享受州内学生学费待遇。

（e）董事会总顾问可通过颁布与本常规相应的规定来践行常规。

110.3　学位证书

（a）加州大学颁布的各种学位证书的形式,包括黑斯廷斯法律学院的证书在内,都应由校长在征询学术评议会意见之后确定。

（b）加州大学颁布的所有学位证书,包括黑斯廷斯法律学院的证书在内,都应有加州大学董事会主席的签名或复制签名、加州大学校长签名或复制签名、学生毕业所在各校区校长的签名或复制签名,学院院长的签名或复制签名,学生毕业的学校或研究生院的签名或者复制签名,以及加州大学董事会的公章。

（c）经校长同意,若学位证书丢失或是原件损毁可以补发证书;若毕业生姓名经法律认定更改,在理由充分的情况下可用补发印有更改后名字的证书。

---

① 2007 年 7 月 19 日修订。

常规 120　退休制度

120.1[①]　**加州大学退休制度**

董事会已建立加州大学退休制度。

120.2[②]　**其他退休制度**

若雇员为公共雇员退休制度成员、加州教师退休制度成员、联邦公务员退休制度成员,或县退休制度成员的,则按照董事会政策规定的情况加入上述退休制度。

120.3[③]　**条款和修订案**

加州大学退休制度的所有条款及雇员参加其他退休制度的相关条款都应该在董事会政策中有所体现。

常规 130　董事会常规的变更

常规的采纳、废除或是修订必须经过董事会超过半数的董事批准通过。任何对常规的条例提出、撤销或修订的提议,包括其草案,都必须包含在会议通知中并根据章程 10.1(a)的规定提交给董事会相应的委员会。但在投票表决提出、撤销或修订的提议会议前的董事会例会上提出此类提议的除外。

（章程最新版本参阅 http://www.universityofcalifornia.edu/regents/bylaws/standing.html/bylaws.html。）

[①]　1975 年 6 月 13 日,1989 年 1 月 20 日修订。
[②]　1975 年 6 月 13 日,1989 年 1 月 20 日修订。
[③]　1975 年 6 月 13 日,1989 年 1 月 20 日修订。

学术评议会伯克利分会章程
(Bylaws of the Berkeley Division of the Academic Senate)

2009 版

(2008 年 11 月 13 日修订)

主译人　何　洁　高　佳
校阅者　高　佳

第 I 部分　伯克利分会[①]

1. 功能

伯克利分会是学术评议会的一个委员会,其职责包括:

- 组织、选拔委员会的行政管理人员和委员,通过关于执行职务的规定;
- 接收并审议全部或部分设置在伯克利校区的各学院的系、所的,其分委员会的,当地行政官员的,以及其他分会的报告与建议;
- 提出并最终实行只与分会相关的法规;
- 成立全部设置在伯克利分校各学院的系、所;
- 直接向校长提交有关任何大学事务的决议,同时抄送给大学学术评议会集会;
- 向校董会提供备忘录;
- 向评议会或者集会提交关于评议会规定变更的,或者其他相关事务的报告或建议。

[①]　章程第 1 条和第 2 条摘自董事会常规第 105.1 条。评议会分会 1992 年 3 月会议投票通过以下决议,取消章程中的性别指示词语。

2. 成员资格

A. 分会成员包括(Am. 9.91；Am. 4.27.06)

- 校董会主席；
- 荣誉校长、校长、教务长、院长、学术团体负责人、负责招生和入学注册的助理校长或副校长、注册处主任以及伯克利校区图书馆总馆长；(EC. 11.21.00；Am. 4.25.05)
- 所有教授、驻任教授、临床教授、代理教授；
- 副教授、副驻任教授、副临床教授、代理副教授；
- 助理教授,助理驻任教授,助理临床教授；
- 讲师、驻任讲师；
- 在伯克利学术评议会管理下的在伯克利全职授课的就业保障高级讲师、就业保障讲师,有就业保障潜力的高级讲师,有就业保障潜力的讲师；
- 其他全州范围机构的、选择在此分会注册的副主席、院长、和主任。

B. 就职少于两年的讲师和驻任讲师无投票权。

C. 因缺席离开者或者荣誉退休者仍然享有会员资格。

D. 规则和选举委员会对某人是否满足会员条件有决定权。(CC. 10.25.94)

3. 分会高级管理人员（Am. 10.89）

A. 主席

任期

分会的主席由委员会任命。其任期从秋季学期的第一天开始,为期一年。

一般而言,担任主席和分会理事会主席的人选是由前一年担任分会和理事会副主席的人选继任。

职责

- 主持分会和分会理事会的会议。
- 应邀或者根据自己的意愿,列席参与分会任何委员会的商议,但不具有投票权。
- 根据职务,作为学术评议会集会和学术理事会的成员,并代表集会担任分会委员会主席。
- 向分会和管理机关的行政管理人员或机构提出相关事宜。

B. 副主席

任期

分会与分会理事会副主席由委员会任命,其任期从秋季学期的第一天开始,为期一年。一般而言,副主席将继任分会与分会理事会主席。

职责
- 当主席暂时不能任职时暂代其职。
- 履行分会主席分配的职责。

C. 秘书

任期

分会秘书由委员会任命,任期两年,可以连任。任期从秋季学期的第一天开始。(Am. 10.17.95)

职责
- 根据评议会章程规定,准备分会每一会议的召集及会议记录。
- 当主席与副主席同时缺席时,承担主席的职责。
- 履行由分会主席分派的职责。
- 负责对评论会的会议记录、报告,所有分会委员会和其他评议会机构的议程进行存档。(Am. 10.25.94)

D. 评议会议员

委员会根据分会理事会的意愿任命评议会议员。

4. 分会理事会(En. 10.89, CC. 3.92)[①]

A. 构成

分会理事会应由以下十五名成员构成:

1. 分会的主席与副主席,他们同时也是分会理事会的主席与副主席;

2. 以下委员会的主席:教育资源计划与分配委员会、预算与研究生事务;联系委员会、研究委员会、妇女与少数民族委员会

3. 六名由分会选出的一般性成员。

分会的秘书担任理事会的秘书时不具有投票权。

B. 任期

1. 主席任期一年。

2. 副主席任期一年,并在第二年担任分会与分会理事会主席。

3. 根据职务,委员会主席的任期一般可以同他们分会理事会主席相同。委员会的主席可以指定一名委员会中的评议会成员,在一年内代行其在分会理事会的职责。(需经委员会同意)(Am. 11.13.03)

---

① 为将新制定的"分会理事会"置于手册的合适顺序中,该部分被编为"章程第四条",而非章程第八条"。第一部分的章程也依次被重新编号。

4. 一般性成员，每年对其半数成员进行重新选举，任期两年，不能连任。(Am. 11.8.07)

5. 任期从秋季学期的第一天开始，分会规程指定的其他情况除外。

6. 不满一届任期的按一届任期计。

7. 常规选举中出现的职位空缺由委员会填补。

C. 职责

分会理事会拥有以下的职责和权利：

1. 按照需求提供立法建议。

2. 代表分会执行除分会保留的立法事项之外的事务。

3. 接收来自于常务与特别分会委员会、学术团队以及有组织的研究评论委员会的报告，并向合适的机构分发。

4. 配合常务与特别分会委员会的工作。

5. 建议并批准特殊委员会和项目小组的成立。

6. 在同意列表上列入所认为的常规事项，此列表提交分会会议。若会议未达到法定人数，同意列表应视为已被批准。

7. 通过宣讲会、公共论坛、分会时事通讯，或者是其他合适的方式通知分会成员议程和活动。

8. 当分会会议未达到法定人数时，可以就任何问题通过邮件组织投票，包括在通知中提到的关于该会议的立法程序。(En. 9.91; EC 4.26.05)

5. 会议 (CC. 10.89)

A. 定期会议

分会每一学年举行两次定期会议，一次在秋季学期初期，另一次在春季学期分会理事会公布校园信息状况之时。主席和秘书负责定期会议的日程安排。

B. 特别会议

• 分会的特别会议可以由主席召集。如果有7名具有投票权的成员书面提出关于召集特别会议的请求，主席须应请求召集会议。如果主席缺席或不能胜任，由副主席负责召集。

• 关于召集特别会议的通知须提前至少5天送达所有分会会员。

C. 紧急会议

• 在大多数分会理事会成员同意的情况下，主席可以召开紧急会议。主席缺席或不能胜任时，可由副主席进行召集。

• 关于紧急会议的召开，必须在会议前48个小时通知各学术院系的主席，以便于通知各院系的所有成员。

6. 法定人数

会议的法定人数为分会的 50 名具有投票权的成员。

9. 分会选举（En. 11.8.07）

A. 一般规定

根据章程的规定，所有的分会选举和投票应该通过书面或者是电子方式进行。如果选举是通过电子形式进行的，伯克利分会的成员可以向秘书索取一张书面的选票。分会秘书，在向委员会咨询与选举相关的规则后，决定选举或投票应该通过纸质方式还是电子方式进行。

B. 选举通知

秘书必须在选举前通知分会所有具有投票权的成员关于选举的信息，提前时间不得少于 30 天。（Am. 4.26.01）

C. 提名书

- 在选举的通知发出后的 10 天之内，提名书须由秘书备案。（Am. 4.26.01）
- 一份提名书须由分会 5 名具有投票权的成员签字，而且必须署明被提名者与提名者的院系所属关系。
- 被提名者必须认可提名。

D. 投票

1. 通过书面方式：

- 秘书至少在选举前的 14 个日历日前，向所有的投票人寄送一份被提名者列表，并署明他们的提名者以及被提名者与提名者之间的院系所属关系。（Am. 4.26.01）
- 被提名者列表必须附带一份按照被提名者姓氏字母排列的选票，一个投票者用来放标记过的选票的空白信封，以及一个向秘书返回密封的选票的带地址的信封。
- 投票者必须被告知以下事项：

（1）所有的选票必须在选举日之前返回给秘书；

（2）如果选举人选出的人数多于本次空缺，选票无效；投票者未在返回信封相应的地方签字的选票无效；

（3）如果投票人将选票损坏，可以将其撕成两半并返还给秘书，从而得到另一张选票。（EC.00）

2. 电子方式投票

- 秘书至少在选举前的 14 个日历日前，使每一个投票者能够使用包括所有被提名者的选票。选票上包括他们的提名者以及提名者与被提名者之间的院系所属关系。

- 每一个投票者将可以访问一个安全的网络投票系统,该系统由学术评议会办公室管理。
- 投票系统将会鉴别每一位投票者的身份,并将每一位投票者的身份与投票情况分开,以保持投票程序的机密性。
- 投票系统已被特别设置,这样一旦投票完成,无论是投票者还是任何可以进入系统的其他人都不能再修改投票。
- 如果有评议会的成员选择书面投票,伯克利分会应满足其需求。如果有投票者同时提交了电子版与纸版的选票,则以电子票为准,纸票在计票前销毁。

E. 分会理事会一般性成员的选举
- 一般性成员与委员会成员同时进行选举,并且按照本章程中规定的方式进行,除非提名者数至少两倍于空缺数。如果从成员中收回的提名书少于所需的提名数,委员会成员将增加提名者人数以完成选举。

F. 委员会成员的选举
- 委员会成员的选举根据评议会和伯克利分会章程进行。
- 获得35%以上有效返回票的候选人当选。
- 如果获得35%以上有效返回票的候选人数多于应选人数,得票高者当选。
- 如果获得35%以上有效返回票的候选人数少于应选人数,必须进行第二次投票。在第二次投票中,必须列出在第一次投票中选票低于35%但是得票率最高的被提名人,但所列的被提名者的人数不得多于尚空缺职位的两倍。(CC. 12.6.07)
- 根据尚空缺职位数,在第二轮投票中票数最高的被提名者将当选。最后的一个空缺如果出现投票数相同,将通过抽签来决定当选人。

第II部分 委员会

第I节 任命及任期

10. 任命
- 除非章程中另有规定,委员会成员任命分会所有成员及其主席。
- 也可以任命一组替代者(列出其先后顺序),以备正式成员暂时不能履职时代行其职责。
- 委员会成员作出的所有任命须经分会理事会的批准。(CC. 10.89)

11. 任期

委员会每年任命一次,任期一年,任期自秋季学期的第一天开始。特殊情况另行规定。

第 II 节　一般功能和职责以及组成

12. 一般功能及职责

A. 委员会可以根据具体情况,进行与他们的初始职责相符的研究和建议。

B. 分会的成员有权向合适的分委员会提出建议。

C. 每个委员会均对分会负责,并且有义务向其报告各自的行动,但同时有权向学术评议会集会进行汇报。

• 当委员会向总校校长、校区校长及其他行政官员、院系或者是分会的成员进行推荐和建议时,在对大学的发展有益的情况下,他们应该向分会汇报他们的建议

D. 在同章程及分会规定一致的前提下,委员会可以通过与事务处理相关的规定。

13. 委员会组成

A. 委员会分类

学术评议会的伯克利分会常设委员会分为以下两类:

教职工及评议事务委员会(无学生成员);

教育事务委员会(有学生成员)。

B. 教职工及评议事务成员资格委员会

这些委员会应由委员会任命的评议会成员单独组成,委员会及分理事会除外:

代表集会	监察委员会
预算与部门关系委员会	特权与任职委员会
委员会①	研究委员会
研究分理事会②	规则和选举委员会
教职工奖励委员会	大学—名誉退休关系委员会
教职工研究讲座委员会	教职工福利
纪念委员会	

---

① 委员会各委员一般而言由选举产生(详见章程第 17 条),分会理事会成员或为当然成员或由选举产生(详见章程第 4 条)。

② 同上。

(CC. 10.89，EC. 11.91，3.92，CC. 10.25.94，CC. 4.25.05)

C. 教育事务委员会

(1) 组成

这些委员会应由来自于伯克利分会的、由委员会任命的教职工组成,章程另行规定的情况除外,且应包括学生成员(Am. 10.24.02):

学术自由委员会	图书馆委员会
学术规划与资源分配委员会	奖励委员会
招生、注册和预备教育委员会	妇女及少数民族地位委员会
计算与通信委员会	学生事务委员会
教导课程委员会	学生多样性和学术发展委员会
教育政策委员会	教学委员会
研究生理事会	本科生奖学金与荣誉委员会
国际教育委员会	大学延期委员会

(CC. 11.88，9.91，3.92，CC. 10.25.94；Am. 10.24.02；CC. 6.26.06)

(2) 学生参与

学生成员有资格参与所有在章程 13.C.1. 中列出的委员会下设的常设小组委员会。

(3) 学生选拔与任命(Am. 4.90，10.90)

a. 选拔

在春季学期,物色与选拔委员会(本身不是一个评议会委员会)将为每个教育事务委员会选拔学生成员,这些学生成员由分会委员会进行任命。在这些学生成员开始履职之前,他们的名单将会于6月1号被送到委员会。

当然成员:

• 物色与选拔委员会应在加州大学学生自治会中拥有无投票权的教职员代表作为当然成员。委员会的其他成员应由加州大学学生自治会章程规定的学生组成。

• 物色与选拔委员会的拥有当然席位的学生成员名单,以及委员会为伯克利分会选拔学生成员的程序应该以书面形式,在春季学期的第一个星期交送分会秘书。

b. 不作为

若加州大学旁听生未能向分会评议会委员会提供上述被提名学生的情况,将不影响伯克利分委员会的正常运行。

c. 仲裁会

分委员会对学生成员提出的异议,或者是学生成员对其所任职的委员会提出的异议,将由学生或者是委员会的主席向仲裁会提请仲裁。该仲裁会由委员会主席、加州大学学生自治会教职工代表以及研究生会主席组成。

（4）投票程序

- 在所有学生成员参与的委员会正式投票中，学生的意见将被单独记录，并且随时和委员会的建议一起提交给分会、其他的学术评议会机构以及由该委员会推荐的行政官员。(CC.3.89)
- 当委员会为评议会工作时，学生成员不参与投票。

第 III 节　院系及评议会事务常设委员会列表；权力及职责

这些委员会由评议会成员单独组成。

15. 代表集会

成员资格

该委员会由以下成员组成：

- 分会主席，也是该委员会主席
- 作为学术评议会集会当然成员的其他分会成员
- 被任命到集会的分会代表（按照评议会章程 105.A.4 的规定）任期两年，交错进行；至少有半数的代表应该是分会理事会的选举成员。(Am. 0.25.94)
- 由分会主席任命的至少 6 名分会代表替代人，在正式代表缺席期间履责。(Legislative Ruling 4.71；Am. 4.24.08)

16. 预算与部门关系委员会

A. 成员资格

该委员会至少应有 7 名成员。

B. 职责

该委员代表分会负责所有与任命、升职相关的事务，并向本校区校长就任命、升职、薪酬及其他与教职工品质相关的问题提出建议。

C. 任期

该委员会的任职期从 7 月 1 日开始。

17. 委员会 (CC. 10.89，3.92；Am. 11.8.07)

A. 成员

- 该委员会应有 8 名根据评议会和分会章程选举产生的成员。
- 委员自行选择主席，根据本章程第 13 条的规定，主席也是仲裁会成员。

B. 任期与空缺

- 每年选举 4 名成员，任期两年，从秋季学期的第一天开始。
- 当成员职位出现空缺时，经分会理事会的批准，可以任命分会的一名成员在未满的任期期间履行职责。(CC. 10.89)

- 在任命空缺时，委员会应考虑最近结束的选举中未当选但是得票数最高的被提名者。

C. 职责

该委员会任命：
- 分会的主席、副主席、秘书和议员
- 所有其他常设委员会
- 分会直属的特别委员会
- 加州大学旁听生评议会的教职工代表，该代表也是学生的成员

物色与选拔委员会与仲裁会（在章程13.C中提及）
- 任命教育事务委员会的学生成员（章程13）
- 管理委员会被提名者（应本校区校长要求）；任命本校区校长委员会动物关怀与使用委员会所有职位的被提名者，非评议会及校外成员除外
- 委员会所有非主席职位的关于人权保护的提名者，非评议会以及校外成员除外

18. 选举①
19. 教职工奖励委员会

A. 成员资格

该委员会至少有7名来自于不同学科的评议会成员组成。

B. 职责（Am. 4.25.05）

伯克利教职工服务奖以及其他奖励、荣誉的候选人。

1. 克拉克·科尔奖
- 委员会不定期向分会理事会提名克拉克·科尔奖的获得者，该获奖者应是为高等教育作出显著的独特贡献的个人。
- 奖励包括一个刻有克拉克·科尔图像的奖章和一个奖牌。
- 奖励费用来自于教工自愿捐献的资金或分会的其他可支配资金，而非州政府资助资金。

2. 伯克利教职工服务奖
- 委员会每年负责收集提名并且向分会理事会提出建议，该奖项获得者应是伯克利分会为伯克利校区作出重大、突出贡献的成员。
- 该奖励包括同杰出教学奖等额奖金的现金奖励，以及一份有伯克利标志的奖状。

3. 其他奖励及荣誉
- 对于一些来自于外部的奖励，委员会应按照本校区校长办公室的要

---

① 于1994年10月25日废止。

求提供被提名者。

- 在其他情况下,委员会通过他们指派的奖励委员会或个人直接与院、系交流以确定被提名者。
- 委员会鼓励院、系针对不同的外部奖励提名本单位的候选人,并鼓励根据需要设立相应的提名机制。

20. **教职工研究讲座委员会**

A. 成员资格

- 该委员会由最近的教职工研究讲座演讲人组成,最多10名成员。
- 在每学年,选举下一年的主席。

B. 职责

该委员会经分会理事会认可,可提名两名在研究领域表现突出的分会成员,每个人就自己所选的主题做一个讲座。(CC. 10.89)

21. **教职工福利委员会**①(Am. 4.25.05)

职责

该委员会与校区的管理人员一起管理与教职工福利相关的事宜,例如聘用条件、薪酬政策、福利、照顾、住房供给、退休等,并就此类事宜向分会汇报并提出建议。

22. **纪念委员会**

A. 成员资格(Am. 12.87)

该委员会至少应有3名成员。

B. 职责

- 该委员会代表分会,负责准备和出版关于已故分会成员的生平和对学校的贡献的纪念陈述,以及委员会认为值得纪念的大学团体的其他成员(Am. 9.91)
- 委员会可以根据每一个案例指定相应的分委员会。

23. **监察委员会**(Am. 3.92)

A. 成员资格

该委员会至少应有3名成员。(Am. 10.19.00)

B. 职责

委员会的成员听取学术人员对分会成员、大学其他行政管理人员、学生或职员行为的申诉,以下提到的情况除外。

---

① 原为"大学福利"(UWEL),该章程在重命名后被移至其他部分并重新编号。第三部分中其后的章程也已重新编号。

C. 程序
- 他们没有必要一定听取、调查申诉或采取相应的行动，但可以自行决定，也可以向其他大学的其他机构提交申诉。
- 当对申诉进行调查时，他们可以向分会的成员提出疑问，可以查阅相关的分会或其机构的文件，预算及部门关系委员会的机密文件除外。
- 完成调查后，他们可以向大学里的合适机构提出建议。
- 委员会的文件应该是保密的。在任何情况下，监察委员会的报告或公告都要从机要人员的文件中参考特殊信息。
- 监察委员会不负责在特权与任期委员会职责范围内的申诉，除非后者将申诉提交到监察委员会，但他们可以受理指控特权与使用权委员会的不合理程序的申诉。

24. 特权与任期委员会

A. 成员资格

该委员会至少包括七名成员（Am. 4.29.07）

B. 职责
- 该委员会受理学术评议会章程第 334，335，336 和 337 条的事项。（Am. 4.29.07）
- 指导该委员会行为的准则及程序在章程第 334，335，336 和 337 条中列出。（Am 10.24.02）

25. 研究委员会

A. 成员资格

该委员会有一名主席，一名副主席，至少 15 名成员。（Am. 4.29.04）

B. 职责（Am. 11.14.06）
- 该委员会就同分会和大学的研究任务相关的所有事项向分会提出建议。
- 就教职工对研究政策事项的观点方面，与本校区校长及主管科研的副校长协商并提出建议。
- 就与研究政策和资源配置相关的事宜与分会的其他委员会定期保持联系，例如图书馆委员会、计算与通信委员会，学术计划与研究资源配置委员会。
- 设立政策和程序以管理分配给委员会的事务，根据既定政策，管理和分配为研究设立的基金，并决定领取教职工研究和差旅费的人选。
- 在对研究团队报告进行分析的基础上，向主管科研的副校长提出建议。

26. 规则和选举委员会（Am. 10.25.94，11.8.07）

成员资格

该委员会至少由三名评议会成员组成。分会秘书应担任该委员会的主席。（Am. 10.25.94）

职责

A. 该委员会就自己所认为的关于章程和规则的可取的变更和增补问题进行准备工作，并向分会或分会的任何部门汇报。

- 对其他委员会或个人对章程和规则所提出的变更或增补建议进行正式监督。
- 按照适当的周期，编辑出版伯克利分会手册。
- 决定某人是否符合分会会员的资格。

B. 通过分会的投票，关于解释分会法例的事项可以提交该委员会进行决议和报告。

- 当由25名具有投票权的分会成员作出报告或者是签署评论报告时，这些决议服从于分会的复查。收集这些评论报告的时间期限是，分会关于决议的会议记录寄出后的十天。
- 如果分会不同意委员会的报告，委员会须立即起草符合分会意向的法例。
- 这个委员会监督所有关于通过邮件或者是电子投票形式提交到分会的建议的选举和投票。（评议会规程340条河伯克利分会规程第9条）
- 除非章程中另有规定，选举多数通过有效。（Am. 10.25.94）

27. 评议会政策委员会①

28. 大学—荣誉退休关系委员会

A. 成员资格

该委员会至少应有五名成员，其中至少三名是荣誉退休人员，一名是教职工福利委员会成员。（Am. 10.19.00；CC. 4.25.05）

B. 职责

该委员会：

1. 代表荣誉退休人员的利益，并且将他们的需求反馈给分会相应的部门。

2. 与退休中心和伯克利退休协会密切合作以保持与退休人员之间的联系，并评估退休人员的兴趣和需求。

3. 保持与教职工福利委员会的联络；委任分委员会，负责与其他适宜的

---

① 分会理事会，章程第四条为评议会政策章程第26条所替代，于1989年10月10日生效。

学术团体保持联络。(CC 4.25.05)

4. 作为退休中心的资源支持部门,协助中心辨别并回应退休人员适当的需求。(Am.11.13.03)

第 IV 节　教育事务常设委员会列表;权力与职责

这些委员会包括评议会成员与学生成员。

学生成员的任命及相应的工作参照章程 13.C.的条款。

29. 学术自由委员会

A. 成员资格

该委员会有五名评议会成员和两名学生成员。[①]

B. 职责

该委员会的职责是研究并报告(根据其判断)可能影响大学学术自由的任何情况(大学内或大学外),特别有关大学聘用或解聘,大学和大学院系个人名声的情况。

30. 学术规划与资源配置委员会(Am. 9.91,3.92)

A. 成员资格

该委员会至少应有十二名成员:一名主席,一名副主席,至少四名由委员会任命的评议会成员,四名当然成员。四名当然成员包括:分会理事会副主席,预算与部门关系委员会主席,图书馆委员会主席,计算与通信委员会主席,ASUC 主管学术事务的副主席,以及一名额外学生成员。[②] (Am.4.24.08)

B. 职责

1. 就年度以及长期的学术和物质规划、预算、资源分配与本校区校长进行商讨并提出建议。

2. 发起关于规划和预算事务的研究,若有必要,可批准设立特设委员会对其进行研究。

3. 就与预算和计划相关的事宜,与分会的其他委员会保持联络。

4. 定期向分会理事会与分会进行汇报

31. 招生、入学注册和预备教育委员会(Am.10.25.94)

A. 成员资格

该委员会至少由六名评议会成员组成,通常交替任期三年。主管招生与注册的助理校长或副校长(具有投票资格的成员),两名学生成员,本科生招生办公室主任(不具有投票资格的成员)。学生成员的任命及相应的工作

[①] 详见章程第 13 条 C 款。
[②] 详见章程第 13 条 C 款。

任务参照章程 13C。(Am. 10.25.94; 10.17.95; 11.4.96; 10.21.99; EC. 11.21.00; Am. 4.25.05)

B. 职责

• 该委员会负责就与伯克利招生和注册相关的事宜进行考虑和汇报。

• 该委员会履行分会由系统范围内的预备教育评议会委员会和分会指派的,关于预备教育的职责。(Am. 10.25.94; EC 6.00)

32. 计算与通信委员会

A. 成员资格

该委员会至少由九名评议会成员和两名学生成员组成。① (Am. 4/22/03)

B. 职责

1. 就关于将计算机、信息系统和电子通讯设施应用并统一到诸学科点中的所有事宜向本校区校长及分会提供建议,包括与计算机和通信设备相关的政策。

2. 在所有与计算机、计算、数据和无线电通讯设施的政策问题上,代表学部及其院系。

3. 提交在所有三个区域内的仪器设备升级的建议。

4. 委员会还有以下特殊职责:

• 就教职工和学生在演示和研究过程中对计算和通讯设施的使用情况进行评论。

• 就如何改善计算与通讯设备仪器的运行提出建议,以满足教职工和学生的需求。

• 参加关于通信计算机的使用和改善的长期规划。

33. 教学课程委员会

A. 成员资格

该委员会至少包括 12 名评议会成员,其中一名一般应该同时是教学课程委员会的成员和文理学院学术项目组的成员。分会秘书是委员会的当然成员,三名学生成员,注册处主任(当然成员)是不具有投票权的成员。② (Am. 10.25.94; 4.29.97; 11.13.03)

B. 职位任期

该委员会任期从秋季学期第三个星期的星期一开始。

---

① 详见章程第 13 条 C 款。
② 详见章程第 13 条 C 款。

C. 职责

- 评审、协调并最终实施与教学课程相关的所有事项,包括批准新课程,对现有课程进行修改、撤销、引导、学分评估、分类,就与教学课程相关的事项向系科或者是分会个人成员提供咨询及建议。
- 当与教学课程相关的事项提交到委员会时,对合适的系科,系科委员会、代表和教职工提出的观点和结论进行全面考虑
- 不能对法学院的课程提供建议且没有任何管辖权。[SOR 105.2(b)]
- 代表分会评审各学院和研究生理事会提交的关于学位授予、证书授予和荣誉授予的建议(见章程第100条)。
- 对分会规则管理范围之外的教学课程、学位授予、证书授予和荣誉授予事项进行评审并最终实施。(Am. 4.27.06)

34. 教育发展委员会①

35. 教育政策委员会

A. 成员资格

该委员会至少由12名评议会成员和三名学生成员组成。②(Am. 4.25.02)

B. 职责(Am. 4.29.04;Am. 4.19.07)

- 就与教育政策问题相关的事宜进行考虑与汇报;
- 就与教育政策相关的问题提出方案;
- 就与教育政策相关的问题向分会提出建议,包括校园资源配置的重大变更;
- 就是否设立课程、院系、学会,办公署以及其他类似机构的事宜向分会理事会提出建议(参见章程300:《美国文化广度要求》)(CC. 4.89);
- 参加校园评议学术性系科和单位的课题组,对本科生教育事宜予以特别关注。

36. 种族研究课程委员会③

37. 研究生理事会

A. 成员资格

- 研究生理事会应包括研究生分会会长(当然成员),至少12名其他学

---

① 于92年3月废止。
② 详见章程第13条C款。
③ 于2005年4月25日废止。

术评议会成员和三名研究生。①
- 主席和副主席由委员会从现有成员中指定。

B. 职责
- 按照评议会章程第 330 条,理事会配合伯克利研究生分会的运行并实行管理。
- 理事会可以授权教学课程委员会分会批准研究生课程(课程序号为 200—299)。(En. 4.22.03)
- 研究生理事会可以通过关于任命常设委员会成员资格和程序的法规。(En. 11.8.05)

38. 国际教育委员会(Am. 11.88;Am. 10.19.00,Am. 4.29.04)

A. 成员资格

该委员会至少包括七名评议会成员,其中一名应同时是教育政策委员会的成员。委员会当然成员包括:国际和地区研究办公室主任、伯克利海外研究项目主任,以及根据章程 13.C 任命的两名学生成员(一名本科生,一名研究生)。委员会有一名主席一名副主席。

B. 定义

根据该章程的主旨,"国际教育"应被定义为伯克利学生参加的美国之外的大学项目。

C. 职责

该委员会应该:

1. 就国际教育和在伯克利校区的国际学生和学者的地位和福利向校长和评议会提供建议;

2. 与国际和地区研究办公室主任、伯克利海外研究项目主任、国际学生和学者服务办公室主任商讨问题并向他们提出建议;

3. 发起国际教育方面的政策建议,包括海外教育项目和伯克利校区国际学生和学者的地位和福利研究;

4. 就所有与国际教育相关的学术事务提供指导、建议和监督,这些事务包括与海外教育项目相关的问题,例如学生选拔、研究中心主任选拔,以及研究中心的评审。

39. 图书馆委员会

A. 成员资格

委员会包括两名学生成员及评议会成员,评议会成员人数不定。②

---

① 详见章程第 13 条 C 款。
② 详见章程第 13 条 C 款。

B. 职责
- 就图书馆管理事宜向校长提出建议；
- 履行其他与图书馆相关的、分会批准的职责。

40. 奖励委员会

A. 成员

该委员会包括两名学生成员及评议会成员，评议会成员人数不定。①

B. 职责

该委员会监督伯克利校区未另行规定的对学生设立的奖项。

41. 特殊课程委员会②

42. 妇女及少数民族地位委员会

A. 成员资格

该委员会至少由六名评议会成员组成，其中包括：一名副主席；两名学生成员；主管教职工公平的副教务长，他是具有投票权的当然成员。③（Am. 4.25.02；Am. 4.25.05）

B. 职责
- 激励和协助所有系科加强他们在营造并达到妇女及少数民族机会均等方面的努力；
- 对伯克利校区所有关于妇女和少数民族地位的问题进行长期评审；
- 每年就维护校区内妇女与少数民族机会均等的进展情况向分会进行汇报。

43. 学生事务委员会

A. 成员资格

该委员会至少由四名评议会成员组成，其中包括：加州大学伯克利校区学生会主席（为当然成员）、一名研究生和一名本科生。④（Am. 10.19.00）

B. 职责

该委员会应以论坛的形式进行组织工作，以便于教职工、学生和管理者之间的交流，以此提高学生生活的质量，从而巩固校园社区。因此，该委员会应就与社会福利（例如健康、安全）、知识增长（例如学术支持）、伦理发展（例如社区服务、学生和教职工行为）相关的问题进行讨论（Am. 10.25.94）

---

① 详见章程第13条C款。
② 于2005年4月25日废止。
③ 详见章程第13条C款。
④ 详见章程第13条C款。

44. **学生多样性及学术发展委员会**(Am. 4.25.05)①

A. 成员资格

- 该委员会至少由十名评议会成员和两名学生组成。②
- 如果有必要,该委员会经委员会同意可以提名不具投票权的成员,最多可提名五名。

B. 职责(Am. 4.25.05)

该委员会建议、协助并评审学术预备和发展项目(从大学预科层面到研究生层面),以帮助这些项目,激励并协助由于种族、宗教或/和性别因素或者因其他社会、经济原因而导致受教育机会遭到限制、学术方面最有前途的学生。

该委员会致力于帮助学生充分发挥所有潜力,尤其是在那些教育机会受到限制的学生被忽视的研究和工作领域;致力于提高在校园以及职业方面学生的多样性。

该委员会激励并协助伯克利的教职工参与达到以上目标的行动。

45. **教学委员会**(CC. 10.89,Am. 3.92,Am. 4.29.04)

A. 成员资格

该委员会至少由五名评议会成员,其中至少有两名曾是杰出教学奖获得者,并有两名学生成员,一名本科生,一名研究生。③

B. 职责

1. 激励并协助所有系科加强培养、发掘及奖励优秀教学方面的努力。

2. 在分会理事会的批准下,提名杰出教学奖以及其他适当的奖项的获得者。应本校区校长或本校区校长委员会成员的请求,提交校外教学奖励候选人的教职工提名材料。

3. 发起、接收以及资助教学改进和发展计划。

4. 就校区教学和学习改进采取特殊措施。

5. 研究所有与大学教学促进有关的问题,并关注如何使教学工作在职务开建和终身教职中得到认可,并不时向伯克利分会提出中肯的建议。

---

① 原为特别奖学金委员会(CSS),该章程在重命名后被移至其他部分并重新编号。第三部分中其后的章程也已重新编号。

② 详见章程第 13 条 C 款。

③ 详见章程第 13 条 C 款。

46. 预备教育委员会①

47. 本科生奖学金与荣誉委员会

A. 成员资格

该委员会至少由15名评议会成员和两名学生成员组成。②（Am. 4.88）

B. 职责

• 通过本校区校长向主席推荐针对伯克利校区学生的本科生奖学金奖励。

• 就与伯克利校区所有本科生财政援助的奖励相关的政策向本校区校长提出建议。（Am. 11.13.03）

• 决定本科生奖励及学士学位奖励的标准。

48. 大学进修委员会

A. 成员资格

该委员会有七名评议会成员，其中包括：三名学生成员（最好有一名研究生、一名本科生、一名有直接的延期经验的学生），教学课程委员会主席（当然成员），或一名由课程委员会主席任命的供替代的评议会成员（当然成员）。

大学进修委员会主任（当然成员）是不具投票权的成员。委员会可以邀请大学进修委员会副主任参加委员会的事务，但不具有投票权。③（Am. 11.88；4.29.97，EC. 6.00）

B. 职责（Am. 4.29.97）

委员会负责以下事项：

• 就向委员会提交的、或者委员会发起的与大学进修的运作、教育预算、相关预算、人员政策相关的事宜，向本校区校长和大学进修委员会主任提供建议。

• 就以下事项向大学进修委员会主任、院系以及研究生部提供建议：

建立或终止进修课程；

聘任或续聘进修教学人员的标准；

接受针对进修课程的外部支持的政策。

• 就人事方面问题提供建议，在适当的情况下进行资质审查和成绩评价。

• 根据委员会的判断，办调大学进修委员会与分会的关系。

---

① 于1994年10月25日废止。
② 详见章程第13条C款。
③ 详见章程第13条C款。

第 III 部分 教授会①

第 I 节 一般职责与权力

60. 教授会管理

每个教授会按照以下限制条例对各自的学院进行管理：

1. 每个教授会都是分会的一个委员会，对分会负责，并不定期接受分会的指令。

2. 教授会可以通过与分会的章程和法规一致的章程和法规，并将其以报告条款的形式提交分会，作为伯克利分会手册的附录进行印刷。

3. 教授会选拔各自的管理人员，学院的执行官员（属于行政方面的被任命者）除外。

4. 教授会可以将权力转授给委员会或本教授会的管理人员。

5. 工作未满两年的教职工没有投票权。（评议会章程 55）。

62. 教授会的权力

1. 研究生学习以及更高的学位受制于研究生理事会的规定和协调力。

2. 教授会不负责学生纪律。

3. 教授会可以向分会提出有关章程和规定之修订的建议。

64. 教授会成员资格（EC. 6.30.94；EC. 1.1.99）

以下是每个学院的教授会的当然成员

- 大学校长
- 伯克利校区校长
- 常务副校长和教务长
- 以下所列出的各个学院的院长

第 II 节 教授会列表及其成员资格

70. 沃尔特哈斯商学院（Am. 9.91）

除了章程第 64 条提及的当然成员，该学部的成员还包括：

1. 工商管理系的所有分会成员。

2. 每个设有沃尔特哈斯商学院课程中所要求的课程的其他系、或者是

---

① 代表大会章节（原第三部分，章程第 64—70 条）于 1989 年 3 月 14 日被废止；其后章节也随相应改变而全部进行重新编号。

设有属于沃尔特哈斯商学院特殊项目的一部分的课程的系任命的一名代表。

72. 化学学院(Am 9.91，CC. 10.89，EC.11.91)

除了章程第 64 条提及的当然成员，该学部成员还包括：

1. 工程学院、文理学院、自然资源学院的院长；沃尔特哈斯商学院的院长，药学学院的院长(圣弗朗西斯科)，公共卫生学院的院长。

2. 来自于以下系的系主任，或者是系主任任命的代表：

昆虫学系　　　　　　　　　　营养学
地质与地球科学系　　　　　　植物生物学系
综合生物学　　　　　　　　　土壤学系
分子与细胞生物学系

3. 生物、物理科学、人文科学、社会专业学理事会的主席。

4. 工程学院系、所主任。

5. 以下由系主任任命的系代表：

- 三名数学系代表；
- 三名物理系代表。

6. 分会所有属于化学与化学工程系的成员。

74. 教育研究生院（CC. 7.1.06）

除了章程第 64 条所规定的当然成员，该学部的成员包括：

1. 分会中所有属于教育系的成员。

2. 从伯克利校区院系选举出的成员，代表着作为教育理论和实践基础的公共课程。

- 这些成员的选举、人数和任期由成员资格常设委员会向学院推荐。

3. 已在教育学院担任三年或三年以上全职官员的教学监督员。

- 对于学部向伯克利分会提出建议的事项，这些监督员可以参与并进行表决；
- 对于学部根据评议会的授权而最终实施的事项，这些监督员可以作为无投票权的成员参与其中。

76. 工学院（Am. 9.91）

除了章程第 64 条所规定的当然成员，该学部的成员包括：

1. 化学学院、环境设计学院、文理学院和自然资源学院院长，以及沃尔特哈斯商学院和公共健康学院(伯克利—圣弗朗西斯科)院长。

2. 分会中所有属于工学院的成员。

3. 以下系的系主任：

化学系	数学系
化学工程系	物理系
地质和地球物理统计系	统计学

4. 每个设有工学院所要求课程的课程的其他系提名的一名代表。

5. 院长可以提名的,因在工程领域的教学或研究工作中作出贡献的评议会的其他成员。

78. 环境设计学院

除了章程第 64 条所规定的当然成员,该学部的成员包括:

1. 分会所有属于建筑系、城市和区域规划系或景观建筑系的成员。

2. 本学部主席任命的相关系的代表。

80. 新闻学研究生院

除了章程第 64 条所规定的当然成员,该学部的成员包括:

1. 研究生分会会长。

2. 在本院担任教学工作的分会全部成员。

3. 每个学期在本学院担任教学工作的所有其他人员(无投票权成员)。

82. 法学院

除了章程第 64 条所规定的当然成员,该学部的成员包括:

1. 分会中所有属于法律系的成员。

2. 教授法学博士学位课程的分会成员。

84. 文理学院

除了章程第 64 条所规定的当然成员,该学部的成员包括:

1. 分会所有被指派到文理学院或参与该学院主要项目的成员。

2. 为满足文理学院课程设置的特定要求而提供课程的其他各系任命的一名代表。

如果伯克利校区的任何院、所没有代表,将有权任命一名代表。(EC.00)

86. 信息学院(Am. 4/22/03；CC. 6.26.06)

除了第 64 条规定的当然成员外,此学部的成员是所有属于信息学院的分会成员。

88. 自然资源学院(Am. 9.91)

除章程 64 条规定的当然成员外,该学部的成员包括:

1. 学术评议会伯克利分会中所有属于自然资源学院的成员。

2. 文理学院的 4 名代表,包括至少一名生物科学代表、一名社会专业学代表和一名人文科学代表。

3. 下列院、所各一名代表:

- 化学学院,工程学院,环境设计学院;
- 沃尔特哈斯商学院,教育学院,公共健康学院;
- 新闻学研究院,理查德与罗达金人公共政策学院。

4. 执行委员会(职能等同于委员会)任命的至多 5 名伯克利分会成员。

在以上 2、3、4 条款中任命的每名代表任期一年或直到选出继任者。

90. 眼科学院

除了第 64 条规定的当然成员外,该学部的成员包括:

1. 分会所有在眼科或生物光学任教的成员。
2. 下列各个系任命的一名代表:

化学系,	物理学系
整合生物学系,	心理学系
数学系	公共卫生学系,
分子和细胞生物学系	统计学系

3. 由眼科系提名、医学院(圣弗朗西斯科医学院)院长任命的一名医学院代表。

91. 公共卫生学院（En. 11.8.05）[①]

除了章程第 64 条规定的当然成员,该学部的成员包括:

1. 分会所有属于公共卫生学院的成员。
2. 加州大学旧金山校区校长。

92. 理查德与罗达金人公共政策学院（CC. 7.1.97）

除了章程第 64 条规定的当然成员,该学部的成员包括:

1. 分会所有属于公共政策学院的成员。
2. 由学院院长任命的分会其他成员,每学年最多 5 名。

94. 社会福利学院

除了章程第 64 条规定的当然成员,该学部的成员包括:

1. 分会所有属于社会福利系的成员。
2. 在伯克利和圣弗朗西斯科专业学院任职的学术评议会三名成员,以及
- 在伯克利分校的社会专业学院系任职的三名学术委员会成员,
- 该六名成员应由院校执行委员会在咨询了相关系的系主任或主席后提名,由研究分会会长任命。
- 任期一年,可连任。

[①] 学术评议会全体会议废除评议会章程第 235 条,该章程于 2005 年 12 月 12 日生效,规定公共卫生学院作为学院,学术评议会大会对其负责。

第 IV 部分　学位

100. 学位，证书，荣誉

- 分会授权教学课程委员会向伯克利校区校长推荐获得学位、证书和荣誉的人选，并继而递交给加利福尼亚大学校长。
- 针对有异议的实例，委员会应咨询推荐官员。
- 在递交建议之后，委员会应在下一次分会例会上就该举措进行汇报。

第 V 部分　立法事务

160. 投票要求（Am. 3.89）

- 章程的制定、修正或废止需要现场投票或通过邮件投票的票数的三分之二通过。
- 章程的更改需要得到现场投票或通过邮件投票的大多数的同意。
- 所有其他事务均需要获得投票总数中的多数。
- 在统计通过章程所要求的三分之二的投票数，或通过规定所要求的大多数投票，或对章程和规定进行修改所要求的大多数投票的过程中，弃权票不包括在内。

161. 电子或邮件投票

在大多数具有投票权的成员在会议上提出要求的情况下，对于任何议题（包括对立法的修正），须以电子或邮件投票的方式进行。电子和邮件投票应参照评议会章程第 95 和 340 条款，以及伯克利分会章程 9.A 和 9.D 条款。

162. 事先通知

A. 立法变更

即将在分会会议讨论的、对分会或评议会立法的建议修正案必须在会议召开前至少提前 7 个日历日提交。（Am. 3.89）

B. 未通知事项

1. 在例会上，分会将处理章程第 162 条 A 款提到的立法之外的任何其他事务，无论在会议通知中是否提到。但是，如果没有提及，这些事务只能在得到在场成员的三分之二投票同意后方可进行。（CC. 3.89）

2. 在特殊或紧急会议上，在会议通知中未通知事项只有在得到一致同意后方可开始讨论,并且在得到在场成员三分之二的投票同意后方可最终实施。

163. 议会权威
本部法规中未包括的问题应遵循罗伯特议事规则。

164. 赞成议程
- 分会主席和副主席认为无争议的事项可列入赞成议程中,并以特别指令形式印制到会议通知中。(CC. 10.89)
- 赞成议程全部事项的通过只需要进行一次无异议的投票。如果对赞成议程中任何一个事项持反对意见,则该事项应被移出赞成议程,并成为新的议程。

166. 学术评议会章程中的定义
- "立法修正"一词指新法规的实施或现有法规的修正或废除。
- "立法"一词仅表示评议会部门的章程和规章。
- "备忘录"一词指写给校长并转交给校董事会的声明或请愿书。
- "议案"一词指写给校长的声明或请愿书,不向校董事会转交。
- "立法机构"一词仅指:学术评议会集会、学术评议会分会以及分会集会。

第 VI 部分　预算

170. 分会预算
为支持分会工作,在校长要求的情况下,分会主席将向校长提交年度预算。

(最新版本参阅 http://academic-senate.berkeley.edu/committees/re/laws-berkeley-division-contents。)

南加州大学章程

(Bylaws of the University of Southern California)

2008 年 6 月 3 日修订

主译人　杜丽婧　莫　菲
校阅者　朱　红

兹证明本章程系南加州大学官方章程的真实准确的副本，由南加州大学董事会于 2009 年 6 月 3 日通过并修订。

大学秘书长 Carol Mauch Amire
2009 年 6 月 3 日

I 董事会

1.1 概述

在法人条例、学校章程和加利福尼亚州法律的约束下，本法人（即后文有时所指称的大学）应由董事会或在其指导下行使权力、控制财产并处理事务。享有投票权的法定董事人数应为 55 人，除非通过修改社团条例或修改本章程第 I 部分第 1.1 条的方式进行变更。

1.2 任期

除另有规定外，董事会董事的任期一般是五年。如一名董事在董事会年度会议中当选，其任期从年度会议休会后即刻开始，至该次年会所在年度之后的第五年的董事会年度会议，并至选举出其继任者为止。如果一名董事在年度会议外的其他会议上当选，其任期从其当选会议休会之后即刻开始，至该次选举会议之后年度会议的第五个年度会议，并选举出其继任者为止。在其75岁生日后的年度会议之后，任何人（除终身董事以外）都不能再担任董事。每年约有五分之一的董事的任期届满，并且有接近五分之一的董事可在每年的年度会议中由董事会选举产生。在选举之前，南加州大学校友会管理委员会应将校友会主席提名候选名单提交给人事委员会和执行委员会议，以被列入一份候选人名单，校长可以酌情授予该名单中的人员以董事资格。结束南加州大学校友会管理委员会主席任期后，该候选人可以被授予校友董事的资格，经董事会选举，他/她可在五年任期中履行职务，并且不能再次选举连任。只要以书面方式通知董事会主席、大学校长、大学秘书长或董事会后，该董事的辞职立即生效，除非该书面通知声明辞职在稍后的某一时间生效。在半数以上的董事会成员同意的情况下，董事会可宣布任何连续八次缺席董事会会议的董事职位空缺。在再次提名董事之前，选举委员会委员应仔细审查董事的出席和参与董事会和委员会会议、参与学校活动、为学校筹款，以及为大学生活所作出贡献的情况。

1.3 空缺

董事会的任一空缺职位均可以由董事会，或者其他大多数在任董事（即使人数少于法定人数）选举以确定人选。空缺职位的任期为其尚未结束的任期。

1.4 董事会主席

董事会可从其成员中选出一名主席。

II 终身董事，名誉董事和退休董事

2.1 终身董事

任职超过9年的董事会成员可被选举为终身董事。任何年满75岁仍为董事会成员的人可以被董事会选举为终身董事。董事会可以选举由于健康状况而在任职不超过9年时辞职的委员为终身董事。终身董事的任期为终身，除非董事会成员的半数以上投票解除其职位。终身董事非董事会成员。他可出席董事会和委员会会议并参与讨论，但无投票权。

2.2 荣誉董事

董事会可选举对学校发展作出卓越贡献的人为荣誉董事。荣誉董事的

任期可以为终身,除非董事会成员的半数以上投票解除其职位。荣誉董事不是董事会成员。他可出席董事会和委员会会议并参与讨论,但没有投票权。

2.3 退休董事

董事会选举会可选举一名退休校长(名誉)和一名退休主席(名誉),可从那些已经完成大学校长和主席任期、并被选为名誉退休校长或名誉退休主席、且已完成他们在董事会中的常规任期、同时对学校有卓越贡献的人中选举名誉退休董事。名誉退休董事不是董事会成员。他可出席董事会和委员会会议并参与讨论,但没有投票权。

III 董事会会议

3.1 年度会议

董事会年度会议在每年六月的第一个星期三举行,或在任何由执行委员会或董事会确定的其他日期举行。

3.2 例会

董事会例会在每年二月、十月和十二月的第一个星期三举行,或在任何由董事会或执行委员会确定的日期举行。

3.3 特别会议

特别会议可由董事会主席、任意五名董事或者大学校长发起。任何此类倡议都应向大学秘书长面递交书面报告。

3.4 通知

任何一个常规会议和特别会议的通知都应明确会议地点和时间。常规会议的通知应至少在会议前十天函告董事会的每位成员。特别会议的通知应至少在会议召开前三天以特快邮件函告或者亲自送达董事会的每名成员,或至少提前48小时通过电话(包括语音信息系统或者其他用以记录和交流信息的系统或科技)、电报、传真、电子邮件或其他电子传输方式通知每名成员。任何此类通知应按照学校出示的该成员的地址或该成员提供给学校用以接收通知的地址函达董事会的每名成员。书面邮寄通知在投入美国邮政、邮资已付时视为送达。采用电子传输的通知:(a)须分别传送至大学记录在案的董事会成员的传真号码或者电子邮件地址，(b)此种通知的形式必须可以创造一个可以保留、检索和回顾的记录，同时(c)须传送给对于使用这些送达通知的方式表示未撤销同意的董事会成员。其他书面通知在亲自送达收信人，或在传送至公共承运人，或在通过电子方式获得通知的人确实传送给收信人时，视为已送达。口头通知在亲自或通过电话（包括语音信息系统或者其他用以记录和交流信息的系统或科技）传达至收信人或传达给收信人办公室，使送信人有理由相信信息已及时传达给收信人。通知或通知的撤销中不需要明确董事会常规会议和特别会议的目的。

3.5　会议地点

董事会的所有会议应在通知中所明示的地点举行，董事会的全部或部分成员可通过电话会议或电子视频通讯参与会议，只要全体与会人员能听到彼此的声音即可。委员会可自由决定会见的时间和地点，且委员会全部或部分成员可通过电话会议或电子视频通讯参与会议，只要全体与会人员能听到彼此的声音即可。

3.6　法定人数

三分之一正式当选的享有选举权的董事会成员人数构成董事会会议处理任何事务的法定人数。

3.7　程序和投票

按照本章程的条款，董事会在处理事务中应适用法律，遵守董事会通过决议或实践作出的修订，遵守一般议会规则。每名董事会成员在会前有权对预定事项投票。在年度会议中，任期届满的董事可再次当选并在所有事务上享有投票权，包括对他们继任者的选举，直至他们的继任者被选出。在按时召开的会议上由达到法定人数的与会董事的半数以上作出的每一个行动或决定都是董事会行为，除非法人规章、大学章程或者《加利福尼亚州非营利公益性法人法》规定，尤其是那些有关董事会任命（第 5212 条）、合同批准或交易中有关董事重大财务利益（第 5233 条）和董事赔偿（第 5238 条）等条款需要更高的比例或不同投票规则来批准某一事项。最初出席人数达到法定人数的会议，如其行动已获得该次会议所必需的法定人数的至少半数以上的认可，或已达到法人规章和大学章程所要求的更多的人数，或符合《加利福尼亚州非营利公益性法人法》的条款，则应继续处理事务，即使有董事会成员退出会议。

3.8 弃权

不论如何发起或通知,无论在何处举行,任何董事会会议决议的事项都具有法律效力,只要会议常规地发起和通知后按时召开并达到法定人数,且在会前会后所有缺席的董事会成员,或虽出席会议但在会前或会中抗议未对其发出通知或未发出适当通知的成员签署书面弃权通知,或同意召开此类会议,或批准会议记录。所有诸如此类的弃权、同意和批准都可提交法人记录或者写入会议记录。

3.9 官员出席

大学资深官员、大学秘书长和大学财务主管可出席或请求免除出席由董事会主席或校长主持的董事会会议。

3.10 未经开会而作出一致书面同意的行动

任何符合法律规定、由董事会要求或允许的行为无须召开会议即可实施,只要董事会全体成员单独或集体对此作出书面同意。不过,此条中"董事会全体成员"不应包括任何由《加利福尼亚的非营利公益法人法》第5233条所定义的"相关"董事。此类书面许可可和董事会记录一并归档。这类获得书面同意的行为与董事会成员的一致表决具有同等效力和影响。

IV 董事会委员会

4.1 概述

董事会共有11个委员会,按照5.2条任命如下:
(a) 执行委员会
(b) 学术事务委员会
(c) 财务委员会
(d) 大学发展委员会
(e) 校友事务委员会
(f) 校区规划委员会
(g) 董事会人事管理委员会
(h) 学生事务委员会
(i) 审计和纪律遵守委员会

(j) 公共事务委员会

(k) 投资委员会

董事会还可以建立由董事会两名或两名以上成员组成的特别委员会。各特别委员会的规模、职责和权力由董事会规定。

4.2　执行委员会

(a) 成员

委员会由 7 到 13 名董事会成员组成,包括董事会主席和大学校长(如果他/她为董事)等当然成员,由人事委员会提名并由董事会超过半数的成员批准。

(b) 权力

当董事会未开会时,执行委员会拥有除下列之外的董事会的全部权力和权威:

(1) 填补董事会或任何有董事会权力的委员会的空缺;

(2) 确定在董事会或其他委员会供职的董事的薪酬;

(3) 修改或废止章程,或采用新的章程;

(4) 修改或废止任何明确表明不能修改或废止的董事会决议;

(5) 任命董事会委员会或其成员;

(6) 当被提名的董事候选人人数多于可当选的人数时,使用法人资金支持董事候选人;

(7) 批准除法律规定外的任何自我交易。

(c) 没有前述限制时,执行委员会可拥有如下的具体职责和董事会可能随时赋予的其他责任:

(1) 根据校长的建议指定大学、学校、校园建筑、场所、道路、剧院的名称。然而,校园建筑物和可移动物体的名称可由校长单独制定;

(2) 审查和批准董事会人事委员会为董事、终身董事、荣誉董事、荣休校长、荣休主席和荣休董事。一旦执行委员会已批准多名特定的候选人,大学校长可根据董事会的批准邀请这些人出任董事。一旦个人答应出任董事,他/她的名字可被提交至董事会,以得到一致书面同意的批准或在下次董事会常规会议上进行投票表决;

(3) 审查和批准人事委员会对于大学职员与校长的提名。所有经执行委员会批准的候选人可由董事会人事委员会提交至董事会,在年度会议或在未来可行的时候由董事会批准;

(4) 作为赔偿委员会来审查和/或批准支付给按照大学赔偿政策所定义的"相关个人"的赔偿金。

（d）常规会议

执行委员会的常规会议在一月、三月、五月、九月和十一月的第一个星期三举行；如果当天恰逢法定假日，则常规会议在当天之后第一个非法定假日举行。

4.3 学术事务委员会

（a）成员

学术事务委员会由不少于五名的董事会成员以及当然成员组成。教务长同时也是分管学术事务的常务副校长可出席委员会会议并参与讨论，但没有投票权。

（b）权力与职责

按照教育政策和操作规定，学术事务委员会有如下职权：

（1）定期审查教学教师的任命模式、升职和派遣，并为教授职位的确立提供建议；

（2）考虑常规的、特别的以及被提议的学术项目，并根据对其他委员会提供的建筑和财政计划的后期审查，推荐有关重大学术设施建设的项目；

（3）审查学术机构的重大变化并提出建议；

（4）对影响职员资格、学位标准、录取、研究和相关学术问题的学术政策进行建议；

（5）考虑授予荣誉学位的建议，并就作出卓越贡献应获得此荣誉的个人进行提名；

（6）定期检查图书馆和特别收藏的学术资料。

根据第 VI 章第 6.4（d）规定，校长应当对教育项目负责。因此，该委员会的责任是建议性的，而不具有可执行性。

4.4 财务委员会

（a）成员

财务委员会由不少于五名的董事会成员加上当然成员组成。分管财务的资深副校长（他同时也是首席财务官员）以及大学财务主管可出席委员会会议并参与讨论，但没有投票权。

（b）权力与职责

财务委员会拥有如下关于大学一般性财政事务和预算事务的权力和职责：

（1）行使对财务账簿和大学记录的一般监督，批准大学的所有债务和负债，包括为学校的利益发行债券；

（2）接受或拒绝给予大学的捐赠；

（3）审查投资委员会关于集合留本资金的资产分配情况的定期报告；

（4）指导大学财务主管出售学校的资产；

（5）确定采购、出售或出租大学不动产的所有条款及条件。通过决议，财务委员会可授权校长或他/她的指定人员确定采购、出售或出租价值不超过五百万美元的大学不动产的所有条款及条件，可授权校长或他/她的指定人员和董事会主席一起确定采购、出售或出租价值不超过1000万美元的大学不动产的所有条款及条件，任何高于1000万美元的采购、出售或者出租都需要得到整个财务委员会的批准；

（6）批准年度预算，考虑校长对该项预算的建议；

（7）为预算报告和已经批准的预算操作建立程序；

（8）定期审查大学的财务状况；

（9）审查和批准年度学费水平和所有强制收费；

（10）实施由此章程、董事会决议或执行委员会决议授权的其他行为和进一步行为。

4.5　大学发展委员会

（a）成员

大学发展委员会由不少于五名的董事会成员加上当然成员组成。分管大学发展的资深副校长可出席委员会会议并参与考虑，但没有投票权。

（b）权力和职责

大学发展委员会可考虑并向董事会建议发展项目和目标。

4.6　校友事务委员会

（a）成员

校友事务委员会可由不少于五个的董事会成员加上当然成员组成。南加州大学校友会主席或者已经当选但尚未就职的主席和主管大学关系的资深副校长可出席委员会会议并参与讨论，但没有投票权。

（b）权力和职责

校友委员会考虑并向董事会建议有关校友会的项目和政策，以加强董事、大学及其校友间的关系。

4.7　校区规划委员会

（a）成员

校区规划委员会由不少于五名的董事会成员加上当然成员组成。分管财务的资深副校长同时也是首席财务官员,可参加委员会会议并参与讨论,但没有投票权。

(b) 权力和职责

校区规划委员会有如下权力和职责:

(1) 审查、建议和批准大学校区总体规划;

(2) 审查并批准所有关于建筑和更新主要设施的提议,包括(i) 位置选择(ii) 建筑师的候选名单和(iii) 概念设计;

(3) 审查并向财务委员会提出关于建筑和更新主要设施的提议的预算。

4.8 董事会人事管理委员会

(a) 成员

董事会人事管理委员会由不少于五名的董事会成员和当然成员组成。

(b) 权力与职责

董事会人事管理委员会有如下权力和职责:

(1) 提名董事、终身董事、名誉董事、荣休校长、荣休主席和荣休董事,并将所有提名提交给执行委员会。一旦执行委员会批准了明确的候选人,大学校长可根据董事会的批准邀请这些人担任董事。一旦一个人答应任职,他/她的名字可被提交至董事会全体以得到书面的一致同意或在下次董事会常规会议上通过选举的方式获得批准;

(2) 每年审查大学校长关于法人官员的候选人提名(但不审查对董事会主席的提名),并提名董事会主席和南加州大学非正式会员的主席,并将所有提名提交给执行委员会批准。所有此类提名经执行委员会批准后可被人事委员会提交至董事会,以在董事会年度会议中或会议后可行的时候获得批准;

(3) 每年直接向董事会提名执行委员会候选人;在董事会年度会议中或会议后可行的时候考虑此类提名。

4.9 学生事务委员会

(a) 成员

学生事务委员由不少于五名的董事会成员和当然成员组成。教务长同时也是分管学术事务的资深副校长,可出席委员会会议并参与讨论,但没有投票权。

(b) 权力和职责

学生事务委员会可考虑并向董事会建议有关学生事务的项目和政策。

4.10 审计和监控委员会

(a) 成员

该委员会由不少于三名的董事会成员组成,这些成员不应是大学的官员或雇员。

(b) 权力和职责

该委员会拥有如下权力和职责:

(1) 每年任命大学的独立公共会计师,审查和批准大学综合财务报表年度审计的范围、计划和费用,审查和批准已获许可的非审计服务,并把此类行动上报至董事会;

(2) 任命独立的注册会计师,以独立的内部审计师的身份服务于大学审计和纪律程序,与大学的内部审查员一起审查和批准大学内部审计和纪律程序的范围、计划和费用,并把此类行动上报至董事会;

(3) 与独立注册会计师、内部审计师和学校的合规官员一起审查并讨论如下事项:大学会计和财务控制的适当性和有效性;大学的会计实务;大学保留的用于财产保护和风险管理的系统和程序;以及可能对大学的财务状况或声誉造成实质性影响的法律、管理、监控或同类事项;

(4) 和独立公共会计师共同审查,并在独立公共会计师完成审计后批准大学年度综合财务报表和相关通知、独立公共会计师对于财务报表检验的结果,以及与之相关的被提议由独立公共会计师呈递的报告和意见;

(5) 审查并讨论由内部审计师提出的内部审查报告及任何被提议的改进方案;

(6) 至少每年对审查和监控委员会章程进行一次审查和重新评估,并就被提议的变更向董事会提出建议;

(7) 实施由此章程、审查与纪律委员会章程、董事会决议或执行委员会决议授权的其他进一步行为。

4.11 公共事务委员会

(a) 成员

公共事务委员会由不少于五名的董事会成员加上当然成员组成。分管大学关系的资深副校长可出席委员会会议并参与讨论,但没有投票权。

(b) 权力和职责

该委员会可考虑并向董事会建议能够从地方、州、联邦和国际层面提高大学声誉、声望和被社会所理解的价值观的计划或目标。此类计划和目标包括但不限于大学与以下几类人群的交流:普通公众,大众传媒,在地方、州或者联邦层面当选和被任命的政府官员。

4.12 投资委员会

（a）成员

投资委员会由不少于五名的董事会成员加上当然成员组成。分管行政的资深副校长、分管财务的资深副校长（同时也是首席财政官员）、财务总监（或财务总监确定的助理财务总监）以及大学预算主任可出席委员会会议并参与讨论，但没有投票权。

（b）权力和职责

投资委员会在大学一般财务事务和预算事务方面拥有如下权力和职责：

（1）常规地审查和确定集合留本资金的资产分配情况，并向财务委员会和董事会提交关于集合留本资金的资产分配情况的定期报告；

（2）任命一名或一名以上投资经理，让其投资大学资金并就投资大学的留本资产和其他资金向投资委员会提出建议；

（3）指导大学财务总监，使其对留本资产和其他基金的投资与投资委员会确定的资产配置相协调；

（4）实施由此章程、董事会决议或执行委员会决议授权的其他进一步行为。

V 委员会组织和会议

5.1 当然成员

董事会主席和校长（如果他/她同时是董事）可成为每个常设委员会和特别委员会的当然成员，审计和合规委员会除外。

5.2 任命和空缺

除当然成员外，委员会的成员可由董事会主席提名，并通过在现任董事中获得多数票而被任命。

5.3 任期

任何一名常设委员会的成员在董事会下一次年度会议前都是其成员。任何一名特别委员会的成员在董事会认定该委员会工作完成前都是其成员。当任何一名委员不再是董事会中具有表决权的成员时，其任期终止。

5.4 主席

董事会主席可任命每个委员会的主席和副主席，否则此类职位由委员会填补。

5.5 会议

每个常设委员会可自行决定其会议事宜，并可规定固定的会议日期。

5.6 会议的发起

每个委员会的会议可由董事会主席、大学校长、委员会主席或委员会任意两名成员发起。

5.7 会议通知

当情况改变，需要用委员会及其成员代替董事会及其成员时，以上3.4条中关于董事会特别会议通知的规定可适用于委员会的每个常规会议和特别会议。

5.8 会议地点

每一次委员会会议可在会议通知中指定的地点举行。

5.9 法定人数

半数以上经授权享有投票权的成员构成执行委员会的法定人数。6名具有投票权的成员构成财务委员会的法定人数。4名具有投票权的成员构成董事会其他所有长期委员会的法定人数，除审计和监控委员会及投资委员会外（3名具有投票权的成员构成这两个委员会的法定人数）。董事会特别委员会的法定人数要求应遵从董事会的规定，但前提是，其法定人数应当多于2人，并且不得少于经授权的委员会成员的五分之一。在适时召开的按法定人数出席的委员会会议上，与会成员的半数以上作出的每一个行动或决定都是委员会行为，除非法人规章、大学章程或《加利福尼亚州非营利公益性法人法》规定需要更高的比例或不同的投票标准来批准某一事项。会议人数最初达到法定人数的会议，如果其行动获得了至少该次会议所必需的法定人数的半数以上的赞成，或达到了法人规章和大学章程所要求的更多的人数，或符合《加利福尼亚州非营利公益性法人法》的条款，则应当继续处理事务，即使有委员会成员退出会议。

5.10 委员会报告

每个常设委员会的主席或其代表都将在年度会议或董事会常规会议上就委员会活动作报告。

5.11 弃权

不论以何种方式发起或通知,无论在何处举行,任何委员会会议所处理的事务都具有法律效力,只要在常规的发起和通知后适时召开的会议达到法定人数,且在会前会后所有缺席的委员会成员或虽出席但在会前或会中抗议未对其作出通知或未作出适当通知的成员签署书面弃权通知,或同意召开此类会议,或批准会议记录。所有诸如此类的弃权、同意和批准都可提交法人记录或写入会议记录。

5.12 未经开会而一致书面同意通过的行动

任何符合法律规定、由委员会要求或允许的行为无须召开会议即可实施,只要委员会全体成员单独或集体对此作出书面同意。但前提是,"委员会全体会员"不包括任何由加利福尼亚的非盈利公益法人法第5233条所定义的"相关"的董事。此类书面许可可和董事会记录一并归档。如此获得书面同意的行为与委员会成员的一致表决具有同等效力和影响。

VI 本组织官员

6.1 概述

在每一年度会议上,董事会可选举出本组织如下官员:
(a) 董事会主席;
(b) 大学校长;
(c) 常务副校长和教务长;
(d) 分管行政的资深副校长;
(e) 分管财务的资深副校长兼首席财务官;
(f) 分管大学规划的资深副校长;
(g) 分管大学关系的资深副校长;
(h) 董事会认为必要或合适的其他资深副校长;
(i) 大学秘书长;

(j) 大学财务主管；

以及董事会认为必要或合适的其他官员。所有官员需根据董事会安排来任职。除大学秘书长、主管财务的资深副校长兼首席财务官员不能同时担任大学校长或董事会主席以外，两个或两个以上职务可由一人担任。大学财务主管作为本组织官员不能同时担任其他职务。

董事担任董事会主席不能超过五个任期（每一任期为一年）。

6.2　董事会主席

董事会主席在董事会和执行委员会所有的会议中运用主管官员通常具有的权力主持所有会议。

6.3　【有意留空】

6.4　本校校长

（a）概述

本校校长由董事会选举产生。他/她是负责本组织所有事务的首席执行官。他/她应负责管理委员会制定的政策，但是他/她可对其负责的任何职能进行委任。除董事会主席，所有本组织官员、本大学所有行政执行官和所有学术事务官员都接受本校校长领导。

（b）推荐官员候选人

本校校长向董事会人事委员会推荐董事会主席之外的本组织官员候选人。

（c）挑选学术人员

只要必要或适合开展本校工作，本校校长可任命本校各学院的院长和主任，以及各部门主席、系主任和其他部门主管和助理。大学校长可决定每个学术人员的任期和职责。

（d）学术计划

本校校长拥有任命、领导和监督院系和组织的全部权力，他/她应是每个院系全体职员的当然成员，而且在他/她选举时可作为每个院系和大学学院的主席。在任何此类组织选举不分胜负时他/她有权利投决定性的一票。如果校长认为明智和适当，他/她可以任命任何院系委员会并成为所有此类委员会的当然成员。

（e）财政计划

在本组织其他官员的建议和帮助下，大学校长应准备或要求准备大学年度经营预算。该预算在提交董事会前应交由财务委员会审核。

（f）规则实施

本校校长将对大学所有规则的实行负责。

（g）命名权

本校校长将拥有批准大学部分建筑和动产名称的权力。学院、校园建筑、操场、大道和阶梯教室的名称将由校长向执行委员会提出，以供审批。

（h）缺席或者无资格

在大学校长缺席或无资格时，其职责可由校长指定的资深副校长代为履行，或在未指定时，由常务副校长兼教务长代为履行。

6.5 资深官员

（a）本组织资深官员应包括：

（1）常务副校长兼教务长；

（2）分管行政的资深副校长；

（3）分管财务的资深副校长同时也是首席财务官员；

（4）分管大学规划的资深副校长；

（5）分管大学关系的资深副校长；

（6）董事会认为必要和合适的其他资深副校长。

（b）资深副校长还拥有由大学校长间或规定的其他职责。

6.6 大学秘书长

大学秘书长的职责包括：在主要的行政办公室或董事会可能要求的其他地方，保管或要求保管本校的章程（Articles of Incorporation）和附则（by-law）最新修订版的原件或复印件。大学秘书长也应记录或要求记录、保管或要求保管董事会及其委员会会议的全部记录，保存法人印章并奉命按要求在文件上盖章。大学秘书长可间或任命大学副秘书长和助理秘书长，副秘书长和助理秘书长不是法人官员。副秘书长和助理秘书长直接对秘书长负责，并履行秘书长委派的职责。大学秘书长应发出或要求发出由章程或法律要求发出的董事会所有的会议通知，并拥有其他相应权力来履行由董事会或章程规定的其他职责。

6.7 大学财务主管

大学财务主管可保管本法人的所有有价证券、其他财产和其他珍贵文件，但在董事会、执行委员会、财务委员会或者投资委员会批准之下，可将上述财产和文件放入一个保管账户。按照章程相关规定经投资委员会或财务委员会批准，他/她可投资、再投资或出售组织资产。经董事会要求，他/她应作保证实已忠实地履行职责。本校财务主管可间或任命副财务主管或助理财务主管,副财务主管和助理财务主管不是本法人的官员。副财务主管和助理财务主管直接对财务主管负责并履行财务主管分配的职责。

VII　行政主管

7.1　概述

如果本校校长认为适宜,可间或以行政主管头衔任命大学人员,此类人员不属于本法人的官员。

VIII　学术组织

8.1　概述

本校校长可任命如下学术官员,此类官员不属于法人的官员:
（a）学院院长和主管；
（b）部门负责人和系主任；
（c）其他由董事会指定的学术官员。
学术官员在间或受本校校长的直接领导时,应当接受常务副校长和教务长的直接领导。

8.2　学院院长和主管

根据8.1的规定,每个学院或大学其他行政单位的院长或主任是其主要行政官员,并负责适当准备和实施其教育项目。他/她应持续地研究所在单位的学科点和需求,并通过对其进行直接领导的资深官员,向校长提交年度报告。他/她应监管所在单位的学生成长,关心所在单位学生的学术福利,并应校长要求提供与其学院相关的此类信息。

8.3　部门负责人和系主任

根据8.1的规定,每个学院的学术分支部门负责人或系主任,或在该学院院长或主任领导下的大学其他行政单位的主管,是该部门的主要行政官员。他/她应负责组织和维持他/她所在系的工作,并在需要时向其学院院长或主管定期报告,提供相关信息。

IX 学术计划

9.1 学院

大学的学院包括:
(a) 南加州大学文理学院
　　南加州大学国际关系学院
　　南加州大学哲学学院
　　南加州大学宗教学院
(b) 南加州大学研究生院
(c) 南加州大学建筑学院
(d) 南加州大学 Golden S. Marshall 商学院
　　南加州大学 Elaine and Kenneth Leventhal 会计学院
(e) 南加州大学电影艺术学院
(f) 南加州大学 Annenberg 传播与新闻学院
(g) 南加州大学牙医学院
(h) 南加州大学 Barbara J. and Roger W. Rossier 教育学院
(i) 南加州大学 Andrew and Erna Viterbi 工程学院
(j) 南加州大学 Gayle Garner Roski 美术学院
(k) 南加州大学 Leonard Davis 老年医学院
(l) 南加州大学 Gould 法学院
(m) 南加州大学 Keck 药学院
(n) 南加州大学 Flora L. Thornton 音乐学院
(o) 南加州大学药学学院
(p) 南加州大学政策、计划和发展学院
(q) 南加州大学社会工作学院
(r) 南加州大学戏剧学院

以及董事会可能建立的其他学院。

9.2 大学教员

（a）组成

南加州大学教员的组成包括：大学校长；常务副校长和教务长；学院院长和主管；以及拥有如下头衔的教学和科研人员：教授、副教授、讲师、教导员、助教（但不包括助理助教）和图书馆管理员。

（b）委员会

南加州大学委员会应由大学教员组成。委员会可由大学校长任命，或由校长指定的下列人员或机构任命：(i) 常务副校长和教务长；(ii) 学院院长或者主管；或者 (iii) 诸如此类的其他官员、行政主管，或者由南加州大学校长授权的机构。各委员会应当在学年内定期召集会议，应当任命一名秘书保管该委员会的工作记录。各委员会可制定程序规则并在适当时候筹备分委员会。大学校长可指派一名或多名非教职人员加入任何一个委员会。

（c）委员会权力和职责

每个委员会都要履行校长规定的职责，享有校长赋予的权限，行使校长赋予的行政权力。根据校长的批准和审查以及董事会间或发布的有效政策和决议，如下权力和职责可被分割和指派给不同的委员会：

（1）规定大学生录取要求、学习课程、毕业条件、所学课程的学位授予、大学教育工作实施的规则和方法；

（2）向校长推荐获得奖学金、助研津贴、荣誉和资助的人选；

（3）向校长推荐获得荣誉学位的候选人；

（4）调查学生不当行为以及违反大学规章的所有事件，并且通过适当的管理人员，实施他们根据具体情景所决定的适当处罚；

（5）为学生的学术发表、运动、校内竞赛、社会活动和专业活动，以及其他学生事务制定规则；

（6）向校长推荐资深教员的聘用和终身教职的授予；

（7）在校长的要求下，审查各系和各学科点的学术工作，就此类问题向校长提出建议；

（8）根据大学颁布的政策的规定，就员工的不满和因故解雇展开听证会；并且就此类事情的处理向校长提出建议；

（9）就有关图书馆和信息服务、科研、科研安全和被研究者权益保护事项向校长提出建议；

（10）向校长提出有关商业事务、雇员福利、财政危机、美术馆、公共艺术、会议召集、专利和技术转让等问题的建议；

（11）在校长授权下就其他事务提出建议。

9.3　课程讲授

学院的课程讲授可由其部分教师规定,由相关教职工委员会提出建议,并由校长批准。

9.4　学术评议会

学术评议会由本大学教员选举产生或由其任命,是一个协商和咨询性机构,拥有就与院系福利有关的任何事务向校长提交研究和报告并提出建议的权力。

9.5　学生群体

(a) 组成

本大学学生群体由在校注册的全体学生组成;

(b) 代表

南加州大学本科生学生会是本校本科生自治的正式代表,拥有就有关全体本科生福利的任何事务进行调查、向校长提交报告并提出建议的权力。

(c) 代表

研究生和职业学生参议院是本校研究生自治的官方代表,拥有就有关全体研究生福利的任何事务进行调查、向校长提交报告并提出建议的权力。

X　学位

10.1　名誉学位

名誉学位应经董事会批准后由校长在适当场合授予个人。

10.2　课程学位

课程学位可由大学校长在相关教员的推荐和董事会的批准下授予。

10.3　文凭

文凭的形式和签发方式由董事会规定。

10.4　文凭复件

只有在文凭原件被损坏或毁坏的情况下,才能向毕业生发放文凭复件。发放文凭复件时大学应要求提供相关证据,包括交还任何已经损坏的文凭,并可要求毕业生支付适当的费用。

XI　杂项

11.1　财政年度

本组织的财政年度应自当年公历七月第一天开始,持续至并包括次年公历六月的第三十天。每个财政年度可按照该财政年度结束时当年的公历年数字命名。

11.2　文件执行

除法律或董事会的要求,文件可以大学名义执行如下:
所有的合同、行为、租约、通知或其他书面文件可由下列人员之一签字:
董事会主席
大学校长
任何资深官员［如本章程第六条,6.5(a)部分定义］
大学财务主管
除此以外,本校校长还可书面授权其他行政官员签署各种上述类别的文件。

11.3　修正案

在得到董事会所有在职董事的书面同意或出席合法召开的董事会会议的多数董事投票同意后,可对本章程进行修改、废除,也可采用董事会颁布的新章程。采用、修改、废除一份章程的提议的复印件应至少在其实施前十天寄送至每位董事会成员。董事会的多数在职成员可免除章程修正案的寄送要求,并且何种情形下所采取的行动都不需要与该提议在形式上或者效用上一致。

11.4　赔偿金

据其董事会的适当决议,本大学将在加州法律允许的范围内最大限度地保障那些曾经或现在是本大学的董事、行政官员、雇员或大学其他代理人的权益，使其免受因其履行作为董事、官员、雇员或大学其他代理人的职责所引起的伤害，并无需自行支付在民事、刑事、行政、调查或其他法律程序中实际发生并且合理发生的所有费用、判决、罚款、清偿以及其他款项。

（最新版本参阅http://policies.usc.edu/archive/bylaws060309.pdf。）

密歇根大学董事会章程
(The Bylaws of the University of Michigan Board of Regents)

最后更新于 2009 年 9 月
密歇根大学副校长兼秘书长办公室留存

主译人　孙汭睿　周　森
校阅者　朱　红　郝状敏

序言

　　为了明确《董事会章程》的权限,明确哪些权力是应由董事会直接行使的法定权力、哪些权力是应由本校内部下属机构行使的衍生权力,需要对本校内部规定及其效力进行简短说明。

　　本校内部规定可分为三类:(1)《董事会章程》(以下简称"《章程》");(2)学校内部次级权力机构制定并经由董事会通过方可生效的规则;(3) 学校内部次级权力机构根据受委托的立法权而采用并因为这些次级权力机构的规定而生效的规程。

　　第一类规定,即《董事会章程》,由关于大学组织之一般性事务的规则组成,这些事务比管理细节和各不同教学领域的具体技术要求更加重要。此外,《章程》还有必要包括一些不一定重要但是能够向所有利益相关者传递积极信息的规定。《章程》由董事会根据其立法权直接制定并采用,尽管有些条款的实际来源可能或者经常是某些校内机构,如学院、本校评议会或其他次级立法会议。

　　第二类规定,由学校下设机构草拟,经由董事会通过方可生效。这些规则的普适重要性和意义不及《章程》中的规定,因此不足以列入《章程》。本层次的规定更具有技术性和细节性,例如,其包括关于毕业所需达到的要求的规定。鉴于这些规则不属于《董事会章程》，对其进行修改无须经过修正章程所需的正式程序。为了保证记录的完整性，这个层次的规则在被通过后将载入《董事会议事记录》。

第三类规定，涉及的是林林总总的事务，比第二类规定更具细节性。评分规则、委员会组织规则，以及关于各学院和其他机构内部管理的其他事务都包含在这个层次中，当然，这些规则均服从董事会的最高权威。这些规则的采用、修改或废止将根据学校内部机构制定的程序进行。学校内部机构采用这些规则的权力可能在《章程》中得到直接委任，或者衍生自这些机构被赋予的其他权力，或者衍生自一般条款。鉴于本层次规则并不进入董事会档案记录或由董事会批准认可，它们将不被载入《董事会议事记录》。这些规则将被载入采用它们的学校内部机构的记录册，并递交本校秘书长进行备案。

本修订版的内容仅包含本校上述三个层次规则中的第一个层次，即《董事会章程》，修订过程得到了本校校长的即时监督以及董事会的建议和咨询帮助。

第 I 章　董事会

1.01　董事会会议（2008 年 7 月修订）

依据董事会每年例行批准的时间表，董事会会议（此后条款中有时简称为"董事会"）一般每月举行一次，八月份除外。

特殊会议将在必要时由本校校长或三名以上董事会成员提议召开。

两次会议之间发生任何紧急事件，若经校长或三名董事会成员认定需要在下次会议之前对其采取官方行动，可由董事会采取应急行动。行动必须得到五名董事会成员支持方可执行，支持形式可以是电话、邮件、传真或者电子邮件。

所有正式会议均将对公众公开。

1.03　会议通知（2008 年 7 月修订）

本校副校长兼秘书长负责将正式会议情况通知公众，方式是利用能够在全校范围内广泛流通的出版物、通过在副校长兼秘书长办公室内和董事会主页上发布信息以及利用其他合理有效的传播途径。

特殊会议应该至少提前两天通知董事会全体成员，通知中应阐明会议的目的。董事会成员可以在会议开始之前或结束之后放弃被通知权。

1.04 法定人数

事务处理的法定人数是五名董事会表决成员,他们可以由本人亲自参加会议或通过电话、视频参加会议。

1.05 程序规则(2008年7月修订)

如无其他具体规定,各院系、委员会、董事会,以及学校内部的其他审议机构均应遵循《罗伯特议事规则最新修订版》(第十版)(剑桥,麻省:Perseus出版社,2000)或更新版本中规定的合乎议会法规的程序规则。除非另有具体规定,获得多数成员的投票支持是学校内部任何立法小组采取行动的必要条件。

1.06 董事会官员(2004年6月修订)

A. 董事会会议主持人和秘书长

本校校长将担任董事会会议主持人,但不拥有投票权。本校副校长兼秘书长将担任董事会秘书长。

B. 董事会主席和副主席

1. 选举:

a) 董事会设有主席和副主席各一名,任期一年,始于每年7月1日,止于次年6月30日。本程序于2004年7月1日开始执行。主席与副主席职位将根据成员资历产生,并将依据资历排序由董事会成员轮流担任。

b) 董事会主席应由董事会中资历最深的成员担任,董事会副主席则由资历次深的成员担任。副主席任职满一期后将自动转任主席。如果两名或以上董事会成员拥有同等资历,主席与副主席应视实际情况通过随机选择程序选出。董事会将在每年7月1日之前的董事会会议上举行公开投票,确认下一期董事会官员。

c) 已经担任过董事会主席或副主席的成员,在所有其他成员均已担任过这两个职位或者丧失任职机会之前,不得再次担任这两个职位。如果副主席放弃担任主席,或者具备担任下期副主席的成员放弃担任副主席,他或她将丧失担任主席或副主席的机会直到所有其他成员均已担任过这两个职位或者丧失任职机会。

d) 董事会主席及/或副主席可以经六名以上董事会成员表决而免职。如果董事会主席被董事会表决免职、辞职,或出于其他原因不能够或没有意愿在任期内继续担任主席,副主席将自动在该任期结束之前继任主席职务,而下一个具有足够资历的人将自动在该任期结束之前继任副主席职务。如果董事会副主席被董事会表决免职、辞职，或因其他原因不能够或没有意愿在任期内集训担任副主席，下一个具有足够资历的人将自动在该任期结束之前继任副主席职务。如果两个以上董事会成员拥有足以填补空缺的相同资历，主席与副主席应视实际情况通过随机选择程序选出，并在下次会议上由董事会表决通过。在某一任期结束前继任的董事会主席或副主席应在该任期结束后留任一个任期。

2. 职责

若校长缺席会议，董事会主席将承担主持会议的各项职责，直到校长返回会场并担任会议主持人。

董事会主席应承担以下职责，并可将其中任意一条或者全部委托给董事会副主席：制定董事会会议的年度时间表、议程以及将由董事会陈述或讨论的主要议题，包括针对新出现问题的修正案；为达到协调性和综合性，对委员会日常工作计划进行监控；适时担任董事会发言人和会议召集人；在主持人未列席时担任执行会议主持人；任命特设委员会和常设委员会主席及成员。

主席和副主席还应该履行董事会不时规定的附加职责。

任何时间当主席暂时无法履行其职责时，副主席将代为履行主席的职责。

1.07 委员会（2005年2月修订）

A. 全体委员会

当董事会决议召开一次全体委员会时，董事会主席将担任委员会主席。

B. 特设委员会

董事会主席可以成立若干董事会特设委员会，董事会将规定这些特设委员会的职责和职能。本校校长或校长的指派人员将成为所有委员会的当然成员，但不拥有表决权。所有特设委员会的成员人数都应该少于董事会成员的法定人数。

C. 常务委员会

董事会设有两个常务委员会，成员由董事会主席任命，人数少于董事会成员法定人数。常务委员会应就与其工作领域相关的事务向董事会提供建议，并定期提交报告和议案，但是在任何事务上均不拥有约束董事会的权力。常设委员会应在与董事会其他成员沟通后确定其会议频率、时间和地点。

1. 财务、审计与投资委员会

该委员会将支持董事会完成其与学校内部控制、财务报告和投资政策与操作相关的职责。委员会可自行决定对与年度审计、财务报表和报告、投资相关，以及涉及是否符合相关法规的事务进行审查。

2. 人员、薪资与治理委员会

该委员会将支持董事会评价校长的工作绩效并决定其薪资额度。委员会将为校长评价执行官员的工作绩效及应获薪资额度提供咨询，有时还为了维持和增强本校在高等教育领域的竞争优势而审查与薪资相关的数据。委员会将评估本校领导在促进多样性方面所取得的进步。委员会还将负责与治理工作和董事会运行绩效相关的事务，并将就全校范围内可能引发利益冲突的政策向董事会提供咨询。

1.09　会议议程（2008年7月修订）

事务议程应由董事会主持人经与董事会主席和副主席以及本校副校长兼秘书长商议后确定。议程应在董事会最近一次例会前七天送达各位董事。董事可在未得到相关通知的情况下对某些事项加以考虑和采取行动。任何董事在任何时候均可以提交任何可供讨论和对其采取行动的议题。

1.10　书面形式的决议（2008年7月修订）

若本校副校长兼秘书长或者任意董事会成员有相应要求，所有决议必须在执行前以书面形式提交董事会。

1.11　正式会议记录（2008年7月修订）

董事会正式会议的会议记录将由本校副校长兼秘书长保管并作为历史记录载入《董事会议事记录》。本校副校长兼秘书长将适时分发《董事会议事记录》，同时议事记录的电子版也将通过本校副校长兼秘书长办公室的网页进行发布。

1.12　董事会成员公务费用（2008年7月修订）

董事会成员将依据本校政策和相关程序对履行公务时产生的合理及必需费用予以报销。

1.13　业务处理（2008年7月修订）

除非法律另有规定，董事会成员或本校行政官员不得出于能够获得学校基金会所提供的董事会批准的薪金之外的金钱奖励或薪金之目的处理任何业务或专业活动。所有获准业务均须事先得到董事会的直接认定或者董事会委托官员的认定。

1.14 可能引发董事会和行政/高级官员利益冲突的政策

（1994年9月修订；"关于处理涉及董事会成员的潜在利益冲突的补充程序",2005年6月通过,见附录;"关于处理涉及校长的潜在利益冲突的补充程序",2005年10月通过,见附录）

董事会成员、密歇根大学行政官员以及密歇根大学第尔本分校和弗林特分校的高级官员的行为方式无论何时都应该与他们对本校负有的受托责任一致,并且应特别注意,他们之间的利益冲突或者与本校的利益冲突不应对本校产生任何不利。如果某一董事会成员或行政/高级官员认为其可能面临利益冲突,该董事会成员或行政/高级官员应及时并完整地向董事会秘书长披露冲突,并在冲突问题解决之前回避以任何方式参与与该冲突相关的任何事务。披露利益冲突或者潜在利益冲突的董事会会议,应该在会议记录中反映披露过程,以及卷入冲突的董事会成员或行政/高级官员对相关事务的回避。

若出现下述情况则可认定某位董事会成员或行政/高级官员面临利益冲突问题：该董事会成员或行政/高级官员或其任意家庭成员或共事人员(i)面临某种现有的或潜在的财务上的或其他形式的利益瓜葛,从而破坏或者可能破坏该董事会成员或行政/高级官员在履行校内职责时的独立判断力;(ii)可能因知晓关于本校的保密信息而获得物质形式、财务形式或其他形式的利益。董事会成员或行政/高级官员的家庭成员包括其配偶、父母、兄弟姐妹、子女,以及共同居住且分担日常支出的其他个体。董事会成员或行政/高级官员的相关者包括符合下列条件的任何个人、信托机构、组织或企业：(i)该董事会成员或官员知道其自身或其任意家庭成员是与上述个人或组织相关或任职其中的经理、官员、雇员、成员、合伙人或受托管理人;(ii)该董事会成员或官员知道其自身或其任意家庭成员与上述个人或组织有涉及其5%或以上财产的财务利益关系,或者任意足以促使该成员或官员独立或与他人联合控制政策或显著影响政策走向的利益关系;(iii)该董事会成员或官员知道其自身或其任意家庭成员与上述个人或组织有任何其他形式的物质联系。

董事会秘书长应与本校校长和法律总顾问商议其获知的所有利益冲突问题,并应定期就任何尚未解决的利益冲突问题向董事会提交报告。对上述政策声明的解释和应用应该最大限度地符合本校利益。有时在向有关方完整披露利益冲突问题之后,得到的结论可能是,尽管某位董事会成员或行政/高级官员面临利益冲突问题,但是其参与能够最好地为本校利益服务。

本校将协助董事会共同查明上述参与提议是否违背本州有关利益冲突的法律。若董事会成员或行政/高级官员提出要求，法律总顾问应该向其提供一份阐明利益冲突局面是否存在的书面意见。

本项政策是对本州关于利益冲突的法律，即修订过的《公共立法1968》(P. A. 1968)第317和318法对董事会成员或行政/高级官员进行的法律约束的补充。

即使本州法律中存在相反的规定，董事会成员以任何职位受雇于直接或间接向本校提供专业服务的公司，或者与该公司有交往关系，将构成利益冲突。根据《总检察长意见1979》(Op. Atty. Gen. 1979)第5489条的规定，如果出现某公司在其雇员成为董事会成员之前便一直向本校提供服务的情况，它应该为本校完成所有正在进行的工作，但是不应该承担任何新的工作任务直到该董事会成员不再受雇于该专业服务公司且与其不再存在任何交往关系。

董事会秘书长应该每年向每位董事会成员和行政/高级官员分发本项政策声明。

董事会章程1.14 附录1
关于处理涉及董事会成员的潜在利益冲突的补充程序（2005年6月附）

董事会成员最基本的受托责任之一是"忠诚的责任"，这项责任的定义是：董事会成员应该承担对组织利益最大化的忠诚义务，不得利用董事会成员身份或由此身份而获得的知识谋取私利而损害组织利益。忠诚的责任所包含的具体义务包括对现实存在或潜在的利益冲突进行披露。本州法律规定了对于董事会成员来说哪些情况属于真正的利益冲突，并且禁止密歇根大学参与任意含有这种利益冲突的业务活动。根据适用的法规[《密歇根立法》第15.301(MCL 15.301)及其下列条目]，若某位董事会成员与某一卖家之间存在金钱关系且该关系足以诱使该董事会成员出于个人利益促进合同的达成，则本校不得与该卖家建立合同关系。

本章程1.14条关于董事会的规定进一步要求，即使是存在可能影响某位董事会成员进行独立判断的潜在利益冲突，也应该对这种局面进行相应管理。

为了确保董事会成员能够达到如此之高的要求标准，每位董事会成员必须向本校副校长兼秘书长披露并适时更新正在或者有可能引发影响该董事会成员独立判断力的活动和财务利益关系。董事会成员应该与副校长兼法律总顾问进行沟通以确定哪些事务应该提交副校长兼秘书长进行分析和管理。

副校长兼秘书长应该审查这些披露文件，并且应该在向校长、董事会主席和董事会人员、补偿与治理委员会主席寻求建议和咨询的基础上，与法律总顾问办公室、常务副校长兼首席财务官进行沟通，以确定哪些问题可能构成确实存在的利益冲突。冲突所涉及的董事会成员可以要求副校长兼法律总顾问给出关于其所提问题的意见。在咨询和建议之后，校长将确定本校管理层是否认为面临的形势中含有相关法规所定义的真实的利益冲突。如果冲突所涉及的董事会成员不同意校长的看法，相关问题将提交给董事会进行判断。

在认定确实存在真实的利益冲突的情况下，副校长兼秘书长应该通知校长。校长应该采取所有必要措施以确保密歇根大学不与法律禁止的与产生相关矛盾冲突的组织进行任何业务往来。

在认定存在潜在影响某位董事会成员的独立判断力的因素的情况下，副校长兼秘书长应该与董事会主席以及副校长兼法律总顾问办公室进行沟通。副校长兼法律总顾问应该应要求提供相关建议，指明能够采取哪些措施来应对这种情况并力求防止潜在利益冲突的出现。副校长兼法律总顾问应该将其建议通告董事会主席、校长，以及副校长兼秘书长。

副校长兼法律总顾问可以考虑的解决方法包括：要求校长处理类似情况以避免该董事会成员的涉入，以及要求该董事会成员回避参与或讨论该问题并回避就该问题投票，除非需要该董事参与才能达到法定人数且需要处理的问题需要立即解决以保持学校事务管理的有序进行。在任何董事会会议上，若某位董事会成员意愿回避，则该成员应该声明，由于存在出现利益冲突的可能性，因此其不应该参与针对该问题的讨论或投票。

董事会章程 1.14 附录 2
关于处理涉及校长的潜在利益冲突的补充程序（2006 年 10 月附）

校长最基本的受托责任之一是"忠诚的责任"，这项责任的定义是校长应该承担对组织利益最大化的忠诚义务，不得利用校长身份或由此身份而获得的知识谋取私利而损害组织利益。忠诚的责任所包含的具体义务包括对现实存在或潜在的利益冲突进行披露。本州法律规定了对于校长来说哪些情况属于真正的利益冲突，并且禁止密歇根大学参与任何含有这种利益冲突的业务活动。根据适用的法规[《密歇根立法》第 15.301（MCL 15.301）及其下列条目]，若校长与某一卖家之间存在金钱关系且该关系足以诱使校长出于个人利益而促进合同达成，则本校不得与该卖家建立合同关系。

本章程 1.14 条关于董事会的规定进一步要求，即使是存在可能影响校长进行独立判断的潜在利益冲突，也应该对这种局面进行相应管理。董事会还要求校长将对本校负责作为其基本的职业承诺。

为了确保校长能够达到如此之高的要求标准,校长必须向本校副校长兼秘书长披露并适时更新正在或者有可能引发影响校长独立判断力的活动和财务利益。董事会主席以及董事会人员、补偿与治理委员会主席可以要求副校长兼秘书长将校长的定期披露总结并填入专门的表格中。校长可以向副校长兼秘书长咨询哪些问题应该提交给副校长兼秘书长进行分析和处理。

副校长兼秘书长应该审查这些披露文件,并且应该在向校长、董事会主席和董事会人员、薪资与治理委员会主席寻求建议和咨询的基础上,与法律总顾问办公室、常务副校长兼首席财务官进行沟通,以确定哪些问题需要本校采取特别行动以避免利益冲突的出现对本校处理某问题的行动产生影响。校长可以要求副校长兼法律总顾问给出关于该问题的意见。在咨询和建议之后,由副校长兼秘书长、副校长兼法律总顾问以及常务副校长兼首席财务官组成的委员会将确定本校面临的局面是否需要管理层采取特别行动来避免可能出现的利益冲突影响本校对该问题的处理行动。如果校长不同意委员会的看法,相关问题将提交给董事会以采取行动。

在认定确实存在适用的法律所规定的利益冲突且该冲突无法得到有效消除时,副校长兼秘书长应该通知常务副校长兼首席财政官。常务副校长兼首席财政官应该采取所有必要措施,包括在适当的情况下对其他执行官或对直接向校长汇报的人发出指示,从而确保密歇根大学不与导致矛盾冲突产生的组织进行法律禁止的任何业务往来。

在认定存在潜在影响校长的判断独立性的因素或存在涉及校长的潜在承诺冲突的情况下,副校长兼秘书长应该与董事会主席以及副校长兼法律总顾问办公室进行沟通。副校长兼法律总顾问应该应要求提供相关建议,指明能够采取哪些措施来应对这种情况并力求防止潜在利益冲突的出现。副校长兼法律总顾问应该将其建议通告董事会主席、董事会人员、补偿和管理委员会主席、校长以及副校长兼秘书长。

副校长兼法律总顾问可以考虑的解决方法包括:要求常务副校长兼首席财务官和/或其他合适的执行官员处理类似情况以避免校长的涉入,以及要求校长回避参与或讨论该问题。在任何董事会会议上,若校长意愿回避,则应该声明,由于存在出现利益冲突的可能性,因此其不应该参与针对该问题的讨论或给出建议。

第 II 章 学校官员

2.01 校长

除了章程各条款中另有规定的职责和职能之外,本校校长将行使下列与密歇根州适用法律和章程各条款规定不存在冲突的一般权力,因为这些权力是校长作为首席执行官的固有权力。这些权力包括但不限于,对教学和科研项目,图书馆、博物馆和其他支持性服务,教职员和辅助人员的总体福利,大学的事务和财务福利,以及学生的健康、勤奋和秩序进行总体监督。

校长是且永远是本校评议会和大学各治理团体成员。

本校校长、第尔本和弗林特分校校长,以及各位副校长共同组成本校执行官员。

本校所有执行官员将在校长的统一领导下履行职责(参见 1.06)

2.02 密歇根大学第尔本分校校长

密歇根大学第尔本分校校长应由密歇根大学校长推荐任命,服从校长的统一领导,分校校长将作为密歇根大学第尔本分校的首席执行官负责所有教学、服务和支持活动,包括对教学和科研项目,图书馆、博物馆和其他支持性服务,教职员和辅助人员总体福利,大学的校事务和财务福利,以及学生的健康、勤奋和秩序进行总体监督。密歇根大学第尔本分校校长将与董事会进行会晤。

2.03 密歇根大学弗林特分校校长

密歇根大学第弗林特分校校长应由密歇根大学校长推荐任命,服从校长的统一领导,分校校长将作为密歇根大学弗林特分校的首席执行官负责所有教学、服务和支持活动,包括对教学和科研项目,图书馆、博物馆和其他支持性服务,教职员和辅助人员总体福利,大学的校事务和财务福利,以及学生的健康、勤奋和秩序进行总体监督。密歇根大学弗林特分校校长将与董事会进行会晤。

2.04 教务长兼主管学术事务的常务副校长

教务长兼主管学术事务的常务副校长将是密西根大学安阿伯校区的首席学术及预算官。担任本职位时,教务长兼主管学术事务的常务副校长仅对安阿伯校区的教学项目和相关支持性活动行使行政责任。

担任下列职位者将直接向教务长兼主管学术事务的常务副校长汇报工作：各学院院长和人体运动学部主任（由教务长兼主管学术事务的常务副校长和主管医疗事务的常务副校长联合任命，医学院院长和护理学院院长向其汇报工作）、社会研究所所长、图书馆总馆长和各分馆馆长、艺术博物馆馆长，以及其他由校长确定的管理办公室。

教务长兼主管学术事务的常务副校长将自动成为各学院理事会成员，但不拥有投票权。教务长兼主管学术事务的常务副校长将就教师的任命、晋升和终身教职等事宜向校长提出建议，以供董事会作出相应决定。

2.05 常务副校长兼首席财务官

常务副校长兼首席财务官是本校的首席财务官。除非另有规定，常务副校长兼首席财务官将对本校的财务、财产和商务业务进行总体监督。常务副校长兼首席财务官将在学校财务问题方面担当校长的首席顾问。（参见3.01）

2.06 主管医疗事务的常务副校长（2008年7月修订）

主管医疗事务的常务副校长是密歇根大学卫生系统的首席执行官，将负责并领导密歇根大学所属医院、保健中心和密歇根保健公司，此外还将与负责学术事务的常务副校长共同负责并领导密歇根大学医学院。

本校所属医院和保健中心院长、主任和首席执行官将直接向主管医疗事务的常务副校长汇报工作，这些职位人选由主管医疗事务的常务副校长向校长推荐后由董事会任命。医学院和护理学院院长将同时向主管医疗事务的常务副校长和教务长兼主管学术事务的常务副校长汇报工作，上述两个院长职位由主管医疗事务的常务副校长和教务长兼主管学术事务的常务副校长向校长推荐后由董事会任命。

主管医疗事务的常务副校长将就医学院教师的任命、晋升和终身教职等事宜向教务长兼主管学术事务的常务副校长提出建议。主管医疗事务的常务副校长应负责的事务包括：工资审批、战略和业务规划、临床保健系统工作指导，以及管理支持服务；全面管理病人护理工作并确立卫生系统的规划、目标和目的；开发能够保持卫生系统财政实力的资本和业务预算；以及处理与附属组织之间的关系。

主管医疗事务的常务副校长有权履行合同，数量不超过由校长制定的上限，并有权审批未纳入年度业务预算的支出。主管医疗事务的常务副校长可以书面委任代表并赋予其权力履行与卫生系统相关的合同。

2.07 主管政府关系的副校长

主管政府关系的副校长是负责计划、协调、监督本校与地方、州和联邦政府在除研究活动之外的所有领域进行的联系活动的高级官员。

主管政府关系的副校长是本校与州教育委员会之间的联系人。

2.08 主管研究事务的副校长

主管研究事务的副校长应对本校研究项目担当总体管理实责，并应就所有与本校研究项目与研究活动相关的问题向校长和董事会提供咨询。

主管研究事务的副校长应担当总体管理实责，对各学院、其他教育与研究单位的院长、主任或其他领导就研究计划、研究预算以及根据研究预算进行的人员任命所提出的建议进行审查。

主管研究事务的副校长应该负责维系本校与基金会、政府机构以及其他向本校研究提供财政资助的组织之间的良好关系。主管研究事务的副校长应向本校工作人员就如何获取外界机构提供的研究资金资助提供建议和帮助，同时代表学校接受本校工作人员就如何获取外界机构提供的研究资金资助提供的建议。

2.09 主管学校发展事务的副校长

主管学校发展事务的副校长担负的职责包括：创造并维系本校与校友和密歇根州以及其他地方的民众和机构之间的关系，以获得对本校发展的私人支持；组织相关活动，以支持本校的发展活动；维护捐赠信息和校友信息；以及在校长的指导下管理有关本校发展的项目。

2.10 主管学生事务的副校长

主管学生事务的副校长是学生事务办公室的首席行政官员；将任命各学生事务办公室主任；并向董事会、校长、学院理事会以及其他相关机构就学生事务和学生服务相关问题提供建议。（参见7.04）

2.11 学校副校长兼秘书长

在校长的指导下，本校副校长兼秘书长将负责协调董事会业务，以及在董事会成员与执行官员之间建立起有效的沟通渠道。

本校副校长兼秘书长对董事会负责，并将履行必要的相关职能以促进董事会适当、合法地行使权力。本校副校长兼秘书长应该代替并代表"密歇根大学董事会"或"密歇根大学"，以适当方式执行将移交给某公司办公室官员或者例行移交给该办公室的文书和文件。

本校副校长兼秘书长应该负责保管董事会会议记录和所有支持文件以及密歇根大学印章。本校副校长兼秘书长应该与副校长兼法律总顾问沟通并共同确定是否有适当理由支持校内外团体使用学校印章。

本校副校长兼秘书长还应该履行董事会或校长指派的其他任务。（参见 1.06）

2.12 副校长兼法律总顾问

在董事会和校长的指导下，副校长兼法律总顾问应该负责处理本校法律事务、为本校提供法律建议，并担当本校法律代表。必要且适当时，副校长兼法律总顾问应该负责承办和管理对外法律服务。

2.13 主管公共关系的副校长

主管公共关系的副校长将负责计划、指导和管理公共关系与沟通项目，负责担当特别活动顾问，并负责管理以下单位：信息自由办公室、市场公关办公室、媒体公关与公共事务办公室、新闻服务办公室以及密歇根公共媒体办公室。

主管公共关系的副校长是高层管理团队的成员，并且担当学院院长、主任、执行官员和校长的公共关系问题顾问。

主管公共关系的副校长或其指定人员一般应该担当本校发言人，并规划和指导相应综合公关项目以将本校的活动、目标和需求告知学校成员和公众。

2.14 任命

本校所有官员、教职员以及职工职位均由董事会或董事会承认的权力机构任命。除非董事会另有特殊规定，董事会的所有任命都将依据校长推荐来决定。董事会也可以通过特殊步骤，解除校长对某些特定种类的职位作出新的任命推荐之权力。（参见 5.06、5.07、5.08、5.22 和 5.23）

2.15 宣誓就职

根据相关法律规定，密歇根州及州内的所有雇员在开始行使职责前必须采用以下法定誓词宣誓就职："我郑重宣誓（或确认），我将支持美利坚合众国宪法和密歇根州宪法，并将尽自己所能，忠诚地履行在当前岗位和随后所有岗位应该担当的职责。"

2.16 董事会成员和学校雇员对礼品的处理

本校董事会成员和学校员工均不得接受任何学生或与学校有业务往来关系的任何个人或其他人员因董事会成员或学校员工的所在职位而给予的贵重礼品。

2.17 行政官员和委员会成员的权力和职责

章程中的已有条文规定赋予行政官员和委员会成员的权力和职责将成为本章即章程第二章条文赋予行政官员和委员会成员的权力和职责的补充。

任何与本章条文不一致的已有条文规定应被明确撤销。

第 III 章 商务管理、财务与资产

3.01 常务副校长兼首席财务官(1993 年 11 月修订)

除非另有规定,常务副校长兼首席财务官应该对本校财务、财产和商务性业务往来进行全面监督并负全面责任。常务副校长兼首席财务官应该担当校长关于本校商务业务往来和财务活动的顾问。

常务副校长兼首席财务官的权力和职责如下:

财务监督。常务副校长兼首席财务官应全面监督并负责收集、保管和核算所有属于本校的款项,同时在欠款到期时向国家财务或任何个人要求并接收这些款项。

常务副校长兼首席财务官应该全面监督并负责妥善管理所有运营资金(operating funds),包括维持学校运转的运转资金、所有为造福本校或任何其内部单位进入信托基金的赠与资金,以及本校基金的所有投资活动。常务副校长兼首席财务官可以出于妥善保管本校财产的目的提起相应的法律诉讼程序;并选择适当的法律顾问。

经董事会或其他适当机构的合法授权,常务副校长兼首席财务官应为本校的所有业务支付费用。

会计。常务副校长兼首席财务官须备存或者安排备存完整且准确的常务副校长办公室所有交易的账簿。常务副校长兼首席财务官须安排定期审计本校所有单位并将审计结果通报董事会,还须在财政年度中定期对审计结果进行归档备案。

资产。常务副校长兼首席财务官须全面管理本校的有形资产并担负相关责任。常务副校长兼首席财务官须准备并以方便的形式备存应由其掌管的所有不动产和动产。常务副校长兼首席财务官须保管所有与本校财产有关的契据和其他文件。

常务副校长兼首席财务官有权针对建筑物、场地和仪器的安全保管、保护及使用而制定并发布相应规则。

常务副校长兼首席财务官应对出售任何陈旧或过时的设备或用品的适用条件予以审批。

在本校校园或建筑物内丢失或遗弃的所有财产,如无人认领或无人找到,应该交由常务副校长兼首席财务官处置。

<u>财务、商务与资产报告</u>。常务副校长兼首席财务官应该:

1. 定期准备并向董事会提交简报,载明前一时期或自上次报告后一般项目下的收支情况;

a. 至少每季度报告一次本校基金的投资与再投资情况;

b. 为董事会准备年度财务报告,报告中按细节要求载明本校基金在整个财政监督的收支情况,以及教育机构依据经验或共同实践经历要求载明的其他事务;

c. 应董事会要求提供与本校财务、投资、学生贷款基金、商务业务往来或财产相关的特别报告与相关信息。

<u>采购</u>。常务副校长兼首席财务官须全面管理和负责本校的所有采购。

<u>非学术人员管理</u>。常务副校长兼首席财务官应该负责管理与非学术和非行政人员相关的人员与员工关系、政策和程序。依据定义,这些人员包括技师、医师、化工师、制药师、护士、社工、营养师、治疗师、工程师、熟练和非熟练工人、办事人员和财务人员,以及其他一些有时可能被适当行政当局划分进来的人员类型。

<u>部门领导</u>。常务副校长兼首席财务官须在校长授权下委任部门领导,这些部门领导必须有意愿和能力在业务组织内贯彻常务副校长兼首席财务官的职责。

<u>差旅</u>。常务副校长兼首席财务官须制定必要的规则和条例来规范差旅的形式、报销额度和其他相关细节。在各单位预算中出于相应目的进行的拨款范围内,允许报销因代表本校进行差旅而引发的合理且必要的支出。

3.02 职员工资

本校所有官员和职员的薪资应由董事会决定,除非董事会在预算通过后拨付一定量的款项供在本校相关官员的监管下偿付薪金或工资。本校偿付的任何报酬均不表示同时豁免任何应交费用。

3.03　本校基金（1993年11月修订）

本校基金应存入银行，且允许董事会随时进行审核，董事会可以在任何时间将审核权委托给常务副校长兼首席财务官。

3.04　本校官员的担保人

本校官员和职员应有一名或多名担保人，以防止本校遭受损失，保证金额根据董事会的即时要求确定。

3.05　赠与本校的礼品（1995年3月修订）

常务副校长兼首席财务官或其书面委托人拥有接受以货币、证券及其他形式赠与本校的所有礼品，不管受益方是整所学校还是校内分支机构。所有礼品的接受与否必须经由常务副校长兼首席财务官提议并由校长和董事会批准的程序。

除非董事会明确允许，不得接受任何以建设为目的的礼品或任何需要追加普通业务预算进行维护的礼品。

所有礼品的接受均应依据董事会的一般规定进行，即应该充分满足捐赠者捐赠礼物的附加条件，只要董事会认可，尽管随着时间的推移可能发生某些变化，但这些附加条件不会与本校的正当管理发生冲突。

3.06　募款

未经校长或校长的授权代表事先批准，任何人不得出于造福本校或任何相关机构的目的，募集任何资金、资助、合同或财产。

禁止在本校礼堂和教室中举行公开会议以募捐或认捐。

校园内的邮政服务、电话系统以及其他服务，包括邮寄名单等，未经校长或校长的授权代表事先批准不得被用于募集资金或任何其他目的。

3.07　校级文件的审批和执行（1999年10月修订）

1. 所有业务往来，包括对不动产的购买、出售或其他形式的支配，应该首先得到董事会的批准和授权。除非董事会另有特殊规定，所有涉及学校财产的土地合同及交易应由校长和常务副校长兼首席财务官执行。

　　a. 以任何价格出售位于安阿伯、第尔本或弗林特校区校园以外的捐赠或遗赠不动产；在任何位置以任何数量支持单一信托的不动产；需要遗产执行人、代理人或受托人执行的遗赠不动产应该得到常务副校长兼首席财务官的批准和授权。由上述出售行为产生的土地合同和交易应该由校长和常务副校长兼首席财务官共同执行。上述相关合同应以信息项的形式向董事会报告。

b. 所有经常务副校长兼首席财务官授权的不动产出售价值必须等同于或超过其评估价值，本校仅拥有部分股权的房地产除外。对于本校仅拥有部分股权的房地产，本校将与该财产的法定代表就条款与估价要求进行协商以完成销售。

2. 涉及个人财产的交易应该按照下列条款批准与执行：

a. 礼品、信托机构、代理机构和储蓄资金的投资与再投资，在与上述资金投资与再投资的业务往来中积累的个人资产的购买与出售，以及对不动产抵押的审批应该由以下官员中的任意两位进行操作：校长、常务副校长兼总财务官、负责财务的第二副校长、主计官，以及出纳兼投资官。上述官员中的任意两名特此被授权执行并发布完成出售任何股票、债券、负债证据或其他形式的证券所需要的文件，同时拥有收购或出售密歇根大学董事会拥有或持有的上述形式的证券的权利和期权。由上述授权的官员对上述任意证券进行的过户操作应保证将所有权让与承买人。

b. 所有赞助研究活动的合同及补充条款，包括学院助学金、奖学金和补助金，以及所有涉及支付学费和生活费的合同应由常务副校长兼首席财务官执行。如有必要，该常务副校长的签字应该由副校长兼秘书长确认；当需要确认的事务属于本校常规活动时，常务副校长兼首席财务官有权以书面形式委派代表并赋予其以下执行权力：

i. 分款(b)中描述的所有标的少于75万美元的合同；

ii. 总额不超过每年25万美元的培训补助金和/或学院助学金项目；以及

iii. 补助金和合同申请。

c. 所有对抵押契据的撤销行为和地产合同的取消行为均应由以下官员中的任意两位执行：校长、常务副校长兼总财务官、副校长兼秘书长、负责财务的第二副校长、主计官，以及出纳兼投资官。

d. 所有在授权预算允许范围内购买、出售或借贷用品或设备的例行合同应由常务副校长兼首席财务官执行，但是条件是常务副校长兼首席财务官有权以书面形式委托授权副校长兼秘书长、负责财务的第二副校长、负责业务运营的第二副校长，(或)采购代理人，或其他指定代表执行这些合同。

3. 如果校长因不在场或任何其他原因而不能执行需要校长签字的文件，这些文件将由常务副校长兼首席财务官代表校长执行。在这种情况下，常务副校长兼首席财务官将代表校长行使权力，如果常务副校长兼首席财务官不在场或因故不能代表校长,负责财务的第二副校长、主计官或秘书长可以执行上述文件。

4. 所有其他涉及不动产和动产的交易合同和供应方服务合同应由常务副校长兼首席财务官执行;但是,条件是常务副校长兼首席财务官可以以书面形式委托授权秘书长、负责财务的第二副校长,或者其他指定代表执行上述文件。

3.08　赠与基金或信托基金支出(1993年11月修订)

支出赠与基金或信托基金或来自基金的收入应该依据董事会批准的预算进行,上述支出也应该符合本校的常规政策和程序;但是,条件是校长和常务副校长兼首席财务官如果依据由捐赠者提出并经董事会批准的要求行使了职责,则应该被视为已经完成了他们与这些支出相关的职责。如果捐赠者或者遗嘱或信托协议中没有进行任何说明,董事会应该批准对任何赠款或信托基金收益进行支出并认可由此产生的收入。

3.09　大学证券典当或抵押

不可典当或抵押本校的任何债券或其他形式的投资,董事会批准的普通基金债券典当或抵押除外。

3.10　专利、版权、计算机软件、产权和其他所有权

除非董事会另有规定,以下条款将具有效力:

1. 不管基金的来源如何,且得到了本校管理的基金的直接或间接支持(例如,通过使用本校资源和设施)且与来源于本校管理、研究或其他教学活动或与之相关的由本校教职员工获得的专利和版权及其带来的所有专利权税或版税或其他收入均属于本校财产。

2. 不管基金的来源如何,所有得到了本校管理的基金的直接或间接支持(例如,通过使用本校资源和设施)且与来源于本校管理、研究或其他教学活动或与之相关的由本校员工开发的计算机软件,将属于本校财产。这些计算机软件可以在非排他性的基础上提供给愿意支付用于本校开发、销售和复制该软件的成本的单位或个人使用。

3. 上述1、2两条规定应适用,除非它们不符合本校与第三方赞助者或资金提供者达成的条款或适用协议,在这种情况下,本校与赞助者或资金提供者的协议将独立适用。

4. 通过未得到学校直接或间接支持的活动开发出来的计算机软件的相关专利、版权和产权应该是发明者、作者或开发者的个人财产,而不受制于因受雇于本校而产生的任何限制。

5. 如果同时涉及本校支持的活动和本校员工的独立活动，相应工作产品的专利权、版权或其他产权应根据相关员工与负责科研事务的副校长在咨询过专利与产权委员会和得到本校法律总顾问办公室批准的情况下提前达成的书面协议进行划分。不言而喻，这些协议的存在并不妨碍承认教职员工拥有的与智力劳动产品相关的传统特权和产权。

第 IV 章　学校评议会

4.01　学校评议会

学校评议会应该由所有教授、本校执行官员、学院院长，以及根据评议会代表大会通过的标准和步骤委任的研究人员和图书馆工作人员组成，此外，董事会有时可能委任其他一些主要官员参与其中。评议会主席应该担任学校评议会会议主持人。如果主席缺席，则评议会副主席应该担任会议主持人。评议会有权审议任何与本校利益相关的议题，并就此向董事会提出建议。本校评议会就其管辖范围内的问题作出的决议应该构成对本校各院系行动的约束力。学术政策范围外的规定应该由各学院自行确定，但是如果某些院系的政策行动影响了学校整体或者其他未采取该政策行动的学院，那么这些政策应该提交学校评议会审批。

4.02　评议会规则

本校评议会可以采用相关规则，进行与其内部管理和程序以及与其官员和委员相关的规定。

4.03　评议会代表大会的构成（1990 年 9 月修订）

评议会应设评议会代表大会，代表大会成员由七十二名评议会成员构成，依据各学院的评议会成员人数按比例分布于各学院，其中有一名成员来自人体运动学部。代表大会会议代表应该每三年改选一次。代表大会成员应该任期三年（或更长，参见 4.07），经调整应确保每年应约有三分之一会议代表结束任期。刚刚结束一个任期的代表大会成员不具备立刻连任的资格。

4.04 评议会代表大会:权力和职责

评议会代表大会是评议会的立法机构。代表大会采取的行动应该具有评议会行动的效力直到其被评议会撤销,除非代表大会提出修正本校评议会、评议会代表大会以及评议会学校事务顾问委员会规则,而该修正提案需要董事会章程作出相应修改。对提出上述规则修正案的通知应该通过大学记录的出版物(Publication in the University Record)或通过其他适当途径传送给每一位评议会成员。如果在通知发布三十天内,评议会依据其规则召开了会议以审议代表大会的提议,则未经评议会允许,董事会不得立即采取任何行动。评议会代表大会关心的领域应与评议会关心的领域一致。代表大会应该向所有评议会成员开放。密歇根大学作为高等教育机构,将其自身职责与整个密歇根州甚至全社会联系在一起,而其内部管理中遇到的问题则与教育政策的一般问题息息相关。就本校评议会管辖范围内所有影响密歇根大学上述职能的问题,代表大会有权审议并提供咨询。代表大会应该就任何与本校政策有关的问题与校长进行沟通和磋商,这些问题可以由校长率先提出。代表大会可以要求任何本校员工提供必要信息,也可以出于协商和咨询的目的邀请任何能够提供信息的员工进行座谈。被要求向评议会提交报告的常设和特设委员会应该将这些报告提交代表大会进行研究并传送至评议会,如代表大会认为适当,可在传送时附带行动建议。代表大会应不时与本校评议会交流意见和建议,并在每个学术年度的评议会冬季会议上提交一份正式报告,陈述其活动内容。

4.05 评议会代表大会:成员提名和选举

各学院应依据分配到的名额,在评议会学校事务顾问委员会限定的时间内,由学院内所有评议会成员选举出代表大会成员。

4.06 评议会代表大会组织

代表大会会议应按照代表大会确定的频率举行。代表大会应定期且不得少于每年一次与本校执行官员进行会晤。代表大会应该安排从会议代表中选取下一年评议会学校事务顾问委员会(下文有时简称为顾问委员会SACUA)成员。选举应于每年的最后一次会议举行,新当选的顾问委员会成员和代表大会官员应在代表大会官员选举后立刻就职。顾问委员会成员应该由代表大会从提名委员会递交的提名名单和会场提名中选举产生。提名委员会由代表大会选出的两名即将离任的顾问委员会成员和四名即将离任的代表大会成员组成。提名委员会选择的提名者名单必须于选举会议召开前两周递交代表大会成员。来自文理学院、工程学院、医学院和其他学院的顾问委员会成员分别不得超过三名、两名、两名和一名。超过半数的代表大会成员构成法定人数。代表大会可以通过关于其业务交易的规则。评议会秘书长将成为代表大会的当然成员,但不具备投票权。

代表大会应该设立常设委员会,就属于其职责范围内的事务与本校各位副校长进行磋商并提供咨询。每个委员会的成员数目与成员任期应由代表大会确定。委员会委员应由顾问委员会提名。

代表大会还可以设立其他常设与特设委员会辅助其工作。代表大会可以规定这类委员会成员的当选资格、成员数量、任命方式和任期,以及责任和义务。代表大会应该规定由评议会设立的所有委员会成员的任命方式。除非评议会另有规定,这些委员会应该被视为附属于代表大会。

依据本条文规定设立的委员会应该向代表大会汇报工作,并在代表大会的督导下向评议会汇报工作。

代表大会官员指主席和副主席,由顾问委员会从其成员中选出,评议会秘书长同时也将担任代表大会秘书长。

4.07　评议会大学事务顾问委员会

评议会学校事务顾问委员会应由九名评议会代表大会成员组成,由代表大会从成员中选出,任期三年。若某些顾问委员会成员在代表大会的任期先于顾问委员会任期结束,则这些成员应在顾问委员会任期结束前在代表大会中行使投票权。顾问委员会将以其认为有必要的频率进行会议。评议会秘书长应在选举时将顾问委员会成员情况通报董事会。

4.08　评议会大学事务顾问委员会:权力与职责

评议会学校事务顾问委员会应该代表评议会代表大会就与本校政策相关事宜进行磋商并提供咨询,应该担当评议会与评议会代表大会的行动生效机构。顾问委员会应该提名并监督评议会代表大会所设各委员会,还应该履行本章程或评议会代表大会委托的其他职责。

第 V 章　教职员与学术人员

5.01　定义(2003 年 10 月修订)

本章程中使用的相关词条及其定义:

1. 教职员,包括教学与研究人员,执行官员,各教学单位、研究单位和图书馆主管,研究助理,管理员,以及担当类似职责的人员。

2. 教授人员,包括教授、副教授和助教授。

3. 教授会,当与学院一同使用时,应该包括学院内拥有教授、副教授和助教授职称的工作人员。教授会还可包括工作时间超过半工制的讲师,但是条件是,这些教师和讲师只有任职超过一年,且所在学院超过半数的教授工作人员投票同意赋予其投票权。若经学校政策或相应学院章程授权并以此为依据,教授会还可包括临床教授、临床副教授、临床助教授、研究员、副研究员、助理研究员、调研员、研究讲座教授、研究讲座副教授以及研究讲座助教授。

4. 教学人员,包括教授、副教授、助教授、讲师,以及担任教学工作的研究生。

5. 担任教学工作的研究生、教学助理、助教、学生助理、助研、技术助理、实验室助理以及助理,都用来指代参与教学与科研但没有职称的初入职者。归入上述分类的学生应仍具有学生身份。

6. 学年,当与教职员和其他人员的任命共同使用时,指校历上任意相邻的两个学期。教职员应参加迎新会、新生注册,以及学生毕业典礼。

5.02 学院的教授会(1993年1月修订)

本校各学院和可授予学位的部门,包括密歇根大学第尔本校区和弗林特校区的相应机构中,教授会应该掌管该学院或部门事务,除非该学院或部门设有执行委员会且教授会将上述职责委任给该委员会。例外情况包括,研究生院的治理主体是行政委员会,医学院的理事机构则由行政人员构成。

5.03 教授会的权力与职责

各学院教授会应该不时向董事会汇报章程中不包括但与其所在学院结构和重要运营程序相关的规则,例如系科组织、录取与毕业要求,以及其他教学事务等,以待董事会审查。各学院有权分别决定向董事会汇报哪些规则。所有这些规则一旦被通过,将载入《董事会议事录》。

在服从董事会最高权威的条件下,各学院教授会还拥有充分的权力来制定与打分标准、课堂出勤、委员会组织和相关内部事务等其他事务相关的规则和条例。所有这些规则、条例都应该载入采用它们的权力机构的会议记录,并递交本校秘书长办公室备案。

各学院教授会均应向其录取的学生提供适当的指导。各学院教授会均应向董事会推荐其管辖范围内有资格获得本校学位的学生。各学院教授会还应该在服从董事会的条件下拥有行使其职责所需的其他权力。

5.04　教授会程序

各学院教授会应该采用运用于学院内部管理和程序的规则,应该委任秘书,定义秘书的职责,并且对理事会活动进行记录。

如无其他具体规定,各学院教授会、委员会、董事会,以及其他审议机构均应遵循《罗伯特议事规则》中规定的合乎议会法规的程序规则。

5.05　教授会与董事会的沟通

各学院理事会应该通过院长、第尔本分校和弗林特分校校长以及本校校长向董事会递交书面交流材料。各学院院长应该在学院理事会书面交流材料上背书,作出必要的适当解释性说明。(参见 1.08)

5.06　院长与执行委员会

各学院或教学单位、科研单位的院长、主任或行政长官应该由校长推荐,由董事会通过委任,并担当所在学院或教学单位、科研单位的执行官员。

如果学院或教学单位、科研单位董事会设立了执行委员会,则院长、主任或行政长官应该自动成为执行委员会主席,其工作应该得到执行委员会协助。除协助行政工作以外,执行委员会还负责研究和设计教育与教学政策并提交理事会审议,执行委员会还应该代表理事会处理预算、晋升和任命事宜。

5.07　校内其他单位的行政官员(1997 年 7 月修订)

第五章第六条未涉及的校内单位的行政官员应由校长推荐并由董事会通过任命。这些行政官员应该履行校内相应权力机构规定的管理职责。此类行政职位不设终身制,其任期随在任者申请从行政职位上退休或应董事会要求而终止。

5.08　职员任命、任期、晋升与辞职(1991 年 4 月修订)

1. 有资格获得终身教职的教师应由相应的学院院长或执行委员会、第尔本分校和弗林特分校校长以及本校校长进行推荐,由董事会通过后予以任命。除非董事会另有规定,教授和副教授职位应为无限任期。董事会批准通过的年度预算应被视为所有教授工作人员在下一年继续为本校提供服务的记录。

2. 助理教授和其他不拥有终身教职的教学人员应由学院院长和执行委

员会、第尔本分校或弗林特分校校长推荐,并由校长进行任命。助理教授和讲师任期最长四年,聘用条款中将包含具体规定。若聘用条款未对助理教授和讲师的任期进行特别规定,则默认为一年。其他教学人员的任期不超过一年。董事会批准通过的年度预算应被视为所有教学人员在下一年继续提供服务的记录。上述任命均应每月向董事会汇报一次。

3. 除非章程另有规定,本校所有其他员工均应由相应行政官员推荐,由校长任命,任期仅为一个财政年度。

4. 所有终身教职人员的晋升均应由系主任、院长、执行委员会、第尔本分校或弗林特分校校长以及本校校长推荐,由董事会决定通过。所有非终身教职人员的晋升均应由相应行政官员推荐,由本校校长决定通过,并应采用与原聘任报告相同的形式向董事会报告。所有其他本校员工的晋升均应由相应行政官员或机构推荐,由本校校长决定通过。

5. 教学职员的辞职情况应每月向董事会汇报一次。

6. 由赠与基金或合同资金(contracts)在一定时期内支付全部或部分薪水的职位,若上述资金停止支付,其任命应该遵守下列条款:

a. 如果相关人之前担任由本校一般基金支付薪水的全职或兼职工作,则该人员职位应该在其所在单位得以保留,不管是终身聘用还是继续完成任期,其薪水应符合所在单位的适当标准。

b. 如果涉及由定期基金支付薪水而被派驻本校完成相应职责的人员,则其提供的服务和获得的薪水均应得到终止。

上述规定不表示禁止校内某一单位推荐新人员担任校内某一任期层次的职位,并且立刻委任其承担由定期基金支付薪水的职责。如果定期基金不可继续获得,则相关校内单位应该负责分配相应人员在任期结束前应该担任的新职责,并支付薪水。

5.09 解职、降级或终止聘任案例程序(1993 年 11 月修订)

1. <u>适用</u>。遵循本款项规定的程序应该符合如下条件:(a) 在向董事会提交对拥有终身教职的本校教学人员或任何其他任期尚未结束的教学人员进行免职或降级并由任何其他教学人员代替其职位的报告之前;或者(b) 在向董事会提交对已在本校担任全职职位总计八年以上的具有讲师或以上职称者的免职、降级或终止聘任报告之前。为遵循上述程序,提出免职、降级或终止聘任的原因应该能被本校接受,应该与全体教职员的提升与工作效率相关,并且应该与所涉及的终身教职的特征一致。

2. <u>程序启动</u>。结果可能是免职、降级或终止聘任提议的程序应该由教务长兼主管学术事务的常务副校长或相关教职员所在的学院或其他单位

（此后统称行政单位）的执行官员（院长、主任或执行委员会）启动。如出现如下特殊情况，即根据校长的判断，存在直接并立刻危及本校公众声誉或基本职能的危险，则校长可以命令相关教职员被解除其在校内的部分或全部义务和责任，在不损害也不赔偿相关人的前提下，等待对事件的最终判定结果。

　　3. <u>不同情况下应该采取的相应程序</u>。在所涉及的事务主要与相关教职员任职的行政单位有关的情况下，应该采用本条第4款规定的程序。在所涉及的事务影响到整所学校的情况下，应该采用本条第5款规定的程序。教务长兼主管学术事务的常务副校长在启动与相关教职员相关的行动程序之前，应该通知校长、顾问委员会以及相关行政单位的行政权威（人或机构）。校长在与顾问委员会和相关行政单位的行政权威沟通之后确定所面临的情况应该适用本条第4款或第5款规定。各行政单位的行政权威在启动与当时教职员相关的行动程序之前，应该通知校长和顾问委员会，校长在与顾问委员会沟通之后确定所面临的情况适用本条第4款或第5款规定。校长的确定结论应以书面形式通报顾问委员会和相关行政单位的行政长官。

　　4. <u>涉及学院行政权威的事件的适用程序</u>。

　　a. 若校长确定需要处理的情况与某行政单位的行政权威有关，该行政权威应该立刻书面通知相关教职员和顾问委员会。通知中应该说明行政权威提议调查的事件的具体原因，并且应该告知相关教职员，若在接到通知十天之内提交书面申请可以得到参加听证会的权利。

　　b. 行政权威应立刻调查相关事件。如果相关教职员提交了参加听证会申请，则应该为其提供对以下机构的听证权：（1）所在行政单位的执行委员会，或者（2）由行政权威委任且得到所在行政单位执行委员会或理事会批准的特别教职员委员会。相关教职员可以：（1）自行选择顾问，该顾问可以担当辩护人；（2）参加听证委员会所有接收证据和听取论证的会议；（3）要求会见、质询以及反质询相关证人；以及（4）检查听证委员会收到的所有文件证据。应该对听证会进行完整的速记记录，听证委员会应该与相关行政单位的行政长官、顾问委员会和校长共同尽量迅速地完成关于被听证事件的书面报告以及整理完毕的听证会会议记录全文。书面报告中应该载明听证委员会的结论和建议及其理由。如果提议免职、降级或终止聘任，则报告中应该详细说明导致上述提议的工作失误或不当行为，该报告副本应递交给相关教职员。

　　c. 如果听证委员会建议采取对相关教职员不利的行动，则相关行政单位的行政权威在进一步考虑该事件之前，应该以书面形式告知相关教职员可以选择通过由评议会学校事务顾问委员会任命的任期问题常设小组委会对事件进行审议,参见本分款第(d)项。如果听证委员会认为不应采取对相关教职员不利的行动,但是相关人所在院系的行政领导在审阅了听证委员会的报告和会议记录之后持不同意见,并认为应该建议采取对相关教职员不利的行动,则该领导应该以书面形式通知相关教职员其看法,并对理由进行合理说明,同时应该告知相关教职员可以选择申请对该事件进行审议,参见本分款第(d)项。

d. 相关教职员若意愿提出要求审议委员会审议其相关事件的申请,则该申请必须在其接到建议对其采取不利行动的行政单位的行政领导或行政权威的通知后十天内以书面形式提交。审议申请应该提交给由顾问委员会任命并被委任为审议委员会的任期问题常设小组委员会。审议委员会应该迅速以书面形式通知相关教职员和相关行政单位的行政领导,并在至少十天以后就相关事件召开听证会,且进行完整的书面记录。审议委员会应该审议由听证委员会提交的会议记录、报告以及建议,并可以继续接收新证据。相关教职员本人或其代表或本人与代表一起,以及相关行政单位的行政领导均有权先于听证委员会对议项进行评论,有权对听证委员会的发现、结论和建议作出评论,并有权检查和反驳审议委员会接收的任何新证据。应该对审议过程进行完整记录。

e. 在审议过程中,审议委员会应该考虑到所有相关因素,包括以下问题:(1) 听证委员会是否遵循了本分款规定的程序,(2) 听证委员会的做法是否符合公正听证,(3) 作为听证委员会的提议基础的工作失误或不当行为是否与最初引发调查的指责内容一致,(4) 先于听证委员会启动的程序是否涉及与整所大学相关的问题,(5) 在听证记录中出现的以及审议委员会后来接收的证据是否支持听证委员会的发现和建议。在决定建议内容时,审议委员会应该自由地采用其在时间程序和结果方面的发现和结论。

f. 听证会结束三十天内,审议委员会应该向相关教职员、相关行政单位的行政领导、校长和顾问委员会递送书面报告。报告中应载明审议委员会的结论、建议及其原因。同时递送的还应有审议委员会举行的听证会全文记录。

g. 相关教职员和顾问委员会在收到审议委员会报告之后十天之内,可以随即向校长提交书面评论,相关教职员还应将评论提交给相关行政单位的行政领导。在收到听证委员会报告二十天内,相关行政单位的行政权威应该通知校长其对该事件的最终建议。

h. 上述程序之后,校长应该审议关于整个事件的报告,并给出建议及相关理由。相关教职员和顾问委员会应该拿到校长的建议内容,并可以在收到建议后十天之内向校长提交关于其建议的书面评论。关于整个事件的完整报告,包括校长的建议及相关教职员和顾问委员会的所有评论,应该随后由校长提交董事会作出最后行动决定。

5. 涉及顾问委员会的事件的适用程序。

a. 若校长确定需要处理的情况与顾问委员会有关,顾问委员会应该委任其任期问题常设小组委员会作为听证委员会并将事件递交给听证委员会进行听证。听证委员会应该立刻以书面形式通知相关教职员。通知中应该说明顾问委员会提议调查的事件的具体原因(由教务长兼负责学术的常务副校长负责准备),并且应该告知相关教职员,若在接到通知十天之内提交书面申请可以得到参加听证会的权利。

b. 听证委员会应立刻调查其接收的相关事件,并可以要求本校任何教职员工提供相关信息。教务长兼主管学术事务的常务副校长或其代表应该出席听证委员会的所有会议,并提交教务长兼主管学术事务的常务副校长判定与事件相关的所有证据。相关教职员任职的行政单位的行政权威可以选择出席或不出席听证委员会的所有会议,如果该行政权威愿意提出任何建议,则应该在委员会对调查作出结论之前提交相关建议,随后这些建议将成为听证委员会对该事件记录的一部分。如果相关教职员提交了先于委员会进行听证的申请,则应该对该听证会进行完整的速记记录。相关教职员可以:(1)自行选择顾问,该顾问可以担当辩护人;(2)参加听证委员会所有接收证据和听取论证的会议;(3)要求会见、质询以及反质询相关证人;以及(4)检查听证委员会收到的所有文件证据。应该对听证会进行完整的速记记录,听证委员会应该与相关行政单位的行政长官、顾问委员会和校长共同尽量迅速地完成关于被听证事件的书面报告以及整理好的听证会会议记录全文。

c. 听证会在接收到相关事件情况之后,应该在合理的时间范围内向顾问委员会提交书面报告备案。书面报告中应该载明听证委员会的结论和建议及其理由。如果提议免职、降级或终止聘任,则报告中应该载明对导致上述提议的工作失误或不当行为的详细说明。与报告一同提交的还应该有关于该事件的完整书面报告,如果相关学院的行政权威有向委员会提出的建议,则应该包含在完整书面报告中,委员会召开的所有听证会的完整记录也应该包含在完整书面报告中。

d. 如果听证委员会建议采取对相关教职员不利的行动,则顾问委员会应该以书面形式建议相关教职员其可以申请评议会顾问委员会对听证会实施的程序进行审议。相关教职员的审议申请应该在接收到建议之后十天之内以书面形式递交顾问委员会主席或秘书长。顾问委员会收到此项申请后可以酌情决定举行听证会以确定听证委员会的做法是否符合公正听证以及其是否遵循了本分款规定的程序步骤。一旦审议听证的申请得到批准,相关教职员本人或其代表或本人与代表一起,均有权出席并先于听证委员会对议项进行评论。应该对审议过程进行完整记录。

e. 如果顾问委员会认定听证委员会的做法不符合公正听证,或者其未遵循本分款规定的程序,则顾问委员会应该驳回听证委员会的调查结果和结论并要求听证委员会就该事件根据本款项规定的程序重新举行听证。关于顾问委员会采取行动的书面报告,以及其审议过程的报告应该递交相关教职员、相关行政单位的行政领导、教务长兼主管学术事务的常务副校长以及本校校长。

f. 如果听证委员会认为不应采取对相关教职员不利的行动,或者虽然听证委员会认为应该采取对相关教职员不利的行动但是相关教职员并未提出申请要求顾问委员会审议,或者相关教职员提出了审议申请且顾问委员会进行了审议但是确定听证委员会的做法符合公正听证且遵循了本分款规定的程序,则顾问委员会应该将听证委员会关于本事件的书面报告和推荐以及关于整个事件的完整书面记录递交相关教职员、校长、教务长兼主管学术事务的常务副校长,以及相关行政单位的行政权威。在向校长提交报告和记录的同时,顾问委员会也可以提交其就听证委员会的调查结果、结论和建议作出的评论。相关教职员、相关行政单位的行政权威,以及教务长兼主管学术事务的常务副校长应该在接收到听证委员会递交的报告和记录后十天内,向校长递交书面评论。

g. 上述程序之后,校长应该审议关于整个事件的报告,并给出建议及理由。相关教职员和顾问委员会应该拿到校长的建议内容,并可以在收到建议后十天之内向校长提交关于其建议的书面评论。关于整个事件的完整报告,包括校长的建议及相关教职员或顾问委员会的所有评论,应该随后由校长提交董事会作出最后行动决定。

5.10 离职金

1. **适用**。职位为无限任期的学术工作人员,若根据第五章第九条的规定被免职,则有权在得到书面免职通知后获得相当于一个学年薪水的离职金,除非出现以下情况:

a. 由于该员工的行为性质,法律禁止本校偿付上述离职金;或者

b. 存在有效证据使得员工被超出合理范围地怀疑犯有重罪,或者殃及学生或直接殃及全校的轻罪;或者

c. 其行为能够明示或暗示,该员工故意拒绝履行其应负的适当学术职责。

2. 离职金金额。对职位为无限任期的员工偿付的离职金将分月支付，金额与该员工在被免职前一年的薪水相等，期限是从书面免职发出后开始，持续时间为一个任职年度，除非该员工在这一年中获得了其他就业就会。如果出现上述情况，则从获得其他就业机会开始，每月支付的金额不应该超过在无此就业就会的情况下应该支付的金额与该员工从新获得的工作中拿到的工资之差额。

3. 依据合同有确定任职期限的被免职教职员的离职金。依据合同有确定任职期限的被免职教职员的离职金金额和支付方式应与职位为无限任期的学术工作人员一致。除非出现如下情况，即发出书面免职通知的日期与原合同终止的日期之间相距不足一年，则按照免职前薪水额度支付的离职金应至少持续到原合同终止日。

5.11 多职和兼职服务

如果某教职员接受任命同时在校内两个或以上部门工作，则该任命必须得到所有相关部门主任或其他行政领导的批准。所有从两个或以上部门领取工资的员工都应该在各预算表中被列为兼职工作人员，并注明其在各单位分别领取的工资金额。

如果某位员工在校内任何部门担任兼职工作，则其在各预算表中应该被列为兼职人员，并注明其投入本工作的时间比例。部门主任应该依据理事会制定的一般规定确定构成所在部门工作人员"兼职"或"全职"工作的条件。

5.12 校外职位

全职教职员，如非经本校相关权力机构批准，不得在学年内在校外其他机构就任带薪职位。除非满足下列条件中的一条或全部，方可批准担任专业职位：

1. 此处讨论的校外工作有希望较校内等量工作更大程度地提高教职员在其领域中作为教师和学者的水平。

2. 此处讨论的校外工作具有明显的公共性质或者本校出于任何其他原因愿意积极推进该工作的开展。

若涉及非专业就业，必须在这样的活动看来不会影响校内工作绩效或损害相关人作为教师或者学者的能力的前提下，方可批准任职。

校内各学院理事会均应制定适用于其所在领域的规则从而为行政官员提供指导，这些指导对落实此处规定的一般政策而言是必需的。

每当与"兼职"任命有关的校外就职得到允许，则相关人在本校工作的时间比例应该在任命通知和预算中注明。

5.13 政府活动

本校工作人员担任公职被认为是可取的,寻求公职的工作人员应该受到鼓励。

任何正规工作人员若成为竞选某公职的候选人,则对此竞选活动的备案应该包括下列内容:以书面形式将竞选活动通知本校秘书长,并将相关上级、部门领导或主任出具的已做好并相应安排保证不会影响相关人员的校内工作绩效的证明报送本校秘书长进行备案。如有需要,应该在实际竞选活动发生期间准予候选人不带薪休假。

所有竞选成为公职人员的正规工作人员以及任何被任命担任某公职的正规工作人员均应向本校秘书长提供相关上级、部门领导或主任出具的证明进行备案,证明中应说明已做好并批准相关安排,能够确保公职工作不会影响校内工作绩效。如果不能出具上述证明,则该工作人员应该申请不带薪休假或者离职,申请将在政府公职开始之时或者之前批准的休假结束之时生效。如果该工作人员申请不带薪休假,则该休假应由校长批准,时间为一个任期或者一年。一个任期或一年结束后如需继续申请不带薪休假,则应由相关主任或适当的行政官员推荐,由校长批准。

5.14 休假

<u>公休</u>。在本校担任教授工作达六年的教授工作人员的学术与科研公休可由学院院长推荐并由校长批准。在密歇根大学第尔本分校和弗林特分校,担任教授工作达六年的教授工作人员的学术与科研公休可由分校校长推荐并由校长批准。所有的公休情况应该每月向董事会汇报一次。

公休的形式可以是时长一个合同期或者将一个合同期分成两部分,并享受该教授工作人员平时工资的一半;也可以是半个合同期,并享受该教授工作人员的全额工资。教职员在公休期间不得为获得报酬而在其他机构或企业工作,除非获得报酬不妨碍对研究资助基金或其他形式的研究资助的接受,但是一旦出现此类情况,必须在公休申请中清晰注明额外的研究资金来源以及对其加以利用可以为计划进行的研究项目提供显著的帮助。

公休申请应在希望公休的学年开始前的2月1日以书面形式递交所在单位领导。与申请同时递交的材料还必须包括一份关于如何利用公休时间的经过深思熟虑的计划说明,其中应阐述清楚完成此项计划可以提高申请者的专业能力并符合学校利益。

获得公休的员工应该在假期结束后回学校工作至少一年。

其他休假。本校教职员或其他工作人员其他形式的休假,如果不超过一年,应该由学院院长或相关行政官员推荐,由校长批准。

时间超过一年的休假,应经过相应申请和推荐,由董事会批准。教学人员休假情况应每月向董事会汇报一次。

5.15　休假津贴

任期以十二个月为基础的教学人员每工作十二个月应该得到一个月的休假津贴,在校内工作多于六个月而少于十二个月的工作人员应该获得相应比例的津贴。任何资格完备且在本校工作一年及以上者,以及依据前款应得休假津贴但因为辞职或得到不带薪休假而不能领取者,应该对其支付定期津贴,额度相当于其在学校工作相当于假期长度的时间所能够获得的工资数额。

5.16　临时缺勤(1993 年 11 月修订)

教学人员和其他学术工作人员的所有缺勤情况均应向学院院长或单位主管汇报。所有缺勤人员中若出现连续缺勤超过三周的情况应该向教务长兼主管学术事务的常务副校长汇报,在第尔本和弗林特分校,此类情况应该向分校校长汇报。

5.17　教学人员和学术研究人员病假

如果某教学或学术研究人员因意外或生病暂时不能履行其职责,则其应该向校长申请病假待遇,条件是该工作人员的职责可以在不增加学校成本的前提下得以履行。具体规定如下所述:

任何已经在本校担任全职工作十年或以上的教授、副教授或其他学术研究人员,可以申请在丧失工作能力期间享受带薪病假,但是时间不超过全薪一年加半薪一年。

任何已经在本校担任全职工作两年或以上但是不满十年的教授、副教授或其他学术研究人员,可以申请在丧失工作能力期间享受带薪病假,但是时间不超过全薪半年加半薪半年。

在丧失工作能力期间,任意五年内可以准予总长度不超过上述时间限制的病假。由于意外或者生病引发的丧失工作能力持续时间的前三个星期不被计入以上条款规定的时间限制。如果丧失工作能力时间超过三周,应该向校长提交申请,说明原因并申请休假。所有教学人员的病假情况应该每月向董事会汇报一次。

此处"丧失工作能力"是指暂时完全不能履行校内职责,并且有恢复完全服务能力的可能。部分丧失工作能力和慢性经常性丧失工作能力的情况不包括其中,但如果出现这些情况,校长需要采取特殊措施,为相关人员安排兼职工作或者根据情况需要作出其他调整。

5.18　其他学术工作人员病假(1993年11月修订)

不属于教学人员或学术研究人员的学术工作人员应该根据教务长兼主管学术工作的副校长签发的规定准予病假,条件是三周或以上假期应该向教务长兼主管学术工作的副校长汇报,在第尔本和弗林特分校向分校校长汇报。

5.19　校长、教职员和执行官员退休(1995年4月修订)

在遵守本条其他规定的前提下,校长和其他执行官员的服务期限应该在其七十岁生日所在的财政年度结束之前结束。

根据以下分款第三段的规定,在1984年1月1日之前接受聘用的教授工作人员,享有在退休前一年免于履行常规职责的权利,可以应邀担当校长、执行官员、学院院长或部门主管的顾问,或者在其感兴趣的领域进行科学研究,除非董事会另有要求,本年年薪应等同于从事常规工作时的年薪。此后,将把上述退休前一年称作"终期休假"年。1984年1月1日或之后接受聘用的工作人员不具备享受终期休假年待遇的资格。

工作人员获得终期休假年需要满足以下条件:(a)在终期休假年开始之前已经至少在本校任职十年以上;以及(b)在终期休假年开始之前四年之内未享受公休。符合上述规定但是无权享受终期休假年待遇的工作人员将继续履行常规职责直至退休。

根据上述分款第二段和第三段的规定具备享受终期休假年资格的工作人员,在其六十二岁生日所在年的下一学术年度开始之前不得开始享受终期休假年。

在工作人员完全退休之前不应授予其相应职位或级别的荣休地位。

5.20　荣休教职员(1995年4月修订)

荣休教职员应该被视为本校已退休的重要教职人员。他们有权参加本校评议会的所有会议但无投票权,在学术队伍中担任荣誉职位,接收本校记录,使用可供本校教职员使用的图书馆和其他设施,接受委任代表本校参与其他机构的学术活动典礼,并与教职员一起参加本校的所有社交和正式集会。

5.21 杰出大学教授

设立杰出大学教授头衔,可以授予具有教授职称的教职员。授予本头衔的目的是表彰被授予者作为学校全体教职员中的一员在相关学术领域中取得的杰出成就和声誉。杰出大学教授头衔可以在退休后继续保留。本校任何人员都可以被授予杰出大学教授头衔,该头衔可以以本领域内特别是曾经与本校相关的杰出代表的姓名命名。杰出大学教授不得改变其作为各自所在学院成员的身份。

5.22 兼职教授

为了补充教学项目的需要,可以聘任主要职责在校外或者主要职责是校内其他工作的人员担当兼职教授、副教授、助理教授或讲师。

聘用和/或晋升标准应该在可行范围内与正规教学人员一致。

兼职聘用或者续聘应由适当的教学单位或学院推荐,在密歇根大学第尔本和弗林特分校由分校校长推荐,由校长批准。

兼职教学人员任期为一年或以下,并且不适用终身制。

5.23 临床教学人员(2001年6月修订)

1. 临床辅助教学人员。任何学术单位均可以聘用校内外专业从业人员担任临床辅助教授、临床辅助副教授、临床辅助助理教授或者临床辅助讲师以支持相关教学项目,工作量不超过临床教学总量的50%。

临床辅助教学人员任期为一年或以下,并且不适用终身制。聘用和/或晋升标准应该在可行范围内与正规教学人员一致。

临床辅助教学人员的聘任与续聘应由适当的教学单位、学院或学部(division)推荐,并由第尔本和弗林特分校由分校校长和本校校长批准。

2. 临床教学人员。只有当授权聘任的政策被相关学院或部门依据该单位章程采用并得到相关教务长、弗林特或第尔本分校校长、本校校长和学校董事会批准的情况下,相关学术单位方有权聘任临床教学人员以支持教学项目。

临床教学人员工作量不得低于临床教学总量的50%,并且不适用终身制。临床职位适用下列头衔:临床教授、临床副教授、临床助理教授或临床讲师。

临床教学职位有固定任期,持续时间不超过七年,可以续聘。聘任和晋升标准在可行的范围内应与正规教职员工保持一致。关于临床工作人员权利和义务的进一步规定,如果与董事会章程不存在冲突,则可以在相关学术单位的章程中载明。

临床工作的聘任,续聘和晋升应由相关教学单位和学院或部门推荐,由相关教务长、弗林特和第尔本分校校长和本校校长批准。

本校副校长和学校的秘书长应该保留一份列表,载明有权聘任临床教学人员的学院和部门。

5.24 研究员和研究讲座教授（2003年10月修订）

研究员。在授权聘任的政策被相关学院或部门依据该单位章程采用并得到主管研究的副校长的批准的条件下,相关学术单位方有权聘任研究员以担任研究工作。

对研究员的聘任与终身制教学人员聘任属于不同系列。研究员职位适用于下列头衔:研究员、副研究员、助理研究员和调研员。关于研究员权利和义务的进一步规定,如果与董事会章程不存在冲突,则可以在相关学术或研究单位的章程中载明。

研究员的聘任和晋升由相关教学单位和学院、部门或研究单位推荐,由主管研究事务的副校长、第尔本或弗林特分校校长和本校校长批准。

本校副校长兼秘书长应该保留一份列表,载明有权聘任研究员的学院和部门。

研究讲座教授。在授权聘任的政策被相关学院或部门依据该单位章程采用并得到主管研究的副校长和相关教务长的批准的条件下,相关学术单位方有权聘任研究讲座教授以支持本校研究活动。

对研究讲座教授的聘任与终身制教学人员聘任属于不同系列。研究讲座教授职位适用下列头衔:研究讲座教授、研究讲座副教授或研究讲座助理教授。关于研究讲座教授权利和义务的进一步规定,如果与董事会章程不存在冲突,则可以在相关学术单位或研究单位的章程中载明。

研究讲座教授的聘任和晋升由相关教学单位和学院、部门或研究单位推荐,由主管研究事务的副校长、相关教务长、第尔本或弗林特分校校长和本校校长批准。

本校副校长兼秘书长应该保留一份列表,载明有权聘任研究讲座教授的学院和部门。

第 VI 章　学院：专业定义

6.01　基本目标

设立各学院的目标是为本州和国家提供如下三方面服务：(1) 提供民众教育；(2) 在构成现代文化、专业实践以及商业和工业社会领导力的各个知识分支领域，开展学术调查和研究；以及 (3) 将这些知识用于解决社会问题。

经由本校董事会批准，各分校和学院的自身事务由其学院教授会、院长和执行委员管理。

6.02　学位专业定义（2004 年 9 月修订）

本科学历应由以下学院颁发：

密歇根大学（安阿伯分校）

- 阿尔弗雷德·陶布曼建筑与城市规划学院
- 艺术与设计学院
- 罗斯商学院
- 牙科学院
- 教育学院
- 工程学院
- 文理学院
- 护理学学院
- 药剂学学院

密歇根大学第尔本分校

- 文理学院
- 教育学院
- 工程学院
- 管理学院

密歇根大学弗林特分校

- 文理学院
- 健康保健职业与研究学院
- 管理学院
- 教育与人力资源服务学院

研究生学位课程由密歇根大学上述三个分校的各个学院以赫雷斯·拉克汉姆研究生院作为代理机构提供，引入硕士、博士和其他相关学位。此外，隶属密歇根大学第尔本分校与弗林特分校的阿尔弗雷德·陶布曼建筑与城市规划学院、罗斯商学院、健康保健职业与研究学院、自然资源与环境学院和管理学院，以及隶属密歇根大学弗林特分校的教育与人力资源服务学院被批准授予相关专业领域的硕士学位，音乐舞蹈戏剧学院被批准授予应用音乐专业的硕士学位。

专业研究生课程由以下学院提供：
- 牙科学院
- 药学院
- 法学院
- 公共卫生学院
- 医学院
- 社会工作学院

6.03 研究所与中心（1995年4月修订）

作为密歇根大学附属单位的各研究所可由本校校长提议设立，用于指导教学、研究或服务活动，这些研究所作为独立单位进行组织管理通常应对本校主要单位负责。各研究所的日常管理工作由一名所长及行政委员会履行，该所长和行政委员会由校长任命，对学校相关工作人员负责。

各中心可由本校校长提议设立，用以支持学院内多个系科的跨学科研究、出版和培训工作。各中心的日常管理工作由一名主任和执行委员会履行，该主任和行政委员会由校长任命，对各学院的院长和执行委员会负责。

6.04 系

系是行政管理负责人管理下的学院分支机构，其宗旨是在某一专业领域教授一门或多门课程。各系拥有独立预算权，对其所属学院的预算主管部门负责。

每一系应按照一定形式组织，以使各工作人员能够普遍参与到系事务管理中。

6.05 大学学部（1993年1月修订）

密歇根大学各学部由校长和董事会应某一共同实体领域内拥有共同利益的教职员的要求而设立，该领域跨越了管理界线，目的在于协调各利益群体与活动团体的行为。在执行各类职能过程中，各学部应关注各教学项目间的联系，鼓励个体性研究，促进合作性调查及院际服务。各学部的职能机构应为代表其下属系的一个总委员会，并以其认为合适的方式组成。各学部一般委员会的成员应由相关分校、学院和系提名任命。

　　学部并非行政单位，当其组成个体不再要求任命跨年的委员会成员和工作人员时，该学部将不复存在。上一届构成成员可向校长申请恢复该学部的职能。

　　各学部的主席应由校长根据该机构成员的推荐任命。

第 VII 章　学生事务

7.01　交流委员会

　　在任何时候由校长确定是否需要成立交流委员会，其目的在于为任何话题或者引起对有争论的问题的讨论提供有形沟通渠道，或当学校的不同部门之间出现分歧时为该问题的解决提供讨论机会。校长可运用以下组织安排建立沟通委员会，在适当情况下可为其提供文书协助及相关设施。若有部门未能在合理时间内选出委员会成员，校长有权实施任命。

　　交流委员会应由以下成员组成：

　　a. 两名学生，由评议会代表大会从密歇根大学学生会（在下列规章细则中间或简称 MSA）提交的至少代表三个不同学院的四名被提名人员名单中任命；

　　b. 两名教职工成员，由学生会从教务委员会提交的至少代表三个不同学院的四名被提名人员名单中任命；

　　c. 两名管理人员，由组成该委员会的学生和教职人员从密歇根大学校长提交的至少四名被提名人员中任命，这些被提名人员应至少代表三个不同学院或行政单位；

　　d. 任何人员空缺均应通过上述方式填补。

7.03　学生事务办公室（1992 年 4 月修订）

　　学生事务办公室（下文简称 OSA）应提供各类服务项目，涉及住房、咨询服务、各种学生组织、卫生部门、职位信息、宗教事务、学生社区关系、国际中心，以及其他间或被委托的服务项目。

7.04 学生事务副校长（1992 年 4 月修订）

学生事务副校长应为学生工作办公室的主要管理人员，应依据学生事务政策委员会的通知任命新一届学生工作办公室各单位的领导，且应从总体上指导校董事会、校长、学院理事会以及其他相关机构有关学生事务和学生服务方面的工作。

7.05 学生的决策参与（1992 年 4 月修订）

学生参与大学决策过程对保证大学生活质量非常重要，因此应给予大力支持。负责学生事务的副校长应在促进建立学生参与决策的有效机制方面为学生提供协助。

学生事务政策委员会便由此创立。该委员会应具备包括学生和教职工在内的九名成员，学生成员人数比教职工成员数多一位，负责学生工作的副校长可直接担任该委员会主席（无需通过选举）。

a. 该委员会的学生成员应由密歇根大学学生会（MSA）任命，且同一分校或学院所选成员人数不得超过两名。若该学院设有学院管理部门，MSA 应先同管理部门商讨，再从该学院选任学生成员。

b. 该委员会的教职工成员应通过教务委员会任命，且同一学院所选成员人数不得超过两名。

c. 委员会的任期应错开安排，且最短不得少于一年最长不得超过三年；选举程序只要符合上述（a）款和（b）款规定，即可由相关任命机构确定。

d. 一旦该类任命机构在有效时间内没有作为，学生工作政策委员会可被授权任命替补成员。

各学生事务单位的主管人员应该为其主管机构的主要管理人员，应向校长汇报学生工作。副校长和学生事务政策委员会可为学生工作办公室各管理机构设立不同的政策委员会，其中各机构主管可直接担任主席，且无需通过选举。

第 VIII 章 招生和学生注册

8.01 本科生招生（2009 年 4 月修订）

安阿伯分校

副教务长和招生主管应经校长推荐并由董事会任命，对校教务长兼负责学术工作的常务副校长负责。该招生主管应负责学生从高中升入本科学院的招生工作，并间或被各院系指派负责执行决策权。

密歇根大学第尔本分校

密歇根大学第尔本分校招生主管对本科生招生程序负责。招办主任由主管学籍管理和学生日常生活工作的副校长任命并对其负责。

密歇根大学弗林特分校

密歇根大学弗临特分校招生主管对本科生招生程序负责。招办主任由教务长和主管学术事务的副校长任命并对其负责。

8.02 注册主管（1993 年 11 月修订）

注册主管应经校长推荐由董事会任命，对校教务长兼负责学术工作的常务副校长负责。该注册主管应负责学生注册、分级、档案管理、成绩单发放和毕业证书颁发，以及学校和学院所要求的其他职责。

8.04 住宿要求（2008 年 7 月修订）

本校学生将被划分为密歇根常住居民及非常住居民两类。由教务长兼负责学术工作的常务副校长颁发并执行有关住宿界定的指导方针，方针副本可由注册主管保存。每位学生或入学申请人应按照本校住宿分类准则的规定，在正确的住宿分类条目下完成注册。

第 IX 章 毕业典礼和学位授予

9.01 校董事会的学位授予

本校所有的正式学位和名誉学位均经下述多个权威机构推荐，由校董事会授予。

9.02 正式学位推荐

正式学位候选人经相关学院主管机构推荐，并递交校董事会裁定。未达到学位授予要求的学生不得被推荐授予正式学位，且如果该生所登记学院的主管机构被告知该生仍未付清学费或到期未履行其他应负义务，那么该生不应被推荐授予正式学位。

正式学位应在毕业典礼以及校董事会规定的其他时间授予。

9.03 荣誉学位推荐(2008年7月修订)

荣誉学位应由荣誉学位委员会推荐,该委员会由下列成员组成:

1. 七名密歇根大学评议会成员,经校长从评议会顾问委员会提名的座谈小组中推荐,由校董事会任命,该座谈小组人数应为任命委员人数的两倍。且至少由一名任命的评议会成员来自密歇根大学弗林特分校或第尔本分校。评议会成员的任期为三年,经调整确保每年至少出现两个缺额。

2. 两名大学校友,经校长从校友会提名的座谈小组中推荐,由校董事会任命,该座谈小组人数应为所需任命委员人数的两倍。所任命的校友任期为两年,经调整确保每年至少出现一个缺额。

3. 两名在校学生,经校长从学生会提名的座谈小组中推荐,由校董事会任命,该座谈小组组成成员为所需任命委员人数的两倍。所任命的学生成员任期为两年,经调整确保每年至少出现一个缺额。

4. 教务长兼负责学术工作的常务副校长、负责学校发展的副校长、负责政府关系的副校长、学校副校长兼秘书长以及学校校长。

5. 赫雷斯·拉克汉姆研究生院院长,将担任委员会主席。

荣誉学位可由校董事会在毕业典礼、学校集会或在几所学院的集会上授予。通常只有领奖当事人出席现场才能授予荣誉学位。个别情况中可为未到现场的领奖人授予荣誉学位。

9.04 荣誉校友

校董事会可授予那些并未持有本校学位证书却心系学校利益的人以荣誉校友头衔,并授予其作为本校校友的特权。荣誉校友应由校董事会主席任命。

9.05 校董事会的褒扬状

校董事会的褒扬状是由校董事会为对本校福利事业有特别贡献的个人,或凭借独特的、异常的成就或服务赢得校董事会嘉奖的个人授予的一种荣誉。该褒扬状提名由校董事会直接授予荣誉学位。褒扬状并不限于本校的校友。

9.06 突出成就奖

突出成就奖应由荣誉学位委员会向校董事会提名,荣誉学位委员会应是各学院递交推荐书的汇总中心。该奖由校董事会在大学集会或其他相关场合颁发给本校的校友。

第 X 章 学费和收费

10.01 学费管理政策

校董事会应确定全日制学生的学费标准以及公开此类费用的清单。所有其他种类学费应由预算管理委员会确定。

10.02 学费缴纳时间（1993 年 9 月修订）

所有各类学费应依据常务副校长兼财务总监制定的规章缴纳支付，当且仅当此类规章不会使学费缴付超过最迟缴纳期限。

10.03 免除学费缴纳

除非经校董事会事先特别批准，否则所有学费均不能免除缴纳。

第 XI 章 学院及附属机构[①]

11.01 阿尔弗雷德·陶布曼建筑与城市规划学院执行委员会

该执行委员会将由院长和经校长推荐、董事会任命的四名教职工代表构成。委员任职期限为两年，同一名委员直到任职期结束后存在一年间隔方可有资格连任。整个任期将进行调整，确保每年有两位成员任期期满。本院院长将出任该委员会主席。学院理事会被授权以顾问身份安排学生参与执行委员会召开的各项会议。学生参与者人数不得多于四人，每年依据学院理事会核准的程序选举产生。

11.02 艺术与设计学院执行委员会

该执行委员会将由院长和其他四名经校长推荐、董事会任命的教职工代表构成。委员任职期限为两年，同一名委员直到任职期结束后存在一年间隔方可有资格连任。整个任期将进行调整，确保每年有两位成员任期期满。本院院长将出任该委员会主席。

---

① 各学院的其他适用细则见第 V 章。本章所述细条用于在不受其他细则约束的学院授权经营。

11.03　罗斯商学院执行委员会

该执行委员会将由院长和五名名经校长推荐、董事会任命的教职工代表构成。所任命的委员会成员在办事处任职两年,同一名委员直到任职期结束后存在一年间隔方可有资格连任。委员任期将进行调整,确保第一年有两名委员任期届满,第二年三名委员任期届满。本院院长将出任该委员会主席。

11.05　罗斯商学院高管培训课程部

罗斯商学院将设立高管培训课程部,该机构提供多层次、跨学科并使商业和公共服务社区感兴趣的各类研讨班和项目。该学院执行教育部由副院长管理,副院长经由校长推荐、董事会任命,对院长和执行委员会负责。

11.06　密歇根大学第尔本校区市民咨询委员会

市民咨询委员会由十一到十八名成员组成,其目的在于为分校校长、校长和校董事会提供一切事宜的咨询,内容涉及大学在其项目以第尔本为中心提供服务的地区的服务效力,包括该地区的远期教育需求和本校参与回应此类需求所担任的角色。该委员会将负责自身组织的供求,并提供相关程序。

该市民咨询委员会经由校长推荐,校董事会任命,其任期为四年。任何委员会成员连续任期不得超过八年。密歇根大学第尔本分校校长依其法定职权无需通过投票选取,应为该委员会成员,并将主持委员会的会议工作。

11.07　密歇根大学第尔本分校文理学院管理委员会

该执行委员会由院长和评议会七名教职工成员组成,教职工经由分校校长和校长推荐,校董事会任命。同一名委员直到任职期结束后存在一年间隔方可有资格连任。委员任职期限为三年,该任期将进行调整,确保每年存在两个缺额。本院院长将出任该委员会主席。

11.08　密歇根大学第尔本分校教育学院管理委员会

该执行委员会由院长和评议会三名教职工成员组成,教职工经由分校校长和校长推荐、校董事会任命。同一名委员直到任职期结束后存在一年间隔方可有资格连任。委员任职期限为三年,该任期将进行调整,确保每年存在一个缺额。本院院长将出任该委员会主席。

11.09 密歇根大学第尔本校区：工程与计算机科学学院执行委员会

该执行委员会由院长和评议会四名教职工成员组成，教职工经由分校校长和校长推荐、校董事会任命。同一名委员直到任职期结束后存在一年间隔方可有资格连任。委员任职期限为两年，该任期将进行调整，确保每年存在两个缺额。本院院长将出任该委员会主席。

11.10 密歇根大学第尔本校区管理学院执行委员会（2009年9月修订）

该执行委员会由院长和评议会五名教职工成员组成，教职工经由分校校长和校长推荐、校董事会任命。同一名委员直到任职期结束后存在一年间隔方可有资格连任。委员任职期限为三年，该任期将进行调整，确保每年存在一个缺额。本院院长将出任该委员会主席。

11.11. 法学院执行委员会

该执行委员会由院长和教务会七名教职工成员组成，教职工经由分校校长和校长推荐，校董事会任命。同一名委员直到任职期结束后存在一年间隔方可有资格连任。委员任期将进行调整，确保每一年至少两名委员任期届满。本院院长将出任该委员会主席。

11.12 牙科学院实验室、牙科诊所以及密歇根大学医院和卫生所

牙科学院可为牙科教学、调查和研究之需设立此类牙科实验室。学院的设备资源可用于牙科诊所。学院内教职工成员可在密歇根大学医院和卫生所经营口腔外科诊所。

11.13 牙科学院：牙科保健员

牙科学院可开设牙科卫生保健课程。

11.14 教育学院执行委员会

该执行委员会由院长和教务会六名教职工成员组成，教职工经由校长推荐、校董事会任命。所任命的委员会成员任职不得多于三年，且同一名委员直到任职期结束后存在一年间隔方可有资格连任。委员任职期应错开安排，以保证委员会成员的连续性。本院院长将出任该委员会主席。学院理事会被授权以顾问身份安排学生参与执行委员会召开的各项会议。学生参与者人数不得多于三人，且需依据学院理事会批准的程序选举产生。

11.15　教育学院：人体运动学教师培训课程

按照人体运动学部规定,教育学院应为体育教师提供培训课程。

11.16　教育学院教师资格证

教育学院教职工应将所有教师资格证候选人推荐到州教育委员会。

11.17　工程学院执行委员会(2007年10月修订)

该执行委员会由院长和教务会六名教职工成员组成,教职工经由校长推荐、校董事会任命。委员任职期限为三年,且同一名委员直到任职期结束后存在一年间隔方可有资格连任。委员任期将进行调整,确保每一年至少一名委员任期届满。本院院长将出任该委员会主席。

11.18　密歇根大学弗林特分校文理学院管理委员会

该执行委员会由院长和学院理事会六名教职工成员组成,教职工经由校长推荐,校董事会任命。同一名委员需在任职期结束后存在一年间隔方可有资格连任。委员任职期限为三年,任期将进行调整,确保每年存在两个缺额。本院院长将出任该委员会主席。

11.19　密歇根大学弗林特校区管理学院执行委员会

该执行委员会由院长和评议会四名教职工成员组成,教职工经由校长推荐,校董事会任命。同一名委员直到任职期结束后存在一年间隔方可有资格连任。委员任职期限为两年,任期将进行调整,确保每年存在两个缺额。本院院长将出任该委员会主席。

11.20　密歇根大学弗林特市民咨询委员会

市民咨询委员会由十一到十八名成员组成,其目的在于为分校校长、校长和校董事会提供一切事宜的咨询,内容涉及大学在以弗林的教育项目服务于当地社区的效力,包括该地区的长远教育需求,以及大学在回应此类需求时的角色。该委员会将负责自身组织的供求,并提供相关程序。

该市民重大事务委员会经由校长推荐、校董事会任命,其任期为四年。任何委员会成员连续任期不得超过八年。密歇根大学弗林特分校校长依其法定职权无需通过投票选取,应为该委员会成员,并将主持委员会的会议工作。

11.21　密歇根大学弗林特分校教育与人力资源服务学院执行委员会

该执行委员会由院长和学院评议会四名全职教职工成员组成,教职工经由校长推荐、校董事会任命,每位成员任职为两年。该执行委员会成员应广泛代表学院各部门的成员,同一名委员直到任职期结束后存在一年间隔方可有资格连任。委员任期将进行调整,确保每年存在两个缺额。本院院长将出任该委员会主席。

11.22　赫雷斯·拉克汉姆研究生院:院长和执行委员会

执行委员会将协助院长履行研究生院的执行功能。该执行委员会由院长和十四名成员组成,教职工经由校长推荐、校董事会任命。十四名成员中一名来自密歇根大学弗林特分校,另一名来自密歇根大学第尔本分校。弗林特分校和第尔本分校各个代表的服务期限由校区教务长确定。其他所任命的委员每人任职三年,委员任期将进行调整,确保每年存在两个缺额。本院院长将出任该委员会主席。

为某一学科和研究生院的一般利益,执行委员会被授权成立部门委员会。

11.23　赫雷斯·拉克汉姆研究生院:研究所和室

如研究所和室的宗旨包括从事研究生教育,而且执行委员会同意其为专业培训而开设具体的研究生教育,则一旦委员会发出号令,该机构和局将对执行委员会和研究生院院长负责。

11.24　赫雷斯·拉克汉姆研究生院:人力资源调整研究所

人力资源调整研究所作为研究生院的一个组成部分而设立,目的在于从个体人身幸福和个体在团体中所处地位的角度在个体调整相关的领域提供研究、培训和服务。研究所内部可设立心理服务室和诸如此类的不时被视为合乎需要的单位。

该机构对受执行委员会协助的院长负责,该执行委员会由院长和校评议会六名经由校长推荐、校董事会任命的成员组成。委员任职期限为三年,任期将进行调整,确保每一年至少两名委员任期届满。本院院长将出任该委员会主席。委员会将对院长和研究生院的执行委员会负责。

经执行委员会与相关部门领导协商后批准,该机构内设备资料可为本校各部门用于培训、研究和教育辅助。

11.25　密歇根大学出版社

密歇根大学出版社为代表本校出版、销售书籍和其他文件为目的而成立。

11.27　法学院：院长

法学院的执行功能将由该院院长履行。

11.28　法学院：律师俱乐部

为促进密歇根大学法学院学生的发展，提升对法律职业的兴趣，以及促进法律研究和进步，学校设立律师俱乐部。该俱乐部将为法学院学生、教职工和来访律师提供宿舍、餐厅。学校将授权理事会管理该俱乐部及其相关事宜。理事会构成如下：依照职权将担任理事会主席的密歇根州最高法院的首席大法官；依照职权由校董事会选取的在办事处任职直至其接任者获选的一名董事；两名经法学院教职工推荐由校董事会任命的法学院教职工成员，各任职两年，每年有一名成员退休；四名经校董事会选举产生的见习律师，每人任职两年，每年有两名律师退休；以及两名由法学院学生会选举产生的法学院学生，每人任期为两年，每年选举产生一名。为促进其商业化运转，该律师俱乐部在密歇根州现行法律下被授权成为法人组织。俱乐部可采取适当的细则和规章处理其与校董事会一般细则不相符的事宜。

11.29　信息学院：院长

信息学院的执行职能由学院的院长实施。

11.30　文理学院：执行委员会

该执行委员会由院长和六名教职工成员组成，教职工经由分校校长和校长推荐、校董事会任命。所任命委员将任职三年，同一名委员直到任职期结束后存在一年间隔方可有资格连任。委员任期将进行调整，确保每一年有两名委员任期届满。本院院长将出任该委员会主席。

11.31　文理学院：实验室和博物馆

文理学院内所有具有特殊用途的实验室和工作藏品作为部门的一部分，应受此类部门主席的直接管理，但下列各单位保管的收藏除外，这些单位包括：人类学博物馆、凯尔西中古和上古考古学博物馆、植物标本馆、古生物学博物馆、动物学博物馆，以及诸如此类的其他间或由校董事会添加的单位。上述各单位将由校长推荐、经校董事会任命的一名主管人员管理,该主管应对院长和执行委员会负责。

11.32　文理学院:博物展览馆

为了大学社区和公众的教育利益,有关自然史和人类史方面的相关展品将被存放在密歇根大学博物馆大楼。该类展品以及用于准备和保存展品的员工应服从一名主管的领导,该主管经由校长推荐、校董事会任命,对本院院长及其执行委员会负责。

11.33　文理学院:天文台

本校的天文台将委托一名主管负全责。该主管经由校长推荐、校董事会任命,对天文和气象仪器及其设备负责,并对其实施监督。

11.34　文理学院:埃德温·乔治保护区

为提供自然科学方面的教育和研究机会,并使当地的动植物得以保存和展示,本校将设立埃德温·乔治保护区。该保护区将对学校一切符合要求的成员平等开放。

该保护区将由动物学博物馆的主管领导负责管理,依其法定职权该动物学博物馆主管将成为保护区的主管领导,对本院院长及其执行委员会负责。该主管由院长任命、执行委员会通知,代表一切为从事教育和研究为目的而热衷使用保护区的单位。执行委员会成员每人任期为三年,任期将进行调整,以确保委员会成员的最大连续性。依其法定职权保护区主管将出任执行委员会主席。

11.35　文理学院:生物站

位于杜格拉斯湖的生物站为结合生物科学领域的讲授和研究工作而设立。该生物站内的设备资料将对学校一切符合要求的成员平等开放。

本站将委托一名主管负全责,该主管经由校长推荐、校董事会任命,对本院院长及其执行委员会负责。

依其法定职权该站主管将出任校方以科研为目的分配给生物站的土地管理人。将由一名执行委员会协助主管工作,该执行委员会由下列成员组成:生物站主管,依其法定职权该主管将担任委员会主席;依其法定职权,生物科学部门主席;依其法定职权,本校自然资源与环境学院院长或院长指派的代表;依其法定职权,北美五大湖和海洋水域中心主管或主管指派的代表;一名植物学团队的代表;一名生态学、行为学和生物进化论团队的代表;

一名分类学团队的代表；以及一名生物站教职工选举产生的代表。

该执行委员会将负责对本站及校方为科研目的分配给本站之土地的综合管理；负责发展教育政策和规划；负责向院长和涉及预算、制定以及植物开发操作方面的执行委员会举荐。

到校区走访各个工人的科学家经主管领导和学科负责人批准，可获得本校学生享有的一切特权，且受本校学生所受约束和应尽义务的限制。

11.36　密歇根大学健康系统（2008年7月修订）

"密歇根大学健康系统"的范围包括：密歇根大学医学院、密歇根大学医院和卫生所、密歇根保健公司和所有关于教学、研究和病人护理的协调机能。

11.37　医学院：执行教授会

执行教授会由各级别教职工成员组成，包括教授、副教授、助理教授、临床教授、临床副教授、临床助理教授、研究教授、研究副教授、研究助理教授以及助理研究员。该执行教授会也将包括教师、临床讲师以及有半个工作日或更长时间续约，且任职超过一年的讲师。执行教授会将履行分配给其他学院的学院理事会的职责。

11.38　医学院执行委员会

该执行委员会组成成员包括：学院院长、主管、密歇根大学医院和卫生所的首席执行官、八名经由校长推荐，校董事会任命的执行督导成员（四名教学领域的成员、一名研究领域的成员、一名临床领域的成员和两名部门主席）。负责处理医疗事务的副执行董事将作为应邀观察员出席执行委员会会议。委员任职期限为三年，同一名委员直到任职期结束后存在一年间隔方可有资格连任。委员任职期应错开安排，以保证委员会成员的连续性。本院院长将出任该委员会主席。

11.39　医学院：教职工成员的专职和兼职服务

医学院担任临床主席的教职工成员根据自身情况安排可为专职或兼职。临床部门任何教授级别的成员如果有意愿更换专职为兼职或更换兼职为专职，只要取得个人所在部门的主席、院长、执行委员会和校董事会的许可，在任意时间可获准更换其任职状态。

除非所提供的医疗人员细则中明确授予此类特权，否则持有兼职续约的教职工并不具有在密歇根大学和卫生所开展实习的特权。

11.40　医学院：分子医学和行为神经研究所（2005 年 4 月修订）

为开展有关正常和非正常人类行为的基本研究、集中研究精神健康的系列问题以及对精神病的预防、治疗和治愈，学院将设立分子医学和行为神经研究所。该研究所将构成医学院精神病科的一部分。负责该研究所的主管人员经医学院院长、负责处理医疗事务的常务副校长和校长推荐，由校董事会任命，通过精神病科主席对院长、执行委员会和负责处理医疗事务的常务副校长负责。该研究所主管将获得由九名成员组成的顾问委员会的协助，九名成员中六名依其法定职权为：医学院院长或其指定人员、负责处理医疗事务的常务副校长或其指定人员、负责研究工作的副校长或其指定人员、文理学院的院长或其指定人员、公共卫生学院院长或其指定人员，以及精神病科主席。其他三名委员将受校长、负责处理医疗事务的常务副校长和医学院院长推荐，由校董事会任命，各自任期将进行调整，确保每年有一名委员任期届满。

11.41　护理学学院执行委员会

该执行委员会将由院长和六名经校长推荐、董事会任命的教职工构成。委员任职期限为三年，同一名委员直到任职期结束后存在一年间隔方可有资格连任。委员任期将进行调整，确保每年有两名委员任期届满。本院院长将出任该委员会主席。

11.42　密歇根大学医院和卫生所

学校设立密歇根大学医院和卫生所，其目的在于为密歇根州居民提供最高标准的医院服务和医疗护理，并为医学及相关科学、艺术和技能的教授和进步提供配套设备。该医院和卫生所遵守该州法律和校董事会的权威，为有受益权的病人提供观察、诊断、护理和治疗。本校各单位在医学、牙科、公共卫生、护理学、营养学、社会服务、医院管理方面开展教学和研究项目，并间或执行由校董事会设立的项目，密歇根大学医院和卫生所将尽可能提供所需服务和设备。

11.43　密歇根大学医院和卫生所管理委员会

密歇根大学医院和卫生所将设立一个管理委员会，其成员包括：校长；医学院院长；护理学院院长；教务长兼负责处理学术事务的常务副校长；常务副校长兼首席财政官；负责处理政府关系的副校长；负责处理医疗事务的常务副校长；密歇根大学医院和卫生所负责临床事务的主任；密歇根大学医院和卫生所主管兼首席执行官;密歇根大学医院和卫生所负责护理事务的主任及负责处理护理学院临床事务的副院长;以及密歇根大学医院和卫生所医疗人员或牙科护理人员中两名被提名者。

该管理委员会主席应由校董事会提名。

密歇根大学医院和卫生所医疗人员或牙科护理人员中的提名人员应由校董事会任命,任职期为四年,任职期应错开安排以确保每两年有一名替代人员。

11.44　密歇根大学医院和卫生所管理委员会:权力和职责

校董事会职责在于按 11.42 条规定为密歇根大学医院和卫生所确定使命、目的和目标,并对其提供的医疗护理服务质量负责;批准所有主要项目和工作预算;批准资金和设备计划;以及与密歇根大学医院和卫生所的主管兼首席执行官签订续约。

所有上述事宜中,密歇根大学医院和卫生所管理委员会应向校长和校董事会举荐。

密歇根大学医院和卫生所管理委员会将负有责任并被授权设立各项目、服务和行政单位以实现密歇根大学医院和卫生所的目的和目标;审查并批准医疗人员或牙科护理人员细则、规章和制度,从而对所实施的医疗保健进行管理;规定并叙述医疗人员或牙科护理人员在医院享有的特权;审查并批准密歇根大学医院和卫生所的内部组织结构;在一般大学管理体系中确定密歇根大学医院和卫生所主管兼首席执行官的相关官方代表团;确保实现医院和卫生所管理的外部要求;审查并批准由医院和卫生所赞助的培训项目;审查并批准本校各类卫生学校利用密歇根大学医院和卫生所提供临床教育和培训经历;以及采取此类必要措施实现对医院和卫生所运作的周期性评估,从而确保目标和目的的实现。

密歇根大学医院和卫生所管理委员会在行使上述代理权时,应定期向校董事会提交报告。管理委员会还应向校董事会提交会议记录。

11.45　密歇根大学医院和卫生所:主管兼首席执行官

密歇根大学医院和卫生的主管兼首席执行官将经由校长推荐、校董事会任命。主管兼首席执行官应对负责处理医疗事务的常务副校长负责,将对密歇根大学医院和卫生所的运作、维护和行政事务负直接责任。主管兼首席执行官应为密歇根大学医院和卫生所管理委员会的成员。依其法定职权,该主管兼首席执行官也将为医学院管理委员会的成员。

11.46　密歇根大学医院和卫生所：专业服务

医院和卫生所内的专业医疗服务将由医学院各系科或单位提供。

11.47　密歇根大学医院和卫生所：病人入院

病人已经确诊将入住密歇根大学医院和卫生所，医院和卫生所应按照密歇根大学管理委员会间或制定的、经校董事会批准的规章制度为病人提供诊断、护理和治疗。

11.48　密歇根大学医院和卫生所：医院和卫生所所存放病历的泄露

病人护理病历为机密材料，除非法律许可或符合法律要求且与适用政策（包括隐私细则保护公告）相一致，否则病历不能被出版，亦不能被泄露。

11.49　音乐舞蹈戏剧学院：管理委员会

该管理委员会将由院长和六名经校长推荐、董事会任命的教职工构成。所任命的委员会成员在办事处任职三年，除非任职期结束后存在一年间隔，否则同一名委员不能被再次任命。委员任期将进行调整，确保每年有两名委员任期届满。本院院长将出任该委员会主席。

11.50　自然资源与环境学院：管理委员会

该管理委员会将由院长和四名经校长推荐、董事会任命的教职工构成。委员任职期限为两年，委员任期将进行调整，确保每年有两名委员任期届满。同一名委员直到任职期结束后存在一年间隔方可有资格连任。学院理事会被授权以顾问身份安排学生参与管理委员会召开的各项会议。学生参与者人数不得多于两人，每年依据主管教职工批准的程序选举产生。

11.51　药剂学学院：管理委员会

会员资格。该管理委员会由学院院长以及五名经由校长推荐、校董事会任命的教职工选举代表（包括四名任期超过助理教授级别的投票成员和一名代表临床教职工的非投票成员）组成。委员任职期限为三年，任期将进行调整，确保在任何特定年份至多有两名委员任期届满。学院助理院长及/或副院长可依职权、经由主席推荐及委员会全体一致投票认可出任委员会委员，且无须通过投票，其任期为一年，但每年可进行更新。

11.52　公共卫生学院：管理委员会（2007 年 6 月修订）

该管理委员会将由院长和六名经校长推荐、董事会任命的教职工构成。委员任职期限为两年，可为实现第二届连任进行再选举。如果一名委员成员已持续连任两届，除非任期结束后一个选举周期内不参加选举，否则不符合再选资格。本院院长将出任委员会主席。

11.53　社会工作学院：管理委员会（2006 年 1 月修订）

该管理委员会将由院长和六名经校长推荐、董事会任命的学院理事会成员（五名有任期专业职员和一名无任期专业职员）组成。所任命的有任期委员任期为三年，而无任期委员任期为两年。委员任期将进行调整，确保每年至多两名有任期续约的委员任期届满。同一名委员直到任职期结束后存在一年间隔，才有资格连任。本院院长将出任委员会主席。

11.54　院际运动会部：总的目的（2008 年 7 月修订）

院际运动会部的职责在于发展、维护和管理安阿伯校区开展的大学生休闲运动和比赛项目。

服从于校长和校董事会的最高权威，院际运动会部有责任为学生、教职工和全体职员以及所需员工、设施和器材提供娱乐和形态发育为目的的综合项目。"休闲运动"包括校内体育活动、俱乐部运动，以及下文提供的非正式、非预期项目和特殊兴趣的娱乐活动。"运动会"包括所有院际间的竞赛项目。该部门将鼓励广大学生参与到部门的各项活动中去，并努力通过开展休闲运动协调院际项目。

院际运动会部将按照大学其他单位适用的政策和程序规定开展各项活动。

11.55　院际运动会部：部门组织（2008 年 7 月修订）

该部门通过以下机构行使其职能：(1) 运动会主管；(2) 院际运动会副主管兼休闲运动主管；(3) 院际运动会顾问委员会；以及 (4) 休闲运动顾问委员会。

11.56　院际运动会部：主管（2008 年 7 月修订）

运动会主管履行该部门的执行功能。该主管经由校长推荐，校董事会任命，对校长负责。主管薪水将由校长决定，该主管负责休闲运动和运动会中各项目的有效开展。

院际运动会部主管将负责担任运动员教练、运动员训练和日程表制定以及包括在工商管理范围内院际运动会认为适当的一切事宜。该主管还要履行可能被校长指定的其他责任。

11.58 院际运动会的顾问委员会

院际运动会的顾问委员会(以下简称"顾问委员会")将由下列成员组成：

1. 六名大学生评议会成员，经校董事会批准，由校长从评议会教务顾问委员会挑选的评议成员座谈小组中任命。六名评议会成员各自在办事处任职三年，评议会的任何成员连续任期不得超过两届，除非一名成员被任命填补未终止的期限，且该期限少于完整任期的一半，该成员仍有资格获得两次的完整任期。教务会成员任职期限将错开安排，确保每年有两人任期届满。任命评议会成员的座谈小组成员应不分等级，人数为所需任命人数的两倍。如果由于其他原因而非任命期限的结束导致评议会产生一名空缺，校长将被授予临时任命权，从评议会校务顾问委员会提交的最近期座谈小组名单中选出；或者，经校长要求，可从评议会校务顾问委员会挑选的最新座谈小组名单中选出。

2. 依其法定职权，教授代表管理下的院际联合会的大学代表任期为五年。

3. 两名大学校友，经校董事会批准，由校长从密歇根大学校友会董事会挑选的座谈小组中任命，各成员任职期限为三年，但前提是任一大学校友成员连续任期不得超过两届。该类成员任期为三年，任期将错开安排，确保不会出现同时任职的情况。任命委员会成员的座谈小组成员人数为所需任命人数的两倍。如果由于其他原因而非任命期限的结束导致大学校友委员中产生一名空缺，校长将被授予执行临时任命权，从密歇根大学校友会董事会提交的最近期座谈小组名单中选出；或者，经校长要求，可从校友会董事会挑选的最新座谈小组名单中选出。

4. 两名大学学生运动员，经校董事会批准，由校长从密歇根大学学生会挑选的座谈小组中任命。学生运动员成员的任职期限为两年，任期将错开安排，确保每年任命一名学生成员。任命委员会的座谈小组成员应不分等级，人数为所需任命人数的两倍。如果由于其他原因而非任命期限的结束导致学生运动员成员产生一名空缺，校长将被授予临时任命权，从密歇根大学学生会提交的最近期座谈小组名单中选出；或者，经校长要求，可从密歇根大学学生会挑选的最新座谈小组名单中选出。

5. 两名校评议会成员，经校董事会批准、理事推荐，并由校长任命。任命委员会成员的座谈小组成员人数为所需任命人数的两倍。此类成员各自在办事处的任期为三年,除所任命的前两名成员的一名最初任期只有两年外,自此以后成员任期将错开安排。任何此类成员任职期限不得超过两年。如果由于其他原因而非任命期限的结束导致运动会主管推荐中产生一名空缺,校长将被授予临时任命权,从运动会主管提交的最近期座谈小组名单中选出;或者,经校长要求,可从运动会主管挑选的最新座谈小组名单中选出。

6. 负责大学事务的评议会主席,依其法定职权。
7. 由校长任命的一名执行官,依其法定职权成为委员会委员。
8. 运动会主管(依其法定职权成为委员会委员),无须通过投票。

11.59 院际运动会顾问委员会:组织(2005 年 12 月修订)

顾问委员会成员将在每年 7 月 1 日当天或之前任命产生。顾问委员会官员将包括一名主席、一名秘书以及经校董事会授权或挑选的其他官员和委员会成员。

运动会主管依其法定职权可出任委员会主席,无须通过投票。主席应作为董事会议的首席官员兼董事会总执行官行使权力。

学术成就委员会将由校董事会的教职工成员和密歇根大学注册法人代表构成。该委员会服从教务长的最终权威,应就学术事务向教务长兼常务副校长汇报并提出建议;有权对院际运动员的学术成就进行检查和评价,以确定运动员在院际运动会上的竞赛资格;并根据情况就该类候选人采取必要或相关行动。

11.60 院际运动会顾问委员会:职能(2005 年 10 月修订)

顾问委员会将作为院际运动会项目主管的顾问行使其职能。该主管可向顾问委员会寻求并考虑与院际运动会项目的一切主要财务决策和政策决策。

应顾问委员会要求,校长在秋季班和冬季班至少与顾问委员会会见一次。

顾问委员会只需服从校长和校董事会的最终权威,制定、采取并实施必要的规章制度,管理所有与参赛人员资格、院际关系以及与大学和学院相关的、为规范运动会而组织的会员从属问题。

校长从顾问委员会、评议会大会和其他委员会中取得被提名人员,经与顾问委员会协商后在院际教职工代表大会上任命大学代表。该代表应为校评议会的一员,在办事处任职五年。

顾问委员会将通过校长向评议会报告其官方措施以获取批准,并每年通过评议会校务顾问委员会向校评议会汇报上述措施。任何时候顾问委员会可与评议会协商；任何时候评议会顾问委员会可向顾问委员会询问其管辖范围内一切事宜的详细信息。顾问委员会将会一直接受并认真考虑来自评议会和学生团体的请愿。

11.61　院际运动会部：基金（2008年7月修订）

部门基金将设立独立的会计报表和财务报表。院际项目操作中的任何盈余基金将用于下列两方面：(1) 为部门内开展的各类项目和活动提供进一步支持；以及 (2) 利用该笔资金尽可能实现对学校的永久性改进，尤其是对用于参加一切形式体育运动的设备和建筑物的改良。

11.62　院际运动会部：设备（2008年7月修订）

院际运动会部将为运动设备和道具的使用制定一系列政策措施。

11.63　院际运动会部：负责休闲运动的顾问委员会（2008年7月修订）

负责休闲运动的顾问委员会由下列成员组成：(1) 依职权主管休闲运动的理事；(2) 四名校评议会成员，经校董事会批准，由校长从学校事务顾问委员会挑选的座谈小组中任命。委员任职期限为两年，任何教务成员连续任职不得超过两届，如果一名成员被任命填补未终止的期限，且在该期限为一年或少于一年的情况下，该成员仍有资格获得两次完整任期。成员任职期限将错开安排，确保每年有两名委员任期届满。任命委员会成员的座谈小组成员应不分等级，人数为缺额成员的两倍。如果由于其他原因而非任命期限的结束导致评议员会产生一名空缺，校长将被授予临时任命权，从负责大学事务的评议会学校事务顾问委员会提交的最近期座谈小组名单中选出填补人员；或者，经校长要求，可从负责大学事务的评议会顾问委员会挑选的最新一期座谈小组名单中选出；(3) 由负责学生事务的副校长从学生事务处选举的职员代替；(4) 四名大学生代表，经校董事会批准，由校长从密歇根大学学生会挑选的座谈小组中任命。学生成员任职期限为两年，任期将错开安排，确保每年可任命两名学生代表。任何学生成员连续任职不得超过两届，除非一名成员被任命填补未终止的期限，且该期限为一年或少于一年，该成员仍有资格获得两次完整任期。如果由于其他原因而非任命期限的结束导致学生委员会产生一名空缺，校长将被授予临时任命权，从密歇根大学学生会提交的最近期座谈小组名单中选出；或者，经校长要求，可从密歇根大学学生会挑选的最新一期座谈小组名单中选出。

11.64 院际运动会部中负责休闲运动的顾问委员会:组织和职能(2008年7月修订)

负责休闲运动的主管将出任委员会主席。委员会的职能是担任休闲运动主管的顾问,该主管可就大学在设备维护和项目开发、非正式项目、非预期项目和特殊兴趣的娱乐活动、俱乐部运动以及校内竞赛方面的需求向其咨询,并向其咨询有关该类设备和项目的适用政策。

11.65 人体运动学部(2005年1月修订)

为开展研究并提供运动科学、体育管理、运动员培训和体育教学方面的课程,学校特设了人体运动学部。院长经由校长推荐、校董事会任命,主管该部的工作,并对教务长兼负责处理学术事务的常务副校长负责。

该管理委员会由院长和教务会四名主管教职工成员组成,主管教职工经由校长推荐、校董事会任命。所任命的委员会成员可在办事处任职两年,可连任两届。除非连续两次任职期结束后存在一年间隔,否则同一名委员不能被再次任命获得下一届的两年任期。委员任期将进行调整,确保每一年至少一名委员任期届满。院长将出任该委员会主席。院长将担任该委员会主席。

11.66 福特公共政策学院:管理委员会

该执行委员会由院长和学院中四名教职工成员组成,教职工成员经由校长推荐、校董事会任命。所任命的委员会成员可在办事处任职两年,且除非任职期结束后存在一年间隔,否则同一名委员不能被再次任命。委员任职期应错开安排,以保证委员会成员的连续性。院长将出任该委员会主席。学院理事会被授权以顾问身份安排学生参与管理委员会召开的各项会议。学生参与者每年进行一次选举,依据学院理事会批准的程序选举产生。

第 XII 章 大学图书馆

12.01 大学图书馆

大学图书馆应作为一个行政单位而设立,包括各图书馆分馆和部门所有的图书馆,但上述分馆和部门图书馆被特别指定为不受董事会权限约束。图书馆应由各类图书、小册子、期刊、报纸夹、手稿、地图、图表、乐谱、印刷物、缩微复制品、幻灯片、录音带和其他利用密歇根大学基金购买的图书馆资料或密歇根大学通过其他途径获得的图书馆资料,但校董事会可将该类图书馆资料委托给其他大学权威机构。各图书馆分馆或系图书馆或部门所有的图书馆只需经由校长提议、校董事会批准即可成立。

12.011　大学图书馆:大学图书管理员和图书馆馆长以及图书馆理事会(2008年7月修订)

大学图书管理员和图书馆馆长为密歇根大学图书馆主要负责人,经由校长推荐、校董事会任命,对教务长兼负责处理学术事务的副执行董事负责。图书馆理事会将对大学图书管理员和图书馆馆长提供如下方面的建议:在由校董事会为密歇根大学图书馆拨出的基金分配方面;在密歇根大学图书馆政策制定阐述方面;在图书馆自身教育价值开发方面;以及在与多所学院和图书馆内部其他单位合作方面。图书馆理事会每年将向评议会顾问委员会和校评议会大会报告有关事宜。

图书馆理事会成员包括:七名由评议会顾问委员会从各学院院长和执行委员会邀请的提名人中任命的校评议会成员、两名经由大学图书管理员和图书馆馆长选举产生的评议会成员,以及两名经由密歇根大学学生会任命的学生(一名本科生和一名研究生)。所任命的评议会成员在办事处各任职三年,委员任期将进行调整,确保每年有三名委员任期届满。除非任职期结束后存在一年间隔,否则同一名委员不能被再次任命。学生成员任期各为一年。

12.012　大学图书馆:大学出版物档案(2008年7月修订)

密歇根大学发行的所有官方出版物的一份或多分完整档案将由大学图书管理员和图书馆馆长保存在大学图书馆内。所有官方出版物以及由密歇根大学出版社或由大学其他单位发行的所有出版物,只要印制有密歇根大学名称字样并有意愿用于校外配送,则该类出版物的副本应交付大学图书管理员和图书馆馆长,为图书馆所使用。

12.013　大学图书馆:图书馆规章制度(2008年7月修订)

针对图书和其他资料的使用、图书外借、图书馆开放时间、对遗失或损毁图书的替换和赔偿,以及有关图书馆管理的其他事宜,大学图书管理员和图书馆馆长将制定适当的规章制度,并确定各类违章行为的处罚措施。

12.02　法学图书馆

法学图书馆作为法学院进行教学和研究操作的一部分而设立。法学院院长应为法学图书馆筹备年度预算,并为法学图书馆主管和图书馆工作人员中其他成员的任命作出推荐。

12.03　威廉·克莱门茨图书馆(2008 年 7 月修订)

威廉·克莱门茨图书馆将作为大学的一个独立机构而设置,目的在于鼓励对历史研究的兴趣以及激发对文献学科和制图学科的兴趣。该图书馆由一名主管在管理委员会协助下进行管理。

管理委员会由下列成员组成:(1)密歇根大学校长,依其法定职权可担任委员会主席,或校长代表;(2)大学图书馆馆长,校长缺席时依其法定职权可担任委员会主席;(3)一名在密歇根大学从事美国历史研究的教授;以及(4)两名全部由管理委员会推荐、校董事会任命的成员,成员各自任期为四年,且每两年任命一名成员。所有成员出席各委员会议的费用均由委员会支付,委员会可要求其成员协助图书馆的常规工作,参与到历史学工作中;在此情况下成员将获得一定酬劳。

图书馆主管由校长推荐,经校董事会任命。该主管作为委员会秘书,对图书馆负全责。

12.04　本特利历史图书馆(1993 年 9 月修订)

本特利历史图书馆应作为一个行政单位而组建,包括密歇根历史收藏馆和大学档案和记录馆。开设密歇根历史收藏馆目的在于收集、保存并能使学生获得各类手稿以及与该州、各项制度、社会、经济和智力发展相关的其他资料。开设大学档案和记录馆的目的在于收集、保存并提供密歇根大学开展业务中生成的档案记录。本特利历史图书馆有一名主管对其负全责,该主管经由校长提名、校董事会任命,对教务长和负责处理学术事务的副执行董事负责。

图书馆主管在执行委员会协助下,负责与预算、晋升、任命、收藏、出版和其他活动等相关事宜的政策制定。

该执行委员会有五名成员组成,成员经由校长推荐、校董事会任命;成员任职期限为五年,任期将进行调整,确保每年有一个空缺名额。

12.05　图书馆顾问委员会(2008 年 7 月修订)

图书馆顾问委员会将作为一媒介,对关系校区内多个图书馆共同利益的相关事宜进行探讨并给予建议。该顾问委员会组成人员有:大学图书管理员和图书馆馆长、法学图书馆主管、克莱门茨图书馆主管、密歇根历史收藏主管以及罗斯商学院克里斯格图书馆的主管。顾问委员会可与其他图书馆权威人士和教职工成员进行充分咨询磋商,并就其职权范围内的相关事宜向多数图书管理员以及校长和校董事会提供建议。

12.06　罗斯商学院克里斯格图书馆(2004年9月修订)

罗斯商学院克里斯格图书馆作为罗斯商学院进行教学和研究操作的一部分而设立和管理。罗斯商学院院长应为克里斯格图书馆筹备年度预算,并为克里斯格图书馆主管和图书馆工作人员中其他成员的任命作出推荐。

第XIII章　其他大学单位、机构和服务

13.03　陆军、海军和空军军官教育项目

军官教育委员会应就课程、任命、提升、预算以及军官教育项目和学校各学院关系问题向校长提出建议。该委员会包括:四名经由评议会顾问委员会提名校评议会任命的学校董事会成员;两名经由校长提名校董事会任命的大学管理人员;两名经由学生会提名校董事会任命的学生,以及三军指挥教育项目的指挥官(可直接成为委员)。评议会和管理人员在委员会的任期为三年,其任期将进行调整以确保其连续性。学生成员任期为一年。

军官教育项目由经美国政府提名、校董事会批准的军官教授。该批军官按其各自军队头衔进行识别,所指派的指挥官将担任该项目主席。学习课程由军官教育委员会推荐,并获得校董事会批准;学校将为每位同学提供合适的机会去学习掌握该类课程。经由相关学院教职工及校董事会批准,学生可凭借该类课程获得对取得大学学位有用的学分。

13.04　密歇根大学校友会(1993年10月修订)

密歇根大学校友会为一独立、自治的受理事会管辖的团体,且该理事会依据校友会细则选举产生。理事会举行的各项会议中,校友会相关事宜将由一名管理委员会负全责;该委员会成员包括校友会主席和至少四名每年由理事会选举产生的理事会其他成员。理事会成员未出席会议时,管理委员会可代替其行使各项权力,或间或代表理事会行使其所授予的其他权力。

商务和财务经济委员会由下列人员组成:校友会董事(依其法定职权成为委员会委员);校友会财务人员(依其法定职权成为委员会委员);密歇根大学校长(依其法定职权成为委员会委员);负责开发和沟通的副董事(依其法定职权成为委员会委员);副执行董事和首席财务官(依其法定职权成为委员会委员);校友会两名主管;密歇根大学一名管理人员以及密歇根大学两名教职工,且后三名成员应为大学校友,且每年由理事会选举并通过校董

事会确认产生。商务和财务经济委员会应批准校友会的财政预算,授权其各项开支,并确保对其进行账目审计。

校友会的财务人员应由理事会成员选举产生,且为密歇根大学校友,其任职期限为两年。财务人员应对校友会账目进行监督,控制其货币或受托基金,并按照理事会或商务和财务经济委员会要求作出报告,以反映校友会的财务状况。财务人员还应执行财务官员的一般权力,提供充足债券,以及履行由商务和财务经济委员会委派的其他职责。

13.08　社会研究所(1993年9月修订)

学校设立社会研究所目的在于运用社会专业学和相关学科进行研究、提供服务并开展培训。

该研究所应服从主管指示,主管经由校长推荐、校董事会任命,在管理委员会协助下对分管学术事务的常务副校长负责。管理委员会由下列成员组成:主管,亦即主席(依其法定职权成为委员会委员);研究生院院长(依其法定职权成为委员会委员),或院长指派的一名代表;以及来自校评议会的至少六名、最多不超过九名来自校评议会的代表相关机构的成员的附加成员,这些成员需要经由校长推荐、校董事会任命,代表研究所各项活动相关的领域。所任命的委员在办事处任职期限各为三年,任期将进行调整,确保每年至少有两个空缺名额。

管理委员会应负责确定有关研究所活动性质和范围的总政策,与各教学单位的负责官员合作,促进各项活动与该类单位的研究和培训职能协调一致。管理委员会也应对分管学术事务的常务副校长作出与任命职员、确定预算相关的推荐负责,并对批准研究所提供的服务合同负责,但前提是该类合同也获得常务副校长兼首席财务官许可。

该研究所各项活动应从向各组织、代理机构或校外各公共机构提供的服务合同程序中获得财政资助,或来自为研究工作或培训提供的资助。研究所为教学单位和大学其他代理机构承办的教育项目提供的服务可获得一定补偿。

13.11　学生出版刊物理事会(1992年7月修订)

学生出版刊物理事会是密歇根大学校董事会的代理机构,与董事会拥有相同的权力管理和控制所有非技术类报纸、杂志、期刊、程序和其他由密歇根大学安阿伯分校的学生或学生组织为当地销售或发行而编辑、管理或宣传的出版刊物。

学生出版刊物理事会应包括九名成员。其中至少四名应从大学生出版刊物校友中选举产生,至少三名应从大学团体中选举产生(包括学生、教职工和职员各一名)。每名成员任职期限为三年,且成员连任不可超过两届。根据其职责,总编和业务经理可直接出任理事会成员,无须通过投票选举。

大学校长应任命首届理事会的九名成员,每三名成员的任期分别是一年、两年和三年。校长可从出版刊物校友、大学团体成员和首届理事会的团体成员中广泛征求提名人选。此后,理事会每年应选出三名新成员,并将提名上报校长,由校长行使任命权。

理事会无论何时出现缺额,应通告其缺额人数,并广泛宣传其对提名人选和委任申请人的要求。理事会应负责缺额人数的任命。理事会替代成员在办事处任职结束时,上述临时任命人员任期也应届满。

理事会人员应由一名主席以及一名秘书/财务人员组成。主席由理事会通过内部选举任命。理事会将其主席提名呈报校长获得任命许可;秘书/财务人员可由理事会指派。

学生出版刊物理事会应享有对该法人组织的资产、预算、财务和法律事务的全权处理权。理事会也有权在其职权范围内确定出版刊物的范围以及增加或减少出版刊物数量。在其他事宜包括编辑控制中,理事会应以顾问身份行使其职权。有关高级编辑任命的事宜,日报工作人员应与理事会进行商议。其中商议的细节问题应由日报工作人员和理事会联合策划以达到使双方彼此满意的目的。

理事会应采用书面操作方式执行其一切职能和职责,包括理事会掌控的出版刊物的数量、通告缺额职位和挑选提名人员的程序、理事会主席选举和任期期限的程序、专业雇员的职位描述和监督程序,以及所有上述程序实施变更的方法步骤。

学生出版刊物理事会细则中应规定超出执行理事会业务所需金额的盈余基金应投入到密歇根大学投资部。盈余所得的有价证券和基金应由理事会组建成信托基金,用于与学生出版刊物相关的目的,并服从校董事会管理。学生刊物理事会一切细则应与校董事会细则保持一致。

13.13　艺术馆(1996 年 3 月修订)

艺术馆将作为大学的一个独立行政单位而设置,目的在于收藏、保存、研究和展览美术作品,以及对与此类作品有关的刊物出版做准备。艺术馆不应作为正规的教学单位,但可作为艺术史系、艺术与设计学院及其他相关学院的实验室和教学资源,并且通过与学校各代理机构间相互合作促进该领域内教育项目的进一步发展。

该艺术馆应由一名主管在管理委员会协助下进行管理。主管经由校长推荐、校董事会任命,且应定期向教务长兼分管学术事务的常务副校长汇报工作。

管理委员会的成员和任职期限应由校长与教务长兼分管学术事务的常务副校长协商后确定,候选成员包括视觉艺术、艺术史、人文学科以及大学团体的其他构成单位的代表,所选委员会成员应反映博物馆跨系和跨学科的特征。

13.14 大学人力资源(2008 年 7 月修订)

大学人力资源部的设立目的在于对大学有关个人与职员关系、不歧视和平权行动的各项政策进行规划、管理和监督。

主管人力资源的一名副校长助理经由校长推荐、校董事会任命,对常务副校长兼首席财务官负责。

通过协调执行官员和各学院院长的工作,主管人力资源的副校长助理将作为领导者提供各项有计划的服务,确保每位学生、教员和职员享有平等机遇。

13.15 生命科学研究所(2001 年 12 月修订)

生命科学研究所的设立目的在于在生命科学和其他相关学科领域进行研究、服务和教学。该研究所应作为一个具有报告和管理组织的独特的学术单位,以确保大学共同体内部的学术卓越与学术整合。

该研究所应服从主管或多名共事主管的领导,经由校长推荐、校董事会批准,对校长负责。主管或多名共事主管应接受管理委员会协助。管理委员会应包括研究所主管或多名共事主管、校长、教务长兼分管学术事务的副校长、负责医学事务的副校长、负责研究工作的副校长、两名院长、两名研究所教职工、两名经由校长推荐、校董事会任命的大学教职工。所任命的执行委员会成员应为生命科学或其他与该学院活动相关联学科的广泛代表。委员在办事处任职期限为三年,除非任期结束后一个选举周期内不参加选举,否则不符合再选资格。原始任职期限将进行调整,确保每年有两名委员任期届满。研究所主管或多名共事主管应出任该执行委员会主席。

第 XIV 章　其他各项规章制度

14.01　除学院以外所有大学机构治理主体的权力和职责

在任何情况下,若学校各单位和机构(除5.03定义的学院及其分支机构外)采取该系列细则作为履行其职能的规章,则上述所采用的规章须经校董事会批准,并记录在校董事会会报中。

如果该系列细则规定中没有明示授权须采取必要规章执行上一段中规定的任一大学单位所赋予的职能,该单位在任何时候以及间或认为需要或适宜的时候,应委托其主管或管理委员会在不违反该系列细则的情况下针对单位行政管理采用此类规章。该系列细则作为履行其职能的规章,须经校董事会批准,并记录在《校董事会会报》中。

前两款中涵盖的规章与单位组织结构和重要操作程序相关,例如系科组织和单位治理群体特有权限内的其他重要事宜。

服从于校董事会的最高权威,所有大学机构的治理主体(除5.03定义的学院及其分部门外)在不违反该系列细则的情况下被授予绝对权力针对非重要事宜采用此类规章。所有此类规章应由相关管理当局通过适当形式记录在案,并由大学秘书存档。

14.02　保留条款

采用该董事会细则修订不应视为解除对任一官员、委员会、理事会或大学其他雇员或代理人员的任命。

14.03　细则修正案

本细则可在校董事会例会或任一特别会议上进行修正,但须提前一星期通知各董事。校董事会发出该通知时应附带一份试行修正案或多份修正案。

14.04　委派权威机构的撤回

校董事会在任何时候及间或向任一大学职员或大学任一单位所作出的授权可在任何时候由校董会以书面通知形式予以撤回。

14.05 撤销

校董事会所制定的一切与该系列细则不一致的细则、法律、决议、规章制度应予以撤销。

14.06 不歧视和平权行动（2007 年 9 月修订）

密歇根大学遵从不歧视政策，规定人人不分种族、性别、肤色、宗教、信仰、籍贯（National origin）或国民祖先、年龄、婚姻状况、性取向、性别认同、性别表达、残疾或越南战争退伍军人身份，均享有平等机会。

密歇根大学也应遵从有关不歧视和平权行动的适用法律。

14.07 保密和信息获取

在收集、使用和发布有关个人与大学相关的信息时，密歇根大学应努力保护个人隐私，仅以收集信息时预计的目的来使用信息，并告知个体已被收集、使用或发布的个人信息。未经相关个人允许，除非受法律要求，否则密歇根大学不得发放任何敏感信息。

任何向密歇根大学提供个人信息的个体应确保信息真实性和及时性，并告知学校已有记录中的任何已知错误。

在该政策的实施过程中可配套贯彻执行其他相应方针。

（最新版本参阅 http://www.regents.umich.edu/bylaws。）

欧洲编

伦敦大学章程
(University of London Statutes)

2008 年 8 月 1 日

主译人　吴昕栋
校阅者　王逢鑫

1 前言

1.1　伦敦大学是一个由具有法人身份的不同独立学院组成的联合法律实体。

1.2　本章程中所说的大学,不同于大学联盟,即大学和学院的集合体而组成的联盟。

1.3　在本章程中,除非文中有其他要求,均按以下解释:

1.3.1　"校规"指 1994 年大学校规;

1.3.2　"核心学术机构"指依据章程 17.1 款所建立的教育、学术或研究机构;

1.3.3　"重要活动"指由本大学操作执行,为各学院以及在本大学注册的学生提供便利的活动机构;

1.3.4　"学院"指在大学中保持学院地位的一种机构;

1.3.5　"高级研究学院院长"指主管高级研究学院的领导人;

1.3.6　"学院领导"指在自己管理标准下产生的学院学术、行政方面的负责人或学院高层决策的执行人;

1.3.7　以单数出现的词汇包括复数,反之亦然。

1.4　本章程中所定义的词汇在大学的法令及条例中应具有相同的含义。

2　大学的目标

2.1　本大学的目标是：出于公共利益的目的，主要通过学院，同时也依赖核心学术机构和重要活动，通过教学与研究来提高大学的教育水平、促进知识和学习的进步，并鼓励实现和维持最高的学术水平。

2.2　为了实现这些目标，本大学将为各学院的利益提供服务和支持。

3　大学的权力

3.1　本大学有权力授予学位和各种奖励，在法律许可的范围内开展一切为实现这些目标而必需的或值得的工作。

3.2　为实现大学的目标，发挥大学的功能，本大学可单独工作，也可与英联邦或海外的团体合作开展工作。

3.3　为了实现大学的权力，本大学的收入和财产应全部用于促进本大学章程所规定的大学目标的实现。

3.4　作为一个特许法人，本大学具有进行各种性质的投资和进行各种形式借贷的一般性权力，此外还具有运用任何金融工具对投资和借贷进行支援的权力。

4　成员

4.1　本大学成员包括校长、董事会成员、大学和学院聘请的全体人员、在校的学生、毕业生、大学和各学院的荣休教授和讲师。

5　巡视员

5.1　本大学的巡视员须是通过大学理事会主席阁下行使权力的女王政府的最高代表。

6 校长

6.1 本大学应设立名誉校长一名,由董事会任命,作为大学的领导人。

7 校长

7.1 本大学应设校长一名,担任大学高级干事的角色。

7.2 校长应在大学事务的组织和管理上对董事会负责。

7.3 校长的职责可通过董事会的一致同意而授予。

8 董事会和理事会

8.1 本大学应设董事会和理事会。

8.2 根据1994年大学校规,董事会属于大学的治理及行政机构。董事会必须致力于大学诸多目标的实现,并对大学事务的处理具有普遍的控制之权。本章程中专门保留的由学院负责的事务,董事会无权也无义务去干涉。

8.3 理事会负责在包括大学战略发展方向在内的大学所有事务上向董事会提供各学院的集体决定和建议。

9 董事会成员

9.1 董事会由以下成员组成:

9.1.1 由董事会任命的9名独立股东(这些重要成员既不是受雇于大学或者学院,也不是大学或学院的学生,董事会应考虑这些成员的独立和公正);

9.1.2 校长(当然成员);

9.1.3 四名学院领导,由理事会推举。

9.2 董事会应从独立的董事会成员中任命一名主席。

9.3 成员任期:

9.3.1 除副校长外,董事会成员可担任一次最多 4 年的职务,一般情况下连任不能超过一次最多 4 年的任期。

9.3.2 连续两次任职的成员可在至少一年的间隔后担任最多 4 年的职务。

9.3.3 被任命为董事会主席的成员,其职务期间随着新董事会成立而重新计算。

9.4 董事会开展日常事务法定人数为 5 人,独立董事须构成其中的多数。

10 董事会职能

10.1 董事会的下列职能必须由自身执行,不得委派他人:

10.1.1 审议和批准大学的战略发展方针以及其实现的计划,收集理事会的意见;

10.1.2 执行监护人的职责,确保能有效地管理、控制和使用大学的财产和资源;

10.1.3 任命名誉校长;

10.1.4 任命校长;

10.1.5 确保财产和账户的安全,及其年度预算、审计和批准报告的提供;

10.1.6 确保大学核心学术机构和重要活动的有效运行;

10.1.7 审议和批准大学年度预算;

10.1.8 与理事会共同出版大学的年报;

10.1.9 任命校审计员;

10.1.10 审议和批准学院的加入以及是否继续保持其学院地位;

10.1.11 审议和批准建立或撤销研究中心等机构;

10.1.12 制定或修订校规和条例;

10.1.13 确保在法律之下令人满意地履行大学职责。

10.2 下列情况下,董事会的职权可委托给理事会:

10.2.1 确保正确处理本大学的各种学术事务;

10.2.2 确保实现本大学制定的战略发展计划。

10.3 董事会的其他职能是由其本身行使或者委托他人,可在条例中作出规定。

11　理事会成员

11.1　理事会由校长、各学院的领导、高级研究学院院长组成。伦敦大学对外教育学院负责人可作为观察员列席。

11.2　校长任理事会主席。

12　理事会职能

12.1　理事会职能包括校董事会委托其履行的职能以及下列职能：

12.1.1　对董事会制定的战略发展方针提出意见，并制订计划实现该方针；

12.1.2　对董事会作出的批准学院加入及保持学院地位的决定提出意见；

12.1.3　对董事会作出的建立和撤销核心学术机构的决定提出意见；

12.1.4　就大学与各学院互相提供资源和资金、服务支持等事宜，向董事会提出建议和意见；

12.1.5　就章程和条例的修订向董事会提出建议。

12.2　承担或提议受董事会要求的或在条例中有规定的事项。

13　董事会和理事会的关系

13.1　理事会定期向董事会提出由其负责的各项事务的进展情况和决策情况。

13.2　在任何事物的决策中，董事会应当对理事会的观点和专业技术进行适当的权衡。

13.3　如董事会拒绝了理事会的建议，或者将某项事务退回理事会要求其进一步审议，理事会应在合理的时间内给出书面理由。

14　董事会和理事会的各委员会

14.1　董事会设立一个委员会负责审计和风险评估。

14.2 董事会和理事会可随时设立其他的常设的、专门的和咨询性的委员会，以及委员会附属机构或其他机构。

15 督察员

15.1 董事会应任命督察员，该人员须是法律认可的（根据 1989 年《公司法》第二部分的规定）、具有审计资格的法律监督机构的成员。

16 学院

16.1 每个学院均是独立的自治机构，其法人地位独立于大学及其他学院。

16.2 每个学院有权授予大学的学位，进而也可授予自己学院的学位，但前提是必须符合董事会的规定。

16.3 董事会在收到理事会任何提案后，可作出下列行动：

16.3.1 承认学院的教育、学术、研究机构；

16.3.2 撤销学院的学院地位，并审议其一切申诉；

16.3.3 应学院的要求，撤销其学院地位。

16.4 学院的地位被理事会撤销，但未得到学院同意时，学院可向巡视员上诉反对理事会的撤销决定。

16.5 附录 1 列出了学院名单，经大学批准或撤销的学院，名单会自动修正以反映变更。

17 核心学术机构

17.1 董事会收到理事会的提议后，可根据条例决定这些教育、学术或者研究机构（即核心学术机构）的建立或者撤销，董事会可决定这些机构的名称。

17.2 附录 2 列出了核心学术机构的名单，遇有新建或者撤销核心学术机构时，该名单会自动更新以反映变更。

18 学生

18.1 董事会应当保证在处理有关本校在册学生违纪、申诉和投诉问题时程序正当。

18.2 每个学院应当对本院在册学生的各方面问题负责。

19 职员

19.1 董事会负责规定大学所雇职员的工作条件。

19.2 董事会应保证在有关职员的工作业绩管理、处理违纪和开除，以及听取申诉时程序正当。

19.3 董事会无权干涉由各学院所雇的职员。

20 学术自由

20.1 本校所雇的学术人员在法律范围内应享有如下自由：质疑和检验被普遍接受的知识，提出新的观点和有争议的或不流行的思想，而不必有丢掉工作以及丧失特权之虞。

21 反歧视

21.1 本大学不得因种族、国籍、文化背景、性别、性取向、婚姻状况、残疾、年龄、宗教信仰、社会背景或政治主张而歧视任何人。

22 章程的修改

22.1 董事会在收到理事会的提议后，可制定符合1994年校规的新章程，也可根据理事会的提议，在其认为需要的时候制定和修正大学的条例和规定。

22.2 在修订章程时,附录1(学院名单)和附录2(核心学术机构名单)不能被看做是本章程的修订对象,但是当出现16.5和17.2项所规定的情况,即批准或撤销学院、建立或撤销学术中心机构时,两个附录自动修正。

22.3 附录3(首批董事会成员及他们各自的任期)在所有被任命的这些成员初次任期届满时,应停止生效。

23 过渡条款

23.1 董事会首批戍员由附录3规定,附录3还规定了首批成员的初次任期。

附录1 学院

Birkbeck College 伯贝克学院
The Central School of Speech and Drama 中央演讲和戏剧学院
Courtauld Institute of Art 考特奥德艺术学院
Goldsmiths' College 歌德史密斯学院
Heythrop College 海斯罗珀学院
Institute of Education,University of London 教育研究院
The Institute of Cancer Research:Royal Cancer Hospital 癌症研究院:皇家癌症医院
King's College London 伦敦帝王学院
London Business School 伦敦商学院
The London School of Economics and Political Science 伦敦政治经济学院
London School of Hygiene and Tropical Medicine 伦敦卫生和热带医学院
Queen Mary and Westfield College 皇后玛丽和斯特菲尔德学院
Royal Academy of Music 皇家音乐学院
Royal Holloway and Bedford New College 皇家霍洛维和贝德福德新学院
The Royal Veterinary College 皇家兽医学院
St George's Hospital Medical School 圣乔治医学院
The School of Oriental and African Studies 亚非研究学院
The School of Pharmacy 药剂学院
University College London 伦敦大学学院

附录2　核心学术机构

The External System　　对外教育学院
The School of Advanced Study　　高级研究学院
The University of London Institute in Paris　　（巴黎）伦敦大学研究所
The University of London Marine Biological Station Millport　　伦敦大学米尔波特海洋生物学研究站

附录3　第一批董事会成员及其任期

独立董事
　　3名董事任期2年
　　3名董事任期3年
　　3名董事任期4年
各学院领导
　　一名学院领导任期1年
　　一名学院领导任期2年
　　一名学院领导任期3年
　　一名学院领导任期4年
副校长

（最新版本参阅 http://www.london.ac.uk/975.html。）

先贤祠—索邦巴黎第一大学章程
(Statuts université Paris 1 Panthêon-Soebonne)

主译人 莫 菲
校阅者 王东亮

序言

多学科的、尤以社会专业学见长的巴黎第一大学(先贤祠索邦大学)是具有科学、文化和职业性质的公立机构,依据教育法典第 L 711-1 条及其后条款的规定设立。

本大学的使命是世俗的,不受任何政治、经济、宗教和意识形态的影响。本大学致力于确保知识的客观性,并尊重观点的多样性。

本大学尊重大学自由,保证研究者、其他学校工作人员和大学生实现精神自由、政治自由和工会自由,并制裁学校内部任何损害上述自由的行为。

第 1 编 使命

第 1 条

本大学的使命是达到国际最高水平,实现包括教育、研究和传播知识文化在内的公共服务职能。在高等教育大众化的趋势下,本大学以培养尽可能多的高素质大学生为目标。

第 2 条

本大学向学生提供由国家认可文凭的资格教育。为确保向公众开放和大学独立,本大学的运行主要依赖公共资金。本大学在三大教学研究体系内提供最广泛的教育内容,包括:

——法律和政治科学；

——经济和管理科学，应用数学和信息科学；

——人文和社会专业学，艺术。

本大学认为，通过科学的课程设置实现教育组织化将有助于保证高水平的教育。这些课程应当在多学科教育中相互配合。

本大学设置一个负责提供教育信息的机构，为本校学生提供就业指导和职业规划。本大学对教师进行培训，以教师培训机构的名义准备招聘考试。

本大学为大学共同体提供教学研究必需的科学文献资料。

在尊重独立和教学研究目标的前提下，本大学保持与职业界合作，并与公立、私立机构或企业签订协议，以实现其目标。

本大学与其他承担同样任务或补充任务的机构合作，合作内容涉及高等教育，科学研究，知识的发展、传播和增值，职业规划以及学生生活等各个方面。

第3条　教学组织

本大学遵照教育政策开展教学活动，为第一、第二和第三阶段的国家文凭做准备。所遵照的教育政策由本章程所规定的决策机构制定，经合同批准生效。

本大学颁发学士、硕士、博士文凭，能够指导博士研究的资格文凭，及规章许可的过渡性文凭。

此外，作为普通教育的补充，本大学还为非高中毕业生提供大学入学资格文凭（DAEU）考试培训和法律知识培训，使其得以接受高等教育。本大学在其教育内容的范围内提供与各类具有公、私性质的考试和职位相关的培训。

本大学承认外国和法国其他高等教育机构所提供和认可的教育。

此外，本大学可组织特殊教育，颁发专有文凭。专有文凭由国内或国际具备法定资格的权力机关认可，本大学将努力使其成为国家文凭。

第4条　研究

本大学是从事科学研究的场所。

本大学遵照研究政策确定研究目标，以促进教育领域内的基础知识和应用知识的进步、增值和传播，并建立所需的相应设施和机构。

本大学可遵照其使命创建新的实验室或研究中心，与国家研究机构进行合作。

为了使研究成果实现增值，本大学可在符合相关规章制度的前提下签署协议。

本大学可设立教学、实习和科研奖学金。

本大学出版著作和成果以确保知识和科技的传播，并使其研究广为人知。

本大学依照相关规章制度颁发"荣誉博士"称号。

第 5 条　继续教育

为了满足个人和集体的需要，本大学提供终身教育和继续教育。

这类教育旨在满足个人发展需要，满足职业需求，或履行国内外社会责任。大学的所有组成部分均有责任参与和发展继续教育。继续教育的组织和管理由公共行政部门负责。

第 6 条　国际关系

本大学具有欧洲视野和全球视野。

从这一角度出发，为保障文化的多样性和高等教育研究的丰富性，本大学将教育和接待外国学生，拓展教师、博士生和大学生的国际交流视为其基本职能之一。

本大学致力于在国外开展独立教育或联合办学，参与高水平的国际研究项目。

第 2 编　组成部分和行政部门

第 7 条　所在地和附属建筑物

巴黎第一大学（先贤祠索邦大学）所在地为先贤祠广场 12 号，邮编为 75007 巴黎。

本大学可在法国境内其他地方或者在外国建立附属建筑物。在外国，可与当地机构联合建立附属建筑物。

第 8 条　各组成部分、行政部门和附属机构

本大学由教学科研单位（U. F. R.）、实验室、研究中心及研究院组成。本大学设有总行政部门和公共行政部门。

教学科研单位和研究院可根据教育法典第 L713-1 条规定的条件予以变更，名单附后。

本大学可在每个教学研究体系内建立协调机构。

本大学设置行政部门以负责机构间的合作。

作为具有行政管理性质的公共机构，巴黎企业管理研究院（I. A. E.）适用教育法典第 L719-10 条的规定附属于本大学。

本大学和企业管理研究院的合作条件由附属协议规定。合作形式与内容在合同规定的范围内定期更新。

第9条　各组成部分的教学和科研自治权

为了发挥职能,各组成部分遵照教学科研政策,拥有教学和科研自治权。该教育科研政策由本大学的决策机构制定,列入合同内容,由国家批准生效,期限四年。各组成部分合作开展计划和横向教育。

第10条　继续教育管理部门

在行政管理委员会规定的方针框架内,继续教育管理部门与本大学各机构紧密合作,对内负责组织和指导教育,提出意见建议,促进继续教育的发展,对外负责加强同合作伙伴和公众的关系。

第11条　信息服务、就业指导和职业规划

本校设置两个行政部门分别提供就业指导和职业规划信息服务：

——接待大学生,提供就业指导和相关信息,包括就业指导(SCUIO);

——与企业进行联系,帮助大学生进行职业规划和实习。该部门负责向大学生提供实习岗位和就业岗位信息,协助大学生实习和首次就业,评估文凭的就业前景,制定职业培训模式。该部门履行法律所规定的职业规划办公室的职责。

本大学确保上述两个行政部门相互合作。

上述部门与学习成绩、职业规划和学生生活观测所(ORIVE)相互协调,共同履行职能。

第12条　文献管理部门

文献管理部门执行本校制定的文献资料政策。该部门直接管理本校图书馆,并为图书馆的合作伙伴,特别是与本校图书馆共享目录的图书馆提供帮助。它与本大学各组成部分合作,制定为大学服务的文献资料教育模式。

第13条　体育运动教学联盟

体育运动教学联盟(UEFAPS)通过在本大学内组织和发展体育运动和教学,促进学生的全面平衡发展,促进教职工生活。

该联盟由校长或校长领导的委员会管理。

第3编　大学的领导决策机构

第14条　校长和委员会

校长对本大学的行政管理拥有决策权。

行政管理委员会(C. A.)拥有审议权。

科学委员会(C. S.)和教学生活委员会(C. E. V. U.)拥有建议权。

校长

第 15 条　选举

校长由行政管理委员会成员从教师—研究员、研究员、教授、讲师（以上人员包括合作交流人员和访问学者）或其他同类人员中选举产生，选票超过半数方可当选，国籍不限，任期 4 年。

选举在前任校长的任期结束前至少 30 天举行。若校长空缺或遇到障碍，选举在大学训导长确认该情况属实之后的一个月举行。

行政管理委员会由即将卸任的校长召集，在其无法履行此职责时可由行政管理委员中的一名副校长召集，该副校长须为研究员或教师—研究员。若设有临时负责人，也可由临时负责人在选举前至少 15 天召集会议；会议由召集人主持。

选举开始前，委员会听取候选人资格说明和投票说明。

选举采用无记名投票方式。若五轮投票仍未获得确切的结果则暂时休会，选举后延一周进行。

无法与会的成员可委托委员会中另一成员代为投票。任何人不得接受两个以上的委托。

第 16 条　权限

校长领导本大学。

校长有权签订协定和协议，代表本大学面对第三方和司法机关。

校长是学校的财务审核人，领导三大委员会，执行委员会的决定并听取其意见和建议。他/她负责管理所有员工，履行法律赋予的职权。他/她在各行政部门任命非教学科研人员（I.A.T.O.S.），任命各审查委员会成员。

校长负责维持秩序，在规章允许的情况下可寻求公力救济。

校长负责学校安全，确保卫生和安全委员会的建议得以执行。

由校长提名，通过选举设立校长办公室协助其工作，校长办公室的人员组成由本章程第 26 条规定。

校长可授权副校长、办公室中 18 周岁以上成员、秘书长以及由其管辖的 A 类人员代表校长签字。有关本大学各组成部分或公共行政部门的事务，以及有关与其他高等教育和研究机构共同成立研究单位的事务，则可授权分管负责人代表校长签字。

行政管理委员会

第 17 条　权限

行政管理委员会确立大学政策，审议批准大学合同。

委员会审核批准预算、账目。

委员会根据校长提名,在确保国家财产的前提下将国家主管部长所授予的职位进行分配。

委员会准许校长采取司法行动。

委员会审批校长提议的协定和协议。除现行法律法规规定的特殊情况外,也可审批借款、参与或建立教育法典第 L 719-12 条规定的分支机构和基金会、接受捐赠和遗赠以及获取不动产等。

委员会审核通过校内条例和考试规章。它审批校长提出的年度工作报告,该报告包括总结和计划。

委员会可在法律规定的权限内将其部分职权授权给校长。校长在授权范围内作出决策并及时向委员会汇报。

第 18 条　人员组成

行政管理委员会设成员 30 名,若校长未在行政管理委员会成员中当选,则委员会增补校长为成员：

14 名在职教师—研究员或同类人员、教师、研究员,其中 7 名为大学教授或同类人员；

5 名正式学生代表和 5 名候补学生代表,当正式代表无法出席会议时由候补代表代为出席；

3 名非教学科研人员、图书馆人员和同类人员的代表；

8 名校外人士,除地方行政区域代表外,经行政管理委员会批准后由校长任命,校外人士的构成如下：

- 1 名大巴黎大区代表；
- 1 名巴黎市政府代表；
- 1 名企业最高领导或者企业领导人；
- 1 名在或者曾在工会工作的经济和社会界代表；
- 4 名根据能力和经验或者根据其为本大学,为基础教育或职业教育政策,为科研或为学生生活所作贡献而选出的人士。

秘书长、会计和文献管理部门主管作为当然成员,列席行政管理委员会会议并提供咨询意见。如果教学科研单位负责人、研究院负责人、公共行政部门和总行政部门的主管以及办公室成员参与会议能促进讨论,那么他们将被邀请参与会议。当行政管理委员会处理那些涉及文献资料和图书馆运行的事务时,图书馆馆长将被邀请与会。

此外,校长可邀请任何其认为应当出席的人员参与会议。

第 19 条　选举团

选举团	总数
教授和同类人员	7
讲师和同类人员	7

作为行政管理委员会候选人的教师—研究员和同类人员名单代表本章程第2条规定的三大教学研究体系。每一名单包含巴黎第一大学所教授的符合教育法典第 L 719-1 条的两大教育领域的代表，即法律、政治科学、包括应用型数学和信息科学在内的经济和管理科学，以及人文与社会专业学等领域的代表。

作为行政管理委员会候选人的学生名单包含巴黎第一大学所教授的符合教育法典第 L 719-1 条的两大教育领域的代表，即法律、政治科学、包括应用型数学和信息科学在内的经济和管理科学，以及人文与社会专业学等领域的代表。

科学委员会

第 20 条　权限

科学委员会确定研究政策，制订本校合同。

委员会有助于发掘本大学的研究潜力。为此，它预审科研队伍建设与改革计划供国家评价，了解计划运行情况并提供咨询。

委员会对科研申请进行预审，预备科研经费在各实验室和队伍间的分配，检查属于横向资金的经费分配（特别是检查关于科研政策和改善研究质量的事项）。

委员会就本大学与公立科研机构（EPST）的关系提供咨询，就相关[特别是在高等教育研究中心（PRES）或前沿研究网络（RTRA）范围内的]科研合作和科技文献政策提出意见。

委员会可对所有与其职责范围相关的事务提出意见。

委员会提供咨询的领域包括：基础教育和继续教育项目，空缺或者需要增设的教师—研究员职位资格，国家文凭的颁发申请，本校文凭的设立和修改，本校合同的创建和修改。它确保教学与研究相联系。在协议框架内，委员会就空缺或需增设的研究者职位提出意见。委员会对本大学各单位所提出的研究项目和合同有知情权，并可应邀提出意见。

委员会就授予研究领导资格（HDR）的政策提供咨询，就给不具备研究领导资格的人员颁发研究领导临时许可证提供咨询。

在遵守教师—研究员相关规定的情况下，由教师—研究员构成的科学委员会就如下问题提出意见：教师—研究员的调动和晋升，邀请其他团体的公务员进入教师—研究员团体，实习讲师正式任职以及教学研究临时人员的招聘或更新等。在同等情况下，它也可以就行政部门的奖金和义务免除政策以及与教师相关的行政部门事务提供咨询。

科学委员会设立常务委员会。

科学委员会的常务委员会任命一个调解委员会，由 3 名教授和 3 名讲师组成，分别在第 2 条规定的每个教学研究体系中，从本章程第 35-2 条规定的科学重大事务委员会办公室成员中选出。经由科学委员会常务委员会发起，调解委员会可受理研究员、教师或教师—研究员与本大学或者大学各组成部分之间的纠纷。常务委员会可遵照上级指示或在当事人要求下委托调解委员会受理纠纷事件。调解委员会也可在校长或者副校长的要求下受理与博士生学习相关的纠纷。

第 21 条　人员组成

科学委员会由 40 名成员组成：

14 名教授或同类人员代表；

3 名不属于以上类别、有研究领导资格的人员或同类人员代表；

9 名无研究领导资格的 1984 年教育法体制下的博士代表；

2 名其他教师和研究员代表；

3 名不属于以上选举团的工程师和技师代表；

1 名其他人员代表；

4 名博士生，以及在其无法出席时代为出席的候补代表；

4 名校外人士，包括：

——1 名在与本大学合作的国家研究机构范围内负责或曾负责推动科研活动的人士；

——1 名隶属于某一雇佣者组织、负责或曾负责研究和研究在企业中增值的人员代表；

——1 名国家选举中代表研究员工会组织的代表；

——1 名因对研究作出贡献而被选出，以个人名义被委员会任命的人士。

当教学研究单位负责人、研究院负责人、博士生负责人和博士生协会负责人与会能够促进讨论时，他们可被邀请与会。

第 22 条　选举团

为了代表各大学科领域、考虑到第 2 条中规定的教学研究体系，教师—研究员和研究员所组成的选举团按照以下方式分配席位：

选举团	法律和政治科学	经济和管理科学，应用数学和信息科学	人文和社会科学，艺术	总计
教授和同类人员	4	4	6	14
无领导研究权限的博士	2	3	4	9

有研究领导资格的人员

有研究领导资格的人员单独进行选举。

其他教师和研究者

其他教师和研究者单独进行选举。

工程师和技师

这一选举团包括工程师、技师以及不属于以上选举团的其他同类人员。

其他人员

这一选举团包括行政人员、技术人员、工人、服务人员和图书馆人员，以及不属于以上选举团的其他同类人员。

学生

学生（包括所有博士生）单独进行选举。

校外人士

校外人士按照本章程第33条进行任命。

大学学习生活委员会

第23条 权限

大学学习生活委员会的职责是，检查基础教育和继续教育的方针、资格申请、新课程计划、教育评估情况、知识管理规章、与教学相关的协议、辅助活动以及与图书馆和文献资料中心相关的措施等。

委员会就如下事项提出建议：学生就业指导设施，福利设施，学生入职培训以及改善学生文化、体育、社会活动、社团活动以及生活学习条件的措施。

委员会参与本校合同的制订。

委员会检查与大学事务以及医疗和社会服务相关的措施。

委员会就改善残障学生接待条件的措施提供咨询。

委员会保障学生的政治自由和工会自由，为实现这些自由的条件提供咨询。它可以就其职权范围内的所有事务提出愿望。

第24条 人员组成

大学学习生活委员会由40名成员组成：

16名教师，其中包括8名教授和同类人员；

16名学生,以及在其无法出席时代为出席的候补代表;

4名非教学科研人员以及同类人员的代表,包括工程师、行政人员、技师、工人、服务人员、图书馆人员和同类人员等;

4名校外人士,包括:
- 1名学生互助会代表;
- 1名巴黎地区大学和学校事务中心(C.R.O.U.S.)的代表;
- 1名行业间的或者高等教育研究之外另一领域具有代表性的工会组织的代表,该组织的职权涉及基础教育、继续教育、职业规划或者实习领域;
- 1名雇佣者组织代表,该组织的职权涉及基础教育、继续教育、职业规划或者实习领域。

当教学研究单位负责人、研究院负责人、博士生负责人和博士生协会负责人与会能够促进讨论时,他们可被邀请与会。

第25条 选举团

大学学习生活委员会的席位按如下规定分配:

选举团	法律和政治科学	经济和管理科学,应用数学和信息科学	人文和社会科学,艺术	公共行政部门和总行政部门	总计
教授和同类人员	3	2	3		8
其他教师—研究员、教师和同类人员	2	2	2	2	8

在校外行政部门任职的教授隶属于其所在学科相应的领域。

工程师、行政人员、技师、工人、服务人员和图书馆人员

此类人员从所有工程师、行政人员、技师、工人、服务人员、本大学的图书馆人员和同类人员所组成的选举团中单独选举产生。

学生

学生从本大学所有学生组成的单一选举团中选举产生。选举名单中应当包括从第2条定义的每个教学体系中选出的至少3名候选人,其中至少1名属于教学体系的候选人在选举名单的前5名中。

校外人士

校外人士依照本章程第33条任命。

第26条 副校长

行政管理委员会根据校长提名选举3名副校长,包括:

1名从教授中选出的副校长;

1 名从学生中选出的副校长。该副校长由行政管理委员会征求委员会相关成员意见并考虑学生选举的结果之后提名;

1 名从其他教师和同类人员中选出的副校长。

校长可额外提名选举最多 2 名承担特殊任务的副校长。此类副校长应当从校内在职的研究员、教师—研究员或者教师中选出。

科学委员会根据校长提名选举 2 名副校长,包括:

1 名从教授中选出的副校长;

1 名从委员会里的其他教师中选出的副校长。

大学学习生活委员会根据校长提名选举 3 名副校长,包括:

1 名从教授中选出的副校长;

1 名从学生中选出的副校长,负责联系地区大学和学校事务中心以解决学生生活问题。该副校长根据校长提名、征求委员会相关成员意见后考虑学生选举的结果选出;

1 名从委员会中其他教师和教师—研究员中选出的副校长。

第 27 条　办公室

办公室由校长领导,由校长、副校长以及从三大委员会里的非教学科研人员中选举出的 1 名代表组成。其中,非教学科研人员包括工程师、行政人员、技师、工人和服务人员等。

该名代表由校长提名,由每个委员会中非教学科研人员的代表选举产生,通常集中进行选举。如果办公室中没有研究院代表,校长可在办公室中增设 1 名研究院代表。

第 28 条　委员会的运行

委员会每季度至少召开一次会议。

委员会在确定的议事日程下召集会议,议事日程由召集会议的校长提前确定。在办公室超过半数成员的申请下,或在委员会四分之一成员的书面申请下,可在议事日程中增加一个问题,而且申请最迟在会期前 3 个工作日提出。

召集通知与提交委员会审查的文件最迟应当在会期前 8 天寄出。

当委员会会议开幕时:

——对于行政管理委员会而言,须有半数在任成员(或其代表)出席,半数当选者亲自出席。当行政管理委员会以有限形式召开关于招聘的会议时,须有超过半数的当选者亲自出席。

——对于科学委员会和大学学习生活委员会而言,须有半数在任成员(或其代表)出席,三分之一的在任成员亲自出席。

当不具备以上条件时,校长召集相关委员会在原会议结束 24 小时以后、两周以内召开一次新的会议。新会议期间，会议开幕不存在法定人数要求，但行政管理委员会以有限形式召开关于招聘的会议时除外。

行政管理委员会中的任何成员不得代表一个以上该委员会其他成员。科学委员会和大学学习生活委员会中的任何成员不得代表两个以上该委员会其他成员。当行政管理委员会以有限形式召开关于招聘的会议时，不可委托他人代为出席。

第4编 委员会的选举和任命

第29条 委员会的更新和任期

除学生代表外的委员会成员任期4年，学生代表任期2年。

当委员会中一名成员失去当选的资格时，他/她即被选举名单中紧随其后的候选者接替，如果此候选者无法出席，则由名单中第一个合格的未当选候选人接替。当进行单名投票或者名单中没有任何后续者可以出席时，则举行局部选举；委员会全面更新前6个月除外。

第30条 投票方式

委员会当选代表由不同的选举团以无记名投票的方式通过直接选举产生。

在所有职员、学生和接受继续教育的人员中进行的选举采取"得票数居前者当选"的单轮比例制，也可以就不足额候选名单进行表决并且不必使用混合圈选方式投票。然而，对于行政管理委员会中教师—研究员和同类人员代表的选举，依照教育法典第L 719-1条的规定，两个选举团均可获得票数最多的名单中的4个席位。其他席位在所有采取"得票数居前者当选"的比例代表制的名单中进行分配。

当一个确定的选举团只有一个有效席位时，选举采用单轮多数选举制。无法亲自投票的选民可以委托投票，不得通过信件进行投票。

第31条 选举名单

选举名单由本大学的校长负责制定，校长负责选举的具体组织。外国学生在与法国学生相同的条件下享有选举权和被选举权。如果一个人属于本机构中学生选举团之外的选举团，则其在学生选举团中不享有选举权和被选举权。

在后文第35-1条规定的选举重大事务委员会的协助下，校长对名单进行核查以使之符合法律规定。

第 32 条　　组织投票

校长决定选举日期。他/她通过布告或者邮件召集选举主体。这一召集选举的通知标志着选举活动的开始。

候选人资格的提交按照已修订的 1985 年 1 月 18 日第 85—59 号法令第 4 编规定的条件进行。这一文件的调整对象还包括选举团组成、投票方式以及在反对选举时上诉的方式。

可受理的候选人名单应当符合本章程第 18 条、第 19 条以及第 21 条至第 24 条的规定。

提交候选人名单的截止日期为投票开始前至少 5 天。

第 35-1 条规定的本大学选举重大事务委员会应将可能出现的技术问题告知校长。

第 33 条　　科学委员会和大学学习生活委员会中的校外人士

在符合教育法典规定的情况下，科学委员会和大学学习生活委员会中的校外人士按照以下规定任命：

不得违反雇佣者和雇员代表均等原则。

地方行政区域任命其代表。当这些人员不再具有使其能够代表上述行政区域的资质时，由地方行政区域任命新的代表。

本机构内在职的教师—研究员、教师、研究员、非教学科研人员和注册学生不能作为校外人士被任命。

校外人士的任期因人而异。除法律规定候补者以外，委员会成员只能由同一委员会里的另一名成员代表。

第 5 编　　咨询委员会和咨询机构

第 34 条　　三大委员会的理事会

每一个委员会可下设理事会，其人数和名称由本章程附属的内部条例规定。

相关委员会的所有成员是理事会的当然成员。由校长提名、以简单多数的方式投票选举产生各理事会的主席。

第 34-1 条　　章程理事会

行政管理委员会下设章程理事会。该委员会负责处理修改章程的请求，对请求进行预审，并在一个月内提出意见。

行政管理委员会需在其后一个月内审议章程理事会提出的意见。

第 34-2 条　　财产理事会

行政管理委员会下设规划和财产理事会。它检查本大学的预算和预算修改计划,并作出预算评估,特别是有关各单位配备的预算评估。它拥有预算执行情况的知情权,并为多年投资计划提供咨询。

第 35 条　咨询委员会
第 35-1 条　选举咨询委员会
校长设立本大学的选举咨询委员会,并任命委员会成员。

委员会协助筹备投票工作并向校长提出建议。委员会成员包括每个相关选举团成员;主席为一名研究员或者教师—研究员,由校长任命。

委员会主席可邀请任何有助于委员会讨论的人员参与其工作。

三大委员会的成员、对等技术委员会成员(CPT)和机构对等委员会(CPE)成员是选举咨询委员会的当然成员。

第 35-2 条　科学咨询委员会
国家大学委员会(CNU)的每一分部(或分部的集合)设立一个科学咨询委员会。该委员会就招聘和研究提供咨询。

它在本大学内部条例规定的条件下,由教师、研究员和同类人员遵循教授和讲师人数对等原则选举产生。可由候选人及校外成员补足,此类校外成员由科学委员会依照科学咨询委员会当选成员的提名予以任命。

科学咨询委员会的人数和组成由科学委员会确定。

第 35-3 条　对等技术委员会
依照规章条例规定设立对等技术委员会。它行使法律赋予的特权,每年均会接收一份本校的社会政策总结。

第 35-4 条　机构对等委员会
机构对等委员会由校长担任主席,负责检查非教学科研人员(工程师、行政人员、技师、工人、服务人员和图书馆人员)的管理情况,对等技术委员会也可依照规定参与检查。

它由本大学负责人以及工程师、行政人员、技师、工人、服务人员和图书馆人员的当选成员按照相同人数组成。它对本大学所有成员行使职权。

机构对等委员会的组成和权限见本章程附录。

第 35-5 条　卫生和安全委员会
卫生和安全委员会负责向行政管理委员会提出可用建议,以促进安全教育并改善本大学的卫生、安全和工作条件。

它负责研究本校职员和使用者需承担的风险,特别是职业风险。

第 36 条　内部条例
行政管理委员会超过半数的在任成员以投票的方式通过内部条例。

(最新版本参阅 http://www.univ-paris1.fr/universite/gouvernance-de-luniversite/les-statuts/。)

巴黎高等师范学校章程

(Statut de l'Ecole Normale Superieure)

2008 年 10 月 13 日修订版

根据 1987 年 8 月 26 日第 87-695 号法令制定
编号：RESP8700552D

主译人　崔　悦
校阅者　王东亮

　　部长：
　　根据国务部长、经济财政与私有化部部长、国民教育部部长、负责财政预算的经济财政与私有化部副部长、负责高等教育与研究的国民教育部副部长的报告；
　　根据 1984 年 1 月 26 日颁布的关于高等教育的第 84-52 号法令，特别是其中的第 37 款；
　　根据 1949 年 9 月 13 日颁布的关于见习公务员公共条款的第 49-1239 号法令；
　　根据 1985 年 1 月 18 日关于员工与学生代表参加具有科学、文化及职业性质的公共机构理事会的投票权实施条件、选举团组成及接纳与认定方式以及对选举结果进行上诉的机制的第 85-59 号法令；
　　根据 1994 年 1 月 14 日关于具有科学、文化和职业性质的公共机构的预算及财政制度的第 94-39 号法令；
　　根据 1985 年 7 月 24 日关于具有科学、文化和职业性质的公共机构的建立的第 85-789 号法令；
　　根据 1987 年 1 月 20 日关于大学国民议会的第 87-31 号法令；
　　根据 1987 年 7 月 8 日关于高等师范学校、卡尚技术教育国民中心的第 87-506 号法令；

根据高等教育及研究全国理事会的意见；
根据部长联合技术委员会的意见；
经国务委员会同意，
讨论通过，总理颁布如下《章程》法令：

第 1 部分　总则

第 1 条
巴黎高等师范学校是具有科学、文化和职业性质的公共机构，校址在巴黎。它服从 1984 年 1 月 26 日颁布的关于高等教育的第 84-52 号法令以及为执行该法而制定的相关文件的规定，与现行法令相违背之处除外。

第 2 条
通过高水平的科学文化教育，学校培养出的学生可以从事基础或应用科学研究、大学和大学校预备班教学和中学教学，还可以更广泛地在国家行政部门、地方行政区域以及地方行政区域的公共机构和企业中任职。

第 3 条
主管高等教育的部长对本学校行使大学区区长和大学训导长的职权，此职权由上述 1984 年 1 月 26 日法律以及为执行该法而制定的相关文件授权。

第 4 条
根据 2000 年 7 月 18 日第 2000-681 号法令第 2 款（2000 年 7 月 21 日政府公报）修改

1994 年 1 月 14 日颁布的第 94-39 号法令关于具有科学、文化和职业性质的公共机构的预算和财务制度的规定对本校适用，学校各组成部分的预算除外，本章程第 23 条、第 23-1 条和第 23-2 条的规定除外。

第 II 部分　行政组织

第 5 条
根据 2000 年 7 月 18 日第 2000-681 号法令第 3 款（2000 年 7 月 21 日政府公报）修改

校长在 2 名副校长的协助下领导学校，并设置一个行政管理委员会和一个科学委员会。

学校由系、实验室以及行政部门组成。各组成部分的组织及其运行由其内部条例规定。

第 6 条

校长依据主管高等教育的部长所做的有关候选人提名的报告选出，并由共和国总统颁布的法令任命。主管高等教育的部长需要询问委员会（该委员会由以下第 8 条规定）对纳入考虑范围的三位候选人的具体意见。

校长从大学教授或同类人员中选出。这些人员的范畴由 1987 年 1 月 20 日颁布的关于国家大学委员会的第 87-31 号法令第 5 条规定。

校长任期五年，可连任一次。

第 7 条

根据 2000 年 7 月 18 日第 2000-681 号法令第 4 款（2000 年 7 月 21 日政府公报）修改

副校长任期三年，可连任，由主管高等教育的部长在候选人提名后所作的决议任命。对于每一个副校长职位，主管高等教育的部长在委员会（该委员会由以下第 8 条规定）纳入考虑范围的三名候选人中任命 1 名。委员会在考察候选人基本情况并参考校长意见后，向主管高等教育的部长提交这三名候选人的名单。

副校长从大学教授中或同类人员中选出。这些人员的范畴由 1992 年 1 月 16 日颁布的关于国家大学委员会的第 92-70 号法令第 6 条规定。其中 1 名副校长应来自文学、人文科学及经济学科，另 1 名应来自自然科学学科。

第 8 条

根据 2000 年 7 月 18 日第 2000-681 号法令第 5 款（2000 年 7 月 21 日政府公报）修改

为任命校长及副校长提供意见的委员会由主管高等教育的部长任命的 20 位成员组成：

1. 法兰西文学院终身秘书；
2. 法兰西科学院终身秘书；
3. 法兰西伦理与政治学院终身秘书；
4. 法国国家图书馆馆长；
5. 国家卫生与医疗研究院院长；
6. 法兰西学院的 4 名教授——文学或人文经济学科里的 2 位代表，自然科学学科 2 位代表，由法兰西学院院长提名；
7. 国家科学研究中心全国委员会的 4 名主席——文学、人文科学及经济学科 2 位代表，自然科学学科 2 位代表，由研究中心总负责人提名；
8. 国家大学委员会的 4 名主席——文学、人文科学及经济学科 2 位代表，自然科学学科 2 位代表；

9. 学校行政管理委员会主席和科学委员会主席。

第 9 条

根据 2000 年 7 月 18 日第 2000-681 号法令第 6 款(2000 年 7 月 21 日政府公报)修改

学校图书馆总馆馆长由校长参考科学委员会的意见予以任命,任期五年,可连任。

图书馆总馆馆长的职责可委托以下人员履行:

——1 名大学教授、副教授或同类人员,以上人员范畴由上述 1992 年 1 月 16 日法令第 6 条规定;

——图书馆分馆或总馆负责人员 1 名。

第 10 条

根据 2000 年 7 月 18 日第 2000-681 号法令第 7 款(2000 年 7 月 21 日政府公报)修改

行政管理委员会由 20 名成员组成。

1. 10 名由主管高等教育的部长任命,其中:

a) 1 名由外交部长提名;

b) 1 名由文化部长提名;

c) 1 名国家高等技术部门代表,由分管该部门的部长提名。

2. 2 名大学教授代表或由上述 1987 年 1 月 20 日法令第 5 条规定的同类人员代表,其中 1 名为文学、人文科学及经济学科代表,1 名为自然科学学科代表,由不同的学院分别选举产生;

3. 2 名其他教学研究人员代表,其中 1 名为文学、人文科学及经济学科代表,1 名为自然科学学科代表,由不同的学院分别选举产生;

4. 4 名学生代表,其中 2 名为文学、人文科学及经济学科代表,2 名为自然科学学科代表,由不同的学院分别选举产生;

5. 2 名工程师、行政管理人员、技术人员、工人和行政人员代表,其中 1 名为 A 类、B 类或同等水平人员代表,1 名为其他人员代表,由不同的学院分别选举产生。

第 11 条

根据 2000 年 7 月 18 日第 2000-681 号法令第 8 款(2000 年 7 月 21 日政府公报)修改

行政管理委员会主席根据主管高等教育的部长所作的关于行政管理委员会成员的报告选出,由共和国总统颁布的法令任命。

主管高等教育的部长须派出 1 名代表出席行政管理委员会会议。

校长及副校长出席行政管理委员会会议并拥有发言权。校长的合作人员特别是总秘书及会计等可陪同校长出席。

第 12 条

根据 2000 年 7 月 18 日第 2000-681 号法令第 9 款（2000 年 7 月 21 日政府公报）修改

行政管理委员会在其主席发起和召集下每年至少召开两次会议。行政管理委员会也可在校长或行政管理委员会三分之二成员的要求下，由其主席召集会议。

拥有表决权的成员中至少有半数参加会议，行政管理委员会方可进行有效审议。如果未达到法定人数，行政管理委员会将在 10 日后就同一议程再次召开会议。届时无论出席人数多少，行政管理委员会均可进行有效审议。

当行政管理委员会成员无法出席会议时，可授权另一成员代替自己与会；这一规定只在学生代表候补者也无法出席的情况下才适用于学生代表。行政管理委员会任何成员都不得代表 2 名以上成员行使权力。

当赞成与反对的票数相等时，应优先考虑校长意见。

第 13 条

根据 2000 年 7 月 18 日第 2000-681 号法令第 10 款（2000 年 7 月 21 日政府公报）修改

科学委员会由法定成员、选举成员及任命成员组成。

法定成员包括校长、副校长以及图书馆总馆馆长。

当选成员有 7 名，分别是：

1. 2 名大学教授代表或同类人员代表，其中 1 名为文学、人文科学及经济学科代表，1 名为自然科学学科代表，由不同的学院分别选举产生；

2. 2 名其他教学研究人员代表，其中 1 名为文学、人文科学及经济学科代表，1 名为自然科学学科代表，由不同的学院分别选举产生；

3. 1 名在研究型工程师中选举产生；

4. 2 名学生代表，其中 1 名为文学、人文科学及经济学科代表，1 名为自然科学学科代表，由不同的学院分别选举产生。

主管高等教育的部长任命 11 名校外人士，其中 2 名由法兰西学院教授大会提名，2 名由国家科学研究中心科学委员会提名，1 名由法国国家图书馆科学委员会提名，1 名由国家卫生与医疗研究院科学委员会提名。每项提名的名单人数应在有效席位的两倍以上。

科学委员会主席从委员会成员中选举产生。

本章程第 12 条也适用于科学委员会。

第 14 条

校长可听取由其主持的审查委员会的意见。该委员会的组织和运行由科学委员会规定。该委员会尤其包括教学研究人员代表和学生代表。

第 15 条

1985 年 1 月 18 日颁布的第 85-59 号法令规定的具有科学、文化和职业性质的公共机构的选举制度也适用于本校,如下特例不在此限。

第 16 条

对于行政管理委员会和科学委员会成员选举,教职员代表和学生代表由两轮多数选举制单名投票产生。第一轮选举中获得绝对多数票者即为当选,第二轮选举中获得相对多数票者获得席位。若在第二轮选举中所得票数相同,则优先考虑年长者。

每一学生候选人与其候补者共同参与选举,后者在正式当选人无法出席时出席行政管理委员会会议,并在席位空缺时填补席位。

第 17 条

根据 2000 年 7 月 18 日第 2000-681 号法令第 11 款(2000 年 7 月 21 日政府公报)修改

以下人员均有选举行政管理委员会成员以及被选为行政管理委员会成员的权利:

1. 根据其级别被分配到学校各个学院的教学研究人员;
2. 在与上款相同的条件下,为本校工作时间至少占其应任职服务时间四分之一的教学研究人员以及按照协议在本校进行研究活动的人员;
3. 根据其级别被分配到学校各个学院的工程师、行政管理人员、技术人员、工人、社区人员和医疗人员;
4. 在与上款相同的条件下隶属于校外其他机构并在本校任职的工程师、行政管理人员、技术人员、工人、社区人员和医疗人员。

本条第一款和第二款所提及人员,以及第三款和第四款所提及的研究型工程师均有选举科学委员会成员以及被选为科学委员会成员的权利。

校长每年将符合以上第二款和第四款的人员名单传达给行政管理委员会。

第 18 条

根据 2000 年 7 月 18 日第 2000-681 号法令第 12 款(2000 年 7 月 21 日政府公报)修改

在校学生均有选举行政管理委员会成员以及被选为行政管理委员会成员的权利。拥有硕士学位或同等学位的在校学生有选举科学委员会成员的权利。只有取得教师资格或者博士预备资格文凭的学生才有被选为科学委员会成员的权利。

第 19 条

行政管理委员会及科学委员会成员任期三年,其中学生代表任期一年。

第 20 条

行政管理委员会或科学委员会成员失去被选举或被任命的资格时，即不再享有行政管理委员会或科学委员会成员的权利。

第 16 条第 2 款规定除外，即不论何种原因，空缺席位可在剩余任期内继续保留，但空缺至任期届满小于 6 个月的情况除外。

第 III 部分　机构权限

第 21 条

根据 2000 年 7 月 18 日第 2000-681 号法令第 13 款（2000 年 7 月 21 日政府公报）修改

校长行使本法令不授予他人的如下权限：

1. 他在司法机关以及各类民事行为中代表本机构；
2. 他准备并执行行政管理委员会的决议；
3. 他是本机构的收入与支出的拨款审核员；
4. 他对学校全体人员行使其职权，并对所有职位具有任命权，此任命权不授予其他任何人；
5. 他是学校内部安全与秩序的负责人；
6. 他实施一切保全行为，特别是和捐赠有关的保全行为。

校长可授权副校长、总秘书、图书馆总馆馆长、系负责人、实验室负责人及行政部门负责人在各自的权限范围内代校长签字。

第 21-1 条

由 2000 年 7 月 18 日第 2000-681 号法令第 14 款（2000 年 7 月 21 日政府公报）创建

副校长在校长的领导下负责执行行政管理委员会制定的方针以及科学委员会制定的教学和科研政策，其中 1 名负责文学、人文科学及经济学科，另 1 名负责自然科学学科。

第 22 条

行政管理委员会审议事项包括：

1. 本机构的总方针；
2. 预算及其修正；
3. 财务账目及盈亏划拨；
4. 不动产的取得、让与和交换；
5. 借款；

6. 捐赠及遗赠；

7. 司法行为及和解；

8. 财政分红以及创建分支机构。

行政管理委员会根据性质及数额来确定必须报请行政管理委员会批准的合同和协议种类，并确定由校长负责的合同和协议种类。

行政管理委员会以在席绝对多数票通过学校内部规定。

第 23 条

科学委员会制定学校教学和科学政策。委员会批准教学研究总体计划以及由校长提议的教育科研预算经费分配方案。委员会的运作方式由其内部条例规定。

在内部条例规定的情况下，科学委员会可以有限形式召开会议，与会人员由法定成员及外部成员构成，或者由法定成员和当选成员构成，会议旨在筹备委员会的工作或对特殊问题进行研究。

第 23-1 条

由 2000 年 7 月 18 日第 2000-681 号法令第 15 款（2000 年 7 月 21 日政府公报）创建

学校收入包括：

1. 国家、公共团体、一切法国或外国的公共或私人机构的补贴及协助基金；

2. 学校所组织的会议、学术讨论会、大型活动的收益税；

3. 各类动产及不动产收益；

4. 出版收益；

5. 捐赠及遗赠收入；

6. 借款收益；

7. 让与或固定资产收益；

8. 学徒税纳税者所付款额；

9. 学校科研活动增值收入；

10. 学校提供的各类服务所产生的收益；

11. 现行法律法规所许可的其他一切形式的收入。

第 23-2 条

由 2000 年 7 月 18 日第 2000-681 号法令第 15 款（2000 年 7 月 21 日政府公报）创建

学校支出包括：学校所属人员的开支、组织机构的开支，以及总体而言各类维持学校运转所必需的费用。

第 IV 部分　教师

第 24 条

以下人员履行学生的教学及辅导职责：

1. 学校教学研究人员；
2. 委派到学校或由学校聘用的全职或兼职教师；
3. 与学校有协议关系的研究人员。

第 V 部分　学生身份及学习期限

第 25 条

根据主管高等教育的部长颁布的法令，学校通过公开考试招收法国和外国学生，性别不限。

第 26 条

根据 2003 年 2 月 5 日第 2003-105 号法令第 1 款（2003 年 2 月 12 日政府公报）修改

来自欧共体或者欧洲经济区国家的学生，如果不是公务员，则在入学后取得实习公务员身份。

外籍学生在求学期间取得法国、欧共体、欧洲经济区国家国籍的，从获得国籍日起，拥有成为见习公务员的资格。

第 27 条

在入学考试中被录取的公务员在校期间被原单位视为临时调动。若在原单位工资高于在校期间工资，该公务员将会获得补偿性津贴。

第 28 条

根据主管高等教育的部长颁布的法令，法国或国外旁听生也可受到学校提供的教育。

第 29 条

不论采取何种入学途径，学生在校学习时间是固定的，该时间由主管高等教育的部长颁布的法令作出规定。以下第 34 条规定除外，此种情况下在校学习时间不得长于 4 年。

第 30 条

每一学年中，学生按照学校内部条例所规定的学习计划进行学习。

在学习期限内,学生必须获得高等教育第二阶段或第三阶段的文凭。

第 31 条

每一学年末,未满足学习计划要求的学生将被要求免薪休学一年。

免薪休学结束后,达到学习计划要求的学生可申请重返学校,未达到学习计划要求的学生将被学校开除。

每一学生在学时不可进行两次或两次以上免薪休学。

第 32 条

1949 年 9 月 13 日第 49-1239 号法令第 6 条规定的特例如下:经学生申请,可允许其进行一次或多次的基于个人便利或学习原因的免薪休学,累计休学时间不得超过两年。

第 33 条

在校长许可下,学生在学习期间可根据学业兴趣进行一次或多次海外实习,累计实习时间不得超过两年。

第 34 条

学生在学业受到严重干扰的情况下可以重修该学年学业,尤其是出于健康原因或个人意志以外的原因。

第 35 条

在校长的提议下,由主管高等教育的部长颁布的法令作出免薪休学、在休学结束后重返学校或被开除以及重修学业的决定,此处的免薪休学包括因为未通过考核或出于个人便利原因的休学。

第 36 条

根据 2003 年 2 月 5 日第 2003-105 号法令第 2 款(2003 年 3 月 12 日政府公报)修改

自入学起 10 年内,学生有义务在国家行政部门、地方行政区域的公共机构和国有企业任职。

如果不能履行这一义务,学生必须偿还在校期间所得工资。主管高等教育的部长许可的全部减免或部分减免不在此限。

第 37 条

纪律惩罚包括:

1. 警告;
2. 处分;
3. 在规定期限内被学校开除;
4. 永久开除。

在征求纪律委员会意见的基础上,前两条惩罚规定由校长宣布,后两条惩罚规定由主管高等教育的部长宣布。

纪律委员会成员包括：
1. 学校校长；
2. 学校总秘书；
3. 4名属于行政管理委员会成员的教学研究人员代表；
4. 4名属于行政管理委员会成员的学生代表。

另外，属于行政管理委员会成员的4名学生代表须选出1名候补学生代表。若纪律委员会受理事件与这4名学生成员之一有关时，该候补学生代表出席会议。

纪律委员会由校长领导。

只有在出席会议的学生人数不超过教师人数的情况下，纪律委员会才可召开会议。该规定已写入内部条例。

第 VI 部分　临时规定与最终规定

第 38 条

根据2000年7月18日第2000-681号法令第16款（2000年7月21日政府公报）修改

2名教研主任在各自所代表的学科范围内行使副校长的职权，直至正式的副校长被任命。

第 39 条

废除1985年7月25日第85-788号法令中与高等师范学校相关的规定，废除1986年3月5日第86-500号法令中确定的学校组织与运行特别规则的相关规定。

第 40 条

国务部长、经济财政与私有化部部长、文化与交流部部长、外交部部长、国民教育部部长、负责公共职能与规划的副总理、负责财政预算的经济财政与私有化部副部长、负责高等教育与研究的国民教育部副部长，都在与其职责相关的范围内，负责执行此即将作为政府公报出台的现行法律。

总理　雅克·希拉克：
负责高等教育与研究的国民教育部副部长　雅克·瓦拉德
国务部长，经济财政与私有化部部长　爱德华·巴拉迪尔
文化与交流部部长　弗朗索瓦·雷欧达
外交部部长　让-贝尔纳·雷蒙

国民教育部部长　勒内·莫诺利
负责公共职能及规划的副总理　埃维·德·夏雷特
负责财政预算的经济财政与私有化部副部长　阿兰·朱佩*

（最新版本参阅 http://www.ens.fr/spip.php？rubrique9＆lang＝fr。）

---

* 以上名单为总理、部长的签名。——译者注

柏林洪堡大学宪章

(Verfassung der Humboldt-Universität zu Berlin)

2006年6月1日生效

主译人　刘一璇
校阅者　陈洪捷

根据2003年2月13日公布的《柏林高等学校法》第3条第1款和第2款之规定(见《法律与法令公报》,第82页),以及根据2004年12月2日公布的《工资改革与调整法》第2条所做修订(见《法律与法令公报》,第484页),柏林洪堡大学全校大会2005年11月22日表决通过以下章程。如果该章程与《柏林高等学校法》第24-29条、第34-36条、第51-58条、第60-67条、第69-75条以及第83-121条之规定有不一致之处,则该不一致之处通过第7a条对比第137a条被修正。

经学术评议会于2005年11月22日同意,以及校董会于2006年5月2日根据《柏林高等学校法》第64条的批准,柏林州政府中负责高校事务的主管部门根据《柏林高等学校法》第90条第1款之规定,于2006年6月1日批准柏林洪堡大学的申请,本章程生效。

序言

在我们的时代,国家和社会对大学的要求在提高,而大学的资源却在减少。大学的业绩要服从经济标准,大学的结构要服从层级效率的逻辑。而洪堡大学坚持研究与教学的统一、学生与学者的共同体、学术自我负责和自主管理等原则,因为学术离不开自由,自由离不开责任。柏林洪堡大学本此精神修订其章程。

第 A 章 州与大学的关系

§1 总则

（1）大学的人事、经济、预算和财政管理，学费征收以及健康医疗属于国家事务，但由大学统一的管理机构与学术事务一起实施。柏林州对此拥有业务监督权；在下达指令前，校董会可发表意见。若无其他规定，校董会可在国家所委托的领域内向其他机构发出具有约束力的指令。

（2）柏林州拥有法律监督权，柏林州负责高校事务的主管部门可根据《柏林高等学校法》第 56 条之规定行使监督权，而且此监督权独立于校长监督权。

（3）夏里特—柏林大学医学院是柏林洪堡大学与柏林自由大学共同拥有的法人组织。具体事宜参见州法律文件。

第 B 章 校董会

§2 校董会的构成与选举

（1）柏林洪堡大学校董会是大学的机构，同时根据《柏林高等学校法》第 2 条第 4 款第 2 句的规定，也是柏林州的机构。校董会成员拥有柏林洪堡大学校董之衔。

（2）校董会由九名具备投票权的成员组成。柏林州高等学校负责人和柏林洪堡大学校长是校董会的当然成员。其他成员由学术评议会选举产生。候选人提名须经柏林州高等学校负责人批准。新成员由校董会主席任命。大学副校长可列席校董会会议并有发言权。

（3）提名权：

——全校大会中的学生、学术助理人员以及其他工作人员各自有权提名校董会成员 1 人，

——全校大会的教师有权提名校董会成员 2 人，

——柏林工会有权提名 1 人，

——以柏林雇主协会为代表，柏林经济界有权提名 1 人。

（4）提名者应注意，被提名者必须与柏林洪堡大学在教学、研究和社会服务方面的特殊要求相符合，并且重视环境保护。校董会中男性和女性成员分别不得少于两位。提名者要共同确保这一规定不会总是与特定的提名相联系。除了因职位担任校董会成员外，校董会成员不得为洪堡大学全职

工作人员,也不得在州政府、州管理部门或者议会中任职。

(5) 选举产生的校董会成员任期四年,学生成员任期两年。校董会成员任期结束时,原提名群体根据本章第3条的规定有权提出新的人选。可以连任一次。如果选举未能如期举行,相关校董会成员的任期延长至新选举举行之时。如果选出的校董会成员同时离职,那么在新选举两年后,通过抽签决定哪三位校董离职。

(6) 选举产生的校董会成员可因其校董会的荣誉性工作获取津贴,其具体数额由学术评议会根据校长的建议决定。

(7) 如因故不能出席校董会,州政府高等学校主管人可由其国务秘书代表出席,校长可由副校长代表出席。

(8) 校董会从选举产生的校董中选出一位主席,任期两年。可以连任。如果主席之位提前空缺,可为余下的任期补选一位主席。

(9) 若无其他规定,校董会以简单多数的方式通过决议;可制定其议事规程。校董会可公开举行会议,第51条第3款*所列举的公职人员、其他大学成员以及外来人员均可旁听,校董会必须公布其议程与决议。妇女专员、全体职工代表大会的代表可列席校董会会议,并有发言权和动议权。全体职工代表大会可将其发言权和动议权授予其具体部门的代表。在决定预算时,柏林州议会中各党团或团体的代表均享有发言权和动议权。校董会主席每学期向学术评议会进行一次工作汇报。

(10) 校董会的日常工作由大学负责安排。

§3 校董会的职责

(1) 校董会的权限如下:

1. 确定预算计划;
2. 商议中期基建与投资计划;
3. 公布结构计划,并在以下情况下决定相关教授招聘过程是否启动,如有校董会成员在会议记录草案呈交后的两周内,根据本章程第5条第1款b目第7项之规定对学术评议会的决议表示反对;
4. 设立、更改和撤销各学院与研究中心;
5. 设立和撤销中心机构,根据本章程第25条之规定,设立、更改、延长和撤销跨学科中心;
6. 公布收费条例;
7. 提出大学发展的战略方案;
8. 在全校大会讨论之后,对校务会的工作总结进行讨论;

---

* 原文如此,恐有误。——译者注

9. 根据《柏林高等学校法》第 88 a 条的规定作出决定；

10. 根据《柏林高等学校法》第 4 条第 2 款的规定作出决定；

11. 根据本章程第 13 条第 2 款第 1 句的规定，在酝酿后提出柏林洪堡大学校长及副校长的人选。根据本章程第 13 条第 2 款第 5 句的规定，在征得多数校董同意的情况下，校董会可以代替妇女专员作出决定；

12. 根据《自然博物馆条例》的规定履行其职责；

13. 在以下情形下，设置和撤销专业设置，如有校董在会议记录草案呈交后的两周内，根据本章程第 5 条第 1 款 b 项第 8 目的规定，对学术评议会的决议表示反对。

（2）在上述第 1 款第 1—6 项以及第 13 项的情况下，学术评议会享有提名权。校董会可将提案与修正或指导意见一同返还学术评议会。如果学术评议会已经全票通过提案或者全票驳回校董会的要求和指示，校董会必须与之保持一致；

（3）校董会最多可提名三位校长候选人；

（4）此外，在涉及委托给大学的国家事务时，校董会负责对基本性事项作出决策。全校大会对新权限的分配职能不受影响；

（5）校董会可要求大学领导和大学自治机构委员会向其述职，为柏林州主管高等学校事务的部门、柏林州政府和议会提出建议，并请求其对特定事项进行审查；

（6）校董会是最高主管部门，是校长和副校长的主管和人事部门。因此校董会可将其负责的权限委托给校董会主席；

（7）根据《柏林高等学校法》第 64 条的规定，校董会的存在及其决定暂行条例的权限不受影响。

第 C 章　学术评议会和全校大会

§4　学术评议会的构成

（1）学术评议会包括 25 名拥有表决权的委员，他们分别为：

1. 13 名高校教师；
2. 4 名学术助理人员；
3. 4 名大学生；
4. 4 名其他职工。

（2）列席会议并具有发言权和动议权的人员如下：

1. 校长与副校长；

2. 学术评议会各委员会主席；

3. 校董会主席；

4. 各学院院长；

5. 各校级研究中心主任；

6. 自然博物馆馆长；

7. 部门负责人委员会的代表1人；

8. 妇女专员1人；

9. 职工代表会的代表1人。

（3）如议事规程没有其他规定，学术评议会的会议由校长主持。

§5 学术评议会的职责

（1）学术评议会的权限如下

a. 对以下事项的建议权：

1. 公布结构计划；

2. 设立、更改和撤销学院与校级研究中心；

3. 设立和撤销中心机构，根据本章程第25条之规定，设立、更改、延长和撤销跨学科中心；

4. 依据《柏林高等学校法》第4条第2款所述之规定，建立、配备和撤销公司，或者参与以上活动；

5. 公布收费条例。

b. 对以下事项的决定权：

1. 批准大学的预算草案；

2. 批准本校与柏林州的高校协议草案；

3. 决定各个学院内部的专业划分；

4. 公布学院和研究所权限之外的各项章程（收费条例除外）；

5. 确定招生人数；

6. 决定教学、学习、考试的原则以及跨专业的大学考试程序规定；

7. 根据结构计划公布教授招聘职位和确定教授岗位要求；如果与结构计划的规定有出入，必须征得多数委员的同意；

8. 设置与撤销培养专业；

9. 制定促进女性发展的指导方针；

10. 设立、配备、发展和分配重大研究项目；

11. 委任跨学科中心负责人，批准跨学科中心的规章制度；

12. 决定科研、学术和艺术后备力量的原则性问题；

13. 授予名誉教授、编外教授和名誉评议会成员头衔，批准各学院授予名誉博士学位；

14. 决定绩效资金分配的原则。

c. 就以下事项发表意见：

1. 就大学的中期基建和投资计划向校董会提出意见；
2. 学院的学习与考试条例；
3. 学院的教授聘任名单；
4. 研究生院的建立与归属；
5. 有关全校的重大原则性事务。

（2）当校务会根据本章程第12条第1款之规定使用其权限时，学术评议会可要求其提供最新的信息。

（3）学术评议会可制定其议事规程。

§6　学术评议会的委员会

（1）为了进行决策和支持校务会的工作，学术评议会设立以下常务委员会，分别负责：

1. 发展规划；
2. 财务预算；
3. 科学研究与学术后备力量；
4. 教学与学习；
5. 媒体；
6. 本校地位发展；
7. 促进女性发展。

（2）教学与学业常务委员会中，学生必须占一半的席位和票数。

（3）学术评议会可以设立其他委员会，或者授权工作小组就特殊问题进行调研。

（4）学术评议会可以将个别事项或一类事项的决定权授予常务委员会，并可随时收回授权。

§7　全校大会的构成

（1）全校大会包括61名成员，除学术评议会的成员外，还包括：

1. 18名教授；
2. 6名学术助理人员；
3. 6名大学生；
4. 6名其他职工。

（2）全校大会与学术评议会的成员在同一轮投票中按照不同群体的人数比例选举产生。根据选举产生的61名入围候选人的票数排行，前25名候选人是学术评议会成员，其余的是全校大会成员。如果有一人放弃评议会席位，那么依次顺延，由下一位未进入评议会的最高得票人替补入席。

§8　全校大会的职责

全校大会：

—— 决定章程与选举程序；

—— 决定将国家授予的新权限授予大学的何种机构；

—— 在选举之前决定副校长的人数，并根据校董会的建议选举校务成员；

—— 讨论校务会的年度工作报告；

—— 应学术评议会或校董会的要求对相关事项提出意见。

§9　全校大会的组织

全校大会：

—— 从全体成员中选举出一个理事会，根据《柏林高等学校法》第45条第1款所述之规定，每一群体必须有两名代表参与理事会；

—— 根据全校大会理事会的建议选举主席以及一名或几名副主席。

第 D 章　大学领导

§10　大学领导

（1）校务会由校长和3至4名副校长组成。有关预算、学习与教学方面的规章制度必须经过公示和投票表决。校长是校务会主席，为其他成员确定基本方针。

（2）校长与副校长共同协商职责的分工。代理工作由校务会负责。根据《州财政条例》第9条所述之规定，主管财务的副校长同时也是预算专员。

（3）副校长根据学校的方针独立负责其分管领域，领导属于其管辖范围的大学中心组织与行政部门。其他事务由校务会决定。

§11　校长的职责、权利和义务

（1）若无其他规定，校长为本校的代表。

（2）校长负责本校的正常运转，必须为维护或重建秩序作出必要的决策，同时拥有校园管辖权。

（3）在不影响本章程第3条第4款所述规定的情况下，大学校长行使行政权力，并且是最高行政机关、人事机构和人事管理机构的最高负责人。校长可将其权限授予他人。

（4）如果校董会之外的机构或其他部门有违法的决议和举措，校长有义务对此明确表示反对，并组织其实施或者将其撤销。如果出现违法的失职行为，校长应亲自下达必要的指示或者采取补救措施。

§12　校务会的职责、权利与义务

(1) 没有其他机关管辖的大学事务由校务会决定，校务会有义务及时向学术评议会通报此事务。

(2) 在紧急情况下，校务会可以代替主管机构或本校其他主管部门，采取紧急措施，发布命令，并立即向负责机构进行通报。这些机构的自主决定权不受影响。只要不损害第三人权利，相关机构可以改变或者撤销相关措施。

(3) 校务会可以授权给夏里特医学院院办或者大学附属医院的理事会，由其代理相关权限。医学院和附属医院的相关事务由其院长或者理事会主席主责。

(4) 在所有学术自主管理机构的委员会议上，校务会成员均有发言权、知情权和动议权。他们必须熟悉其分管领域的重要事务，特别是重要经费的使用或者相关委员会的决定权权限。

(5) 校务会每年以书面形式向校董会和全校大会汇报工作。

§13　校务会成员

(1) 校务会由全校大会根据校董会的提名选举产生，当选者须获简单多数票，任期五年，而且可以连任。柏林洪堡大学校务会成员当选者，可在两年半后宣布，将在三年后卸任。

(2) 候选人由校长遴选委员会确定。该委员会由四名校董会的代表和全校大会内部各群体的四名代表组成。主席由该委员会选举产生。在副校长的选举中，校长或已选定的校长必须是遴选委员会的成员。妇女专员或者来自师生员工大会的代理委员有权参加会议。遴选委员会所提名的每个职位的候选人中，至少三分之一须为女性，除非妇女专员判定，没有适当的女候选人可供选择。主管学习与教学校长的选举，至少须获得一张学生的选票，否则该选举无效。

(3) 如果只有一名候选人，并且该候选人在第一轮选举中的得票不占绝对多数，必须进行第二轮投票。如果有多名候选人，最多可能进行三轮投票。第二轮投票以后，只能从排名前二的候选人中再选。

(4) 如果在其他大学任职的教授当选本校校务会成员，他们可在申请的基础上被聘为本校相应学院的教授。本校的教授或其他人员在当选之后，按现行规定从原职位休假离职。校务会成员的薪水在公务员工资法的基础上根据公法特殊合同执行。

(5) 与上述第 4 款之规定相关的谈判在与校董会主席协商的基础上进行。

(6) 校长由柏林州政府任命，副校长由柏林州政政府中主管高等学校的负责人任命。他们在接受任命后行使职权时维护大学的利益。

（7）全校大会可通过三分之二的多数票弹劾校务会成员。

第 E 章　学院、系所和其他科学机构

§14　学院

（1）柏林洪堡大学下设学院和其他学术机构。学院是大学的基本组织单位，是集合相关学科、规模适度的单位。学院下设系所。

（2）学院在其职权范围内执行教学、学业与考试、科学研究以及促进青年学术人员的发展等任务。

（3）学院由校董会根据学术评议会的建议而设置、更改或者撤销。

（4）学院决策机构包括院务委员会、院务会、院长、教学副院长以及其他被授权的委员会。

（5）学院下设系所，决策机构包括系务委员会、系所主任，也可设副主任。

（6）自 2004 年 2 月 25 日起生效的《柏林洪堡大学自然博物馆条例》适用于自然博物馆，见 2004 年《法律与法令公报》第 94 页。

§15　学院内授权

（1）除了规章和条例规定的情况，个别事项或一类事项的决定权可以委托以下人员或机构：

1. 院务委员会授权院长；

2. 根据本章程第 24 条之规定，由院务委员会授权系务委员会以及校级研究中心；

3. 根据本章程第 24 条之规定，由院长授权系所主任或副主任；

4. 根据本章程第 24 条之规定，由系务委员会授权系所主任或副主任。

（2）根据《柏林高等学校法》第 45 条第 1 款之规定，上述第 1 款第 1 项和第 4 项所述的授权只要有一个群体全体反对就不能实行。如果权限已经转移，必须及时向所委托的机构汇报。

（3）可以收回授权。根据《柏林高等学校法》第 45 条第 1 款之规定，如果一个群体中的所有人都要求收回权限，那么必须收回上述第 1 款第 1 项和第 4 项所述之授权。

§16　院务委员会的规模

（1）院务委员会包括 13 名成员，分别为：

1. 7 名教授；

2. 2名学术助理人员；
3. 2名大学生；
4. 2名其他职工。

（2）下设专业较多的学院,经学术评议会批准,其院务委员会可以扩大至19名成员,分别为：

1. 10名教授；
2. 3名学术助理人员；
3. 3名大学生；
4. 3名其他职工。

（3）以下人员可以列席院务委员会会议,并有发言权和动议权：

1. 校务会成员或校务会委托人员；
2. 院务会成员；
3. 本章程第24条所规定的系所领导；
4. 学生会代表或相关专业学生会代表；
5. 人事部门代表；
6. 《柏林高等学校法》第59条所规定的妇女专员。

（4）不属于该学院的教授,可以在商讨其专业领域内的所有重要事务时发表意见。

（5）在不影响《柏林高等学校法》第47条第3款规定的情况下,在院务委员会就教授聘任人选、青年教授考评、大学执教资格授予,以及执教资格与博士学位条例的确定等事宜作出决定时,该学院所有全职教师至迟应在会议前两天收到通知,并参与决策；参与决策者应视为在院务委员会的高校教师代表。《柏林高等学校法》第47条第3款对此同样适用。

§17 院务委员会的职责

（1）院务委员会的权限如下：

1. 公布该院章程；
2. 选举和弹劾院长与副院长；
3. 就该院下设系所的结构提出建议；
4. 制定该院的结构与发展规划；
5. 决定该院教学、学习和研究的基本事务,特别是协调教学与研究工作；
6. 决定课程设置及课程开设的完整性；
7. 决定教授岗位的聘任人选；
8. 决定授予大学执教资格；
9. 决定对青年教授的考评；

10. 根据本章程第27条之规定,决定该院部门一揽子预算、院层岗位的使用、编外劳务人员酬劳的支付,以及事业费用的支配,按照本章程第24条分配给各系所的经费除外;

11. 决定该院的教学报告、教学评估报告、学业和考试条例;

12. 决定该院的女性促进计划;

13. 商议所有涉及全院的问题;

14. 决定跨学科中心对学院物力和人力的占用问题;

15. 在院务委员会权限所及的方面,与校务会达成目标和工作协议;

16. 每年召开一次由该院所有成员参加的全体大会,属于本章程第24条所规定系所结构的学院除外;

17. 就名誉头衔的授予提出建议。

(2) 院务委员会的成员在该院的所有委员会中都享有发言权和动议权。

(3) 院务委员会可以建立一个假期委员会,以处理紧急事项。

(4) 院务委员会可以制定其议事规程。

(5) 院务委员会的人事管理权根据本章程第26条而定。

§18 院务会

(1) 学院由院务会领导。院务会至少包括:

1. 一名院长;

2. 两名副院长;

3. 有建议权的行政负责人。

在院务委员会以三分之二多数表决通过,而且学术评议会以三分之二多数表示同意的情况下,该院可以只设一名副院长。院务会应至少有一名女性成员。

(2) 院长和副院长由院务委员会选举产生,任期两年;院务委员会可以三分之二多数弹劾院长和副院长。院长以及至少一名副院长必须是该院的全职教授;在上述第1款第3句规定的情况下,本款规定不适用于副院长。根据第4款所述之规定,副院长必须获得至少一张学生的选票,否则该次选举无效。

(3) 院务会按照集体原则进行工作,也可以授权其成员完成任务。

(4) 主管教学和学业的教学副院长,不能兼任考试委员会主席。经院务委员会同意,教学副院长可根据本章程第24条之规定将考试委员会主席的权力授予负责教学与学业的系所负责人。

(5) 依据《柏林高等学校法》第59条,妇女专员可以参与院务会的商议。

§19 院务会的职能

(1) 院内事务由院务会决策,由其他决策机构负责的事务除外。

（2）院务会的任务主要包括：

1．确保教学和考试工作有序进行，为科学研究提供支持；

2．制定预算草案，就院层岗位的安排以及编外劳务人员经费的使用提出建议；

3．处理日常的人事与行政事务，但校行政部门和人事部门主管权限内的事务除外。

此外，人事管理权根据本章程第26条而定。

（3）在紧急情况下，院务会可以代替院务委员会发出指令，采取紧急措施。这种紧急决议必须尽早得到院务委员会的许可。院务委员会的自主决定权不受影响。只要不触及第三人的权利，院务委员会可以改变或者撤销紧急决议。

（4）院务会成员在该院所有学术自主管理机构的委员会议上都有发言权和动议权。他们有义务通报其职务范围内的重要事务以及为各机构的决策提供信息。

§20　院长的职责

院长对内和对外都是学院的代表，他（她）主持院务委员会的工作，并且必须致力于确保该院成员有序完成其本职工作，特别是履行其教学和考试义务。院长有权向院内人员下达人事指令，只要该权限未被分配给教授或院内其他机构。院长必须定期向院务委员会汇报工作。

§21　教学副院长的职责

（1）教学副院长的中心任务是：

1．就课程设置和外聘教师经费的使用向院务委员会提出建议，落实课程的开设以及确保教学活动按照考试和学习条例有序实施；

2．组织制定考试与学习条例；

3．负责教学评估；

4．完成学院教学报告；

5．与相关专业的学生组织合作，对新生进行入学指导；

6．持续的教学改革。

（2）教学副院长是学院教学与学业委员会的当然成员。研究与教学部门的负责人、工作人员，以及从事学业咨询的学生助理都归教学副院长领导。

（3）教学副院长的工作有特殊的津贴。

（4）如果学生担任教学副院长之职，将获得薪酬，其学习年限的计算可适当放宽。薪酬金额视工作量以及学院规模而定。学术评议会制定有关细则。

§22 学院的专门委员会

(1) 院务委员会可以设立专门委员会以支持其工作,进行共商。院务委员会同时确定委员会的组成、任务和持续期限。院务委员会将考试与授予博士学位的决定权委托给专门委员会;细则参照考试条例和博士学位授予条例。

(2) 专门委员会成员从院务委员会内各个不同群体的代表中提名产生,其任期不超过院务委员会的任期。专门委员会的主席和副主席由委员会选举产生。考试委员会的主席不得兼任教学与学业委员会的主席。

(3) 院务委员会设立教学与学业常设委员会,其中学生占一半的席位与选票。其任务是:

1. 为教学副院长和院务委员会就学业和教学的基本问题提供咨询;
2. 制定学习条例和考试条例的草案;
3. 决定学院教学报告草案;
4. 根据《柏林高等学校法》第36条第5款第3项之规定,提供相关活动包括高级教学法活动的有关材料,参与教学评定;
5. 教学评估。

如果院务委员会根据本章程第24条之规定将教学与学业委员会的任务委托给系所,那么系所应设立其教学与学业委员会。

(4) 教学与学业委员会必须保证,所有专业及其学习与考试条例定期接受评估。第一次评估必须在第一届学生于规定的期限内完成学业之后进行。委员会向院务委员会呈交评估报告,就外部评估报告提出意见,提出修订学习和考试条例的修改意见,供院务委员会决策。

(5) 在科研和学术后备力量专门委员会中,教授和中层教师群体*至少各占三分之一的席位。

(6) 在进行教授聘任提名的专门委员会中,教授占多数。学术助理人员和学生有权参与委员会,原则上他们平分剩余的席位,但是委员会中学术助理人员与学生的总人数必须少于教授的人数。其他职工可以参与讨论。在教授招聘委员会中女性应当占半数,而且其中至少有两位女性学术成员。

如果院务委员会根据本章程第28条第2款之规定,并经校长许可至少包括两名外来成员,则不需要外部的鉴定意见。

(7) 在大学执教资格评定的专门委员会中,除教授外只有获得高校执教资格的成员有表决权。无相应资格的学术助理人员和大学生应具有参与讨论的机会;参与方式根据相关条例而定。

---

* 中层教师群体,指高校中劝教与教师这一级的中间层。——译者注

§23 共同委员会

（1）当多个学院需要面对共同任务时，可设立共同委员会。这也同样适用于不同高校的学院间的合作。

（2）参与各方的院务委员会决定共同委员会的任务、工作期限、人员构成和工作程序。

（3）学术评议会可要求各学院建立共同委员会。与上述第2款有所出入的是，学术评议会有权在听取相关学院的意见后组建共同委员会。

（4）能够为相关合作学院作出有约束性决定的共同委员会，其构成须符合本章程第16条第1款和第2款有关各群体的席位和表决权的规定。本章程第16条第3款的规定也相应适用。每个学院的代表由院务委员会根据各个成员群体的提名选出，学院代表可以不是院务委员会的成员。常设共同委员会的成员任期与所属学院的院务委员会任期一致。替补和补选的委员继续前任委员的任期工作。

（5）负责教授招聘提名、大学执教资格以及执教资格条例与博士学位授予条例的共同委员会应服从本章程第22条第6款的规定。本章程第16章第5条的规定也相应有效。

（6）共同委员会可以与校级研究中心相结合。

（7）当一个公共委员会被授权负责专业设置时，必须在决议中明确，参与各院的教学和学业由哪个委员会负责。

§24 学院的系所

（1）根据《柏林高等学校法》第75条之规定，系所由执行主任领导。与上述第一句有所出入的是，院务委员会可以根据申请，组成系所领导班子，具体包括一名执行主任和两名副主任。在这种情况下，一名系所领导成员主管教学与学业。

（2）执行主任在系务会决议基础上进行领导和管理。主任可以在紧急情况下代替系所委员会采取紧急措施，发布指令。紧急决议必须尽早得到系务委员会的确认。系务委员会的自主决定权不受影响。只要不影响第三人权利，系务委员会可以改变或者撤销紧急决议。根据本章程第15条之规定，可以将进一步的权限授予执行主任。按照本章程第18条第4款的规定，可以将管理教学与学业的权限授予副主任。

（3）系务委员会通过选举产生。根据《柏林高等学校法》第45条第1款之规定，系务委员会应包括四名教授以及其他群体代表各一名。与上述第一句有所出入的是，院务委员会可以根据建议，确定系务委员会的人员结构比为7:2:2:2。如果一个系所只有三名教授，那么在系务委员会上，教授的投票要加权乘以因数4/3；如果只有两名教授，那么教授的投票要加权乘以

2,如果特殊情况仅一名教授,则加权乘以4。

（4）系务委员会选举产生执行主任、副主任,即系务委员会成员。执行主任和一名副主任必须是该系所的全职教授。主管教学与学业事务的系所领导必须获得至少一张学生的选票,否则该次选举无效。系所领导在院务委员会中有发言权和提议权。系所领导可以凭借三分之二多数弹劾其成员。

（5）系务委员会决定系所的基本事务,包括分配职位、编外工作人员的薪酬以及教授的事业费用使用。根据本章程第15条之规定,系务委员会可获得其他职权;本章程第16条第3—5款以及第17条第3和第4款在相应的情况下适用。系务委员会每年至少召开一次该机构全体成员大会。

§25 跨学科中心

（1）除学院、系所、研究中心和中心机构之外,还可以建立跨学科中心。这些中心致力于教学、研究、青年学术队伍的培养以及学术性继续教育等方面的跨学科项目。各院或共同委员会在教学与学位授予上的权限不受影响。

（2）校董会可以根据学术评议会的申请,为学校成员相应的创新活动设立跨学科中心。

（3）学术评议会对必要的能力水平、跨学科性和计划的可行性进行考察,听取各相关学院的意见,并考虑其工作的完成情况。

（4）跨学科中心的成立期限最多为五年。经过考评之后可以延长。校董会可根据学术评议会的建议调整和撤销跨学科中心。

（5）跨学科中心的成员编制依然属于原来的单位。学术评议会根据中心的建议任命一名中心召集人。召集人必须是柏林洪堡大学的成员。

中心的组织和成员资格由内部章程规定,此章程须经学术评议会批准。相关群体的权利应根据《柏林高等学校法》第45条第1款得到保障。

§26 学院与系所的人事管理权

（1）分派给各个教授的全职和兼职人员的任用与解聘及其工作安排,由以下部门根据教授的建议而决定：

1. 根据本章程第24条之规定,在没有划分为系所的学院中,由院长决定；

2. 根据本章程第24条之规定,在划分为系所的学院中,由系务委员会决定,如果有系所领导班子,则由系所领导班子决定。

根据《柏林高等学校法》第59条之规定,必须有妇女专员参与以上决策。

（2）没有分派给教授的工作人员的相应事宜

1. 根据本章程第24条之规定,在没有划分为系所的学院中,由院务委员会决定；

2. 根据本章程第 24 条之规定，在划分为系所的学院中，由系务委员会决定。

若工作人员不属于任何系所，则其相应事宜由院务委员会决定。根据议事规程，可以将决定权授予院长或者系所领导。

（3）客座教授与特聘教师

1. 根据本章程第 24 条之规定，在没有划分为系所的学院中，由院务委员会决定；

2. 根据本章程第 24 条之规定，在划分为系所的学院中，由系务委员会决定。

（4）与《柏林高等学校法》第 120 条 1 款第 2 句有所出入的是，柏林洪堡大学的教师以及获得相应资格的学术助理人员可以根据院务委员会的决议，在本职工作之外——特别在教学工作量之外，可获得特聘合同，以从事继续教育的教学。此类教学活动可以获得报酬，前提是经费来自第三方或者有特殊的预算经费，而且本职工作未受到影响。

§27　部门一揽子预算

（1）学院、校级研究中心和中心机构获得部门一揽子预算，一揽子预算根据下述第 2 款之规定包括用于自主经营的资金、人员经费、事业经费以及投资方面的收入和支出。在部门一揽子预算中，人员经费与事业经费可相互挪用。一揽子预算按年度编制，经费可跨年度使用。各个部门自主负责其资源的使用。

（2）预算通过后，主管财政事务的副校长应向学术评议会通报一揽子预算的执行方案并听取意见。

（3）为提高部门一揽子预算的灵活性，加快其执行过程，校长可以根据本章程第 2 条第 3 款之规定，将有关权限，特别是人员经费方面的权限，授予各学院、研究中心和中心机构。

（4）院长可以在预算范围内拨出包括人员经费和事业经费在内的专项经费，用以促进创新和鼓励成绩，专项经费的使用必须向院务委员会通报。如有三分之二的院务委员会成员反对预算使用计划，则计划必须重新制定。

第 F 章　成员与参与决策

§28　教授与青年教授的聘任

（1）院务委员会招聘教授与青年教授时，原则上应当提出包括三名申请者的候选人名单。

（2）根据上述第1款之规定，院务委员会为此应设立一个教授招聘委员会。该委员会应当包括外来的成员。如果院务委员会经校长许可已聘请了至少两名外来招聘委员会成员，则不需要另行提供校外评审的意见。

（3）如果妇女专员在其权限范围内对聘任人选表示反对，则可以要求院务委员会提供校外专家的评审意见。

（4）学术评议会可以任命院外评议人以评判招聘过程。

§29　第二成员资格

（1）学院或研究中心的成员，只要具有相应的资格，并在工作上有必要或有实际需要，就可以同时是另外一个学院或研究中心的第二成员。第二成员资格的获得首先须经该成员作为第一成员的学院同意，以及接受其第二成员资格的学院的同意。如果第二成员资格严重影响保有该成员第一成员资格的学院的利益，原学院可以收回决定。第二成员资格可以随第一成员资格的结束而取消，或通过自愿放弃而取消，或通过接受其第二成员资格的学院或中心研究所的开除决议而结束。对于各系所的第二成员资格，上述第2句和第3句的规定同样适用。

（2）第二成员资格使该成员在此具有参与学术自主管理的所有权利。

（3）对于那些在多个专业注册的大学生，其选举权和被选举权由选举条例规定。

§30　选举权

年龄达到65岁的编外讲师、编外教授、名誉教授具有与退休教授相同的大学成员资格。

§31　退休后留职

（1）根据《柏林高等学校法》第45条第1款第1项之规定，全职教授退休后依然享有与教学相联系的种种权利，如讲课、参与考试以及博士学位和大学执教资格授予工作。他们有权指导研究工作，完成在退休前已开始的研究项目。

根据本章程第22条第6款之规定，如果不涉及其继任教授，院务委员会可以提名退休教授作为高校教师的代表参加教授招聘委员会。

（2）如有特殊理由，编外讲师、编外教授和名誉教授经院务委员会同意，可接受有明确期限的工作。

（3）当以上人员从事上述第1款和第2款所规定的工作时，大学没有义务提供相应的设备和报酬。

§32　招聘与辅助岗位

招聘的职位原则上要公开进行，学生助理职位原则上要在校内公开招聘。如有特殊理由，上述第1句规定可以例外。

§33　名誉教授与编外教授

（1）关于名誉教授的聘任需要两名专家——其中至少一名是校外专家——根据教授的水平要求，就候选人在学术或艺术方面的卓越成就提出鉴定意见，并在此基础上作出决定。

（2）校长根据学院的建议，在两名校外专家鉴定意见的基础上，经州政府主管高等学校的部门同意，可以为获得执教资格四年以上，并且在教学和研究上作出卓越贡献的编外讲师授予编外教授的头衔。此头衔在退休后依然有效。《柏林高等学校法》第117条第2款第3目不受影响。

§34　名誉职位

大学可以根据学术评议会的决议向有贡献的人士授予柏林洪堡大学名誉校参的称号。评议程序、条件以及称号的取消都由学术评议会依照规章处理。

第G章　地位平等

§35　禁止歧视

本校反对歧视，并在其工作中注意减少特别是针对女性职员和女性大学生的种种不利因素。本校注意满足残疾成员的特殊需求和外籍成员的特别要求。

§36　妇女专员的权利

《柏林高等学校法》第59条之规定不受影响。

§37　妇女专员及其代理人的选举；职务津贴

（1）全职的妇女专员及其代理由选举委员会在招聘并公开听证后选举产生。各部门中的妇女专员可以参加听证后的讨论。根据《柏林高等学校法》第45条第1款的规定，选举委员会由各群体的三位女性代表组成。她们由大学的女性成员选举产生，同时也按照同样的原则被选入全校大会。

（2）各部门中的妇女专员及其代理由该部门的女性成员通过投票箱选举或函选产生。各部门的选举指导委员会对此负责。

（3）如果学生担任学院或其他部门的妇女专员或代理之职，则可获得职务津贴。数额视工作量和学院规模而定。在计算其学习年限时，其工作应予考虑。学术评议会依照规章制定细则。

§38　性别专用语

在信件往来中以及法律文件和行政文件（包括学习、考试、博士学位授予和执教资格授予条例）中，必须使用中性的称谓或者同时使用女性和男性称谓。

第 H 章　学术管理机构成员的权利,议事规程与决策

§39　学术管理机构成员的法律地位;知情权

（1）任何成员都不得因其在自主管理机构中的工作而遭到歧视或得到偏袒。只具有参与讨论权的成员,除没有表决权外,与所有的成员享有同等权利。

（2）每位成员都有审阅公文的权利,并有义务对学术管理机构的负责人、校长或者院长的质询给出答复。如果问题涉及私人的或需要保密的信息,则必须遵循信息保护方面的法律规定。细则按议事规程予以处理。

（3）如果学生在学术自主管理机构中任职,在计算修业年限时,其工作应予考虑并可获得劳务费。上述第 1 款第二句之规定也同样适用于学生成员。细则由学术评议会制定。

§40　议事规程

（1）学术自主管理机构的委员会可制定其议事规程。根据《柏林高等学校法》第 47 条第 4 款第 3 句之规定,议事规程应以书面形式确定表决的过程。如果院务委员会、研究中心委员会以及有决策权的共同委员会没有议事规程,则以学术评议会的议事规程为准。

（2）根据第 5 条第 1 款所述之规定,如果学术评议会对各院、有决策权的共同委员会、校级研究所以及中心机构提交的有关规定有疑问,可以驳回,责令其复审。

（3）根据《柏林高等学校法》第 47 条第 3 款之规定,第一轮和第二轮表决之间应有至少一个星期的间隔;并力求协商沟通。

（4）在表决中被否决的每一名委员可要求:

1. 将其个人的意见写入会议记录（会议说明）;
2. 在转呈其他方面的决议中附加说明少数派意见。

会议说明必须在会议期间申明,并在会议结束后的第一个工作日提交。少数派意见必须在会议期间申明并在 14 天之内提交。

§41　群体否决权

（1）根据《柏林高等学校法》第 45 第 1 款第 2 项至第 4 项之规定,在有决策权的委员会中,有关科研、艺术项目、教学和教授聘任的表决,一旦遭到某一群体中所有成员的反对,则应当根据申请重新审议。这一规则也适用于无记名投票。在这种情况下,通过分组清点选票来确认群体否决。

（2）在群体否决的表决之后,应建立一个调查委员会。相应委员会的主席兼任调查委员会的主席。每个群体向调查委员会选派一名拥有表决权的全权代表。而投反对票的群体则拥有两票。调查委员会应拟出解决方案,用简单多数法进行表决,然后将该项事务移交给委员会进行最终表决,移交后同一个群体不能再投反对票。

（3）根据《柏林高等学校法》第 47 条第 3 款之规定,如果一项决议进行多轮表决,那么一个群体的群体否决票只能使用一次,即在第一轮投票或第二轮投票中使用。

（4）决议在委员会批准之后,必须即刻执行。在第一次表决和下一次会议之间,必须至少有一周的间隔。

第 I 章　图书馆、档案与大学收藏

§42　图书馆

柏林洪堡大学的图书机构构成统一的图书馆系统,为研究、教学和学习提供文献及其他——尤其是电子的——信息资料。图书馆系统分为大学图书馆和分馆,各分馆为大学中各分散的学术机构直接提供文献资料。

§43　档案与大学收藏

柏林洪堡大学的档案与大学收藏部门面向学术与行政领域,通过保管官方的文字材料和收购艺术作品,为大学的研究、教学、学习和管理提供支持,并为展示大学、下属机构及其成员的历史提供文献和艺术作品。

第 J 章　暂行条例和最终条例

§44　失效

下属文件已失效：

1. 颁布于 1990 年 10 月 15 日的《柏林洪堡大学章程》[《柏林洪堡大学通告》,1990 年 10 月 16 日第 90 号(10-17)]

2. 柏林洪堡大学专项基本规章,制定于 1992 年 4 月 29 日（1992 年 4 月 14 日全校大会决议）[《柏林洪堡大学官方公报》,第 1a 号/1992]

3. 柏林洪堡大学专项基本规章,制定于 1992 年 10 月 28 日[《柏林洪堡大学官方公报》,1993 年 3 月 23 日第 15 号/1993]

4. 关于教授参与院务委员会及其投票权的暂行条例[《柏林洪堡大学官

方公报》,1994 年 3 月 28 日第 14 号/1994]

5. 关于柏林洪堡大学名誉成员资格授予的暂行条例[《柏林洪堡大学官方公报》,1994 年 4 月 15 日第 15 号/1994]

6. 关于柏林洪堡大学专业名称的暂行条例[《柏林洪堡大学官方公报》,1994 年 8 月 16 日,第 39 号/1994]

7. 关于柏林洪堡大学各个学院与中心机构妇女专员选举的暂行条例,制定于 1997 年 1 月 17 日[《柏林洪堡大学官方公报》,1997 年 4 月 7 日第 12 号/1997]

8. 关于全职妇女专员及其副代表选举的暂行条例[《柏林洪堡大学官方公报》,1997 年 5 月 16 日,第 13 号/1997]

9. 关于自然博物馆教授的选举权的暂行条例[《柏林洪堡大学官方公报》,1997 年 11 月 5 日第 36 号/1997]

§45 生效

(1) 本章程自《柏林洪堡大学官方公报》公布之日起生效。

(2) 本章程的修订须经全校大会多数成员批准。修订案原则上必须至少经过两次大会讨论。章程修订后应在官方公报中重新公布。

(最新版本参阅 http://www.hu-berlin.de/ueberblick/dokumente/verfassung/standardseite。)

慕尼黑路德维希—马克西米利安大学基本章程

(Grundordnung der Ludwig-Maximilians-Universitat Munchen)

2007 年 6 月 15 日
及其 2009 年 2 月 5 日、5 月 18 日、9 月 15 日修订条款

主译人　戴甚彦　李　夏　祁　萌
校阅者　胡　蔚　戴甚彦

根据《巴伐利亚州高等教育法》第 13 条第 1 款第 1 句及第 99 条第 6 款，慕尼黑大学颁布以下条例。

I 总则

§1 法律地位和学院设置

（1）[1]慕尼黑大学（全称路德维希·马克西米利安·慕尼黑大学 Ludwig Maximilian München Unitversität）是依法享有自治权的独立法人，[2]属联邦机构。[*]

（2）男女平等是慕尼黑大学所有职能部门及委员会长期坚持的指导原则，学校所有政策、规范和管理措施均须充分考虑性别敏感问题（性别主流）。

（3）[1]慕尼黑大学由学院和行政部门组成。[2]为了加强跨学科合作，科研机构成员可自发结成工作单位（如研究中心）。[3]学校现已建立的学院如下：

---

[*] 本章程中所有上标号均代表德文本某一款中的句序，即 1 代表某一款中的第一句，2 代表第 2 句，等等。译者在翻译过程中有时根据中文表述习惯对原德文句进行了合并或拆分，特此说明。——译者注

  天主教神学院
  基督教神学院
  法学院
  企业经济学院
  国民经济学院
  医学院
  兽医学院
  历史与艺术学院
  哲学、科学哲学与宗教学院
  心理学与教育学院
  文化学院
  语言学及文学院
  社会学院
  数学、信息学与统计学院
  物理学院
  化学与药学院
  生物学院
  地质学院

  [4]学院也可划分为不同的科研机构（如系和研究所）和业务部门。慕尼黑大学医院是巴伐利亚自由州的公共机构，具有法律能力。

  （4）[1]为了保证大学对外形象的统一，慕尼黑大学使用"路德维希·马克西米利安·慕尼黑大学"的缩写"LMU"作为大学的徽志。[2]大学徽章设计手册中对徽志的使用规格进行了规定，该手册可通过此链接获得：http://www.uni-muenchen.de/ueber_die_lmu/cd/index.html。[3]其设计元素为一个历史图章，上方是圣母玛丽亚，下方是一本展开的书。[4]各学院在学校领导部门许可的情况下可使用自己的历史图章。

§2　科研机构和业务部门

  [1]科研机构及一个或多个学院下属的业务部门的管理、运行和使用，须遵守学校领导部门与各机构建立者共同公布的规定。[2]科研机构的领导机构至少由三个人组成，其中须有一名成员是学术科研人员。[3]学院的妇女问题专员在院级领导机构中具有表决权。[4]只有薪酬等级为 W2/C3 或 W3/C4* 的教

---

 *　W、C 分别为 Besoldungsordnung W、Besoldungsordnung C（新旧两套高等院校科研人员薪酬标准的简称）中的字母，新标准（W）从低到高分为 W1、W2、W3 三级，旧标准从低到高分为 C1、C2、C3、C4 四级。——译者注

授才有资格被推选为科研机构的院长或副院长。

§3　科学学院

¹物理学院、化学与药学院以及生物学院共同组成学院联盟"科学学院"作为协调跨学院事务的共同平台。²"科学学院"旨在推动跨院系研究、跨院系课程开设和科研后备力量培养方面的紧密合作。

§4　图书馆

¹图书馆是慕尼黑大学的核心部门，²由校中心图书馆和各院系图书馆组成，收藏了大学的全部藏书。³图书馆在一个图书馆管理和信息管理的协调框架下为大学提供文献和其他媒体资源。图书馆馆长为全职人员，有权对由高校与图书馆领导层共同制定的规定进行调整。

§5　教师培养中心

¹教师培养中心是慕尼黑大学针对教师培养领域而成立的一个核心科研部门。²教师培养中心负责协调大学中科研、教学、教师继续教育以及《巴伐利亚州高等教育法》中提及的公共事务领域中与教师培养有关的问题。³其主要任务是：

1. 支持和联络教师培养和中学教育研究领域中的研究活动；
2. 主要在学校实践研究的组织方面与中学和主管中学的政府部门建立合作；
3. 协调相关院系对教师培养专业考试和学制条例进行起草和修改；
4. 提供学习咨询；
5. 为教师提供继续教育；
6. 与第二级和第三级教师培养机构合作。

⁴教师培养中心的运行、所属成员和组织的具体细节由专门条例进行规定。

§6　成员及所属人员

慕尼黑大学的成员包括：
1. 专职从事学术活动的人员：
   a) 教授，
   b) 初级教授，
   c) 巴伐利亚自由州从事科研工作的人员，
   d) 承担特殊任务的教员；

2. 非全职从事学术活动的人员：
a) 名誉教授，
b) 编外讲师以及编外教授，
c) 教师事务专员，
d) 其他非专职从事学术活动的人员；
3. 不从事学术活动的大学全职职员和职工；
4. 学生；
5. 退职和退休教授；
6. 评议会名誉成员、名誉市民或校名誉成员；
7. 受资助在慕尼黑大学进行短期进修并认同相关科研机构领导和学校领导的科研工作人员或辅助科研人员，在资助时限内也被认为是大学的科研工作人员。（根据《巴伐利亚州高等教育法》第17条第2款第1句第2点）

§7 校名誉成员、荣誉市民、评议会名誉成员及名誉讲师

（1）高度关注学校事务，并将在相关领域为学校提供积极支持的非学校成员，经学校评议会决定可授予其"校名誉成员"称号。

（2）密切关注学校事务，并对学校的校园维护与建设有过持续贡献的非学校成员，经学校评议会决定可授予其"荣誉市民"称号。

（3）长期以来在政治上对学校作出过持续杰出贡献或在社会公共领域给予学校巨大支持的非学校成员，经学校评议会决定可授予其"评议会名誉成员"称号。

（4）[1,2] 校长可以在学院推荐的基础上对成功开设某项课程至少六年以上的教学专员授予"学校名誉讲师"称号。[3] 非慕尼黑大学成员亦可被授予此称号。

（5）名誉称号的授予程序参照评议会条例第1条至第4条。

II. 学校领导层

1. 学校领导层的构成

§8 校长委员会

（1）[1] 慕尼黑大学由校长委员会领导。[2] 该委员会由以下成员构成：

1. 大学校长；
2. 其他五位当选委员（副校长）。

³第2句第2点中所提及的委员（副校长）中有一位属于不从事学术活动的学校职员，全职负责财政及人事管理。

（2）¹校长委员会的职责是统筹领导全校的所有事务，其职权范围不得逾越《巴伐利亚州高等教育法》或本章程的规定。²委员会统领学校的日常运作，³决定大学的财政预算。⁴当涉及马克西米利安纽姆（Maximilianeum）和格奥格安奴姆（Geogianum）公爵基金的预算问题时，校级核心领导机构须事先征得基金代表的同意。

（3）¹学校领导层每学期召集学校中的妇女问题专员、科研部门及其他教职员工和学生代表召开一次会议，以实现其听证权利。²《巴伐利亚州高等教育法》第20条第1款第3句的第1小点在此仍然有效。

（4）若校长提前卸任，其他校长委员会成员在新的校级领导机构组建前也应同步结束任期。

（5）¹校长委员会在全体成员知晓、多数成员在场并有表决权的情况下拥有决策权。²此处本章程第69条第1款和第7款相应有效；不允许委托他人投票或投弃权票。³此外，第68和69条中对院级机构或其他委员会适用的相关规定对校长委员会不适用。⁴校长委员会可以制定议程对此作出进一步规定。

§9 校长

（1）¹校长由校务咨询监督委员会*推选，并向国家教育部提出任命建议。²校长任期共6年（含上任学期），允许连任。

（2）若出于重要原因，校务委员会可通过投票以2/3多数票罢免校长。

（3）¹校长对外代表大学，在核心领导部门中居于首席领导地位，负责召集校级领导层会议，执行领导层、校务委员会和评议会的决议，行使《巴伐利亚州高等教育法》第21条第8款至第13款所赋予的职权。²校长与副校长磋商决定各自的常务分工，并确定若校长或某位副校长不能行使职权的情况下其职责由谁、按什么顺序代理行使。³根据第8条第1款第3句的规定，副校长对校长负责。

§10 副校长

（1）¹5名副校长由校务委员会根据校长的提议投票产生。²除分管学校

---

* 以下简称"校务委员会"。——译者注

财政和人事的副校长之外，其他副校长的选举提名需包括该人选的分管领域及是否为全职。³此处《巴伐利亚州高等教育法》第 21 条第 9 款仍然适用。⁴若分管财政和人事的现任副校长被提名连任，校长应在选举建议中说明候选人的任期。

（2）¹除分管财务及人事的副校长之外，其他副校长中至少三名应从执教慕尼黑大学的教授中选举，可有一名非全职性科研工作人员（根据《巴伐利亚高等学校人事法》第 2 条第 1 款第 1 句第 3 点的规定）。²任期共三年（包括上任学期），允许连任。

（3）¹第 8 条第 1 款第 3 句中提到的分管财政及人事的全职副校长履行《巴伐利亚州高等教育法》或其他规章或管理条例中规定的校务长的任务和职权。²该副校长必须拥有高等教育学位以及多年从事行政管理或经济管理的工作经验。³该职位招聘说明须最迟在选举议程开始前六个月对外公布。⁴全职副校长任期三年，允许连任。⁵若现任副校长被提名连任，则无需对外发布职位招聘说明。⁶连任期限为每次三至六年。⁷全职副校长被暂时视为以私法为根据的公职人员。⁸若聘用一位终身于巴伐利亚自由州工作的公职人员在慕尼黑大学就任全职副校长，其任职期内休假为非带薪休假。⁹财政及人事副校长的代理事务参见《巴伐利亚州高等教育法》第 23 条第 4 款；其代理人同样属于学校全职行政人员。

（4）¹其他副校长在分工框架内负责各自的分管领域。²在此分工下，财政及人事副校长为其提供支持；《巴伐利亚州高等教育法》第 23 条第 3 款于此同样适用。³具体情况下，可依据本章程第 8 条第 5 款第 4 句对该条款进行相应调整。

（5）¹若出于重要原因，副校长可由校务委员会以 2/3 多数票罢免。²罢免全职副校长意味着终止其公职聘任合约。

2. 校长及其他学校领导层成员的选举

A）一般规定

§11　选举日程

（1）¹校长以及其他学校领导层成员的选举最迟应在当前任期结束之前两个月举行。²校长及其他学校领导层成员的选举安排，以及特殊情况下所必需的二次预备会议（见第 14 条第 3 款第 2 句）的安排须由选举委员会在选举前六周筹备并确定。³选举委员会主席须立即将选举日程以书面形式呈交学校领导层成员。

（2）在第 8 条第 4 款的情况下，除分管财政及人事的副校长外，其他副校长的选举应在选举确认后三个月之内由校长主持进行。

§12　选举委员会

（1）[1]选举委员会的职责是负责选举的组织工作。[2]该委员会构成如下：

1. 校务委员会副主席任选举委员会主席；
2. 其他成员共 4 名，分别是评议会中四个部门的代表，由评议会推举，均为大学成员。

（2）[1]同时，评议会还须为选举委员会主席以及本条第 1 款第 2 句第 2 点中提及的其他成员中具有教授身份的成员各推选一名候补成员。[2]选举委员会中其他群体的三名代表由经选举产生的候补委员担任，且此三人必须是非校务委员会成员。[3]如果一名成员卸任或因故无法出席，则其席位由候补委员填补。[4]选举委员会成员的卸任须由本人同意，并经投票通过。

§13　选举委员会的决定能力以及选举提名有效性

（1）[1]如果根据本章程之规定具有表决权的成员接到书面出席通知，且出席成员中半数以上具有表决权，则选举委员会有权作出决议。[2]通知须至少提前三天发出。

（2）[1]选举委员会最迟在距选举 12 天时确认选举提名的有效性和选票式样。[2]有效提名最迟在选举前 6 天在黑板上进行公示，并通知校务委员会成员出席选举会议。

§14　选举程序

（1）选举正式开始前，选举委员会主席为校务委员会成员主持预选会，会上介绍候选人的生平及经历，在场代表可向候选人提问，并允许其做自我介绍。

（2）[1]选举委员会主席向校务委员会成员递交书面出席邀请。[2]此邀请须至少提前一个星期发出。

（3）[1]如果章程规定的全体成员都收到出席通知，且多数成员出席，则校务委员会有权进行表决；在场成员的决定可以不考虑书面委托选票。[2]如果因校务委员会无法表决而需再次召集委员会成员，则无须考虑在场委员人数，校务委员会具有直接决定权；若第二次召集会议，即使处于没有教学任务的时期，校务委员会成员也须出席。

（4）[1]选举委员会确认校务委员会对选举有决定权。[2]此次会议无须介绍候选人,且候选人也无须接受问询。

§ 15　选票式样及投票

（1）选票上候选人姓名按字母排序。
（2）投票顺序以候选人名单上的姓名先后顺序为准。
（3）以下情况视为无效选票：
1. 字迹模糊,意图不明；
2. 无有效选举建议,如空白选票；
3. 超过规定选举人数；
4. 包含与候选名单无关的保留条件或附加条件。
（4）投票开始后,由表决人自行将选票投入票箱。
（5）[1]弃权票和无效票不计入票数统计。[2]委托选票在章程第69条第6段情况下有效。[3]不能通过信函投票。

§ 16　选举结果

（1）[1]在校务委员会监督下公开唱票。[2]选举结果由选举委员会确认。
（2）[1]选举结束后,选举委员会负责撰写备忘录。[2]该备忘录包含选举的过程和结果。[3]在校长选举的框架下,校长任命令由巴伐利亚州科教文化部办公厅签发。

§ 17　选票存档

[1]选举委员会负责将选票打包封存至下一次选举。[2]只有在对该次选举存在争议时,才能在选举委员会成员在场的情况下打开选票封条。

B）校长、财务及人事副校长的选举

§ 18　候选人名单的产生

（1）[1]校长办公室最迟在选举议程开始前六个月对竞选进行公开宣传。[2]上句对财政及人事副校长选举同样适用,除非存在第10条第3款第5句中提及的无须招聘说明的情况。
（2）[1]校务委员会主席和评议会主席根据所提交的竞选申请,最迟在选举前三周公布候选人名单。[2]共同候选人名单以个人的竞选申请及院长和校务委员会招聘结果确定之后所呈交的选举建议为基础。
（3）关于财务及人事副校长选举,校长根据之前的应聘申请,最迟应于选举前三周提交候选人提名。

§19 选举办法

（1）获校务委员会多数选票的候选人当选。

（2）[1]如果候选人中没有人获多数选票,则进行第二轮投票,此轮只针对第一轮投票中获票数最高的两位候选人投票。[2]获校务委员会多数票的候选人当选。[3]若两人票数一致,则进行第三轮投票。[4]如果选票依旧持平,则进行再一轮投票,选举委员会对此具有决定权。[5]此轮投票中,获得多数有效选票者当选。[6]若重新出现选票持平现象,则不再进行新一轮投票,此次选举视为无果。

（3）[1]在只有一位候选人参选且在第一轮投票中没有获得第一段中要求的多数选票的情况下,若此人在第二轮投票中获得多数有效选票则当选。[2]如果候选人在第一轮投票后没有证据显示此人在第二轮投票中能获得多数有效选票,则无须进行第二轮投票,此选举视为无果。选举委员会对此拥有决定权。

§20 选举的接受和拒绝、补选及重新选举

（1）当选者在被告知选举结果后一周之内向选举委员会书面报告是否愿意出任。

（2）若在上述期限内没有作出回应,则视为放弃出任。

（3）若当选者谢绝出任该职位,校务委员会和评议会主席在得到确认后须立即或在本条第一段规定的期限内提名新的候选人。

（4）若财政及人事副校长提前结束任期,则根据本章程第18条至20条重新举行选举。

C) 副校长选举

§21 候选人提名

（1）[1]校长至少在选举前四周提交至少包含四人的候选人名单。[2]如果提名人数不足四人,或不满足第10条第1款第2点的条件,则提名无效。

（2）[1]在选举委员会（根据第13条第2款第1点）确认名单有效性之前,被提名的候选人须提交书面同意。[2]这种书面同意并不保证候选人接受选举结果。[3]候选人名单一旦确定,候选人不能撤回同意书。

§22 选举程序

（1）[1]若候选人名单人数超过四人,则每位具有表决权的代表都有四张

选票。²每人只能将此四张选票投给四位不同的候选人。³当选校长委员会副校长及校务长的四人必须是获得校务委员会多数票,且是其中得票数最多的四个人。⁴如果票数一致,则需进行专门投票,获有效票数多数的候选人当选。

(2)¹本条第1款中,若第一轮选举没有产生四名校长委员会的其他成员,则进行第二轮投票,以决定剩下的名额。²只有上轮选举中没有获选的候选人拥有此轮选举的被选资格。³每位拥有表决权的代表有四张选票用于选举余下校长委员会人选。⁴此处本条第1款第2句相应有效。获最高有效票数的候选人当选;若票数出现持平,则参见本条第1段第4句。

(3)¹如果候选人名单正好四人,则每位代表有一票。²如果该名单获得校务委员会中超过半数的选票,则名单通过。³如果第一轮投票结果没有达到第二条中要求的多数,则第二轮投票只有获多数有效选票,名单才被通过;此处第19条第3款第2句相应有效。

(4)其他情况参照第20条的有关规定。

§23 补选

(1)若校长委员会中的某位非校长成员提前卸任,则为该职位余下任期进行补选。

(2)补选日程需在该成员卸任后立即由选举委员会确定,选举必须在其离任六周内进行。

(3)补选候选人名单人数至少要与校长委员会空缺人数一致。

(4)其他情况参照第21条和第22条的有关规定。

III 全校代表扩大会议

§24 组成及职责

(1)¹全校代表扩大会议由以下成员构成:
1. 学校领导层中具有表决权的成员;
2. 各学院院长;
3. 学术工作人员代表;
4. 非学术工作人员代表;
5. 学生代表;
6. 妇女问题专员。

²其中第 3、第 4 和第 5 类成员分别由学术工作人员联合会、非学术工作人员联合会及学生专业联合会举荐,由学校领导层在此基础上任命;这些成员不能同时兼任评议会成员。³第 3 和第 4 类成员任期 4 个学期,第 5 类成员任期 2 个学期。⁴若第 3、第 4 和第 5 类成员中有未能出席的,则由其候补成员出席,候补成员拥有建议权。⁵与大学附属医院利益直接相关,且无法由医学院院长代表的议题,由医院医务主任列席会议并给予建议。

(2) 全校代表扩大会议由校长主持。

(3) ¹全校代表扩大会议依法履行职责,尤其须遵守《巴伐利亚州高等教育法》第 24 条第 3 款第 2 点至第 5 点。²此外,根据本章程第 27 条,该机构还参与各核心委员会成员的选任,³每学期至少召开两次会议。

IV 其他核心机构

§ 25 评议会

(1) ¹评议会由以下成员构成:

1. 拥有表决权的成员:

a) 十名高校教师代表(参见《巴伐利亚州高等教育法》第 17 条第 2 款第 1 句);

b) 两名学术工作人员代表;

c) 两名非学术工作人员代表;

d) 两名学生代表;

e) 妇女问题专员及其常务代表。

2. 不具有表决权但具有建议权的成员:

a) 学校领导层成员;

b) 附属医院医务主任,其在直接涉及医院利益的议题上有建议权;

c) 图书馆馆长,其在直接涉及图书馆的事务上有建议权。

²作为对《巴伐利亚州高等教育法》第 25 条第 1 款第 3 句的补充,根据第 1 句第 1 点的规定,下列由不同专业共同组成的四个学科门类中,每个学科门类在评议会中的席位不能超过三个:

• 人文学科(天主教神学院,基督教神学院,历史与艺术学院,哲学、科学哲学与宗教学院,文化学院,语言学与文学院)

• 法律、经济与社会学科(法学院、企业经济学院、国民经济学院、心理学与教育学院、社会学院)

- 医学学科（医学院和兽医学院）
- 自然科学学科（数学、信息学与统计学院，物理学院，化学与药学院，生物学院，地质学院）。

[3]第56a条第1款中学生专业联合会中选出的候补代表有权列席旁听评议会会议。

（2）本条第1款第1句第1点中的[a]—[c]类成员由其所属群体成员共同选举产生。

（3）[1]根据第26条第1款第2句的规定，评议会在其选举组织的会议上，从在校务委员会任职的大学所属成员中选举出评议会代理主席以及一名代理副主席，其中代理主席负责召集并主持评议会会议。[2]在评议会选举产生代理主席之前，由校长负责主持会议。[3]同时，校长任命两位选举顾问。[4]每个有表决权的评议会成员可以对主席及副主席人选进行提名。[5]主席候选人名单在选举进行前提交，且须事先征得被提名者同意。[6]选举采取投票决定的形式，其过程不对外开放。[7]每名代表在主席和副主席选举上分别各有一票。[8]评议会主席及副主席分别由获得有效选票超过半数的候选人当选。[9]如果在第一轮和第二轮投票中均未产生获得半数以上选票的当选人，则在第三轮中对第二轮投票中获最高票数的两位候选人进行最终投票。[10]此轮投票中获得有效选票超过半数的候选人当选。[11]若票数持平，则由校长抽签决定主席人选。

（4）[1]评议会根据《巴伐利亚州高等教育法》第25条第3款的有关规定履行自己的职责。[2]此外，评议会的职责还包括：

1. 推动教学和科研领域中的男女平等；

2. 对学校教学科研工作做公开报告，对科研后备力量的培养和男女平等的实现发表意见（《巴伐利亚州高等教育法》第10条第1款）；

3. 支持学校教学和科研质量保障过程，促进科研后备力量的培养以及男女平等，并接受法律规定的定期外部评估（《巴伐利亚州高等教育法》第10条第2款）。

（5）除此之外，

1. 评议会为大学校领导行使职能提供咨询和支持；

2. 根据本章程第27条，任命学校各中心委员会负责以下事务的常务委员：

a) 发展战略问题，包括学校财务预算分配以及财务和预算法方面的基本问题；

b) 科研活动、科学后备力量的培养以及研究生培养；

c) 学习及本科教学问题；

d) 对大学成员或前大学成员的学术违规行为进行调查,具体调查程序根据评议会的方针进行调整;

3. 评议会或者由评议会设立的委员会根据校领导公布的账目,对财政预算执行进行审核,并发布审核报告;

4. 决定大学整个图书馆系统的基本原则;

5. 每年一次,对慕尼黑大学的决策过程发表意见,对本章程中第 64 条中规定的基本原则提供建议;

6. 在本章程或《巴伐利亚州高等教育法》规定的范围内,制定相应条例或章程,任命董事会(见第 31 条)和东正教神学共同委员会(见第 42 条)中所代表的各团体以及其他科学研究机构、委员会的成员。

7. 负责各专业招生名额分配(参见附录第一条第 2 款)。

§26 校务委员会[*]

(1)[1] 校务委员会由以下成员构成:

1. 拥有表决权的成员:

a) 8 名选举产生的评议会成员,第 25 条第 1 款第 1 句第 1 点中列举的[a]—[d]所代表的成员群体在这 8 人中所占比例分别为 5∶1∶1∶1;

b) 8 名科学和文化领域,尤其是商界和职业实践领域里的校外人士。

2. 拥有建议权的成员:

a) 学校领导层成员;

b) 大学妇女问题专员。

[2] 校务委员会中评议会成员代表以及每个群体的候补成员的选择,取决于评议会组阁会议依据评议会中代表团体的意见。[3] 校务委员会中评议会成员的任期与第 25 条第 1 句第 1 点列举的[a]—[c]涉及的成员的任期一致,均为四个学期;学生代表的任期为两个学期。[4] 学生代表及其候补代表将在任期结束之前,由评议会于夏季学期最后一次代表大会上在宣布高校选举结果之后重新任命。[5] 如果校务委员会中评议会成员代表提前卸任,且无候补成员,则剩下的任期须进行追加任命。[6] 校务委员会召开会议须邀请州总理办公厅相关人员出席。

(2)[1] 关于第 1 句第 1 点 b 小项中校外成员的任命,学校领导首先提出一份 8 人的建议名单。[2] 该名单由州总理办公厅共同参与投票表决。[3] 校务委员会的校外成员可对提名建议发表意见。[4] 建议名单必须随后经评议会确认,后者对名单拥有整体通过权或否决权。[5] 若评议会没有通过该名单,则校领导

---

[*] 此处的校务委员会即是前述第 9 条的校务咨询监督委员会。——译者注

必须重新提交一份建议名单,名单的通过及确认过程遵照上述流程。⁶任命由州总理执行。

(3)¹校务委员会在组阁会议上从校外成员中选出一位主席。²此处本章程第 25 条第 3 款相应有效。评议会副主席对主席负责。

(4)¹学校领导层行使职能过程中,校务委员会为其提供咨询和支持。²校务委员会有权在引入、变动及取消学位课程之前,从战略发展的角度对此发表意见。³为此,学校领导层每学期至少要向校务委员会提交一次需要引入、变动或取消的学位课程。⁴此外,校务委员会须根据《巴伐利亚州高学教育法》第 26 条第 5 款第 1—6、8—10 点和第 12 点以及第 2 句的规定依法履行职责。⁵根据《巴伐利亚州高等教育法》第 73 条第 6 款第 2 句,校务委员会或由其组建的委员会负责依据学校领导层的财务规定对学校财务预算的执行情况进行审核,并发布预算报告。⁶校务委员会每学期至少召开两次会议。

V 中心委员会

§ 27 发展规划委员会

(1)¹发展规划委员会(University Advisory Board)是为解决学校战略发展问题而建立的常设委员会,其职责为向学校领导层、全校代表扩大会议和评议会提供咨询和支持。²发展战略问题包括在德国研究协会(DFG)和科学委员会在联邦及各州范围内推广的旨在推动德国高等学校科学研究的"卓越计划"*框架下,特别是慕尼黑大学针对第三条资助线成功获批及其未来构想申请:"慕尼黑大学精英:工作的头脑—联网的思维—生活的知识"框架下,制定及反思慕尼黑大学办学方针和发展理念。³除此之外,该委员会还负责撰写学校内部事务之实施和相关权利的介绍,此内部事务包括学校校园规划与建设问题。⁴发展规划委员会还需对具有重要战略意义的教授席位的聘用和填补发表意见,⁵支持全校代表扩大会议对学校发展规划的制定,并对院系发展规划以及大学整体结构规划提供咨询评估及建议草案。⁶同时,该委员为校领导与州总理办公厅旨在达成共同目标的谈判提供咨询,并为校级领导部门与各院系达成一致目标给出建议。⁷它只响应学校领导层、全校代

---

* 卓越计划是德国联邦和各州政府于 2006 年开始实施的旨在促进德国大学尖端研究、提高德国大学国际竞争力的一项科研资助战略。该战略共有三条资助线,分别为:"研究生院"、"卓越集群"和"未来构想"。——译者注

表扩大会议和评议会的要求。⁸发展规划委员会只负责拟订方案,或为具体决定作准备。⁹其所制订的方案由学校领导层、全校代表扩大会议以及评议会在法定框架下以及资金许可的情况下予以实施。

(2)¹发展规划委员会的构成如下:

1. 六名教师(根据《巴伐利亚州高等教育法》第17条第2款第1句第1点);

2. 两名学术工作人员;

3. 一名非学术工作人员;

4. 一名学生代表;

5. 妇女问题专员;

6. 校务长以及校领导中校长之外具有表决权的一名领导。

²第1至第4类成员必须同时是全校代表扩大会议成员或评议会成员。³评议会与全校代表扩大会议共同协商决定这些成员的人选,并根据需要的可能性为每个群体指定一名候补成员。⁴评议会中的教师群体代表有权对发展规划委员会中的教师代表人选发表建议;同样,学术工作人员、非学术工作人员及学生联合会有权对发展规划委员会中各自的代表人选发表建议。⁵通常情况下,成员最多只能连任一次;作为候补成员的时间或为填补空缺而上任的时间不计算在任期之内。⁶每届任期四个学期,每次任期从10月1日开始。⁷如果成员提前卸任,且没有候补成员,则重新任命一人填补其余下任期,决定人选的过程同前。

(3)《巴伐利亚州高等教育法》第25条第4款在此处仍然有效。

(4) 发展规划委员会主席及副主席由第2款人员构成中的第一类成员即高校教师担任。

(5) 委员会主席须向评议会汇报工作。

§28 科研委员会

(1)¹科研委员会(University Research Board)是为促进学校科研和科研后备力量的培养而建立的常设委员会,²其职责是向学校领导层、全校代表扩大会议和评议会提供有关跨院系研究及基础研究的咨询和支持,尤其是对研究质量控制、研究计划及重点的促进和协调提供建议。³此外,如果根据分派原则或其他规定没有赋予其其他职责,科研委员会还会为科研后备力量的培养事务提供咨询,以及负责对相关项目提案进行审核(《巴伐利亚州高等教育法》第25条第3款第2句)。⁴第27条第1款第7至9句以及第3至5款在此处相应有效。

(2)¹科研委员会构成如下:

1. 四名慕尼黑大学教授(《巴伐利亚州高等学校人事法》第 2 条第 1 款第 1 句第 1 点);

2. 至少两名校外大学教师(《巴伐利亚州高等学校人事法》第 2 条第 3 款第 1 句);

3. 两名慕尼黑大学青年学术工作者。

[2]本款 1 和 3 中的成员不能同时为全校代表扩大会议成员或评议会成员。[3]以上三组人员均由评议会根据全校代表扩大会议的建议选定。[4]关于连任与补选的规定见第 27 条第 2 款。[5]校领导可随时听取科研委员会的工作报告,委员会可邀请一位校领导出席委员会会议。

(3) 科研委员会提出的议案由大学校领导实施,且经学校领导层同意,学校妇女问题专员有权参与表决。

§29 教学委员会

(1) [1]教学委员会(University Teaching Board)是向校领导、全校代表扩大会议和评议会提供本科教学工作方面的咨询和支持的常设委员会。[2]该委员会参与学校专业设置的改革与发展,对教学质量的保障施加影响。[3]此外,该委员会可对教务部门提交教学报告时所需涉及的内容作出规定(《巴伐利亚州高等教育法》第 30 条第 2 款第 4 句)。[4]教学委员会根据教学报告对学校教学环节提出改进意见,并就此与教务部门及学生专业代表*紧密合作。[5]其他相关规定参见第 27 条第 1 款第 7 至 9 句,第 3 款第 3 至 5 句。

(2) [1]教学委员会成员构成如下:

1. 四名教授(《巴伐利亚州高等学校人事法》第 2 条第 1 款第 1 句第 1 点);

2. 一名学术工作人员;

3. 至多两名教学及考试管理部门的非学术工作人员;

4. 四名学生;

5. 妇女问题专员。

[2]除妇女问题专员外,其他成员必须不能是全校代表扩大会议或评议会的成员。[3]上述成员的人选均由扩展委员会与评议会共同协商任命。[4]第 27 条第 2 款第 4 至 7 句和第 28 条第 2 款第 5 句在此处相应有效。

---

* Fachschaftvertretung:一个由某专业学生组成的团体。这个团体可以提供很有价值的内部消息,比如关于本专业讲师、教授、论文以及考试的情况。特别是新生和外国学生可以从这里得到合理安排学业的有益建议。——译者注

§30 学术调查委员会

（1）¹学术调查委员会是一个负责对破坏学术规范事件进行立案调查的常设委员会，如果根据学术自检专员的预调查，确有学术违规嫌疑，则向校领导提交有关事件处理办法的建议。²具体实施过程以评议会的原则为准。

（2）¹学术调查委员会成员构成如下：

1. 五名教授（《巴伐利亚州高等学校人事法》第2条第1款第1句第1点）；
2. 两名学术工作人员；
3. 一名研究生；
4. 妇女问题专员。

²相关规定参见本章程第27条第2款第3—7句、第3款和第4款，以及第28条第2款第5句。³如果第1句第3点中涉及成员无法出席，则其候补成员有权参与会议并拥有建议权。

VI 董事会

§31 职能及所属成员

（1）¹董事会的职责是维护学校的社会利益，²促进大学使命的实现。

（2）董事会成员由与学校有特别联系的人士构成，至多25人。

（3）¹董事会成员由评议会提名任命，任期三年，²可连任，³但不允许由他人代表。

（4）董事会从其成员内部选举一名主席及一名副主席。

（5）¹董事会主席每年度至少召集董事会会议一次。²学校领导层有权申请董事会召开其他会议。

VII 学术工作人员联合会及职工联合会

§32 学术工作人员联合会

（1）¹学术工作人员联合会由各院系科研机构和其他研究中心的学术工作人员组成，旨在代表该团体利益，协调团体内日常工作，保持彼此信息通畅。²如果学校妇女问题专员本人或其代表是学校学术工作人员，则其在学术工作人员联合会中具有表决权。

（2）学术工作人员联合会从其内部选举一名主席以及至少两名副主席。

（3）学术工作人员联合会对学校各中心委员会（科研委员会除外）中的学术工作人员代表人选具有建议权。

（4）学术工作人员联合会可自拟章程。

§33 非学术工作人员联合会/职工联合会

（1）¹职工联合会由各院系科研机构和其他研究中心的非学术工作人员组成，旨在代表该团体利益，协调团体内日常工作，保持彼此信息通畅。²学校公平问题专员本人或其代表在非学术人员联合会中具有表决权。

（2）职工联合会从其内部选举一名主席以及至少两名副主席。

（3）职工联合会对发展规划委员会（第 27 条）和教学委员会（第 29 条）中的非学术工作人员代表人选具有建议权。

（4）职工联合会可自拟章程。

VIII 学院

1. 院长

§34 任期和选举

（1）¹院长由院务委员会从本院教授中选出。²院长的任期总共四个学期；每届从 10 月 1 日开始。³任期满后允许经重选连任。⁴若原任院长提前卸职，在余下任期内立即实行补选。⁵学校领导层可根据《巴伐利亚州高校教育法》第 28 条第 1 款第 4 句解除院长的职务。

（2）¹院务委员会可决定，院长在某段任期之内全职工作。²同时，院务委员会亦可不采纳第 1 款第 1 句中的规定，而是决定在某一段任期内非本学院及非本校人员也可参加院长竞选；此候选人必须大学结业，并基于多年工作经验，特别是在科学、经济、管理或司法方面的工作经验，可胜任这个职务。³任期六个学期；可连任。⁴《巴伐利亚高等教育法》第 22 条第 3 款在此处相应适用。

（3）¹院长选举最迟在前任院长任期满前两个月进行。²本条第 2 款第 2

句中的供任职位须最迟在选举日前六个月公示。

（4）¹院务委员会的组成中需有一名选举负责人和一名副职负责人，委员会决定是否需要在选举前进行讨论。²选举负责人负责决定：

1. 接受候选人提名的截止时间；
2. 产生候选人名单的时间和地点；
3. 关于候选人提名的可能的讨论时间和地点，候选人提名是经学院领导同意后形成的；
4. 选举的时间和地点。

³选举负责人立即书面通知院务委员会成员和学校领导层选举日期。

（5）¹院务委员会的每个成员都可以在本条第4款第2句第1点规定的时间内，向选举负责人书面提名本学院的一名教授竞选院长。²院务委员会根据选举的基本原则，以及在本条第2款第5句的情况下根据申请的基本原则，制定候选人提名名单，名单上的候选人姓名按照字母顺序排序。³依据本段第1句收录在候选人提名名单中的被提名者需在候选人提名名单通过前向院务委员会提交成为候选人的同意书。⁴此同意书不承诺接受选举结果。⁵此同意书在候选人提名名单生成之后不可撤回。

（6）¹选举负责人最迟在候选人提名通过前一周，把经确认的候选人提名和在本条第2款第5句情况下经确认的申请通知给各院务委员会成员，并书面邀请其参与制定候选人名单。²若选举负责人被提名，则由其代理人接管选举的负责事项。³若二者均被提名，院务委员会需指定一名新的选举负责人。

（7）¹院务委员会仅依据匿名表决中提交有效投票的多数，决定候选人提名名单中候选人的参选资格。²院务委员会须向学校领导层提交候选人名单，以获得其同意。

（8）¹学校领导层决定是否同意由学院提交的候选人提名名单。²若被提名的候选人中无人得到学校领导层的同意，则依据本条第5款至第7款立即重新制定新的候选人提名名单；此决定需有院务委员会在场。³若候选人提名名单没有在指定的选举日期前形成，学校领导层在提名的基础上根据第5款第1句以及第2款第5句的情况，在个人申请的基础上制定候选人提名名单。⁴其他规定参见本条第5款第3句至第5句。

（9）¹选举负责人最迟在选举日期前一周将附有学校领导层同意的执行候选人提名名单通报院务委员会成员，并书面邀请其参加可能进行的讨论和参加选举。²选举采取匿名投票的方式。³弃权票与无效投票不计入有效选票；根据第69条第6款允许投票权的委托；可通过信件选举。⁴获有效选票多数者当选。⁵若第一轮投票中有两人票数持平，则根据选举惯例实行最终选举。⁶若票数依旧持平，则由选举负责人抽签决定。⁷若经学校领导层同意的候选人提名名单中仅有一名候选人，则院务委员会可以考虑不进行选举，如是则第 1 句到第 6 句不必应用。

（10）¹选举负责人需立即向被选举者通知选举结果。²若参选者在得到通知的三天之内没有由于重要原因拒绝选举结果，选举结果即被认可。³该原因是否适当，由院务委员会决定。⁴第 2 句到第 3 句在被选人不属于该学院或该学校时不生效；在选举结果不被认可的情况下无须进一步考核即刻实施新的选举。

2. 副院长

§35　任期与选举

（1）¹副院长由院务委员会在新选出的院务委员会第一次会议上从本院教授中选出。²任期共四个学期；每次从 10 月 1 日开始。³此处参见第 34 条第 1 款第 3 至 5 句。⁴在职副院长继续履行职责至举行继任者选举为止。

（2）¹选举根据院长的提名进行，由院长领导。²此处准用第 34 条第 5 款第 3 至 5 句。³最迟在选举日期一个星期前由院长将其选举提名通知给院务委员会各成员并书面邀请其参加选举。⁴此处准用第 34 条第 9 款第 2 至 6 句及第 10 款第 1 至 3 句。⁵若候选人提名中仅有一名候选人，则只需进行一轮选举流程即可。⁶若选举没有产生结果，院长当立刻进行新的选举提名；具体过程参见本段第 2 至 5 句。

（3）¹若该学院由学院董事会*领导，须选举出三名副院长，则选举提名必须包括至少三人的姓名，其中可有一名学术工作人员。²若选举提名包含三人以上，则每位有选举权的代表可投三票。³每位有选举权的代表只能给每个候选人投一票。⁴在所提交的有效投票中得票最高的前三人当选副院长；根据选举惯例在票数相同的候选人中进行最终选举。⁵若票数仍旧持平，则由选举负责人抽签决定。

（4）¹若在第 3 款第 1 句情况下选举提名包含三人的姓名，每位有选举权的代表可投一票。²若其获得提交的有效选票的绝对多数，则选举提名通过。

---

*　原文为 Fakultätsvorstand。——译者注

3. 教务长

§36 任务、任期与选举

（1）¹教务长是有表决权的院务委员会成员。²若该学院有多名教务长，则他们自行决定由谁在院务委员会中承担代表责任。³教务长的任务参见《巴伐利亚州高等教育法》第 30 条第 2 款。

（2）¹每个学院由院务委员会从本院教授中选举出一名教务长，第 3 款中的情况除外。²教务长任期共三年，从 10 月 1 日开始。³允许任期满后重新获选。⁴若原任教务长提前离职，则应立即对其余下任期进行补选。⁵不允许通过选举罢免教务长。

（3）在下列学院中根据学制或专业结构，对以下规定领域须分别选出一个教务长：

1. 医学院：
a）人类医学专业第一学习阶段；
b）人类医学和公共健康与流行病预防专业的第二学习阶段；
c）牙医专业；
2. 历史与艺术学院：
a）历史学专业；
b）艺术学与其他专业；
3. 文化学院：
a）考古学系及其他重点前沿学科；
b）其他学科，尤其是人类学及其他重点亚洲学专业；
4. 数学、信息学与统计学院：
a）数学系；
b）信息系；
c）统计学系；
5. 化学与药学院：
a）化学与生物化学系；
b）药学与制药科学专业；
6. 地质学院：
a）地理学专业；
b）地球科学专业。

（4）¹学院教务长共同组成教学工作小组，²并选出一名工作组组长，³负责每学年至少组织一次全学院范围的教学工作讨论有关事项;每次讨论须邀请各院务委员会的一名学生代表参会。

(5)[1]教务长的选举最迟在其任期开始前两个月举行。[2]院务委员会从委员会成员中选定一名选举负责人和一名代理,并决定是否需要在选举前进行讨论。[3]选举负责人负责确定以下事项:

1. 接受候选人提名的截止时间;
2. 产生候选人名单及可能进行讨论的时间和地点;
3. 选举的时间和地点。

[4]选举负责人立即向院务委员会成员和学校领导层书面通知选举日期。

(6)[1]院务委员会的每个成员都可以在第5款第3句第1点规定的时间内向选举负责人书面提名本学院的一名教授竞选教务长。[2]此处第34条第5款第3至5句相应有效。[3]最迟在选举日期一周前,选举负责人要把经确认的候选人提名通知给各院务委员会成员,并书面邀请他们参加可能进行的讨论和选举。[4]其他规定参见第34条第9款第2至6句、第10款第1至3句及第35条第2款第5句。

4. 科研主任

§ 37　任务、任期及选举

[1]院务委员会可从本学院教授中选举出一名科研主任,其职责是支持并在个别情况下对学院内的研究计划进行协调。[2]其他规定参见第36条第2款第2至5句,第5款和第6款。[3]此处第40条第2款第2点仍然有效。

5. 院务委员会

§ 38　成员

(1)[1]院务委员会成员构成如下:

1. 院长;
2. 副院长,若该学院由学院董事会领导则可包含多名副院长(参见第40条);
3. 教务长,若该学院有多个教务长,则为其中的代表(参见第36条第1款第2句);
4. 六名高校教师代表(参见第17条第2款第1句第1点);

5. 两名学术工作人员代表；

6. 一名非学术工作人员代表；

7. 两名学生代表；

8. 学院妇女问题专员。

²若该学院由学院董事会领导，则院长助理有权被邀请参加院务委员会会议。

（2）¹以下学院中，在第1款第1句第4至7点中涉及团体代表的人数翻倍：

1. 医学院（《巴伐利亚州高等教育法》第34条第2款第2句）；

2. 兽医学院（《巴伐利亚州高等教育法》第31条第1款第3句结合《巴伐利亚州高等教育法》第34条第2款第2句）；

3. 心理学和教育学院；

4. 文化学院；

5. 语言学及文学院；

6. 社会学院；

7. 化学与药学院。

²以上学院中常务妇女问题专员为院务委员会有表决权的成员。³此处，《巴伐利亚州高等教育法》第31条第1款第3句和第34条第2款第3至5句仍然有效。

§39　学院教授的参与

¹在有关获取授课资格的问题上，本学院所有教授都有权根据相关规定参与制定与各自授课资格相关的规章，并在此过程中拥有表决权。²在遵守惯例期限和已确定日程的情况下，他们由院长邀请参加有关该类事项的会议，并在会议上发表建议和进行表决。³院务委员会成员以及根据第1句有参与权的教授的投票结果将分别统计。

6. 学院董事会

§40　成员和任务

（1）以下学院由学院董事会领导：

1. 企业经济学院；

2. 哲学、科学哲学院与宗教学院；

3. 物理学院。

（2）学院董事会成员构成如下：

1. 院长；
2. 三名副院长，其中一名履行科研主任的职责；
3. 教务长，或在第 36 条第 3 款的情况下从教务长中选出的代表；
4. 学院妇女问题专员。

（3）[1]院长任学院董事会主席。[2]院长决定哪一个副院长在其不能行使职责的情况下代替其行使职责。

（4）[1]学院董事会根据《巴伐利亚州高等教育法》第 28 条第 3 款第 2 句第 3 至 8 点及第 10 点行使职责。[2]其活动，尤其是关于使用由学校领导层指定的人事、财务和场所资源的决定，须遵守学校领导层公布的各学院董事会行为规定。

（5）[1]若该学院由学院董事会领导，则为方便该院管理可为院长配备一名院长助理，其人选由学院董事会指定。[2]院长助理列席学院董事会会议并可发表建议。[3]该院章程须在第 4 款第 2 句的前提下对院长助理的权利进行规定。

7. 学院发展规划委员会

§41 成员和任务

（1）[1]每个学院可以配备一个委员会（Scientific Advisory Board）作为学院常设发展规划委员会，就学院发展问题向院长或院董事会和院务委员会提供建议和帮助。[2]此处第 27 条第 1 款第 7 至 9 句相应有效。

（2）[1]委员会成员构成如下：

1. 两名本学院教授；
2. 两名非本学院教授；
3. 两名非本学院学术人员；
4. 两名青年学术工作人员；
5. 学院妇女问题专员。

[2]除学院妇女问题专员以外，所有上述成员人选由院务委员会根据院长的提名确定。[3]此处第 27 条第 2 款第 5 至 6 句及第 4 款同样适用。若一名成员提前离职，在余下的任期内补定一名，提名方式参见第 2 句。

（3）此外，《巴伐利亚州高等教育法》第 3 条第 3 款于此仍然有效。

8. 共同委员会

§42 东正教神学共同委员会

（1）为了东正教神学教育组织的运作和管理，尤其是东正教神学专业的发展、改革和实施，特建立共同委员会，该委员会享有以下权限：

1. 制定和通过有关修改和修订东正教神学专业的学制和考试规定的建议；
2. 提供计划和保障由投票决定的东正教神学专业的课程；
3. 指定东正教神学专业考试委员会成员；
4. 制定和通过有关修改和修订东正教神学学位授予规定的建议；
5. 制定和通过有关东正教神学授课资格的规定及此后修改的建议；
6. 指定东正教神学学位授予委员会成员及授课资格过程中的学科指导人；
7. 在东正教神学学科领域聘请过程的框架内，根据《巴伐利亚州高等学校人事法》第18条的规定承担类似院务委员会的权限。

（2）公共委员会成员构成如下：

1. 六名高校教师代表（根据《巴伐利亚州高等教育法》第17条第2款第1句第1点），亦即：

   a）三名东正教神学代表，
   b）一名天主教神学院代表，
   c）一名基督教神学院代表，
   d）一名文化学院和语言学及文学院的共同代表；
2. 两名东正教神学教育组织的学术工作人员；
3. 一名东正教神学教育组织的非学术工作人员；
4. 两名东正教神学专业的学生代表；
5. 一名相关学院妇女问题专员或其代理；
6. 一名全职或兼职从事东正教理论教育组织的顾问成员。

（3）[1]评议会根据第2款，参考东正教神学教育组织的建议，经第2款第1点[b]至[d]所涉及学院的同意后指定成员；在该教育机构和学院内部，公共委员会或院务委员会的代表拥有建议权。[2]允许连任。[3]公共委员会成员从第2款第1点[a]所涉及的代表中选出一名主席以及一名副主席。

（4）[1]第2款中成员的任期共2年。[2]若一名成员提前离职，应在其余下的任期内补定一名。[3]其他规定参见第3款第1句。

§43 神经系统学博士培养共同委员会

（1）¹神经系统学博士培养共同委员会是为神经系统学博士培养项目的发展、改革和实施及博士和医学博士成绩授予而建立的一个共同委员会（Scientific Board），负责向评议会提供相关考试和学习基本规定的修订和修改建议。²该委员会成员构成如下：

1. 八名高校教师代表（《巴伐利亚州高等教育法》第17条第2款第1句第1点），分别来自：
   - 生物学院；
   - 医学院；
   - 哲学、科学哲学与宗教学院；
   - 心理学和教育学院。

   在以上代表的选举中需考虑课程大纲的设置；
2. 一名学术工作人员代表；
3. 两名学生代表；
4. 一名相关学院妇女问题专员或其代理；
5. 三名外校教师，其拥有建议权。

（2）¹第1款第2句中所涉及的成员由学校领导层根据慕尼黑神经—脑和精神科学中心（MCNLMU）主席的建议指定。²共同委员会成员从第1款第2句第1点所涉及的代表中选出一名主席和一名副主席。

（3）¹第1款第2句所涉及成员的任期共2年；每次任期从10月1日开始。²允许连任。³若一名成员提前离职，则应对其余下任期实行补选。⁴此处本条第2款第1句相应有效。

§43a 其他共同委员会

（1）¹为促进跨学院合作（参见《巴伐利亚州高等教育法》第19条第6款），相关学院可在获学校领导层批准的情况下建立其他的共同委员会。²该类委员会主要职责为跨学院机构管理，负责发展、建设、执行和改革学制、跨学科专业设置，尤其是双学位学制以及平行互补的配套教学课程的设计及保障。³若各学院之间难以取得必要的协调，亦可通过学校领导层在听取相关学院意见的基础上建立共同委员会。

（2）¹本条第1款中提到的共同委员会在经各相关学院院委会以及院长授权的情况下拥有决定权。²凡经授权，共同委员会即可建立，委员会成员的人数、任期及任命也相应确定。⁵在组建共同委员会时须充分考虑《巴伐利亚州高等教育法》第17条第2款第1句中所提及的成员人选的资格、功能、职责及相关性；共同委员会的妇女问题专员由其中一个相关学院的妇女问题专员担任。

9. 科研后备力量的培养

§44 自主教学和科研任务

（1）[1]各学院致力于科研后备力量的贮备和培养。[2]应在各科研后备力量的科学工作中为其提供足够的机会。[3]此外，各学院应开展跨学科的或与其他大学合作的活动，增强自身科研后备力量的培养能力。

（2）[1]若研究或/和教学中的特定任务符合以下条件，则该教学或科研机构应在听取教师以及其所属机构领导层意见的基础上，由院长委托给一名学术工作人员自主完成（参见《巴伐利亚州高等学校人事法》第 19 条或 22 条）：

1. 服务于某个研究计划的实施，该项目申请人经大学许可将要或已申请获得第三方资助；
2. 对申请人获得进一步科研资格来说是必须的；
3. 服务于特别教学活动的实施，申请人有特别的专业能力；或者
4. 符合申请人教学职权的专业领域，将承担主要部门的服务项目并与其教学职权的专业领域相匹配。

[2]若某项任务转为自主履行项目，则所在学院须确定该项目符合规定的要求。硬件设备申请不在此委托项目范畴之列。

（3）[1]作为大学成员的学术工作人员中有执教资格者，经院长与学科指导人的共同许可，可自主履行科研或教学任务。[2]若其并非大学成员，则学科指导人在征得学院同意后保证有执教资格者有资格进行学术指导并有足够的教学机会。

10. 学习咨询

§45 学习咨询中心和专业学习咨询处

（1）大学保证提供有效的
1. 学习咨询中心（见第 2 款）和
2. 专业学习咨询处（见第 3、4 款）。

（2）学习咨询中心为申请入学者以及在读学生提供教学和指导，特别是

有关学习机会和有关学习内容、结构和需求的事项。

（3）[1]学院负责建立有效的专业学习咨询处。[2]学院教务长在不影响教授职责的情况下参与专业学习咨询处的任务（《巴伐利亚高等学校人事法》第9条第1款第1句第1点），以保证：

1. 通过专业学习指导人员为学生在专业学习过程中所遇到的问题提供咨询；
2. 根据学生的需要，为不同年级和专业的学生提供学习和选课指导；
3. 为专业学习指导人员提供适当的教育和再教育机会。

[3]此外，还为院务委员会提供关于专业学习指导人员人选的建议，并负责举办学习和选课指导。

（4）第3款第2句第2和3点中所涉及的任务可以在教务长负责的基础上，委托一名专业学习指导人员作为由一个或者多个学院共同指定的学业咨询专员（学习负责人）。

（5）[1]学院专业学习咨询人员应与学习咨询中心、国际事务部门、专业协调员、学术和国家考试委员会、考试办公室以及高中和职业咨询主管处合作。[2]须定期向学院教务长汇报在咨询过程中所产生的有利于促进教学活动的建议。

IX 各类专员

1. 妇女问题专员

§46 任务、选举和任期

（1）[1]妇女问题专员关注女性学术工作者、教育工作者和学生的利益，使其免受损害。[2]此外，妇女问题专员还为学校和学院切实贯彻和促进男女平等提供支持，致力于消除已存在的损害；妇女问题专员应为女性。[3]学校妇女问题专员和学院妇女问题专员应分别由评议会（见本条第3款）和院务委员会（见本条第4款）从本校全职学术工作人员中选出。[4]关于妇女问题专员职能的行使，学校领导层以及院长就涉及女性事务的基本问题及时告知妇女问题专员，并参与平等促进计划的前期策划；必须给予专员发表意见的机会。[5]学校妇女问题专员应当参与校园新建建设项目的规划。[6]在取得具备授课资格人员同意的情况下，学校以及相关学院的妇女问题专员有权要求审查信息和档案,并在尊重事实的基础上协助敦促授课资格获取流程的及时进行。

(2)[1]为保证妇女问题专员有效履行职责,学校和学院需在适度范围内为其提供合适的工作条件。[2]应在妇女问题专员任期内考虑其职权范围,减轻其其他的正式职责。

(3)[1]评议会遵照本条第5款规定选出学校妇女问题专员和一名或多名副职专员,并从中选出一名作为常务主席。[2]选举提名由妇女问题专员大会(本条第7款)制定。[3]学校妇女问题专员在以下机构中拥有选举权:

1. 全校代表扩大会议;
2. 评议会;
3. 常驻中心委员会(第27条之后几条),除研究委员会外;
4. 评议委员会(根据《巴伐利亚州高等教育法》第25条第4款);
5. 学术工作人员大会;
6. 学习资金发放中心委员会。

[4]学校妇女问题专员作为校务委员会成员在校务委员会中拥有建议权。[5]经学校领导层同意,学校妇女问题专员可在科研委员会提出的议案是否实施的问题上参与表决(第28条)。[6]此外,学校领导层应允许学校妇女问题专员参与相关事务,并定期听取她们的要求。[7]学校妇女问题专员常务主席属于评议会中有投票权的附加成员。

(4)[1]院务委员会遵照第5款规定选出一名妇女问题专员和一名或多名副职专员,并从中选出一名常务主席。[2]每个学院中有选举权的女性教授或副教授、学术工作人员和学生都有建议权;支持某项建议的人均可获得任命。[3]在以下机构中,学院妇女问题专员是拥有选举权的成员:

1. 院务委员会;
2. 院董事会(第40条);
3. 系领导层;
4. 聘用委员会和调查委员会;
5. 发展规划委员会(第41条);
6. 其他根据《巴伐利亚州高等教育法》第31条第3款由院务委员会指定的顾问委员会;
7. 学院学习资金发放委员会;
8. (在需要的情况下,)东正教神学共同委员会(第42条)和神经系统科学的博士培养共同委员会(第43条)。

[4]学院妇女问题专员以顾问成员身份参与选举委员会的选举人资格确认流程。[5]学院妇女问题专员的常务主席,在第38条第2款中提及的院务委员会中群体代表人数加倍的学院里属于院务委员会有选举权的附加成员。

（5）¹妇女问题专员的任期共两年，每任从 10 月 1 日开始。²任职期满后经重选可以连任。³若一名妇女问题专员提前离职，应对其余下的任期进行补选。⁴不允许经选举罢免专员。

（6）在对待副职专员（一名或多名）的问题上，妇女问题专员应当给副职专员分配并指定业务范围，她们应当在自己的管辖范围内履行职责。

（7）¹学校妇女问题专员和学院妇女问题专员至少每学期与五名由学生专业代表联合会指定的女性学生会晤一次（亦即妇女问题专员大会），听取她们的要求。²参与妇女问题专员大会的女学生及其候补人员由学生专业联合会任命。

（8）¹学校妇女问题专员至少在其任期内向评议会报告一次其既定目标及目标实现情况；同样，各学院妇女问题专员应在其任期内向其所在学院的院务委员会至少报告一次。

2. 残疾学生事务专员

§47 任务、任命和任期

（1）¹残疾学生事务专员关注并支持在学校教学设施建设中考虑残疾学生的特别要求。²负责对残疾学生和学院就产生的问题提出建议，每学年向评议会提交一份关于残疾学生状况的报告。³此外，该专员须及时参加以下项目的修改和修订：

1. 建筑工程计划；
2. 主管学院的考试规定和学习规定。

（2）¹评议会在每个高校普选学期，从本校全职学术科研人员中指定一名残疾学生事务专员和一名副职专员；评议会中的学生联合会代表对此有建议权。²任期共两年，每任从 10 月 1 日开始。³允许多次当选。⁴若一名残疾学生事务专员或副职专员提前离职，应对其余下的任期进行补选。

3. 冲突预防及处理专员

§48 协调教授及学术工作人员事务的冲突预防及处理专员

（1）¹评议会任命
1. 一名教授和
2. 一名全职学术工作人员

作为冲突预防及处理专员。
²评议会同时为每位代表任命一位副职专员。

(2)¹冲突预防及处理专员保护相关当事人的个人权利避免因上下级隶属关系而遭受损害,特别是在本校学术科研活动中。²冲突专员负责根据当事人的申请,提出一个围绕当事人陈述的冲突,保证此人参与提出解决冲突的可能性方案。

(3)专员的任务各自以评议会公布的方针为准。

§48a 协调学生事务的冲突预防及处理专员

(1)¹评议会任命一位教授作为协调学生事务的冲突预防及处理专员,同时任命一位全职学术工作人员作为副职专员。²评议会中的学生代表须对此提交建议。

(2)冲突预防及处理专员为人权受到侵害的学生,尤其是因为种族及人种、性别、宗教或价值观、残疾、年龄或性取向受到慕尼黑大学成员歧视的学生提供咨询和支持。

(3)本章程第48条第2款第2句和第3款在此相应有效。

4. 学术自检专员

§49 任命和任务

(1)¹评议会指定一名教授作为学术自检专员和一名副职专员。²其人选不能同时为学术调查委员会成员(第30条)。

(2)学术自检专员接受对当前或原来的本校成员之具体学术违规行为的举报,并为举报人提供咨询;根据相关线索开展独立调查。

(3)此处第48条第3款相应有效。

X 学生组织

§50 学生的参与

(1)¹本校在校生通过选举代表,包括各院系、其他学校机构以及学生组织中的代表,共同参与学校事务。²学生组织包括:

1. 专业学生会(Fachschaftsvertretung)*；
2. 全院学生联合会(Fakultätskonvent)；
3. 学生专业联合会(Konvent der Fachschaften)；
4. 执行委员会(Geschäftsführung)。

(2) 学校在可能范围内保障第 1 款第 2 句中所涉及的各学生组织行使职能，尤其是为其提供相关信息。

(3) ¹学生代表任期与其所属组织一致，均为两学期，且从该届组织成立即该届成员经选举产生之时开始。²此前的事务由前任代表负责。³本款第 2 句对学校评议会及校务委员会中的学生代表相应有效。

(4) 同时在其他高校注册且是该校组织成员的学生，不能加入慕尼黑大学的学生组织。

(5) ¹院系组织和其他组织机构中的学生代表须定期向专业学生会和学生专业联合会递交有关该组织工作的报告；²并有权列席专业学生会和学生专业联合会的会议，拥有建议权。

(6) 学生组织可自行制定议程。

(7) 国家财政应依据《巴伐利亚州高等教育法》第 53 条规定，向学生组织提供资金，向学生专业联合会和专业学生会拨款。

§51 专业学生会及其主席选举

(1) ¹对于本章程附录 1 第 1 条第 2 款中所涉及的专业，各专业学生会分别由该专业的学生代表组成。²若学习某专业的注册学生人数不到慕尼黑大学注册在校生人数的 0.25%，则不能成立学生专业代表处，也不得设立专业学生会。³若某个学院下设多个专业，则每个专业的学生可选举成立自己的专业学生会，否则成立院学生会。⁴若某专业注册学生人数不超过 500 人，则该专业学生会规模为 5 人。⁵若某专业注册学生人数超过 500 人，则增加学生会的学生代表人数，每多 500 人增加一名代表。⁶第 2 至 5 句中所涉及的各系学生人数以选举前冬季学期的最终学生人数的统计数据为准。

(2) ¹专业学生会的组阁会议最迟在选举结果确定后两个星期内举行。²主管系主任至少在进入组阁日程前一周发出书面参会邀请。³须指定一名会议主持人及一名会议记录员。⁴再分别选出一名学生会主席和至多三名副主席。

(3) ¹专业学生会在其全体成员收到通知且多数成员出席的情况下有权

---

* 专业学生会不同于我国高校学生会，该团体主要致力于某专业学生学业方面利益的维护。——译者注

作出决议。²每位有选举权的成员都可提名学生会主席和副主席人选。³提名应在选举进行前的会议上提交,且须事先获得被提名者同意。⁴选举采用无记名投票方式。⁵在主席和/或副主席选举中每位专业学生会成员拥有一票。

(4)¹专业学生会主席和副主席由获有效选票多数者当选。²在得票相同的情况下,对第一轮投票中得票最高的两名候选人进行最终选举。³若票数仍然持平,则由会议主持人抽签决定结果。

(5)¹若出于重要原因,专业学生会主席和副主席可在2/3多数同意下被罢免。²对其余下的任期应立即进行补选。

§52 全院学生联合会和学生专业联合会的选举

(1)¹若第51条第1款第1句及章程附录1中所涉及的某个学院有多个专业学生会的情况,则每个专业学生会在成立大会上分别选出一名首席代表和至多三名副代表进入全院学生联合会。²具有候选资格者必须是本专业学生且非专业学生会成员。³选举由专业学生会主席主持。⁴第51条第2款第2句所提及的会议记录员须对选举过程进行书面记录。

(2)选举办法参见第51条第3款和第4款。

(3)¹随后各专业学生会选出一名首席代表和至多三名副代表进入学生专业联合会。²选举办法参见本条第1款第2至4句。

(4)¹专业学生会主席应立即(最迟不得晚于学生专业联合会选举组委会的规定日期)向组委会报告选举结果,并将当选代表的姓名、学号和住址一并上报,从而使学生专业联合会主席能以其名义按时寄出学生专业联合会换届会议邀请函。²若某专业没有按照第1句中的期限向学生专业联合会选举组委会按期提交必要的说明,从而导致该专业代表不能及时收到学生专业联合会换届会议邀请,则该专业代表在该届学生专业联合会的代表任期内无权参加学生专业联合会会议。

(5)¹若出于重要原因,专业学生会可在2/3成员同意的情况下解除全院学生专业联合会代表及副代表以及各专业学生专业联合会代表及副代理的职务。²其他规定参见第51条第5款第2句。

§53 专业学生会的日常工作与运行;学生会主席职责

(1)专业学生会和学生会主席依据《巴伐利亚州高等教育法》第52条第4款第1句负责与该专业学生学业相关的事务。

(2)¹专业学生会应在确定年度预算之前进行经费估算,并及时上交学校领导层。²学生会主席须对此进行说明。

(3)¹专业学生会每年为学校领导层指派一至两名学生,其有权对机构的实际支出和账面支出进行核实。²学校管理部门负责审核支付项目是否符合专项拨款以及《巴伐利亚州高等教育法》第52条第4款第1句的相关规定,若没有疑问则进行支付。³若存有疑问,则学校领导层依据《巴伐利亚州高等教育法》第52条第6款第2句决定支付与否。

(4)¹专业学生会召开会议作出决策,会议由学生会主席召集。²通知期限为一周,放假及听课时期则最少两周。³按照规定,在至少一半成员出席的情况下专业学生会有权作出决定。⁴决定的通过须获得有效票多数。⁵专业学生会可以在所在专业中选定其他学生作为常设成员列席专业学生会会议,并拥有建议权。⁶专业学生会可以决定邀请客人参加某些专业学生会会议或个别单项会议议程,外请人员拥有建议权。⁷在外请人员出席会议时必须注意,不得向第三方泄露机密文件。

(5)¹专业学生会主席每学期至少召集两次学生会会议。²除此之外,若至少1/4的成员要求,学生会主席应在14天之内召集学生会会议。

(6)¹专业学生会主席负责学生会的运行及决议的实施。²主席须向学生专业联合会做工作报告,特别是关于资金使用的报告;学生专业联合会可对报告提供建议。

§54 全院学生联合会;院务委员会学生代表选举

(1)¹全院学生联合会由专业学生会派遣代表构成。²若某院仅有一个专业学生会,则由其履行全院学生联合会职能。

(2)¹若专业注册在读学生人数占慕尼黑大学注册在校生人数的千分之五以上,则该专业派出的代表在全院学生联合会中享有一票投票权。²若个别专业注册在读学生不到慕尼黑大学注册在校生人数的千分之五,属于例外情况,则该专业代表享有一票以上投票权。³第51条第1款第6句于此相应有效。

(3)¹全院学生联合会从与其具有从属关系的专业学生会中选出在校生代表以及至多三名候补代表进入院务委员会。²选举应在专业学生会改选大会后立即展开,务必在新任期开始前确定院务委员会代表。³须确定一位会议主持人引导会议进程以及一位记录员进行书面记录。

(4)¹当全体成员皆按规定获得系办公室的出席会议邀请,并且多数有投票权者出席会议时,全院学生联合会具有决议权。²每一位有选举权者都可以对院务委员会在读学生代表进行提名。³选举提名应在进行选举前的会议中提出;选举提名须事先征得被提名人的同意。

(5)¹选举采取举手表决的方式。²专业成员代表只可进行一次投票。³院务委员会在读学生代表所选举的候选人须得到必要数目的有效投票,并按照所得票数由高至低的次序被选为代表及代理代表。[4]得票数相等的候选人之间将进行再次投票表决。[5]若再度出现票数相等,则由会议负责人抽签决定结果。[6]若选举未能产生至少一名院务委员会在读学生代表,则由高校领导基于院长的提名指定一名临时代表。[7]若全院学生联合会再度选举依然未能选出代表,则由临时代表在余下的任期内任院务委员会成员。

(6) 依据选举结果,在专业学生会中获得次高票数者将作为候补代表接替被选举出的代表。

(7) [1]接受选举结果后,当选者仅当因重要理由而不能行使职能时方可辞职。[2]是否存在重要理由,由高校领导根据院务委员会的建议作出裁决。[3]若辞职得到批准且无候补成员接替,则须马上对剩余任期进行代表补选。

(8) [1]全院学生联合会基于重要理由,在获得 2/3 多数票的情况下可解除一名院务委员会代表或一名代理代表的职务。[2]第51条第5款第2句于此相应有效。

(9) [1]院务委员会在读学生代表参加全院学生联合会会议并享有发言权,若某院只有一个专业学生会,则参加该专业学生会会议并享有发言权。[2]代表向全院学生联合会或专业学生会通报院务委员会的工作。

(10) [1]依据《巴伐利亚州高等教育法》第31条第3款,全院学生专业联合会有权提名在校生代表进入院务委员会。[2]若全院学生联合会未按要求在一个月内递交提名,则由院务委员会提名一位临时代表。

(11) 全院学生联合会每学期至少召开两次会议,会议在议案提出后14天内对议案进行讨论,须至少 1/4 有投票权者与会。

(12) [1]全院学生联合会在改选大会上从其成员中选出一名主席以及至多三名副主席。[2]第5款第1句至第5句于此相应有效。[3]全院学生联合会主席出席此后各届会议。

§55 学生专业联合会

(1) [1]学生专业联合会由专业学生会派遣的代表组成。[2]若专业学生会未派代表参加学生专业联合会组阁会议后所进行的会议,则会议不讨论学生专业联合会代表的任期问题;此处本章程第52条第4款第2句仍然有效。[3]评议会中的学生代表以及负责人参加学生专业联合会会议并享有发言权。

(2) [1]学生专业联合会自上课周第二周起,每周三18点至22点开会,共计14次,无需通知。[2]上述日期20点后校内不开设任何必修课和选修课。[3]学生专业联合会于非上课周举行三次以下正式会议,与会者将收到主席邀请;通知期限不少于两周。[4]细节部分在学生专业联合会议事规程中有详细规定。

(3) [1]学生专业联合会通过召开会议作出决议。[2]当多数有投票权者以及多数专业学生会出席时,学生专业联合会拥有决议权。³若学生专业联合会就某问题的第一次会议中票数及出席专业学生会数没有过半无权决议,需再次就同一问题召集会议,则在第二次会议时无须考虑有效选票数和出席专业学生会数,直接拥有决议权。⁴决议通过多数有效投票以及多数出席代表举手实现。⁵若在第二次表决时依旧未实现两项投票计算方式同时多数通过,则多数有效投票起决定性作用。⁶学生专业联合会代表的投票权重参照第 54 条第 2 款。⁷每一名专业成员代表只能进行一次投票。⁸第 53 条第 4 款第 5 句至第 7 句于此相应有效。

(4)¹学生专业联合会执行《巴伐利亚州高等法》第 52 条第 4 款第 1 句所规定的任务。²进展中的事务可交给业务领导班子独立自主地完成。

(5)¹学生专业联合会有权提名在读学生代表进入学院中有支配性地位的中心委员会。²学生专业联合会未按要求在一个月内提交提名,则由学校领导层提名一位临时代表。

(6)学生专业联合会与委员会在教学及科研方面(第 29 条)紧密合作。

(7)¹学生专业联合会负责通过预算资金支出报告。²为在预算年度开始前向校领导提交概况,学生专业联合会须按时召开会议。

(8)¹各学生专业联合会向高校领导提名一到两名学生,其在一年内有权对客观的、经仔细计算的支出凭证进行审核。²第 53 条第 3 款第 2 和 3 句于此相应有效。

§56　学生专业联合会主席

(1)¹学生专业联合会在选举部门所确定的期限内,于专业学生会改选会议和学生专业联合会代表选举之后,在其改选会议中从学生专业联合会成员中通过独立的选举程序选出一名主席以及三名以内的副主席。²选举的地点和时间由现任学生专业联合会主席确定。³最迟于选举前一周须确定学生专业联合会参会成员名单并写入选举议程手册。⁴会议由校长主持,直至选出学生专业联合会主席且该主席接受选举结果。⁵校长须在改选会议之前在学生专业联合会当职主席建议的基础上从注册在校生中指定两名理事及一名记录员对选举进行记录。

(2)当全体成员皆按规定受到邀请,且多数有投票权者及多数专业成员代表出席时,学生专业联合会具有决议权。每位有选举权者都可对主席以及副主席的选举进行提名。选举提名在选举进行前的会议上提交;选举提名须事先征得被提名人的同意。

(3)¹当符合规定的所有成员受到出席邀请,多数专业学生会成员以及多数有投票权者出席会议时,学生专业联合会拥有决议权。²参照第 52 条第

4 款第 1 句,学生专业联合会成员可上报一名副代表来代表自己出席会议。³每个有表决权的成员可以对主席及副主席人选进行提名。⁴主席候选人名单在选举进行前提交,且须事先征得被提名者同意。

(4)¹选举通过举手的方式来表决。²当候选人分别获得多数有效投票以及多数出席的专业成员代表的支持,即当选为学生专业联合会主席。³若在第二次表决时第 2 句中两种投票方式依旧未实现同时多数通过,则多数有效投票起决定性作用。⁴若票数相等,则在第二次投票中得票最多的两个候选人之间进行再次投票选举。⁵若再度出现票数相等,则由校长抽签决定结果。

(5)¹校长应立即通知候选者并请其接受选举结果。²若候选者缺席,且在收到通知后最迟一周内未对选举结果提出书面异议(该异议只能基于重要理由)呈交校长,则视为接受此次选举结果。³若有候选者不接受选举结果或选举未完成,则最迟在选举后三周内举行一次新的选举。⁴本条第 1 款第 3 至 5 句,第 2 款、第 3 款以及第 4 款第 1 句和第 2 句于此相应有效。

(6)¹学生专业联合会主席或副主席提前离职,由学生专业联合会在两周内开会进行补选。²该期限在非上课周延缓。³选举过程参照第 1 款至第 4 款,由校长代替主席或副主席主持选举会议。

(7)¹学生专业联合会可基于重要理由在获得至少 2/3 多数票的支持下解除主席以及副主席的职务。²第 51 条第 5 款第 2 句于此相应有效。

(8)学生专业联合会主席主持学生专业联合会会议。

§56a　评议会中学生代表的选举

(1)¹学生专业联合会在其组阁会议上完成联合会主席和副主席选举之后举行单独的投票程序,根据第 51 条第 1 款从学生代表中选举该专业在评议会中的学生代表(参见第 25 条第 1 款第 1 句第 1 点第 4 项)以及两位候补代表,候补代表有权列席评议会会议(参见第 25 条第 1 款第 3 句)。²学生专业联合会主席在选举结束后须立即将当选者姓名、学号和住址上报分管财务及人事的副校长,从而使副校长能够受评议会主席委托及时收到评议会组阁会议的参会通知。³若没有至少一名学生代表当选进入评议会,则由学校领导层根据现任学生专业联合会主席的建议任命一名临时代表。⁴若学生专业联合会进行再次选举仍然没有选出学生代表,则任命的临时代表保留其评议会成员身份直至任期结束。

(2)第 56 条第 3 款第 3 句、第 4 句以及第 4 款相应有效,只是校长在上述条款中的角色此处由学生专业联合会主席代替。

(3)若评议会中的学生代表提前离职,则其空缺由候补代表填补,同时学生专业代表联合会补选一位候补学生代表;本条第 1 款于此相应有效。

（4）¹若出于重要原因，学生专业联合会可通过 2/3 多数选举罢免评议会中的学生代表和候补代表。²第 51 条第 5 款第 2 句于此相应有效。

§57 执行委员会

（1）¹学生专业联合会选出六名以内执行委员会委员。²候选者只能是在慕尼黑大学注册且具备业务能力的在读学生；候选者应分属于不同专业。³该选举紧接评议会中的学生代表选举进行。

（2）¹学生专业联合会主席（若不能出席，则由副主席代替）主持该选举。²校长指定记录员（第 56 条第 1 款第 5 句）对选举进行记录。

（3）选举办法参照第 56 条第 2 款至第 4 款。

（4）¹若某一成员提前离职，则进行一次补选。²第 1 款至第 3 款于此相应有效。

（5）¹学生专业联合会可基于重要理由在获得至少 2/3 多数票支持下解除领导人的职务。²第 51 条第 5 款第 2 句于此相应有效。

（6）¹执行委员会执行《巴伐利亚州高等教育法》第 52 条第 4 款第 1 句中所规定范围内的事务，以及由学生专业联合会指派的其权限内的事务，并执行学生专业联合会的决议。²执行委员会一年内至少一次（通常情况下在夏季学期课程普遍开始后四周）在会议中向学生专业联合会报告其到目前为止的工作，特别是预算资金的利用；学生专业联合会可对其进行协商。

§58 特派代表处与其他顾问委员会

（1）¹学生专业联合会可授权大学注册的在读学生作为特派代表，向其委派个别任务。²特派代表在执委会常务主席的负责下，在执委会主席的任务范围内展开工作。³在学生专业联合会会议中，特派代表可被邀请参加会议，并做工作报告；学生专业联合会可对其提建议。⁴学生专业联合会议事规程中对指定负责人及其任务有详细规定。

（2）学生专业联合会议事规程可规定成立其他顾问委员会。

XI 招聘程序

§59 预审与招聘启事

（1）¹在招聘程序启动前，由学校领导层审查并决定是否提供教授或副教授职位以及这些职位在各专业中的分布状况。²按规定，院长基于院务委员会与相关科研机构磋商后作出的决议向校领导提出申请；申请须按时提交，以尽可能迅速地进入其他程序（《巴伐利亚州高等学校人事法》第 18 条第 2 款第 3 句）；申请中特别需要

1. 说明
   a) 教授或副教授应供职的专业，以及
   b) 上述专业提供该职位的原因，以及
2. 说明哪些配备是必须的以及应如何准备。

³关于负责医疗护理任务的教授的聘任，还需听取学校附属医院董事会的意见。⁴若学院不顾学校领导层一再敦促未在规定期限内提交申请，则其申请权失效。⁵学校领导层决定是否在提交申请的专业内提供职位。⁶学校领导层可要求发展规划委员会起草一份书面推荐作为决策参考。

（2）¹学校领导层决定提供某职位，应基于该职位所在学院的院务委员会提名，在得到州总理办公厅的批文后（除《巴伐利亚州高等学校人事法》第 18 条第 3 款第 3 句及第 4 句第 1 点以及《巴伐利亚州高等学校人事法》第 18 条第 3 款第 4 句第 2 项结合本文第 64 条所提到的情况外），迅速、公开地，且通常情况下面向海内外进行招聘。²若招聘的教授职位在州总理办公厅支持的目标协议或高校发展计划之内（《巴伐利亚州高等学校人事法》第 18 条第 3 款第 2 句），则无须办公厅批文。³招聘时须对其任务性质及范围进行说明。

（3）院务委员会通过招聘委员会组成人员（第 61 条）提名，并与第 1 款第 2 句中所述申请一同提交给学校领导层以征求同意。

§60　评议会招聘负责人

（1）¹在州总理办公厅批准进行招聘后，为方便得到内部资料以及便于评议会与学校领导层协商，通常情况下会由评议会提名任命一位教授作为评议会招聘负责人。²该负责人随同招聘程序，参加招聘委员会会议并有权在讨论招聘提名的主管委员会中进行协商，以及有权在评议会中对招聘提名进行表态。³评议会招聘负责人受邀参加招聘委员会会议。⁴该负责人应不属于招聘所涉及的学院。

（2）¹若评议会招聘负责人与招聘委员会对招聘提名持不同意见，应在讨论提名名单的评议会开始前及时通知校领导。²此处需留意第 63 条第 1 款第 3 句。

§61　招聘委员会

（1）¹招聘委员会成员构成如下（《巴伐利亚州高等学校人事法》第 18 条第 4 款第 1 句至第 4 句）：

1. 有投票权的成员:

a) 六至十二名教授(《巴伐利亚州高等学校人事法》第17条第1款第1句结合《巴伐利亚州高等学校人事法》第2条第2款第1、2项),其中尽可能包含至少两位女教授;包括:

aa) 制定专业教师职位竞聘者提名名单的招聘委员会,须至少包含一位有专业教育理论并属于教育学领域的教授;

bb) 至少一位来自外校的教授;若这些教授具有重要战略意义则应至少包含两位国际知名的外校教授;

b) 学术工作人员代表;

c) 在校生代表;

d) 学院妇女问题专员。

2. 有发言权的成员:

a) 当竞聘的教授/副教授与慕尼黑大学附属医院有业务往来时,医学院院长或由其指定的代理人即为有发言权的成员;

b) 兼职工作的大学教师(《巴伐利亚州高等教育法》第17条第1款第1句结合《巴伐利亚州高等学校人事法》第2条第2款第1点和第2点);

3. 特殊情况下受邀参与个别会议并有发言权的人员:

第1点[a]条中所述教授。

[2]第1句第1点[a]至[c]中所述成员的招聘基于院务委员会各组的提名。[3]第1句第1点[b]至[c]中所述成员各自指定一名代理代表。[4]对特别杰出或对学校发展有战略意义的教授的聘任,学校领导层可自行决定是否参与招聘流程并指定一位领导或专员参加招聘委员会会议,且在会上拥有建议权。

(2)[1]落选者或之前占据某竞聘职位的教授/副教授可以加入招聘委员会,但不具有投票权与发言权。[2]须至少2/3的招聘委员会成员具有投票权。[3]院长不以官方身份加入招聘委员会。[4]招聘委员会主席由委员会成员在第一次会议中选出。[5]招聘委员会第一次会议由院务委员会所指定的委员会成员主持。

§62 提名名单

(1)[1]招聘委员会根据招聘启事上的要求拟定提名名单。[2]此名单由招聘委员会提交给评议会及校领导。

(2)[1]对此应征求至少两位校外专家对于提名的意见,提名将在招聘委员会招聘决定会议中上交。[2]学校领导层可在特殊情况下要求提供其他专家意见。[3]向专家提供一份完整的求职者名单。[4]如希望加快招聘过程,可请专家在 6 周内提交其意见。[5]招聘委员会的决议以教务部部长以及院务委员会在读学生代表（如果存在）针对候选人能力和经验的意见为基础。[6]教育资格证明还应以申请人在大学内的演讲以及教学评估为补充依据。

（3）提名名单应包含三名候选人，名单出现空缺位置或同一位置有两名候选者的情况只有在特殊情况下才能被批准。

（4）[1]符合《巴伐利亚州高等学校人事法》第 18 条第 4 款第 12 句所述的特殊投票应立即交给评议会主席。[2]特殊投票的复印件应分发给学校领导层、发言人以及招聘委员会主席。[3]招聘委员会主席可对特殊投票发表意见。[4]有特殊投票权者可随时向招聘委员会主席报告招聘情况。[5]他们有权不受限地审阅委员会档案，特别是求职者的书面资料以及详细报告。[6]《巴伐利亚州高等教育法》第 18 条第 3 款于此相应有效。

（5）[1]招聘委员会主席越过院长与学校领导层直接向评议会提交协商结果及下列书面材料：

1. 一份提名名单；

2. 一份意见书，其中说明被提名人排序的根据，并附上有关被提名人专业、教育背景和个人资格的详细的、对照的评估。

3. 关于上述意见书，出现下列情况需要给予特殊的解释：

a) 候选人没有谋求该职位；

b) 候选人是慕尼黑大学的成员；

c) 候选人不符合法定年龄；

d) 提名名单不足三位候选人；

e) 提名名单包含限制性附注，有空缺位置或同一位置有两名候选者；

f) 招聘提名与外来专家的提名不一致；

4. 教务部长的意见；

5. 外来专家意见；

6. 如有可能，校医院的医务主任的意见；

7. 学院妇女问题专员（若存在）的意见；

8. 院务委员会在校生代表（若存在）的意见；

9. 被提名人关于人员配备、业务配备以及空间配备的意见；

10. 包含所有竞聘者的名单；

11. 一份意见书，其中说明每位未被批准的人员未能入选提名名单的根本原因；

12. 招聘委员会会议的全部记录；

13. 分发给评议员的招聘程序一览表。

[2]招聘提名连同书面材料须最迟在讨论提名名单的评议会会议开始前三

周内提交给学校领导层。

§63　在评议会中讨论提名名单并由学校领导层通过该名单；授职

（1）[1]评议会发言人已知招聘委员会的提名并对之发表意见。[2]接着针对提名名单及可能存在的特殊投票进行一次座谈。[3]若发言人与招聘委员会关于提名的意见不同，应最迟在评议会会议开始前十天内通知学校领导层和评议会主席。[4]出现此种情况时，评议会应听取招聘委员会主席或委员会中招聘提名倡议者的陈述。[5]接下来对提名名单进行表决。[6]表决结果连同会议记录的摘要作为对招聘提名的表态转交给校领导作出决定。

（2）[1]学校领导层与招聘委员会对招聘提名，特别是对被提名者的次序意见不同时，应在规定期限内向院务委员会送还名单并说明拒绝理由；此处需留意第69条第2款第3句。[2]经院务委员会讨论后由学校领导层最终确定提名名单。[3]学校领导层不受院务委员会所定次序的约束。[4]若学校领导层对第1句中所述在规定期限内没有表态，可视作其对招聘提名改变的赞同。

（3）若学校领导层对招聘委员会的提名名单提出了全面的异议，可结束该招聘程序并发起新的招聘，必要时根据《巴伐利亚州高等学校人事法》第18条第1款重新进行考核。

（4）[1]职位授予由校长决定。[2]提名名单的排序在校长决定人选的考虑中并不起作用；校长可以根据对异议原因的说明来否决整个提名名单。

XII　招聘决策程序

§64　解聘

在极少数情况下，当某位特别有资格的人能够胜任W3教授职位并随时可为学校效力，而且此人可增强学校的教学质量以及学校的特色教学时，则可在取得州总理办公厅同意后解除招聘（《巴伐利亚州高等学校人事法（二）》第18条第3款第4句）。

§65　预审

（1）[1]在符合第59条第1段第2句中所述的范围内，若院长要申请免除某次招聘，则须对该教授职位对于学校及学院的特色教学所具有的特殊而重要的战略意义以及到目前为止的工作能力和/或在专业领域中潜在的重要性进行详细说明。[2]此外还须论证现存的配备已足够分配给作为决策程序意义所在的教授职位。

（2）由院务委员会通过的决策委员会成员（第66条）提名应同第1款中所述的申请一并提交给校领导以征求同意。

（3）¹若学校领导层不认可决策程序，则令学院实行第59条及之后几条中所述的传统招聘程序。²若学校领导层认可决策程序，且第66条和67条中未出现其他程序，则第61条至63条在此仍然适用。

§66　决策委员会；评议会的参与

（1）¹决策委员会遵照《巴伐利亚州高等学校人事法》第18条第4款接管招聘委员会职能，下列人员属于决策委员会：

1. 有投票权的成员：

a）一位来自学校领导层的教授作为主席；

b）四到五位国际知名的专业科学家，其中至少有三位非慕尼黑大学教授；申请中应说明其专业声望；

c）来自各教授职位分布所在学院的：

aa）院长；

bb）两到三位属于相关或相近专业的教授；

cc）学术工作人员的代表；

dd）在校生代表；

ee）学院妇女问题专员；

2. 有发言权的成员：

a）教务部长；

b）当对一个医院内的教授职位进行协商时，医学院院长或由其指定的代理人；

²第61条第2款第1句于此相应有效。

（2）¹评议会可以依据《巴伐利亚州高等学校人事法》第18条第5款第1句通过以下方式行使权利：依据每学期在此期间进行的决策程序，从评议会四个专业小组（第25条第1款第2句）内分别指定一位教授参加决策委员会会议和学校领导层有关表决招聘名单的闭门会议，并具有发言权，以及代替决策委员会对招聘提名以及可能存在的特殊投票发表意见。²可能的话为每位教授指定一名候补成员。³评议会主席在出现质疑的情况下应指明被指定的成员中哪位是基于专业领域相关而代表评议会进入具体的决策程序中的。被指定的成员受邀参加决策委员会会议以及学校领导层的闭门会议。

§67　招聘提名

（1）¹在决定配置教授职位并获得学校领导层同意组成决策委员会后，

委员会应基于慕尼黑大学特色、教授职位预定标准、专业领域内的工作能力以及被提名人将带来的贡献为教授职位提名一位出众的、得到认可的教授，委员会需要对此进行详细说明。[2]在会议记录中记下决策委员会外来成员的投票，以替代第 62 条第 2 款第 1 句中专家的意见。[3]教务部长按规定针对被提名人的能力及经验发表意见；在校生代表也可对此发表意见。[4]决策委员会的工作最迟须在 6 周后结束。

（2）[1]决策委员会主席直接向校领导提交委员会协商结果。[2]只能提名一位候选人。[3]招聘提名应附上决策委员会会议记录及外来专家的意见，教务部长的意见、可能存在的在校生代表的意见以及陪同会议的评议员的意见。[4]委员会主席向学校领导层报告招聘提名，并对此及可能存在的特殊投票发表意见。

（3）[1]若有一名特别有资格的人可随时为学校效力，则由学校领导层采纳招聘提名，并向巴伐利亚州科教文化部申请批准取消招聘并[2]聘用此人。

（4）各评议员向评议会报告决策委员会的协商结果。

XIII　学院及其他教学科研组织的程序准则

1. 一般程序规定

§ 68　参与学校自治的一般规定

（1）[1]教学科研组织的成员有责任参加会议并进行表决。[2]若法律上或本章程中没有事先规定，则一个组织中的所有成员拥有同等权利。[3]成员执行投票权不受其隶属的人事部门或组织的指令及任务的影响。

（2）[1]隶属于某一组织的慕尼黑大学非学术公职人员以及工作人员直接参与协商有关教授研究、教学以及招聘的事务。[2]各组织基于每位在大学承担相应的职能并在研究和教学领域具有特殊经验的成员的申请，决定其作为一个有投票权的成员的总任期。

（3）[1]直接涉及教授研究和招聘的决定，需要在学院和其他由不同成员群体所组成的教学科研组织中获得

1. 该组织的多数成员以及
2. 隶属于该组织的教授中的多数同意。

[2]若第二次表决时仍没有实现以上两种情况均为多数，则隶属于该组织

的教授中的多数起决定性作用。³票数相等时不使用第69条第7款第2句及第8款第3句后半句所述方法。

（4）若有第39条所提及的在院务委员会中有参与权的教授参与，在统计多数票时应不考虑其票数。

（5）¹若某个专业没有派出一位教授作为代表出席院务委员会，在作出直接涉及该专业的决议前，应听取一位属于该学院该专业的，并与该专业其他教授进行过事先讨论的教授的意见。²在作出直接涉及一个科学机构或学院业务部门的决议前，应听取该机构领导人的意见。³涉及病患看护并会对其产生影响的决议，需要在大学附属医院领导层在场的情况下作出。

§69 操作程序

（1）¹组织在会议中作出决议。²在紧急情况下，即第2款第4句中邀请期限已到，可以破例通过运行程序作出决议。

（2）¹组织的主席召集并主持会议。²主席有责任基于学校领导层的期望召开会议，如有需要也可是短期的。³主席在需要时可在非课程周召开会议。⁴教学科研组织的会议须最迟在会议前一周、非课程周最迟在会议前两周以书面形式发出邀请并附上议事日程，邀请函可以通过邮件形式发送。⁵主席有责任基于1/3成员的期望在两周内根据议事日程召开会议。⁶邀请期限由发送邀请函之日起开始计算。⁷通过组织议程可规定更近的邀请期限。

（3）学校领导层可以要求主管组织处理指定的事务。

（4）¹教学科研组织在以下情况下有决定权：

1. 全体成员皆按规定受到邀请以及
2. 成员中的多数
   a. 出席以及
   b. 有投票权

²在确定出席人员及其投票权时应将以书面形式委托的投票权转移情况考虑在内，此处第72条第2款仍然有效。³院务委员会决定权的确定（即是否达到决定所需人数）不考虑第39条中有参与权的教授的人数。

（5）¹当某一组织由于第一次会议未考虑有投票权成员的出席数量即作出决议，则需针对同一问题进行第二次协商；第二次召集会议应指明该次会议的任务。²会议不应在一周即将结束前举行；第2款第4句前半句在此不适用。

（6）¹在个别会议或议事日程事件中，组织中某群体的代表暂时缺席，只要不符合第72条第2款中应排除的情况，可进行书面的投票权转移。²若成员群体

1. 在所属组织中有多名该群体代表,可将投票权转移给同群体的其他代表;

2. 在组织中只有一个代表,则只能将投票权转移给代理代表。

[3]一个组织的成员只可进行一次投票权转移。[4]第68条第1款第3句于此相应有效。

(7) [1]只要没有特殊规定,组织根据成员所提交的多数票作出决议;表决时弃权票视为无效选票。[2]票数相等时主席的投票起决定性作用。

(8) [1]组织通过关于人事问题的无记名投票结果作出决定。[2]进行无记名投票也必须基于1/3以上属于组织的且具有投票权成员的要求。[3]票数相等时可由主席重新组织投票;再次投票时主席有两票投票权。[4]若再度出现票数相等的情况,则此项议案不获通过。

§70 公开性

[1]组织工作不对外公开。[2]在特殊情况下,只要不涉及人事讨论或事务考核,或有法律第三方及其他合法理由反对,组织可在未来对特定议事的公开性召开会议。[3]第2句中的决议必须在无记名投票中进行并需要有超过2/3的多数出席成员的同意,不得委托他人投票。

§71 部门人事的兼职限制

(1) [1]各教学科研组织中某群体成员代表的工作和学校领导层小组成员的工作,类似于院长、大学校务长代表的工作,或类似于校医院董事会成员的工作。所不同的是,会员不涉及选举,特别是聘任。[2]并且成员小组代表只在特殊情况下被准许参加全校代表扩大会议及评议会。

(2) [1]学校领导层成员或校医院领导班子成员不得同时属于一个科研机构领导小组并具有投票权。[2]此规定相应地适用于中心委员会的成员。[3]全校代表扩大会议和评议会中的成员群体代表不应属于策略委员会成员、研究委员会成员以及教学委员会成员。[4]只有当一个学院中只有一个系时,系主任才可同时竞选院长或其副职。

(3) 若一医疗机构的负责人或医疗机构领导层成员被选为医学院或兽医学院院务委员会教授代表,则根据《巴伐利亚州高等教育法》第34条第2款第3句,该机构不可在院务委员会中有其他代表。

2. 特别流程规定

§72 考试委员会的特别规定

（1）考试委员会负责对执教资格授予考试和升学考试的成绩进行评估。只有被指定为各考试的主考官，才能成为其成员参与成绩评估。

（2）在涉及考试事务时，不允许弃权、匿名投票和委托投票。

XIV 最终投票

§73 生效

（1）本章程在公布之后生效。

（2）[1]同时于 2000 年 3 月 24 日颁布（KWMBI 2 S.815）、经 2002 年 9 月 30 日条例修改的（KWMBI 2 2003S.1891）章程失效。[2]该章程附录第 14 条和 15 条中的规定对于 2007 年 10 月 1 日开始任职的院长、副院长及教务部长的选举继续有效，即院长的选举需要附有经校领导同意的选举提名，副院长的选举则由专业委员会最迟于院长任期开始前两个月举行。

2009 年 2 月 5 日对慕尼黑大学章程的修订

本次修订条款于 2009 年 1 月 1 日开始生效。

2009 年 5 月 18 日对慕尼黑大学章程的第二次修订

第 56(a) 条、第 25 条第 1 款第 3 句和第 2 款、第 50 条、第 55 条第 5 款以及第 57 条第 1 款第 3 句的修订于 2010 年夏季学期开始生效，剩余修订条款于 2009 年 1 月 5 日开始生效。

2009 年 5 月 18 日对慕尼黑大学章程的第三次修订

本次修订条款于 2009 年 8 月 20 日开始生效。

章程附录

专业设置

§1 专业系别和专业学生会；专业系别中的学生分配

（1）包含以下专业的学院为所涉及专业的学生成立专业系别代表处，各系分别成立各自的专业学生会：

天主教神学院
- 天主教神学专业

基督教神学院
- 基督教神学专业

法学院
- 法学专业

企业经济学院
- 企业经济学专业

国民经济学院
- 国民经济学专业

医学院
- 医学专业
- 牙医专业

兽医学院
- 兽医学专业

历史与艺术学院
- 历史学专业
- 艺术史专业
- 艺术教育专业
- 音乐教育专业
- 音乐专业
- 戏剧专业

哲学、科学哲学与宗教学院
- 哲学专业

- 宗教学专业

心理学与教育学院
- 基础教育教学法专业
- 教育学专业
- 心理学专业
- 学校心理学专业
- 特殊教育专业

文化学院
- 日本学专业
- 文化学和考古学专业
- 汉学专业
- 民俗学/人种学专业
- 民俗学/欧洲人种学专业

语言文学院
- 美国语言文学专业
- 英语语言文学专业
- 计算机语言学专业
- 对外德语专业
- 日耳曼语言文学专业
- 意大利语言学专业
- 古典语言学专业
- 北方语言学专业
- 罗曼语言学专业
- 斯拉夫和阿拉伯语言学专业
- 语言科学专业

社会学院
- 传媒学/新闻学专业
- 政治学专业
- 社会学专业

数学、信息和统计学院
- 生物信息专业
- 信息学专业
- 数学专业
- 媒体信息专业
- 统计专业

- 经济数学专业

物理学院
- 气象学专业
- 物理学专业

化学与药学院
- 化学专业
- 药学专业

生物学院
- 生物学专业

地质学院
- 地理专业
- 地理科学专业

（2）[1]在举行选举的冬季学期结束前复核各专业在校生在成员大会中的比例。[2]若一个新的专业被引入,则评议会将此专业的在校生编入已组成的成员大会或组建一个新的成员大会。[3]评议会作出决议前应听取专业成员大会的意见。[4]本款的规定同样适用于已有专业并入其他已有系别中的情况。

§2 在校生的主修专业

（1）[1]每位在校生被分配在各自的主修专业内,且只能属于一个专业。[2]在以下情况中,主修专业的确定需要提供一份不同于第2款或第3款规定的说明：

1. 以硕士学位（Diplom）*、学士学位、硕士学位（Master）、国家考试（除教师职业外）或同等学力的大学课程专业毕业的学生,其主修专业为在读专业,无需第二学位或专业方向；
2. 以"艺术类硕士"毕业的学生以硕士毕业考试专业为主修专业；
3. 以"小学教师职业"毕业的学生在不违背第4款的基础上以基础教育教学法为主修专业；
4. 以"中学教师职业"毕业的学生以今后执教的教学科目为主修专业；
5. 以"文理学校教师职业"毕业的学生以专业组合中的第一个专业为主修专业；
6. 以"高级中学教师职业"毕业的学生以专业组合中的第一个专业为主

---

* Diplom:属于德国旧式高等教育学制中的一种硕士学位。德国高等教育学制改革前本没有本科学位,而是采用类似五年制本硕连读的学制,几乎所有理工科专业和某些社会专业学专业的学生毕业后获得此种硕士学位。——译者注

修专业；

7. 以"职业学校教师职业"毕业的学生以在慕尼黑大学学习的教学科目为主修专业；

8. 以"特殊学校教师职业"毕业的学生以大学特殊教育专业为主修专业；

9. 师范类专业中继续学习本专业方向的学生，若只修此专业方向中的课程，则以继续学习的专业为主修专业。

（2）[1]若同时注册多门专业课程，则第一志愿的专业为主修专业。[2]学生在注册时或在转专业时须向注册处声明第一志愿专业并进行书面登记。[3]选课阶段若要更改课程，可在选课名单最终确定前向选课办公室递交书面说明以实现变更。

（3）[1]符合第1款第2句第5或第6点的以高级中学教师或文理学校教师文凭毕业的师范类注册在校生可以在注册或转专业时去选课办公室对其专业组合中的第一专业进行确定。[2]本条第2款第3句于此相应有效。

（4）[1]有别于第1款第2句第3点，以基础学校教师文凭毕业的师范专业学生，或参加与其所教课程相关的教育心理学扩展课程的学生，其主修专业即为教育心理学扩展课程。[2]这类学生可在选课阶段选课名单最终确定前更改课程，但须向选课办公室递交书面说明，说明其主修专业为基础教育教学法。

本章程基于路德维希·马克西米利安·慕尼黑大学评议会扩大会议2007年3月22日的决议，学校领导层2007年6月13日的决议以及巴伐利亚州州总理办公厅2007年5月23日对科学、研究和艺术的批文[Nr. IX/2-H231(1)LMU-9d/15099]制订。

慕尼黑，2007年6月15日
署名　贝尔恩德·胡贝尔教授（博士）校长

本章程自2007年6月15日起在路德维希·马克西米利安·慕尼黑大学使用。章程将在路德维希·马克西米利安·慕尼黑大学内通告。通告日期为2007年6月15日。

（最新版本参阅 http://www.frauenbeauftragte.uni-muenchen.de/frauenbeauftr/gesetzl_best/grundordnung/index.html。）

罗蒙诺索夫国立莫斯科大学章程

(Устав федерального государственного образовательного учреждения высшего профессионального образования "Московский государственный университет имени М. В. Ломоносова")

2008年3月28日

主译人　王晓宇　李莹莹
校阅者　王辛夷

I 总则

1. 罗蒙诺索夫国立莫斯科大学(以下简称大学)于1755年1月25日(旧历1月12日)由伊丽莎白·彼得罗夫娜女皇下令建成。

2. 遵照俄罗斯联邦总统1992年1月24日"关于罗蒙诺索夫国立莫斯科大学"第48号令,大学享有俄罗斯国家高等教育机构自治权,依据俄罗斯联邦法律和自身章程开展活动。

3. 本大学是联邦国家高等职业教育机构,在自然科学和人文知识的广阔领域内,从事高等教育、大学后教育、成人职业教育以及大学前教育,从而完成教育、科研、文化教育等活动。

4. 本大学是俄联邦独特而珍贵的文化遗产,历史上的俄罗斯教育、科学和文化的中心,是一个由教授、普通教师、科学工作者、其他工作人员以及在校学生构成的具有创造性的团体。

5. 本大学是独立的法人,拥有俄罗斯联邦财政预算账户,并享受企业和联邦国库支持的用于开展活动的资金,以及符合俄罗斯联邦法律的信用机构所拥有的货币预算,拥有独立资产,可以以自身名义获得资产和私人的非资产权、承担责任,以及作为法庭上的原告和被告。大学拥有带俄罗斯联邦国徽和大学全名的印章,并且可有其他刊物和印章。

6. 大学创办人的权力通过俄罗斯联邦政府以俄罗斯联邦的名义得以行使。

7. 本大学的官方全名用俄语表达是 федеральное государственное образовательное учреждение высшего профессионального образования "Московский государственный университет имени М. В. Ломоносова",俄文简称是 Московский государственный университет имени М. В. Ломоносова, МГУ имени М. В. Ломоносова или МГУ,英文全称是 Federal State Education Lomonosov Moscow State University,英文简称是 Lomonosov Moscow State University, Lomonosov MSU 或者 MSU。

8. 本大学地址:119991,莫斯科市,列宁山,1号。

9. 本大学章程及其修改由大学科学教育工作者、其他工作人员以及在校学生的代表会议通过,由俄罗斯联邦政府批准,依照俄罗斯联邦法律规定的程序进行注册。大学为所有工作人员和在校学生提供了解现行章程的条件。

10. 本大学的基本任务:

1) 在教学和科学研究相结合的基础上,通过接受高等教育、大学后教育以及成人职业教育,满足个人在智力、文化以及精神发展方面的需求;

2) 通过在自然和人文科学领域推行高等教育、大学后教育以及成人职业教育,满足社会对受过高等职业教育、集扎实的职业知识和高水平的文化以及公民意识于一身的专业人才的需求;

3) 紧密联系教学进程,在自然和人文科学领域进行基础和应用研究,积极参与创新,普及与宣传科学知识;

4) 培训高学历工作人员和高技能的科学教育工作者,并提高他们的技能;

5) 培养大学在校学生的公民立场、劳动能力,保持和提高学生的精神、文化和科学价值观;普及知识,提高大众的教育和文化水平。

11. 大学自治通过以下方面实现:

1) 大学在教学、科研、财政、经济以及符合俄罗斯联邦法律的其他活动等方面是独立的;

2) 在与俄罗斯及国外高校、科研院所、教育管理机构、联邦职权机构和组织签订条约、协定和合同的基础上,本大学有权与其进行双方和多方的直接联系,开展各种工作(进行人才培养,大学生、研究生、进修生教育,专家交流),进行科学、文化教育和其他活动,参加创新活动,组织会议,提供补偿服务;

3) 根据工作规模和形式,大学独立建立人员编制表,确定各分支机构的工作人员数量,选拔干部,这其中就包括建立教师及其科研人员的编制,确定系主任及教研室主任的人选,决定科研机构负责人以及其他教学、科研及其辅助性分支(中心、部门、实验室)领导的任免;

4) 大学根据收支预算决定资金的去向和使用程序,其中包括对教职员工进行物质性奖励的资金数量,这些资金来源于企业和其他活动。

12. 大学在拥有教育活动许可权的基础上实施教育活动。大学在国家授权的基础上发放相应等级的教育和专业技能证书。

13. 在俄罗斯联邦法律所确立的规章内大学的财政预算每年通过相应的联邦财政部门予以单独计算。

14. 大学有以下分校:

罗蒙诺索夫国立莫斯科大学普西诺分校。简称:莫大普西诺分校。地址:142290,莫斯科州,普西诺市,B小区,20a楼。依据校长1997年4月14日第162号令设立。

罗蒙诺索夫国立莫斯科大学塞瓦斯托波尔分校。简称:莫大塞瓦斯托波尔分校。地址:99004,乌克兰,克里木自治共和国,塞瓦斯托波尔市,塞瓦斯托波尔英雄大街,7号楼。依据校长2000年6月16日第364号令设立。

罗蒙诺索夫国立莫斯科大学哈萨克斯坦分校。简称:莫大哈萨克斯坦分校。地址:473021,哈萨克斯坦共和国,阿斯塔纳市,阿尔马塔区,马纳伊特帕索夫街,5号楼。依据校长2000年12月1日第627号令设立。

罗蒙诺索夫国立莫斯科大学塔什干分校。简称:莫大塔什干分校。地址:700000,乌兹别克斯坦共和国,塔什干市,马瓦拉乌那赫尔区,22号楼。依据校长2006年4月12日第209号令设立。

罗蒙诺索夫国立莫斯科大学巴库分校。简称:莫大巴库分校。地址:阿塞拜疆共和国,AZ-1141,巴车市,亚沙马尔区,阿加耶夫街,14号楼。依据校长2007年9月25日第679号令设立。

15. 本大学可设代表处,代表处依照俄罗斯联邦法律设立和取消。

16. 本大学是《莫斯科大学学报》杂志和《莫斯科大学》报的创始者。大学有权设立其他大众传媒机构。

17. 本大学应确保国家机密信息以及与国家赋予大学的任务相应的受法律保护的其他信息的安全,大学在自身职权范围内实施动员准备、公民防护、防止和取消紧急情况等措施。

II 大学资产和资金

18. 为保障教育、科学及旨在完成俄罗斯联邦及本章程所赋予大学的任务活动的正常进行,大学拥有业务管理所需的资产,这些资产所有权归俄罗斯联邦。

大学承担着保护和有效使用业务管理所需资产的责任。

赋予大学的土地使用权由俄罗斯联邦土地法规调节。

19. 大学根据可支配的资金来履行自身义务。若资金不足,则由财产所有者按照大学义务承担补偿责任。

20. 大学的财政保障通过以下手段实现:

1) 联邦预算资金;

2) 收费的教育项目以及企业和其他可带来收入的活动,包括大学有权支配的通过智力活动所得的收入和依照俄罗斯联邦法律通过个别化手段所得的收入资金;

3) 慈善捐款、赞助费、定向捐款,赠品以及财产遗嘱捐赠;

4) 通过股票、债券及其他有价证券获得的收入(股息、分红);

5) 俄罗斯联邦法律所规定的其他来源。

21. 根据国家所规定的招收学生规模(国家掌控人数),大学教育活动(包括高等教育、大学后教育和职业继续教育)所需财政保障通过联邦预算资金来实现。

大学里进行科研所需的财政保障,通过联邦预算资金、各种基金会资金、捐款、企业活动、其他可带来收入的活动以及接受资助实现。大学的财政经营活动根据收支预算来实现,每年由校长确定。

22. 本大学活动的基本类型包括:按照招生规模进行的教育活动,按照大学学术委员会所确定的主题计划进行的科学活动。

23. 本大学在俄罗斯联邦法律规定下:

1) 确保享受社会福利的在校生的食宿,为在校生提供医疗服务,为他们组织大众文化和体育卫生活动;

2) 实现发包单位—建设单位的权利,为满足学校需求新建房屋和设施;

3) 对学校业务管理范围内的建筑设施进行维修;

4) 开展旨在实现章程目标和大学任务的其他活动。

24. 依照俄罗斯联邦法律,为实行企业活动和其他可带来收入的活动,大学有权使用在其业务管理范围内的资产。

25. 依照俄罗斯联邦法律及同法人和自然人签订的各种合同,大学有权进行以下企业活动及其他可带来收入的活动:

1)在教育活动许可证规定的范围内,提供联邦预算计划内招生以外的教育服务,提供未列入基础教育大纲的成人教育服务(包括按照成人教育大纲所进行的教学、专业课程班及一系列课程的教学),保证在校生对学科的深入研究;

2)销售依靠企业活动和其他可带来收入的活动所得制成的商品,出版著作以及为保证教育进程、科学活动和履行大学功能而提供相应服务;

3)完成规定计划范围外的科学研究工作;

4)完成分析性、实用性和技术性的工作,通过智力活动和个别化手段创造成果,并有权销售这些成果;

5)在规定的活动范围内提供咨询、技术工程、信息、营销方面的服务;

6)提供有偿医疗服务;

7)提供宾馆服务,大学在其业务管理范围内提供房屋租赁业务,并为学校工作人员和在校生提供居住房出租服务;

8)提供公共餐饮服务;

9)提供日常生活、社会生活服务及交通服务;

10)销售教学生产基地的产品及其他属于大学分支机构经营生产的产品;

11)提供文化教育、文化娱乐服务以及文化休闲领域的其他服务;

12)提供网络服务和技术保障,依靠企业活动和其他收入用于支持科学、技术和教学软件创造,对声学、地震、电磁、生态、放射及其他各种形式的经济客体进行监控;

13)提供教科书和其他教学文献的鉴定服务、外国教育文凭的认证服务;

14)提供法律服务(鉴定和咨询);

15)进行出版印刷活动,包括出版《莫斯科大学导报》杂志、《莫斯科大学》报纸等,提供复印服务;

16)提供体育卫生服务;

17)进行与保障大学教育进程和科学活动有关的国际和对外经济活动,包括组织和开展在校生国际进修和实习,以及派遣学生到国外学习。

26. 因本章程第25条所列活动所得收入及资产由学校自主支配并单独核算。这些资金用于进行本章程所规定的活动。

27. 在俄罗斯联邦法律规定的范围内,大学有权进行租赁活动。

28. 大学在业务管理规定范围内有权作为交易方参与向其转交属于俄

罗斯联邦的资产。

III 大学机构设置

29．学校基本的分支机构包括系、科研所、教学及科学中心、博物馆、图书馆、出版社和植物园，以及分校和代表机构。

分支机构名单是根据学校学术委员会决议制定，并由校长下令确定。

大学分支机构的法律地位和功能由本章程和由校长确认的不与本章程相悖的关于大学分支机构的章程规定。

大学机构的改变须由大学学术委员会决定并由校长下令确认。

30．大学分支机构可从事教育活动许可范围内的学前教育，普通初级教育、普通基础教育、普通中级教育、初级和中级职业教育等活动，以及成人职业教育。

31．大学及其下属分支机构是统一的教学—科研综合体。大学作为统一的教学—科研体的功能通过以下方面实现：

1）在由校长下令通过的关于大学分支机构的条例中确定目标、任务以及活动方向；

2）所有分支机构必须保障大学生、研究生的教学或者组织教学过程；

3）所有分支机构完成大学学术委员会的决定，以及校长和副校长的命令和决定。

32．系由教研室、系属实验室及其他教学、科研和辅助分支组成。

33．科学研究所由部门、所属实验室、其他科研和辅助分支组成。

34．在不违背俄罗斯联邦法律和本章程及其系（科学研究所）条例的前提下，系（科学研究所）在自己职权范围内有权自行决策。

35．按照在规定范围内应完成的教育、科研、教学辅助和工程技术的工作量和任务，并且考虑到所必需的资金和收支平衡限度，系（科学研究所）可以自行制定人员编制。

36．系（科学研究所）自治机构的选举机构是代表系（科研所）全体人员的学术委员会。系（科研所）学术委员会的创建和活动及其权力由大学学术委员会来确定。

37．系主任（所长）在自己职权范围内领导该系（科研所）：

1）领导系（科研所）的教育、科学、行政管理、财政、国际事务及其他活动；

2）确保系（科研所）学术委员会有关决定的执行；

3）通过学术委员会提名系副主任（副所长）、系（科研所）学术委员会秘书的候选人；

4）在规定制度内，按照系（科研所）人员编制，同系（科研所）工作人员签订劳动合同，教授和高级研究员除外。

38．系主任（科研所所长）由系（科研所）学术委员会成员从有学位或者职称的业务娴熟的有威望的工作人员中进行不记名选举，每五年进行一次选举。

获得参加投票的系（科研所）学术委员会成员半数以上票数的候选人即被选为系主任（科研所所长）。

依据选举结果，校长需与选举出来的系主任（科研所长）签订一定期限的劳动合同并且发布任职命令。

39．关于建立和撤销系（科研所）的决议由学术委员会通过执行。

40．在大学里，图书馆的工作是为保障大学的教学—科研活动。

在不违背俄罗斯联邦法律、本章程以及图书馆相关条例的前提下，图书馆有权在自己的职权范围内通过自主决议。

图书馆按照大学的活动范围收藏国内和国外科研和教学的图书。图书馆收集和保存善本、手稿、档案和著名国内科学文化活动家的私人藏书、已通过答辩的学术论文及大学出版物。

包括教育、科学工作者以及图书馆工作人员代表在内的图书馆学术委员会负责解决图书馆活动中最重要的问题。

图书馆学术委员会的组成由大学学术委员会确定。

41．出版社和印刷厂属于大学，它们的活动首先是普及和宣传科学知识，出版教科书、教学资料、科学专著、论文集、《莫斯科大学导报》及其他杂志、报纸和文化教育作品。

为协调学校的出版活动、确定教学、科研、教学法及其他方面文献的出版计划，校学术委员会根据各系、所学术委员会的建议确定编辑出版委员会组成人员。

42．系教研室和实验室（科研所的部门和实验室）是系（科研所）的基本组成单位，依照系教研室和实验室（科研所的部门和实验室）的规范条例行事，相关条例由大学学术委员会规定。

43．科学教育职位（除了教授和高级研究员）由系（科研所）学术委员会推选，应参考系教研室、实验室（科研所部门和实验室）科研、教学全体成员的意见。

系（科研所）学术委员会根据系教研室、实验室（科研部门和实验室）科研教学全体成员会议有关候选人的讨论结果通过决议。根据讨论结果通过的由教研室主任确定劳动合同期限的决议，以书面形式发给系（科研所）学术委员会成员。

系（科研所）学术委员会通过的关于推举结果的决定，由学术委员会成员匿名投票的结果获简单多数选票即为通过。

44．关于创建、重组和取消系（科研所）教研室、实验室的决议由大学学术委员会通过。

45．为履行大学签订的公民权利合同，系教研室、实验室（科研所部门、实验室）有权开展各种形式的工作。

46．在不违背俄罗斯联邦法律、本章程、系（科研所）条例及其关于系教研室、实验室（科研所部门、实验室）的有关条例的前提下，系教研室、实验室（科研所部门、实验室）有权在自己的职权范围内通过决议。

47．系教研室、实验室（科研所部门、实验室）的科研教学活动的基本问题由科研、教学全体成员会议解决。

48．从最具权威性、业务最熟练的相关专业专家内选拔负责人领导系教研室、实验室（科研所部门、实验室），每5年举行一次换届选举。负责人由系（科研所）学术委员会推荐，参考系教研室、实验室（科研所部门、实验室）集体的意见，由大学学术委员会匿名投票选出。

系教研室、实验室（科研所部门、实验室）负责人换届的程序应遵照俄罗斯联邦法律和本章程。依据选举结果和选举系教研室、实验室（科研所部门、实验室）负责人的文件，校长同选出来的负责人签订劳动合同并宣布系教研室、实验室（科研所部门、实验室）负责人任职命令。

49．分校自主实现大学的全部（或者部分）功能，代表处代表并保护大学利益。

50．分校和代表处领导由校长从具备教学、科研经验或在大学或者其他高等职业教育机构中具有工作经验的人员中任命，分校和代表处领导根据任命履行相应职责。

IV　接收学生和组织教育活动

51．学校依照俄罗斯联邦法律和本章程接收学生。

52．在拥有按照教育计划进行教育活动许可证的前提下，大学按照计划宣布招收学生。大学负责让新生了解该许可证，并了解大学有权颁发国家级证书的证明。

53．国家财政预算内的大学一年级新生的招生规模以及招生机构每年由制定教育领域国家政策和实现规范法制调节功能的联邦权力机构在国家规定的招生规定人数范围内,根据学校的申请来确定。

大学可依照俄罗斯联邦法律所规定的招生人数范围,按照联邦权力机构规定的定额,在大学申请基础之上,在同国家机构、地方自治机构签订合同的基础上,为有意入学的公民分配定向名额,并为这些定向名额组织单独的考试。

54. 在同法人和(或)自然人签订学费合同的基础上,大学有权超出国家规定的招生人数,依照教育领域的俄罗斯联邦法律招收公民。但在校生数量不得超过进行教育活动许可所规定的人数。学费和教育服务费用由校长决定,同时要考虑到收支平衡因素。

55. 大学为提交申请的公民举行入学考试,如果俄罗斯联邦法律没有规定其他条件,考试应保证公民在教育领域的权利并且保证选拔出最有能力的公民,这些公民经培养将掌握相应水平的教学内容。

56. 入学的学生享受俄罗斯联邦法律规定的各项优惠。

57. 大学一年级招收持有国家全日制中学、中级职业学校证明或初级职业教育毕业证的公民,证书内含持有人接受全日制中等教育的记录。

58. 大学招收持有国家高等职业教育毕业证的公民进入研究生教育。

59. 申请者的入学考试使用俄语。

60. 为进行入学考试和录取学生,组建专门的招生委员会:校中央招生委员会、普通招生委员会、单科招生委员会、投诉委员会。这些委员会的形成、组成、权力及活动由各委员会确定,由校长加以确认。中央招生委员会主席由校长担任。

61. 大学组织受过高等职业教育的公民进行考试,在符合俄罗斯联邦法律教育领域内有关规定范围内招收研究生。研究生教学可以面授或者函授,学制分别不得超过3年或者4年。

62. 大学招收拥有副博士学位的公民进行博士教育。学制不得超过3年。

63. 大学教育使用俄语。根据学术委员会的决定,个别课程可以采用外语教学。

64. 若教学计划无其他规定,对于面授和面授—函授(夜校)的大学生,新学年从9月1日开始,结束时间遵照具体培养方向(专业)的教学计划。对于函授的大学生,一个学年开始到结束的时间根据教学计划来确定。

65. 一学年的假期不得少于7周,其中寒假工作不得少于两周。

66. 不同水平的教育在大学通过不同形式来实现,差别在于针对不同学员[面授,面授—函授(夜校),函授]的必修课数量不同。

67. 所有形式的教育,包括在具体教学计划中混合使用的情况,都通用同一个教学工作大纲,该大纲由大学学术委员会为面授形式的教学制定。

68. 面授—函授(夜校)和函授形式的学制,以及各种形式教育混合的学制在实行本科和专家(即专业人才)计划时,可在学术委员会规定的面授形式的学制基础上延长,延长时间不得超过一年。研究生延长时间不得超过5个月。

69. 对于受过相应中等专业职业教育,并且根据学术委员会在联邦权力机构(制定教育领域国家政策和实现规范法制调节功能的机构)规定范围内通过的决议要求,有足够接受高等职业教育的受教育水平或者能力基础的公民,按照短期或者速成学士计划,可以被允许接受这些形式的高等职业教育。不允许专家(即专业人才)和研究生接受这种短期的高等职业教育。

70. 大学高等职业教育水平体现在以下方面:

接受高等职业教育并授予成功通过最终的"学士"专业鉴定(学位)的公民—学士学位;

接受高等职业教育并授予成功通过最终的"专家"(即专业人才)专业鉴定(学位)的公民—专家(即专业人才)学位;

接受高等职业教育并授予成功通过最终的"硕士"专业鉴定(学位)的公民—硕士学位;

71. 如果俄罗斯联邦法律没有其他规定,高等职业教育面授形式的教学大纲所规定的规范学制为:

1)获得"学士"专业鉴定(学位)——4年;

2)获得"专家"(即专业人才)专业鉴定(学位)——不少于5年;

3)获得"硕士"专业鉴定(学位)——2年;

72. 在俄罗斯联邦教育领域内法律的相关规定范围内,由大学按照教学计划和不同教学形式的教学课程表自主决定教学进程并制定细则。在大学内部,与传统的教学进程组织形式并行的,还有模块式教学进程组织和教学计划课程的备用体系。

73. 学校按照高等教育、大学后教育、成人职业教育组织教学进程的要求由《俄罗斯联邦教育法》规定。

74. 学校课程形式可以是讲座、答疑、课堂讨论、实践课、实验、测验、师生对话、自习、科学研究工作、实习、毕业设计(毕业论文)。除此之外,还可以设立具有其他教学形式的课程。

75. 在教室里授课的课程每一学时的时间为45分钟。

76. 学校通过对有针对性地选择教学过程、教学形式、方法和手段以及使用远程教学手段为确保掌握一定水平和方向的教育大纲规定的内容提供条件。禁止使用非人道的以及会对学生的生命和健康造成危险的教学方法。

77. 学习和生产实践依据学校同提供这些实践的单位或组织所签订的协议来实行。

78. 学校有权根据与法人或自然人之间的协议提供教育大纲未涉及的有偿的额外教育服务（额外教育大纲的教学，专门的培训教程和系列课程的教学，学生课程的深入学习等服务）。这些服务不能在学校基本的教学活动框架内进行，学校的基本教学活动是由联邦预算提供基金保障的。

79. 学校学生有权在掌握所选培养方向（专业）的课程之外，由自己申请并与学校达成协议，学习学校所提供的其他有偿继续教育服务中的任何课程，同时，还可以选择其他高等学校所讲授的课程。

80. 学校通过进行日常测验、学期考查、国家对毕业生的综合考评以及其他形式的测试，对学生掌握教学大纲的程度进行评定。

81. 在教学过程中进行学期考查时采用以下评价系统："优秀"、"良好"、"及格"、"不及格"、"考查合格"、"考查不合格"。评定结果在考试时给出或者根据学生学习过程中日常测验的成绩给出。

"不及格"和"考查不合格"不在测验记分册上填写。

根据学校学术委员会的决定，在某些院系可以采用多分值的评定系统或者知识综合评价的排名系统。

82. 学习成绩的测验在每个学期都要进行。提前举行考试只有在系主任同意和有合理理由的条件下才可以进行。对学生进行学习成绩的测验和学期考试的规定由学校学术委员会确认。

83. 依据高等专业教育教学大纲学习的在校学生，在学期考试的同时，每个学年内参加的考试不多于 10 次，考查不多于 12 次（不包括体育课和选修课的考试和考查）。

按照压缩期限的教学大纲学习的学生和自学学生一学年中的考试不得多于 20 次。

84. 优秀学生的升级要根据学校进行的日常成绩测验和学期考试的规定进行。没有通过本学年教学计划课程评定和鉴定的学生不能转入高一年级进行学习。

85. 国家对毕业生的综合考评是必须的，它在学生完全掌握教育大纲的条件下进行。国家对毕业生的综合考评由国家考评委员会依据俄罗斯联邦高等学校毕业生综合考评的相关规定进行，相关规定由联邦行使权力的机关确认，其职能根据国家教育政策和法律规范的调控得以实现。

86. 在通过国家综合考评之后，学生可依据个人意愿享受高等专业教育基本教学大纲规定的期限内的假期,假期结束后学生将离开学校。

87. 学校会给通过国家综合考评的学生发放国家级的受教育水平证书。这些意在证明完成高等专业教育的不同水平的证书有以下几种:

1) 学士证书;

2) 专家证书(专家指专业人才,即掌握某项专业知识的人);

3) 硕士证书。

88. 证书附带所学课程的清单,以及这些课程的数量和成绩。选修课的成绩是否列出可依据学生的个人意愿。

89. 没有完成高等教育基本教学大纲的学生,根据其要求可以发放根据相关规定制定的高等院校教学相关证明。

90. 在完成学校课程之前离校的学生,其被录取所依据的教育证明将会从个人档案中取出发放给学生本人。这一证明的有效复印件仍留在个人档案中。其他所有证明(学校录取证明,学校毕业或离校证明,记分册,学生证等等)仍留在个人档案中。

91. 本学校学生有权根据个人意愿或在保留本人在校学习期间学习所依据的教学(免费的或付费的)依据的情况下,或在拥有正当理由的情况下,在被除名后五年内返回学校,前提是学校有空缺。

依据本章程 137 和 141 条的规定,被除名的学生返校由校长根据系主任的提议在除名后五年内实现,通常需付费学习。极个别情况下此类返校学生可以免费学习,并且只有在学校有空缺和学期初进行。

92. 付费学生有权在同时符合以下条件的情况下,经过校长同意变成免付费生,这些条件是:

1) 有空缺;

2) 在此决定通过之前的四个学期内,考试成绩均为优秀,并且在整个付费学习期间没有一项"及格"评定;

3) 相关系学术委员会的推荐。

93. 招收外国公民和没有国籍的人进入研究生和博士生学习应依据俄罗斯联邦的相关法律规定实行。

V 学校科研活动

94. 学校科研领域的主要任务是完成基础和应用科学研究工作,在本科生和研究生的教学过程中应用最新的科学成果和技术,为促进国家经济发展和保证国家安全制订有科技含量的方案。

95. 学校科研活动应遵循以下几项原则：
1）保持和促进学校学科流派的发展；
2）保证科学研究和学习过程的有机联系；
3）支持和促进自然科学和人文科学领域学科优先发展方向的基础和应用研究；
4）与其他高校和科研机构共同制订和完成保障国家社会经济快速发展的自然科学和人文科学大纲；
5）促进国际科研合作的发展。

96. 学校实现基础和应用科学研究，同时还应实行自然科学和人文科学领域所有方向的实验性工作。

97. 学校的科研活动有：
1）每年制订科学研究的前景和方向，以及科研工作的主题计划；
2）保证科研工作计划的完成，保证研究的理论水平、质量和实用性；
3）积极参加在实现国家商业计划及相应基金的活动范畴内举行的资助竞赛；
4）建立临时的活动小组（由学校编制内的工作人员、本科生、研究生等组成），其中可在符合公民规范条例的基础上吸收其他高校的专家。如有需要还可吸收其他机构组织作为合作伙伴；
5）保证科研活动和教育活动的统一；
6）对联邦行使权力的机关、俄罗斯联邦权力机构、地方自治机关和各种形式的私有制单位在实际运用学校科研成果方面给予必需的科学方法上的帮助；
7）在公民规范条例的基础上完成法人和自然人对科学研究的需求；
8）推广科研的最新成果，出版科研、教学、教学法和参考性的文献，出版科技期刊，其中应包括学校科研活动所取得的成果；
9）支持和发展自身（本校的）科学研究、信息计算和材料技术基地。

Ⅵ 学校工作人员和学生

98. 学校所有工作人员及学生的权利和义务依据俄罗斯联邦的法律、本章程、学校内部规则、集体协定和其他局部性的法规予以确定。

99. 学校工作人员和学生有以下权利：
1）参与解决学校活动的重大问题；
2）加入职能团体和其他社团组织；

3）享用学校的学习和科研资源、社会日常服务、学校图书馆的档案和收藏资源。

100. 学校工作人员和学生有义务：
1）遵守本章程的规定，履行学校管理机关的决定；
2）保证高效完成教学过程和科研活动；
3）保护学校财产。

101. 对违犯本章程规定的工作人员和学生，学校可依据俄罗斯联邦法律、本章程和内部规则采取纪律处分、物质上的和公民规范责任上的惩罚措施。

102. 学校规定科研—教学人员（教授—教师组成人员，科学工作者）、行政—经济管理人员、工程—技术人员、生产人员、教辅人员和其他人员的职责。

103. 教授—教师的岗位职责具体是指系主任、教研室主任、教授、副教授、讲师、教员、助教的职责。

104. 科研人员的岗位职责具体是指科研所的所长、实验室（某部）的主任、研究员、副研究员、讲师级研究员、科研人员和初级研究人员的职责。

105. 学校科研—教学工作人员的任职依据所签订的定期的和不定期的劳动合同而定。

106. 任命科研—教学工作人员［系主任、科学研究所的所长和教研室（实验室、某部）的主任的任命除外］时，在签订劳动合同之前应根据由联邦行使权力的机关确认、根据国家教育政策和规范法律调控的制定实现自己的职能的程序组织竞聘。

107. 为了确保学校教学过程的持续性，在任命代理工作人员时，允许在不通过竞争上岗的程序的情况下允许签订代理兼职相应科研—教学工作人员职位的劳动合同，而对于依据法律还为之保留着工作的临时缺岗的工作人员的代理持续到该工作人员回来上班时为止。

在俄罗斯联邦劳动法规定的某些情形下也可不进行竞聘上岗。

108. 为了考察科研教育工作者是否履行了自己的职责，可以对其进行工作评定。进行评定的规则由依据国家教育领域内指定的政策调节和权力规范行使职能的联邦权力机关确定。

109. 系主任、科研究所长、教研室（实验室、部）主任由选举产生。在与系主任、科学研究所所长、教研室（实验室、部）主任签订劳动合同前，应先依据本章程的规定进行选举。

110. 科研—教学工作人员有以下权利：
1）选举和被选举为学校学术委员会、系学术委员（或科研所学术委员

会)委员;

2) 获得自己职业活动的组织和物质—技术上的保证;

3) 依据俄联邦教育性法规确定课程的内容;

4) 选择最符合个人特点和保证教学过程的高质量的教学方法和手段;

5) 参加为保证教育内容的较高科学水平和获取基础知识所进行的科学研究;

6) 依据本章程和集体协议免费享有学校图书馆、信息收藏、教育和科学部门的服务,社会日常服务及其他部门提供的服务;

7) 对学校行政的命令和指示依据俄联邦法律所规定的程序进行申诉。

111. 科研—教学工作人员有以下义务:

1) 保证高效的教育和科研进程;

2) 遵守本章程的规定;

3) 培养学生,使其具备所选方向(专业)的专业技能水平、正确的公民立场和劳动能力;

4) 培养学生的自立能力、首创精神和创造性能力;

5) 系统地提高自身的专业技能水平。

112. 允许拥有高等专业教育的人参加学校教育活动。其教育资格应由国家关于受教育水平和技能水平的认证标准来确定。

113. 学校对从教人员制订了工作时间——每周不超过 36 小时以及为期 56 天的每年一次的带薪假期。

114. 依据技能水平和专业特点,学校独立确定教育工作人员的教学任务——最多每学年 900 个小时。

115. 从教工作人员在至少每隔 10 年不间断的教学工作中,有权享受长达一年的不带薪假期,但前提是须等学年结束,并完成专著、教科书、教学参考书和其他科学著作。

116. 帮助从教人员(包括从事与教育过程相关活动的管理人员),确保其著作成果的出版和期刊刊物的发行,并每月拨给资金补助,补助金额由俄联邦法规确定。

117. 只有在学年结束时,雇佣者才能提出因要缩小编制而裁决从教工作人员的请求。

118. 行政—经济管理人员、工程—技术人员、生产人员、教辅人员和其他人员的权利和职责由俄联邦的劳动法规、本章程、内部秩序规范条例以及职责说明予以规定。

119. 对于在学习、研究方法、科学、教育工作和本章程所提及的其他工作和活动中作出成绩的学校工作人员,学校给予不同形式的物质和精神奖励。

120. 学校在资金许可的范围内为提高教师、科研人员和其他工作人员的技能水平提供必要的条件。

121. 拥有25年不间断从事科研—教学工作工龄的教授经学校学术委员会决议通过，可被授予"莫斯科大学功勋教授"荣誉称号。其他连续工作不少于25年的工作人员可被授予"莫斯科大学功勋教师"、"莫斯科大学功勋科研人员"和"莫斯科大学功勋工作人员"荣誉称号。

122. 学校每年举行"纪念罗蒙诺索夫系列报告会"。对于在科研工作和教育活动中作出优越成绩的工作人员，学校授予罗蒙诺索夫奖金；年轻的学者则被授予舒瓦洛夫奖金和年轻学者委员会奖金。奖金的授予和颁发由学校学术委员会决定。

123. 在校生包括本科生、硕士研究生、博士研究生、旁听生和学位申请者。

124. 学校本科生是学校校长根据高等专业教育大纲所录取的学生。本科生可以免费获得学生证和成绩册。

125. 硕士研究生是受高等专业教育且在研究生院学习以为获得副博士学位而准备论文的学生。面授形式学习的研究生依合法程序获得奖学金。

126. 博士研究生是拥有副博士学位且被录取在博士研究生院学习的为获得博士学位而准备论文的学生。

127. 旁听生是在培训部（在合同的基础上）或在为提高技能水平和专业再学习的机构下属部门学习，或者在其他成人教育项目的机构下属部门学习，以及在学校或其他高等院校接受平行的第二高等专业教育的个人。

128. 学位申请者是经受高等专业教育，固定在学校学习但不经过硕士研究生院的学习便为直接获得副博士学位而准备论文的人，或者是拥有副博士学位并为获得博士学位而准备论文的人。

129. 本科生、硕士研究生、博士研究生、旁听生和学位申请者享有俄联邦法律所规定的相关权利并承担相应的义务。

130. 学校学生有以下权利：

1）获得与当代科学、技术和文化发展水平相当的知识；

2）听取学校所有院系的课程；

3）参加任何形式的科学研究活动，包括参加科学会议、发表著作（包括在学校刊物上发表），进行文化教育工作；

4）享用学校图书馆、运动和保健，以及文化教育机关所提供的服务；

5）为解决学校生活问题建立社会性组织；

6）选举和被选举为学校和系学术委员会成员；

7）根据俄联邦法律的规定获取军事专业的教育——专指本科生。

131. 根据国家规定的预算内招收的接受面授形式学习的本科生可获得由俄联邦法律规定的一定数额的奖学金。奖学金由联邦预算提供,也可由学校收入（包括商业性和非商业性的组织机构及个人自愿的捐款）提供。

132. 对于在学习上取得优异成绩并积极参加科研工作的学生,学校会给予不同形式的物质奖励和精神奖励。

133. 学校有权建立个人名义的奖学金、补助和其他社会资助。

134. 以面授形式学习的非本市学生在校学习期间学校会提供宿舍。宿舍安排由学校学术委员会决定。学校会和每一位住宿舍的学生签订协议。

135. 在校学习的俄联邦公民依据俄联邦法律规定在学习期间可以延期参军。本科生军事学习由军事教育学院安排组织。

136. 学校学生有以下义务：

1）在规定期限内完成教学计划所规定的所有学习任务,掌握高技能水平的专业人才所必需的知识和技能；

2）应参加本章程第 74 条所规定的所有形式的教学课程；

3）遵守本章程的规定、内部秩序条例和宿舍住宿制度的相关规定。

137. 对于不遵守章程要求、内部秩序条例,没有完成规定期限内教学计划以及违反纪律的学生,学校可以采取纪律处分甚至开除学籍的措施。

138. 对学生采取纪律处分措施之前要先获得犯错学生对所发生事实的书面解释。

学生拒绝或逃避给予书面解释不成为取消对其进行纪律处分的理由。关于学生拒绝或逃避给予书面解释的情况另有相关规定。

139. 纪律处分要在发现违反纪律这一事实后不晚于一个月内和违反纪律行为发生后不晚于六个月内进行,学生病假及（或）假期,学生休假或者怀孕生产休假时间不计在内。

140. 根据学生日常测验和学期评定成绩,对于学业成绩不合格的学生采取开除学籍的措施。

141. 学校学生如有伪造与学校学习有关的证明,违反提供付费教育服务协议中的相关规定条件的,也将被开除学籍。

Ⅶ 学校管理

142. 学校管理在一长制和委员制相结合及科研教育工作人员、本科生、硕士研究生和博士研究生参与学校重大问题决策的原则上,依据俄联邦法律和本章程的规定来实现。

143. 学校最高管理机关为科研教育工作人员、其他领域工作人员代表和学校学生代表大会。代表大会成员选举规则由学校学术委员会决定。大会代表成员包括学校学术委员会成员、系学术委员会成员、科学研究所成员和学校其他部门的工作人员及学生代表。学校学术委员会的代表成员不应超过总人数的50%。

144. 代表大会会议由校长或专门选举的工作主席团主持。

145. 在出席大会人数超过代表人数的50%时，大会拥有全权。

大会每年至少举行一次。在校长或学校学术委员会的提议下可召开紧急代表大会临时会议。

146. 代表大会：
1）通过学校章程并对其进行修改；
2）选举学校校长；
3）听取校长每年的工作报告；
4）选举学校学术委员会；
5）依据学术委员会的提议，解决学校其他重大问题。

147. 学校活动的总体管理由选举的代表机关——学校学术委员会进行。

学校学术委员会的成员组成是：担任主席的校长、副校长、学术委员会秘书长、学校董事，根据学术委员会的决议，系主任、科学研究所所长也可以成为其成员。学术委员会的其他成员通过代表大会不记名投票选举产生。

学术委员会代表的规范和准则由学术委员会制定。

选举学术委员会的人数要达到140人。

部门和学生代表在超过出席大会人数（出席人数应达到代表成员总数的三分之二以上）的半数以上通过的情况下可被选举为大会成员或被撤销其成员资格。

学校学术委员会成员组成由校长下令确认。

学术委员会委员在被学校撤职或开除时，将自动退出学术委员会。

学校学术委员会的全权期限为5年。

学术委员会会议至少每两个月举行一次。

学术委员会成员的提前选举可在超过半数成员的要求下或依据代表大会的决议进行。

学术委员会成员有权对委员会的工作计划和内容提出修改。

如果出席人数达到成员总数的50%以上，学术委员会会议全权有效。

学术委员会的决定采取简单的投票多数通过制，并且在签署后立即生效。

学术委员会的决议要向学校工作人员和学生公布。

148. 学校学术委员会：

1）解决学校发展、教学和科研活动以及外事方面的重大问题；

2）对本章程提出修改建议；

3）决定学校机构的组成并对其进行修改；

4）选举学校董事；

5）制定学校每年的预算方案，听取方案的完成情况报告；

6）讨论人事问题，根据系（或科学研究所）学术委员会的建议组织教授和主要科研人员的竞争上岗，选举教研室（部、实验室）主任；

7）决定学校科研教育工作人员申请教授职称的问题；

8）提出对学校工作人员和学生进行政府奖励和授予俄联邦荣誉称号的申请。

9）授予已经获得世界承认的杰出的学者、社会和政治活动家名誉博士的称号；

10）决定莫斯科大学功勋教授、功勋教师、功勋科研人员和功勋工作人员称号的授予；

11）给予在科研和教育工作上作出优异成绩者奖励和奖金；

12）依据系、学术中心和部门的建议确定其教学计划；

13）确定学生奖学金分发制度；

14）对由校长提出的副校长、学术委员会科研秘书长、学校出版社社长和主编、图书馆馆长、《莫斯科大学学报》主编的候选人进行协调；

15）确定学校编辑出版委员会和图书馆委员会的成员组成；

16）制定学校校长的期限和选举程序，校长候选人的推选程序和对校长的要求；

17）向俄联邦政府提出关于学校改组问题的建议；

18）行使俄联邦法律和本章程规定的其他全权。

149. 校长直接对学校进行管理。

学校校长由代表大会代表依据俄联邦法律对候选人通过不记名投票方式选举产生。校长任期为5年。

被选举者必须获得50%以上参与投票的代表大会代表的票数。如果没有一位候选人获得被选为校长所必需的票数，则应进行新的选举。

在选举结束之后应依据俄联邦法律的相关规定与新选出的校长签订为期5年的劳动协议。

校长的任期和推选程序、推举候选人的程序以及对校长的要求由学校学术委员会决定。

校长独立解决学校活动中的一切问题,代表大会和学术委员会特殊权限范围内的事情除外。

校长不允许兼任学校内部其他享有薪水的管理职务(科研和科学方法研究的管理除外)。

当学校校长职务空缺时,校长的职责由俄联邦政府指定人员担任。自校长职务空缺之日起6个月之内必须进行新校长的选举。

150. 学校校长在自己的权限范围内:

1) 管理学校教育、科研、行政管理、财政、国际事务和其他活动;

2) 确保代表大会和学校学术委员会的决议的落实;

3) 在考虑代表大会和学术委员会的建议的基础上,组织学校管理机关的工作和结构组成;

4) 确定学校分支机构章程;

5) 将关于学校结构组成及其修改的建议提交学校学术委员会审查;

6) 提议副校长、学术委员会科研秘书长、学校出版社社长和主编、科学图书馆馆长、《莫斯科大学报》主编的候选人并交由学校学术委员会进行协调;

7) 建立学校管理机关,确定学校管理人员的权力,确定其职务职责和人员编制;

8) 当系(科学研究所)学术委员会的决定不符合俄联邦或本章程的规定时,暂时中止这一决定的执行;

9) 提出进行学术委员会成员提前选举的要求;

10) 在国家、国家机关和法律机关、法人和公民面前,校长的行为以学校的名义进行并代表着学校的利益,无须委托;

11) 依据俄联邦法律支配学校财产和经费,在联邦国库机关开立个人账户,在信贷组织开立外汇账户;

12) 进行委托,签订合同(包括劳动协议),发布命令、指示和其他地方性法规条例,采取奖励措施,进行纪律处分;

13) 实行联邦法律和本章程规定的其他权力。

151. 副校长依据校长的命令和指示及由校长确定的职责,通过学校活动的某种方式进行直接的管理。担任副校长也要签订劳动协议,且劳动协议的有效期和校长的任期相符。副校长和其他直接受校长领导的管理者之间的职责分配由校长确定,并通报学校全体成员。

152. 学校董事由学校学术委员会会议通过不记名投票和简单多数通过的方式选出,任期为5年。

153. 学校董事经校长同意行使以下权力：
1) 参加学校自治机构的活动；
2) 参与制定学校发展理念；
3) 在国家机关、自治机构、社会和其他组织机构前代表学校；
4) 参与解决完善学校教学、科研、培养、组织和管理活动等方面的事务。

154. 学校设有系主任委员会、科研所所长委员会和学校中心委员会，它们均受校长领导和管理。系主任和所长委员会审查领导管理的实施问题，协调系、科研所和其他部门的工作，向学校学术委员会提交建议以供讨论。系主任委员会和所长委员会的决定带有建议性质。

155. 为了制定学校工作人员和学生的工作、学习、休闲娱乐规章和细则，学校采取和认可以下几种形式的地方法规：规定、说明、规则、命令和指示。

Ⅷ 总结

156. 依据俄罗斯联邦政府的决定学校才可重组。

157. 在以下情况下学校可被撤销：
1) 联邦政府的决议；
2) 法院根据联邦法律作出的决议。

158. 学校被撤销时原由学校自由支配的资金和其他财产，除偿还债务外，其余归财产所有者所有并且用于发展高等教育。

159. 学校有责任保证全体人员档案的登记注册和妥善保存，并在学校重组或撤销时交国家保存。

（俄文版参阅 http://government.consultant.ru/page.aspx？8411；954788，修正案参阅 http://government.consultant.ru/page.aspx？8411；1541879。）

亚太编

东京大学宪章
(東京大学憲章)

平成 15 年*3 月 18 日由评议会制定

主译人　莫　菲
校阅者　鲍　威

前言

进入 21 世纪，跨越国界的全球性交往迅速发展，人类迎来了崭新的时代。

为此，日本也需要向世界展示自我，充分发挥自身的特色，为人类文明发展作出贡献。在新世纪，作为致力于为世界提供公共性服务的高等院校，东京大学坚信成为名符其实的"世界的东京大学"，是回应日本民众期待、推动日本社会发展的重要路径。东京大学立志通过教学和研究，探究超越国籍、民族和语言等所有界限的人类普遍真理，为世界和平和人类福祉、人类与自然的和谐共存、安全环境的创造、各地域间的均衡的可持续发展、科学与技术的进步，以及对文化的批判性继承和创新作出不朽的贡献。在这开拓新时代的重要时刻，为实现上述使命，东京大学制定《东京大学宪章》，由此阐明大学未来发展遵循的理念和发展目标。

东京大学建立于 1877 年，是日本拥有最悠久历史的大学。作为日本的代表性大学，东京大学为近代日本的繁荣发展作出了卓越的贡献。第二次世界大战后的 1949 年，在根据日本国家宪法实行的教育改革的推动之下，以史为鉴，取其精华，弃其糟粕，致力于构建和平、民主的国家和社会，东京大

---

* 平成 15 年为 2003 年。——译者注

学作为日本新制大学重新出发。由此以来，东京大学在满足社会需求、推动科学技术迅猛发展的同时，为构建和完善先进的教学研究体制作出了积极的贡献。

在经历了创建期和战后改革期两个阶段之后，随着国立大学法人化改革的推进，东京大学开始努力寻求能充分发挥其自主性和自律性的新地位。与此同时，东京大学确定了新时期的发展目标，即，在以往的发展积累基础之上，继续带动世界一流的学术研究发展，致力于实现社会公正、科学技术进步、文化创造，成为培养具有国际视野的市民精英的教育场所。为此，如何使东京大学全体教职员工团结一致，为大学治理共同努力，是东京大学实现新的飞跃的重要课题。

针对人类无限可能的发展，应坚持不懈地走开放型办学路线，这一学术本质正是大学之本。为此，我们也一直在强调学术自由和自治。与此同时，科学技术的进步要求研究者具有高度的道德水准和社会责任感。此外，随着知识在社会各个领域中所具有的决定性作用的日趋显著，在教学研究的发展过程中，强化与校外不同知识创造体之间的合作正变得越来越重要。从这一视角而言，东京大学将在追求大学自治和自律的同时，向世界敞开大门，积极推动科研成果转化回馈社会，开展满足社会需求的研究活动，促进学校和社会的双向合作。

为有效利用日本国民和社会赋予的资源，坚持不断的自我完善，实现世界一流的教学和研究，东京大学必须高度重视自身作为一个公共机构所作出的决定，并接受社会对其决定和实践的严格监督。为此，东京大学将向社会公开其所有活动的完整信息以便于公民进行评价建议，并针对世界的广泛需求改变自身，追求不懈的体制改革，为世界学术创造和知识交流及发展作出积极贡献。

东京大学将大力提高大学组织和活动的国际化程度，加深世界不同地域之间的理解，推动致力于真理与和平的教育研究。东京大学始终明确自身作为地处亚洲的日本大学的定位，将充分发挥日本长期积累的学术研究基础，在进一步加强与亚洲各地区合作的同时，推进与世界其他区域的相互交流。

东京大学充分认识到其组织成员多样性的重要意义，努力保障所有组织成员不会受到基于国籍、性别、年龄、语言、宗教、政治主张、出身、财产、门第、婚姻状况、家庭地位、残疾、疾病、经历等方面的歧视，努力确保其所有组织成员都享有广泛参与大学各项活动的机会。

为了肩负日本乃至世界未来的青年一代，为了探究真理的有志之士，东京大学将乐意提供最佳的条件和环境，构建开放的、平等自由的知识探索空间。为履行自身使命、实现发展目标,作为学术共同体的东京大学承诺全体成员将依据下述《东京大学宪章》团结一致发展进步。

I 学术

1. 学术发展的基本目标

东京大学基于学术自由,将探究真理、创造知识、保持和发展世界最高水平的教学和研究作为大学的学术发展目标。东京大学将深刻认识学术研究对社会的影响,并将广泛开展顺应时代发展的社会合作,促进人类的发展。在通过教育将东京大学长期积累的学术知识回馈社会的同时,东京大学将开展国际性的教学研究活动,推动与世界的交流。

2. 教育目标

东京大学将向每一位达到东京大学学术能力要求的学生敞开大门,赋予学生广阔的视野,高深的专业知识,以及理解力、洞察力、实践能力和想象力,培养学生的国际性、开拓精神和在社会各个领域所需的领导力。为实现这一目标,东京大学将在尊重学生个性和学习权利的基础之上,追求世界最高标准的教育。

3. 教学体系

在本科生教育中,东京大学构建以宽泛的通识教育为基础,有机结合多样的专业教育的灵活的教学体系,并坚持不懈地自我完善。在研究生教育中,东京大学将充分发挥综合性大学特点,在各个学科领域设置研究生院和附属研究所,实现广泛、高度专业化的教学体系,培养研究人员和高级专业人才。作为在各个学术领域第一线的研究人员,东京大学的教师将会系统地将其经验和研究造诣融入教学中。此外,东京大学还将致力于完善学生支持系统和学生经济资助体系,为所有学生提供最好的学习环境,消除学习障碍。

4. 教学评估

为了提供世界最高水平的教育,东京大学将对学生的学习成绩进行严格、定期和恰当的评价。除对教师开展的教学活动以及大学的各项教学条件开展自我评估之外,东京大学还将接受来自学生及相关第三方机构的评估,并使上述评估在教育目标的实现过程中充分发挥成效。

5. 教育国际化及社会合作

作为一个向世界开放的大学,东京大学在接纳来自世界各个地区的学生和教师的同时,派遣本校学生和教师到海外,以构建教育的国际网络。在培养能够推动学术发展的人才的同时,东京大学还将满足社会的高度专业化教育和成人再教育的需求,在教学活动中积极推动与社会的合作。

6. 研究的理念

东京大学尊重其组织成员和机构为探究真理、创造知识而进行的多样、独立和富有创造性的研究活动,旨在追求世界最高水平的研究。

东京大学认识到研究应为人类的和平和福祉服务,承诺对研究的方法和内容进行不断的自我反省。在对研究活动进行自我评估,向社会公开评估结果的同时,大学接受来自相关第三方机构的评估,实现社会问责机制。

7. 研究的多样性

在尊重研究的体系化,继承和促进学科领域的发展的同时,东京大学将积极推动萌芽性研究和新研究领域的开拓。此外,对于跨学科领域的研究课题,东京大学充分利用其综合性大学的特点,构建组织与个体的多样性联系,通过知识融合,开创新的学术领域。

8. 研究的合作

为应对社会与经济的不断变化,东京大学将保持组织机构的灵活性,与校外的知识生产密切合作。此外,东京大学致力于推动跨校、跨国的研究合作,在全球性合作研究中发挥引领作用。

9. 研究成果的社会回馈

在研究成果的社会回馈方面,东京大学并不追求短期成效,而是着眼于持久、系统化的学术研究,并在基础研究中强调大学与社会的合作。东京大学通过教学实施,将研究成果回馈社会。为此,大学在教学课程中介绍最尖端的研究成果,由此培养新一代研究人员。

II 组织

10. 大学自治的基本理念

东京大学深刻认识到,大学自治是日本国民赋予的、使大学远离任何利益冲突、开展自由的知识创造、推动人类社会发展的重要权力。因此,东京大学将不断努力进行自我反省,自律地实现它所肩负的使命。

11. 大学校长的领导和责任

在校长的统一领导和全面负责的基础之上,东京大学将构建一种有效而灵活的管理体制,以使得教学研究和行政管理两方面人员达成共识。另一方面,东京大学也努力使大学的运作管理能够体现社会各方面的要求。

12. 大学组织成员的责任

作为东京大学组织成员的所有教职工和学生，依据其不同的职责与活动领域，在享有参与学校管理的机会的同时，必须充分认识到自身所肩负的责任，为达成东京大学的目标而努力。

13. 校内基层组织的自治与责任

东京大学的本科学院、研究生院和附属研究所等作为自主运营的基层组织单位，将公平地拥有参与大学整体管理的机会。另一方面，校内基层组织必须以大学整体的教学研究发展为目标，推动自我变革，从综合大学的视角出发积极参与大学运作管理。

14. 人事的自律性

大学自治的核心在于人事的自律性。东京大学将基于公正的评价，自律地实施关于校长、副校长、学院院长、研究生院院长、研究所所长以及教职人员的人事遴选。各基层组织的领导和教师的人事遴选任命，将由各基层组织会议磋商和讨论后着手进行。

III 管理

15. 管理的基本目标

东京大学通过有计划地、合理地运用日本国民赋予它的资源，维持和发展世界最高水准的教育和研究，将其成果回馈社会。为了实现这一目标，大学将遵循公正透明的决策原则制订财务计划，并依据财务计划，努力完善教学研究环境、学术信息和医疗服务体制。

16. 财务的基本结构

东京大学认识到用于支持和发展其教学研究活动、维护和扩大其基础设施的财政经费是日本国民所赋予的。大学将妥善管理和使用这些资源，使其发挥最大成效。此外，在不违背大学指导原则的前提之下，为满足特定的教学或研究需求，东京大学将接受来自国家、公共团体机关、公益性事业团体、民间私营企业和个人的外部资金。

17. 教学研究环境的完善

在灵活应对教学研究活动中的发展和变化的同时，东京大学将从学校整体的角度出发，努力完善各校区的土地和设施，促进教学研究，改善组织成员的福利。此外，东京大学将通过身心健康支持、残疾人服务、安全与卫生确保、环境与景观保护等举措，为组织成员创造一个健康的教学研究环境，并由此履行其作为社区成员的义务。

18. 学术信息和信息公开

东京大学将从学校整体的角度出发,完善图书馆等相关信息设施,努力收集、保存并系统整理教学研究活动所必需的学术信息。东京大学将考虑组织成员的需求,确保其能够平等地使用信息,并努力推动信息的社会广泛传播。东京大学将积极公开自身掌握的信息。在信息利用方面,也将遵循高度的道德伦理规范,维护个人信息的隐私权。

19. 基本人权的尊重

东京大学将尊重基本人权,消除基于国籍、信仰、性别、残疾、门第等不正当的歧视和压制。大学将努力构建公正的教学、研究和劳动环境,保障所有成员都能充分展现他们的个性和才智。东京大学将努力推动男女平等参与大学管理,承担同等责任。

IV 宪章的意义

本宪章为指导东京大学组织和管理的基本原则。有关东京大学的法律规定应依照本宪章加以解释和应用。

V 宪章的修订

对本宪章的修订,依据另行规定,由校长负责。[1]

(日文版本参阅 http://www.u-tokyo.ac.jp/gen02/b04_j.html,
英文版本参阅 http://www.u-tokyo.ac.jp/gen02/b04_e.html。)

---

[1] 本宪章自 2003 年 3 月 18 日起生效。

关于国立大学法人京都大学组织的规程

（国立大学法人京都大学の組織に関する規程）

平成16年*4月1日第1号指示制定

主译人　冉　泽
校阅者　鲍　威

第1章　总则

（宗旨）

第1条　此规程对与国立大学法人京都大学及国立大学法人京都大学设置的京都大学的组织等相关的必要事项进行了规定。

第2章　国立大学法人京都大学的组织

第1节　总长、理事等

（总长）

第2条　国立大学法人京都大学（下称"法人"）设总长之职位，作为校长。**

---

*　平成16年为2004年。——译者注
**　此句前序号1省略。每一条的第一句话前序号1省略，下同。——译者注

2　总长在履行《学校教育法》(昭和22年*法律第26号)第92条第3项所规定的职务的同时,代表法人,并总管其业务。

3　总长选拔手续及提请免职相关手续由第6条规定的总长选拔会议另行规定。

4　总长任期6年。但是补缺的总长任期是前任总长的剩余任期。

5　总长不能连任。但是补缺的总长(仅限于任期不超过3年的)可以连任一次。

6　总长出现事故时,由总长预先指定的理事代理其职务。

7　总长一职空缺时,由总长预先指定的理事行使其职务。

(平成19年**第73号指示部分修正)

(理事)

第3条　法人设置7名以内的理事之职位。

2　理事根据总长的规定,辅佐总长掌管或分管法人的业务。

3　总长指定的理事在同分管相应业务的理事(在第52条第4项被称为"负责理事")协商之下综合调整全部事务的执行。

4　理事在总长得到第7条规定的经营协议会和第8条规定的教育研究评议会的同意后由总长任命。

5　总长所任命理事中,必须包含非国立大学法人京都大学理事或职员之人。

6　理事任期两年,可以连任。但是不能超过对其进行任命的总长的任期。

7　不管前项如何规定,补缺的理事的任期是前任理事的剩余任期。

8　只要不妨碍理事行使职责,总长可以要求理事从事教育或研究工作。

9　当总长认为某理事不再适合担任理事一职或因其职务上执行不当而致使法人业务实绩恶化时,总长可以免去该理事的职务。

(平成20年***第41号指示 一部分修正)

(理事会)

第4条　法人设置理事会。

2　理事会由总长和理事组成。

3　前项的规定之外的其他与理事会的组织及运营相关的必要事项由《国立大学法人京都大学理事会规程》(平成16年第2号指示)规定。

---

*　昭和22年为1947年。——译者注
**　平成19年为2007年。——译者注
***　平成20年为2008年。——译者注

（监事）

第 5 条　法人设置监事。

2　监事负责监察法人的业务。

3　与监事职务履行相关的必要事项由总长规定。

4　监事任期两年，可以连任。但是补缺的理事的任期是前任理事的剩余任期。

（总长选拔会议）

第 6 条　法人设置总长选拔会议，作为校长选拔会议。

2　与总长选拔会议的组织及运营相关的必要事项由《国立大学法人京都大学总长选拔会议规程》（平成 16 年 5 月 19 日总长选拔会议决定）规定。

第 2 节　经营协议会、教育研究评议会及部门负责人会议

（经营协议会）

第 7 条　为了审议关于法人经营的重要事项，法人设置经营协议会。

2　与经营协议会的组织及运营相关的必要事项由《国立大学法人京都大学经营协议会规程》（平成 16 年第 3 号指示）规定。

（教育研究评议会）

第 8 条　为了审议关于京都大学教育研究的重要事项，法人设置教育研究评议会。

2　与教育研究评议会的组织及运营相关的必要事项由《国立大学法人京都大学教育研究评议会规程》（平成 16 年第 4 号指示）规定。

（部门负责人会议）

第 9 条　为了进行法人经营及京都大学教育研究相关的联络、调整及协议，法人设置部门负责人会议。

2　与部门负责人会议的组织及运营相关的必要事项由《国立大学法人京都大学部门负责人会议规程》（平成 16 年第 5 号指示）规定。

第 3 节　委员会

（委员会）

第 10 条　为了协议特定事项，法人及京都大学可以设置委员会。

2　与委员会相关的必要事项由总长规定。

第 4 节　职员

（职员）

第 11 条　法人设置职员之职位。

第 3 章 京都大学的组织

第 1 节 职员等

（职员的种类）

第 12 条 京都大学设置以下职员之职位，由法人职员担任。

教授

副教授

讲师

助教

助手

事务职员

技术职员

教务职员

2 教授、副教授、讲师及助教在各部门从事教育研究。

3 助手在各部门从事对教育研究的实施必要的业务。

4 事务职员从事总务、会计等事务。

5 技术职员从事与技术相关的职务。

6 教务职员从事与辅助教育研究及其他教务相关的职务。

7 与本条第 1 项的职员人数管理相关的必要事项另行规定。

（平成 19 年第 1 号指示 一部分修正）

（副校长等）

第 13 条 在前条第 1 项规定之外，京都大学可以设置副校长之职位。

2 副校长由法人的理事或职员担任。

3 前两项规定之外的其他与副校长相关的必要事项另行规定。

4 在第 1 项规定之外，京都大学可以设置辅佐总长或理事的职位或者组织。

5 与前项的职位或组织相关的必要事项由总长规定。

（平成 20 年第 41 号指示 一部分修正）

（外国教师等）

第 14 条 在第 12 条第 1 项规定之外总长可以让外国人以外国教师或外国研究员的身份从事教育或研究。

2 与前项规定实施相关的必要事项由总长规定。

第 2 节 研究生院

（研究生院及研究科等）

第 15 条 京都大学设置研究生院，研究生院设置以下研究科。

文学研究科

教育学研究科

法学研究科

经济学研究科

理学研究科

医学研究科

药学研究科

工学研究科

人与环境研究科

能源科学研究科

亚非区域研究研究科

情报学研究科

生命科学研究科

2 在前项规定之外，研究生院设置地球环境学堂及地球环境学舍、公共政策合作研究部及公共政策教育部、经营管理研究部及经营管理教育部，作为《学校教育法》第 100 条规定的研究科之外的基层组织。

3 地球环境学堂、公共政策合作研究部及经营管理研究部是以研究为目的设置的组织，地球环境学舍、公共政策教育部及经营管理教育部是以教育为目的设置的组织。

（平成 18 年*第 1 号指示 平成 19 年第 73 号指示 一部分修正）

（研究科长）

第 16 条 研究科（包括前条第 2 项的组织。下同。）设置研究科长（在地球环境学堂称为学堂长，在地球环境学舍称为学舍长，在公共政策合作研究部及经营管理研究部称为研究部长，在公共政策教育部及经营管理教育部称为教育部长。下同。），由京都大学的教授担任。

2 研究科长基于相应研究科教授会的协商由总长任命。**

3 研究科长的选拔手续由相应研究科规定。

4 研究科长的任期由与相应研究科的组织相关的规程规定。

---

* 平成 18 年为 2006 年。——译者注

** 研究科长相当于国内大学培养研究生层次的各学院院长。——译者注

5 除非是基于相应研究科教授会协商举行的教育研究评议会审查的结果,总长不能处罚研究科长或免去研究科长的职务。

6 前项的审查手续由教育研究评议会规定。

(平成18年第1号指示 一部分修正)

(教授会)

第17条 研究科设置由学校教育法第93条第1项规定的教授会。

(平成19年第73号指示 一部分修正)

(审议事项)

第18条 教授会对研究科的如下事项进行审议。

(1) 关于教育课程编制的事项。

(2) 学生入学、课程结业及其他与学生学籍相关的事项及与学位授予相关的事项。

(3) 与研究科长的选拔及免职相关的事项。

(4) 与教授、副教授、讲师、助教及助手(下称"教员"。)的录用、升职及处分相关的事项及其他由《国立大学法人京都大学教员就业特例规则》(平成16年第71号指示)规定的属于其权限的事项。

(5) 其他与教育或研究相关的重要事项。

2 教授会为审议特定事项可以设置研究科会议。

(平成19年第1号指示 一部分修正)

(议长)

第19条 教授会设置议长之职位,由研究科长担任。

2 议长领导教授会。

3 在前两条及本条规定之外的其他与教授会的组织及运营相关的必要事项由相应教授会规定。

(专业及讲座)

第20条 研究科、地球环境学舍、公共政策教育部及经营管理教育部(在下一项中称为"研究科及教育部"。)设置专业。研究科、地球环境学堂、公共政策合作研究部及经营管理研究部(在下一项中称为"研究科及研究部"。)或专业设置讲座或代替讲座的组织,讲座是为了使教员分工与合作的组织体制得到保障而存在的教员组织。

2 研究科及教育部设置的专业、研究科及研究部或专业设置的讲座或代替讲座的组织均由关于京都大学的讲座、学科、研究部门等的规程(平成16年第6号指示)规定。

(平成18年第1号指示 平成19年第1号指示 一部分修正)

（协力讲座）

第 21 条 研究科或专业可以设置由研究科附属的教育研究设施、附属研究所等的教员担任的讲座（在下一项中称为"协力讲座"。）。

2 与协力讲座相关的必要事项由相应研究科规定。

（受捐赠讲座）

第 22 条 研究科或专业可以设置受捐赠讲座。

2 与前项规定实施相关的必要事项由总长规定。

（研究科附属的教育研究设施及其长[*]）

第 23 条 研究科根据关于相应研究科的规程的规定设置附属的教育研究设施。

2 前项的教育研究设施设置长之职位，由相应研究科的教授或副教授担任。

（平成 19 第 1 号指示 一部分修正）

（委任至组织规程）

第 24 条 在前九条[**]之外的其他与研究科的组织相关的必要事项由关于相应研究科组织的规程规定。

第 3 节 学部

（学部）

第 25 条 京都大学设置如下学部。

综合人知学部

文学部

教育学部

法学部

经济学部

理学部

药学部

工学部

农学部

（学部长）

第 26 条 学部设置学部长，由京都大学的教授担任。

2 学部长基于相应学部教授会的协商由总长任命。

---

[*] "长"指负责人。下同。——译者注
[**] 即第 15 条至第 23 条。——译者注

3　学部长的选拔手续由相应学部规定。
4　学部长的任期由关于相应学部组织的规程规定。
5　第16条第5项及第6项的规定适用于学部长。

（教授会）

第27条　第17条、第18条（第2项除外）及第19条的规定适用于学部。

（学科及科目）

第28条　作为常例，学部设置学科。学部或学科设置科目或代替科目的组织，科目是为了使教员分工与合作的组织体制得到保障而存在的教员组织。

2　学部设置的学科及学部或学科设置的科目等由关于京都大学的讲座、科目、研究部门等的规程规定。

（平成19年第1号指示 一部分修正）

（委任至组织规程）

第29条　前四条*规定之外的其他与学部组织相关的必要事项由关于相应学部组织的规程规定。

第4节　附属研究所

（附属研究所）

第30条　京都大学设置如下附属研究所。

化学研究所
人文科学研究所
再生医科学研究所
能源理工学研究所
生存圈研究所
防灾研究所
基础物理学研究所
病毒研究所/微生物研究所
经济研究所
数理解析研究所
核反应堆研究所
灵长类研究所
东南亚研究所

2　前项所示研究所（下称"附属研究所"。）的目的由相应附属研究所规

---

*　即第25条至第28条。——译者注

程规定。

3 在附属研究所中，再生医科学研究所、生存圈研究所、防灾研究所、基础物理学研究所、数理解析研究所、核反应堆研究所及灵长类研究所可以让国立大学的教员或其他人员从事符合相应研究所目的的研究和同一领域的研究。

（平成 20 年第 57 号指示 一部分修正）

（研究所长）

第 31 条 附属研究所设置所长之职位，由京都大学教授担任。

2 所长基于相应附属研究所教授会的协商由总长任命。

3 所长的选拔手续由相应附属研究所规定。

4 所长的任期由相应附属研究所规程规定。

5 第 16 条第 5 项及第 6 项的规定适用于所长。

（教授会）

第 32 条 附属研究所设置《学校教育法》第 93 条第 1 项规定的教授会。

2 教授会的名称由相应附属研究所规程规定。

（平成 19 年第 73 号指示 一部分修正）

（审议事项）

第 33 条 教授会对附属研究所的如下事项进行审议。

（1）关于所长选拔及免职的事项

（2）与教员的录用、升职及处分相关的事项及其他由《国立大学法人京都大学教员就业特例规则》规定的属于其权限的事项。

（3）其他与研究相关的重要事项。

（议长）

第 34 条 教授会设置议长之职位，由所长担任。

2 议长领导教授会。

3 在前两条及本条规定之外的其他与教授会的组织及运营相关的必要事项由相应教授会规定。

（研究部门）

第 35 条 附属研究所设置研究部门或代替研究部门的组织（在下一项中称为"研究部门等"）。研究部门是为了使教员分工与合作的组织体制得到保障而存在的教员组织。

2 附属研究所设置的研究部门等由关于京都大学讲座、科目、研究部门等的规程规定。

（平成 19 年第 1 号指示 一部分修正）

（受捐赠研究部门）

第 36 条　附属研究所可以设置受捐赠研究部门。

2　与前项规定实施相关的必要事项由总长规定。

（研究所附属的研究设施及其长）

第 37 条　附属研究所根据相应附属研究所规程的规定设置附属的研究设施。

2　前项的研究设施设置长之职位，由相应附属研究所的教授或副教授担任。

（平成 19 年第 1 号指示　一部分修正）

（委任至组织规程）

第 38 条　在前 8 条*规定之外的其他与附属研究所相关的必要事项由相应附属研究所规程规定。

第 5 节　附属图书馆

（附属图书馆）

第 39 条　京都大学设置附属图书馆。

2　与附属图书馆相关的必要事项由京都大学附属图书馆规程（昭和 60 年**第 12 号指示）规定。

（平成 17 年***第 19 号指示增加）

第 40 条及第 41 条　删除

（平成 17 年第 19 号指示）

第 6 节　医学部附属医院

（医学部附属医院）

第 42 条　医学部设置作为附属教育研究设施的附属医院。

（医院院长）

第 43 条　医学部附属医院设置医院院长之职位，由医学研究科或医学部附属医院专任教授担任。

2　医院院长基于医学部教授会的协商由总长任命。

3　医院院长的选拔手续由医学部规定。

4　医院院长的任期由《关于京都大学医学部组织的规程》（平成 16 年第 28 号指示）规定。

---

*　即第 30 条至 37 条。——译者注

**　昭和 60 年为 1985 年。——译者注

***　平成 17 年为 2005 年。——译者注

5　第 16 条第 5 项及第 6 项适用于医院院长。

（平成 18 年第 1 号指示　一部分修正）

（医院的内部组织）

第 44 条　医学部附属医院设置的门诊及其他内部组织由《京都大学医学部附属医院规程》（昭和 41 年第 18 号指示）规定。

（平成 18 年第 1 号指示　一部分修正）

第 7 节　全国共同利用设施

（全国共同利用设施及其长）

第 45 条　京都大学设置如下全国共同利用设施，作为以促进学术研究发展为目的的设施。

学术信息媒体中心

射线生物研究中心

生态学研究中心

区域研究综合情报中心

2　前项的全国共同利用设施可以让国立大学的教员或其他人员从事符合相应设施目的的研究和同一领域的研究。

3　第 1 项的全国共同利用设施的目的由相应设施规程规定。

4　全国共同利用设施设置长之职位，由京都大学的教授担任。

5　全国共同利用设施之长基于相应设施教授会的协商由总长任命。

6　全国共同利用设施之长的选拔手续由相应设施规定。

7　全国共同利用设施之长的任期由相应设施规程规定。

8　第 32 条至第 34 条及第 36 条的规定适用于全国共同利用设施。

9　前各项内容之外的其他与全国共同利用设施相关的必要事项由相应设施规程规定。

（平成 18 年第 1 号指示　一部分修正）

第 8 节　校内共同教育研究设施

（校内共同教育研究设施及其长）

第 46 条　京都大学设置如下校内共同教育研究设施，作为京都大学教员及其他人员共同进行教育或研究的设施，或者作为进行教育或研究的共用设施。

放射性同位元素综合中心

环境保护中心

国际交流中心

高等教育研究开发推进中心

综合博物馆

企业、政府、学校合作中心

低温物质科学研究中心

田野调查科学教育研究中心

福井谦一纪念研究中心

心之未来研究中心

野生动物研究中心

文化遗产综合研究中心

2　前项的校内共同教育研究设施的目的由相应设施规程规定。

3　校内共同教育研究设施设置长之职位，由京都大学的教授担任。

4　校内共同教育研究设施之长基于相应设施的协议员会的协商由总长任命。

5　校内共同教育研究设施之长的选拔手续由相应设施规定。

6　校内共同教育研究设施之长的任期由相应设施规程规定。

7　第 32 条（第 2 项除外）至第 34 条及第 36 条的规定适用于校内共同教育研究设施。

8　校内共同教育研究设施设置的教授会的名称为协议员会。

9　前各项内容之外的与校内共同教育研究设施相关的必要事项由相应设施规程规定。

（平成 17 年第 19 号指示改）

（平成 19 年第 1 号指示　平成 19 年第 42 号指示　平成 20 年第 1 号指示一部分修正）

第 9 节　机构等

（平成 17 年第 19 号指示改）

（平成 19 年第 42 号指示改变名称）

（高等教育研究开发推进机构）

第 47 条　京都大学设置高等教育研究开发推进机构。

2　与高等教育研究开发推进机构相关的必要事项由《关于京都大学实施全校共通教育的规程》（平成 15 年第 1 号指示）规定。

（环境安全保健机构）

第 47 条之 2　京都大学设置环境安全保障机构。

2　与环境安全保障机构相关的必要事项由《京都大学环境安全保健机构规程》（平成 17 年第 6 号指示）规定。

（平成 17 年第 19 号指示增加本条）

第 47 条之 3　删除

（平成 17 年第 19 号指示增加本条）

（平成 19 年第 42 号指示）

第 47 条之 4　京都大学设置国际交流推进机构。

2　与国际交流推进机构相关的必要事项由《京都大学国际交流推进机构规程》（平成 17 年第 11 号指示）规定。

（平成 17 年第 19 号指示增加本条）

（信息环境机构）

第 47 条之 5　京都大学设置信息环境机构。

2　与信息环境机构相关的必要事项由《京都大学信息环境机构规程》（平成 17 年第 13 号指示）规定。

（平成 17 年第 19 号指示增加本条）

（图书馆机构）

第 47 条之 6　京都大学设置图书馆机构。

2　与图书馆机构相关的必要事项由《关于京都大学全校图书馆功能的规程》（平成 17 年第 17 号指示）规定。

（平成 17 年第 19 号指示增加本条）

（企业、政府、学校合作总部）

第 47 条之 7　京都大学设置企业、政府、学校合作总部。

2　与企业、政府、学校合作总部相关的必要事项由京都大学企业、政府、学校合作总部规程（平成 19 年第 43 号指示）规定。

（平成 19 年第 42 号指示 追加）

第 10 节　保健中心

（保健中心及其所长）

第 48 条　京都大学设置保健中心，作为开展与维持、增进学生和职员健康相关的专门业务的设施。

2　保健中心设置所长之职位，由京都大学的教授担任。

3　与保健中心相关的必要事项另行规定。

第 11 节　其他校内组织

（心理与辅导咨商中心）

第 49 条　京都大学设置心理与辅导咨商中心。

2　与心理与辅导咨商中心相关的其他必要事项另行规定。

（大学档案馆）

第 50 条 京都大学设置大学档案馆。

2 与大学档案馆相关的必要事项另行规定。

（其他的校内组织）

第 50 条之 2 在前两条规定之外，京都大学可以设置以研究科或学部在一定期间合作进行教育为目的的组织。

2 与前项的组织相关的必要事项由总长规定。

（平成 18 年第 1 号指示 追加）

第 50 条之 3 在前三条规定之外，京都大学可以设置以研究科、研究所等在一定期间内合作进行研究为目的的组织。

2 与前项的组织相关的必要事项由总长规定。

（平成 18 年第 1 号指示 追加）

第 50 条之 4 在第 49 条至前条规定之外，京都大学可以设置以实施"世界顶级国际研究据点形成促进项目"为目的的研究据点。

2 与前项的研究据点相关的必要事项另行规定。

（平成 19 年第 53 号指示追加）

第 51 条 在第 49 条至前条规定之外，京都大学设置必要的校内组织。

2 与前项的校内组织相关的必要事项另行规定。

（平成 18 年第 1 号指示 一部分修正）

第 4 章　事务组织

（总部的事务组织）

第 52 条 为了处理与法人事务实施相关的必要事务，京都大学设置监察室、教育研究推进总部、经营企划总部及中心，作为总部的事务组织。

2 监察室的事务组织及其所负责事务、教育研究推进总部与经营企划总部设置的部、科、其他事务组织及其所负责事务、中心的名称、事务组织及其所负责的事务，均由《京都大学事务组织规程》（平成 16 年第 60 号指示）规定。

3 部设置部长、科设置科长、监察室设置室长、中心设置中心长之职位。

4 部长在总长和担当理事的监督下处理部的事务，科长及中心长根据上级的命令处理科或中心的事务，监察室长在总长的监督下处理室的事务。

（平成 17 年第 74 号指示 平成 18 年第 1 号指示 平成 20 年第 41 号 —

部分修正)

(部门的事务组织)

第 53 条 研究科、附属研究所、附属图书馆及医学部附属医院及其他京都大学的教育研究设施(下称"研究科等"。)可以为了处理其事务设置部门事务部。另外,根据需要也可以设置合并处理数个研究科等之事务的部门事务部。

2 研究科等设置的部门事务部(包括前项的另外说明的部门事务局。在以下的本条内容中相同。)、相应部门事部的事务组织及其所负责的事务均由《京都大学事务组织规程》规定。

3 部门事务部设置事务部长或事务长。

4 事务部长或事务长在研究科等之长的监督下处理部门事务部的事务。

(平成 18 年第 1 号指示 一部分修正)

附则

(施行日期)

第 1 条 本规程自平成 16 年 4 月 1 日起施行。

(理事会成员任期的特例等)

第 2 条 本规程施行后最初任命的总长的任期不受第 2 条第 4 项之规定,至平成 20 年 9 月 30 日。

第 3 条 本规程施行后最初任命的理事不受第 3 条第 4 项之规定,为总长任命之人,其任期不受同条第 6 项之规定,至平成 17 年 9 月 30 日。

(中间修正规程的附则省略。)

本规程自平成 17 年 11 月 29 日起施行,自平成 17 年 11 月 1 日起适用。

附则(平成 18 年第 1 号指示)

1 本规程自平成 18 年 4 月 1 日起施行。

2 废止《京都大学医学部附属医院院长候补者选拔规程》(平成 7 年第 1 号指示)。

(中间修正规程的附则省略。)

附则(平成 20 年第 41 号指示)

1 本规程自平成 20 年 10 月 1 日起施行。

2 废止《关于总长任期特例的规程》(平成 15 年第 33 号指示)。

附则（平成第 57 号指示）

本规程自平成 20 年 12 月 1 日起施行，自平成 20 年 10 月 1 日开始适用

（最新版本参阅 http://www.kyoto-u.ac.jp/uni_int/kitei/reiki_honbun/aw00208341.html。）

附录　京都大学规程集目录

（内容更新时间 平成 21 年＊ 05 月 11 日）

第 1 编　组织及运营

第 1 章　基本组织

《关于国立大学法人京都大学组织的规程》

《国立大学法人京都大学理事会规程》

《国立大学法人京都大学经营协议会规程》

《国立大学法人京都大学教育研究评议会规程》

《国立大学法人京都大学部门负责人会议规程》

《关于京都大学讲座、学科、研究部门等的规程》

第 2 章　诸委员会

《京都大学企划委员会规程》

《京都大学设施整备委员会规程》

《京都大学财务委员会规程》

《京都大学大学评价委员会规程》

《京都大学宣传委员会规程》

《京都大学公开讲座等企划委员会要项》

《京都大学人事审查委员会规程》

《京都大学人权委员会规程》

《京都大学环境、安全、卫生委员会规程》

《京都大学放射性同位素等管理委员会规程》

＊ 平成 21 年为 2009 年。——译者注

《京都大学学生部委员会规程》

《京都大学学生指导委员会规程》*

《京都大学保健卫生委员会规程》

《京都大学奖学金返还、免除、候选人选拔委员会要项教育制度委员会规程》

《FD 研讨委员会规程》**

《京都大学教职教育委员会要项》

《京都大学教务、事务电子计算机管理运营委员会要项》

《京都大学社会贡献推进探讨委员会要项》

《京都大学入学考试委员会规程》

《京都大学核燃料物质管理委员会规程》

《原子能研究整备委员会要项》

《国际教育项目委员会规程》

《京都大学宇治地区防火委员会规程》

第 3 章 副校长等

《关于京都大学副校长的规程》

《对负责学生福利教导的副校长职务进行规定的规程》

《关于京都大学副校长的约定》***

《关于辅助总长或理事的人员职务的要项》

《京都大学总长室要项》

第 4 章 研究生院

《关于京都大学研究生院文学研究科组织的规程》

《关于京都大学研究生院教育学研究科组织的规程》

《关于京都大学研究生院法学研究科组织的规程》

《关于京都大学研究生院经济学研究科组织的规程》

《关于京都大学研究生院理学研究科组织的规程》

《关于京都大学研究生院医学研究科组织的规程》

---

* 日文原文为"京都大学補導会議規程",日文"補導"意为"为使青少年走上正确的道路而进行指导",因此本文译为"教导"。——译者注

** FD 即 Faculty Development 的简称,是为了进一步提高教员水平而进行的"教员教育"。——译者注

*** 日文原文为"京都大学副学長に関する申合せ",其中"申合せ"意为"(不构成规则的)商谈后的约定"。——译者注

《关于京都大学研究生院药学研究科组织的规程》
《关于京都大学研究生院工学研究科组织的规程》
《关于京都大学研究生院农学研究科组织的规程》
《关于京都大学研究生院人与环境研究科组织的规程》
《关于京都大学研究生院能源科学研究科组织的规程》
《关于京都大学研究生院亚非区域研究研究科组织的规程》
《关于京都大学研究生院情报学研究科组织的规程》
《关于京都大学研究生院生命科学研究科组织的规程》
《关于京都大学研究生院地球环境学堂及研究生院地球环境学舍组织的规程》
《京都大学研究生院地球环境学堂、学舍协议会要项》
《关于京都大学研究生院公共政策合作研究部及研究生院公共政策教育部组织的规程》
《关于京都大学研究生院经营管理研究部及研究生院经营管理教育部组织的规程》
《研究生院公共政策合作研究部、公共政策教育部及研究生院经营管理研究部、经营管理教育部涉及的学校整体管理运营的相关事项》

第 5 章　学部

《关于京都大学综合人知学部组织的规程》
《关于京都大学文学部组织的规程》
《关于京都大学教育学部组织的规程》
《关于京都大学法学部组织的规程》
《关于京都大学经济学部组织的规程》
《关于京都大学理学部组织的规程》
《关于京都大学医学部组织的规程》
《关于京都大学药学部组织的规程》
《关于京都大学工学部组织的规程》
《关于京都大学农学部组织的规程》

第 6 章　附属研究所

《京都大学化学研究所规程》
《京都大学人文科学研究所规程》
《京都大学再生医学研究所规程》
《京都大学能源理工学研究所规程》

《京都大学生存圈研究所规程》
《京都大学防灾研究所规程》
《京都大学基础物理学研究所规程》
《京都大学病毒研究所/微生物研究所规程》
《京都大学经济研究所规程》
《京都大学数理解析研究所规程》
《京都大学核反应堆实验所规程》
《京都大学灵长类研究所规程》
《京都大学东南亚研究所规程》

第 7 章 附属图书馆

《京都大学附属图书馆规程》
《京都大学附属图书馆利用规程》
《京都大学附属图书馆利用规程实施细则》
《京都大学图书馆保管资料特别利用规则》
《京都大学附属图书馆利用规程宇治分馆实施细则》

第 8 章 医学部附属医院

《京都大学医学部附属医院规程》
《京都大学医疗服务处所规程》

第 9 章 全国共同利用设施

《京都大学学术信息媒体中心规程》
《京都大学学术信息媒体中心利用规程》
《京都大学射线生物研究中心规程》
《京都大学生态学研究中心规程》
《京都大学区域研究综合情报中心规定》

第 10 章 校内共同教育研究设施

《京都大学放射性同位元素综合中心规程》
《京都大学放射性同位元素综合中心利用规程》
《京都大学环境保护中心规程》
《京都大学国际交流中心规程》
《京都大学高等教育研究开发推进中心规程》
《京都大学综合博物馆规程》

《京都大学企业、政府、大学合作中心规程》
《京都大学低温物质科学研究中心规程》
《京都大学田野调查科学教育研究中心规程》
《京都大学福井谦一纪念研究中心规程》
《京都大学心的未来研究中心规程》
《京都大学野生动物研究中心规程》
《京都大学文物综合研究中心规程》

第 11 章　机构等

《关于京都大学实施全校共通教育的规程》
《京都大学环境安全保健机构规程》
《京都大学国际交流推进机构规程》
《京都大学信息环境机构规程》
《京都大学信息环境机构教学用计算机系统及学术信息网络系统利用规程》
《关于京都大学全校图书馆功能的规程》
《京都大学企业、政府、学校合作总部规程》

第 12 章　保健中心

《制定关于协助京都大学保健中心开展工作的暂行措施的规程》

第 13 章　其他的校内组织

《京都大学心理与辅导咨商中心规程》
《京都大学大学档案馆规程》
《京都大学大学档案馆利用规程》
《京都大学纳米医学合并教学单元要项》*
《京都大学尖端科技国际领导人才养成单元要项》
《京都大学可持续性科学研究单元要项》
《京都大学新一代技术开发研究单元要项》
《京都大学尖端医工学研究单元要项》
《京都大学生命科学方向职务培训单元要项》
《京都大学宇宙综合科学研究单元要项》

---

* "纳米医学合并教学单元"保留了官方网站的翻译。这里的"单元"是指小组或机构。——译者注

《京都大学物质—细胞整合系统据点规程》
《京都大学非洲区域研究资料中心要项》
《京都大学女性研究者支援中心要项》
《京都大学微生物科学捐赠研究部门要项》
《京都大学大学评价支援室要项》
《京都大学男女共同参与推进室要项》
《京都大学外部战略室要项》
《京都大学法务、人权推进室要项》
《京都大学残障学生咨询室要项》

第 14 章　事务组织等

《京都大学事务组织规程》
《在总务部设置总长特命科长一职的事宜》
《在企划部设置总长特命科长一职的事宜》
《京都大学总部事务工作分担规程》
《京都大学男女共同参与推进事务室要项》
《京都大学教室系统技术职工相关组织要项》

第 15 章　监察

《国立大学法人京都大学监事监察规程》*
《国立大学法人京都大学内部监察规程》

第 16 章　诸设施等

《京都大学创业研究办公室要项》
《京都大学综合体育馆规程》
《京都大学综合体育馆使用规程》
《京都大学国际交流会馆规程》
《京都大学国际交流会馆住宿设施使用细则》
《京都大学百周年时计台纪念馆规定》**
《京都大学 ROHM 纪念馆规程》
《京都大学船井哲良纪念讲堂暨船井交流中心规程》

---

* "监事"指监察人。——译者注
** 京都大学官方网站在汉语名称中保留了"时计台"的说法,意为钟楼。——译者注

第 17 章　文书、公章及权限的委任等

《本大学命令及通告的样式》
《京都大学公章规程》
《京都大学事务委任等规程》
《京都大学总部事务裁决等规程》
《关于京都大学信息公开制度实施的规程》
《关于京都大学个人信息保护的规程》
《关于京都大学个人信息保护的规程实施相关事项（通知）》
《关于京都大学法人文书管理的规程》
《关于法人文书等移交京都大学档案馆保管的要项》

第 18 章　其他

《关于京都大学教师评价实施的规程》
《关于京都大学保护检举者的规程》
《关于京都大学保护检举者的规程实施相关事项（通知）》
《关于京都大学信息安全对策的规程》
《规定伴随国立大学法人京都大学设立而产生的指示规程等的效力[*]相关过程操作办法的规程》
《限时使用的设施等在使用上的相关事项》

第 2 编　人事

第 1 章　总长选拔等

《国立大学法人京都大学总长选拔会议规程》
《国立大学法人京都大学总长选拔规程》
《国立大学法人京都大学总长校内意向投票实施细则》
《国立大学法人京都大学总长校内预备投票规程》
《国立大学法人京都大学总长校内预备投票实施细则》

第 2 章　人事

《国立大学法人京都大学教职员工就业规则》

---

[*] 为方便理解，下划线为译者所加，理解时作为一个整体。下同。

《国立大学法人京都大学教员就业特例规则》

《国立大学法人京都大学特定合同制教职员工就业规则》

《国立大学法人京都大学合同制教职员工就业规则》

《国立大学法人京都大学合同制教职员工就业规则附则1中规定合同制教职员工的日工资特例的规则》

《国立大学法人京都大学小时制教职员工就业规则》

《国立大学法人京都大学外国教师就业规则》

《国立大学法人京都大学外国研究员就业规则》

《国立大学法人京都大学教职员工调职规程》

《国立大学法人京都大学教职员工停职规程》

《关于国立大学法人京都大学教职员工再次雇用的规程》

《规定国立大学法人京都大学合同制教职员工及小时制教职员工超过年龄上限后雇用相关特例的规则》

《国立大学法人京都大学教职员工工资及津贴规程》

《国立大学法人京都大学教职员工寒冷地区补助发放细则》

《关于国立大学法人京都大学教职员工初次任职的工资、晋升、提高工资等的基准的细则》

《国立大学法人京都大学教职员工初次任职的工资调整补助发放细则》

《国立大学法人京都大学教职员工特殊工作补助等发放细则》

《国立大学法人京都大学教职员工特殊地区工作补助等发放细则》

《国立大学法人京都大学教职员工据点补助发放细则》

《国立大学法人京都大学理事会成员工资及津贴发放规程》

《国立大学法人京都大学教职员工伦理道德规程》

《关于京都大学防止骚扰等的规程》

《关于国立大学法人京都大学教职员工工作时间、休假等的规程》

《关于国立大学法人京都大学教职员因育儿、护理而停职等的规程》

《关于国立大学法人京都大学教职员工因自我提高等而停职的规程》

《国立大学法人京都大学多年连续工作者表彰规程》

《国立大学法人京都大学教职员工处罚规程》

《国立大学法人京都大学灾害补偿规程》

《国立大学法人京都大学教职员工退休补助规程》

《国立大学法人京都大学教职员工退休补助规程中总长另外规定的金额等的相关事项》

《国立大学法人京都大学理事会成员退休补助规程》

《京都大学名誉教授称号授予规程》

《京都大学教员退休年限规程》
《关于京都大学教员任期的规程》
《关于京都大学客座教授及客座副教授等的规程》
《京都大学所聘外国学者等的接收要项》
《京都大学所聘外国学者等的接收要项的相关事项》

第3编 教务

第1章 通则等

《京都大学通则》
《京都大学学位规程》
《京都大学名誉博士称号授予规程》
《京都大学名誉博士称号授予规程实施细则》
《京都大学研修规程》
《京都大学研修生规程》
《京都大学国际交流中心日语研修生要项》
《关于取得教师资格证授予资格的规程》
《京都大学助教实施规程》
《基于同财团法人京都国际财团的一揽子协定等的学分互认学生的相关操作要项》

第2章 本科

《京都大学综合人知学部规程》
《京都大学文学部规程》
《京都大学教育学部规程》
《京都大学法学部规程》
《京都大学经济学部规程》
《京都大学理学部规程》
《京都大学医学部规程》
《京都大学药学部规程》
《京都大学工学部规程》
《京都大学农学部规程》

第 3 章　研究生院

《京都大学研究生院文学研究科规程》
《京都大学研究生院教育学研究科规程》
《京都大学研究生院法学研究科规程》
《京都大学研究生院经济学研究科规程》
《京都大学研究生院理学研究科规程》
《京都大学研究生院医学研究科规程》
《京都大学研究生院药学研究科规程》
《京都大学研究生院工学研究科规程》
《京都大学研究生院人与环境学研究科规程》
《京都大学研究生院能源科学研究科规程》
《京都大学研究生院亚非区域研究研究科规程》
《京都大学研究生院情报学研究科规程》
《京都大学研究生院生命科学研究科规程》
《京都大学研究生院地球环境学舍规程》
《京都大学研究生院公共政策教育部规程》
《京都大学研究生院经营管理教育部规程》

第 4 编　学生福利教导等

《学生处罚手续规程》
《京都大学教导主任规程》
《京都大学教导委员规程》
《京都大学校内张贴告示等的规程》
《京都大学校内集会规程》
《京都大学校内团体规程》
《京都大学学生体检规程》
《京都大学学生宿舍规程》
《京都大学学生表彰规程》
《京都大学北白川体育会馆规则》
《京都大学笹峰山中小屋规则》
《京都大学白马山之家使用规程》
《京都大学白马山之家管理要项》
《京都大学白滨海之家使用规程》

《京都大学白滨海之家管理要项》

《京都大学西部课外活动楼规则》

第5编　发明、受委托研究等

《京都大学发明规程》

《京都大学研究成果有体物处理规程（译者注：有体物为法律术语。）》

《京都大学受委托研究处理规程》

《京都大学民间等共同研究处理规程》

《京都大学捐赠事务处理规程》

《京都大学受捐赠讲座及受捐赠研究部门规程》

《关于京都大学全校受捐赠研究部门的设置及运营的要项》

《关于京都大学研究活动上防止不正当行为的规程》

《关于国立大学法人京都大学竞争资金等适当管理的规程》

《京都大学优秀女性研究者表彰要项》

第6编　保健及安全保障

《京都大学安全卫生管理规程》

《京都大学高压瓦斯制造设施危害预防规程》

《京都大学规定高压瓦斯操作主任及操作副主任资格的细则》

《京都大学化学物质管理规程》

《京都大学自用电力设备保安规程》

《京都大学自用电力设备保安规程实施细则》

《关于京都大学防止放射线危害的规程》

《关于京都大学核燃料物质计量及管理的规程》

《京都大学重组DNA实验安全管理规程》

《京都大学重组DNA实验安全管理规程实施细则》

《京都大学人类基因组、基因解析研究管理规程》

《关于京都大学实施动物实验的规程》

《关于京都大学病原体等管理的规程》

《京都大学废水、废弃物管理等的规程》

《关于京都大学实验废液、废弃物管理及处理等实施上的要则》

《京都大学防火规程》

《京都大学自卫消防团规程》

《京都大学宇治地区自卫消防团规程》

第 7 编　会计

《国立大学法人京都大学会计规程》
《国立大学法人京都大学会计实施规程》
《国立大学法人京都大学出纳事务处理要领》
《京都大学会计事务公章要领》
《国立大学法人京都大学小额现金处理要领》
《国立大学法人京都大学债券管理要领》
《国立大学法人京都大学支票处理要领》
《国立大学法人京都大学公积金事务处理要领》
《国立大学法人京都大学库存资产管理要领》
《国立大学法人京都大学零钱准备金处理要领》
《关于国立大学法人京都大学运营费拨款的处理要领》
《国立大学法人京都大学工作完成基准处理要领》
《国立大学法人京都大学资金管理要领》
《关于国立大学法人京都大学研究资金到位前先行垫付的要领》
《国立大学法人京都大学账目处理要领》
《国立大学法人京都大学预算规则》
《国立大学法人京都大学会计职务权限规程》
《国立大学法人京都大学固定资产管理规则》
《国立大学法人京都大学土地、建筑物长期出租要领》
《国立大学法人京都大学土地、建筑物短期出租要领》
《国立大学法人京都大学物品出租要领》
《关于国立大学法人京都大学物品赠与的要领》
《国立大学法人京都大学减损会计实施规则》
《国立大学法人京都大学减损会计实施要领》
《国立大学法人京都大学图书管理规则》
《国立大学法人京都大学图书出借要领》
《国立大学法人京都大学合同事务处理规则》
《国立大学法人京都大学合同事务处理要领》
《国立大学法人京都大学合同竞标者资格审查等事务处理要领》
《国立大学法人京都大学合同中止等的措施要领》

《国立大学法人京都大学公募型估价定标*实施要领》
《国立大学法人京都大学的政府调配协定及其他国际约定涉及的物品等或特定义务的调配手续要领》
《关于国立大学法人京都大学大型设备等调配方案制订的处理要领》
《国立大学法人京都大学法人卡**利用处理要领》
《国立大学法人京都大学宿舍规程》
《国立大学法人京都大学宿舍管理规则》
《国立大学法人京都大学旅费规程》
《国立大学法人京都大学旅费规则》
《关于旅费发放等的基准》
《京都大学共通经费会计规程》
《京都大学遗失物品处理基准》
《文部科学省互助会京都大学支部会员福利事业实施要项》
《京都大学受委托公共电话处理要领》
《京都大学校园内交通管理要项》

第8编　诸费用

《关于京都大学学生缴费的规程》
《京都大学免除学费、入学费等的规程》
《京都大学医学部附属医院收费规程》
《京都大学医学系附属医院收费规程实施细则》
《京都大学文献复印规程》
《京都大学综合博物馆一般参观规程》
《京都大学田野调查科学教育研究中心海洋站濑户临海实验所水族馆参观规程》
《京都大学受委托进行心理教育咨询的规程》
《京都大学受委托进行病理组织检查的规程》
《京都大学受委托进行病理解剖的规程》
《京都大学医学研究科受委托进行研究用组织标本制作的要领》
《京都大学受委托进行有机微量元素分析收费规程》

---

* "估价定标"为译者所译,日文为"見積もり合わせ",意为让几家公司出价,然后取价格最低者,类似于招标又不同于招标。——译者注

** "法人卡"指面向法人发行的信用卡。——译者注

《京都大学病毒研究所受委托进行病毒诊断检查等收费规程》

《京都大学学术信息媒体中心大型计算机系统利用收费规程》

《京都大学信息环境机构为连接 KUINSII 及 KUINSIII 所提供的服务及收费的规程》

《京都大学低温物质科学研究中心制冷剂利用及收费要领》

《京都大学化学研究设备有效应用网络利用规则》

《京都大学百周年时计台纪念馆使用规则》

《京都大学国际交流会馆使用费用规程》

《京都大学清风会馆使用规程》

《京都大学乐友会馆使用规程》

相关法令

《教育基本法》

《学校教育法》

《学校教育法施行令》

《国立大学法人法》

《国立大学法人法施行令》

《国立大学法人法施行规则》

《大学设置基准》

《研究生院设置基准》

《专业研究生院设置基准》

《学位规则》

《关于国立大学等的学费及其他费用的省令》*

(最新版本参阅 http://www.kyoto-u.ac.jp/uni_int/kitei/reiki_mokuji/r_taikei_main.html。)

---

* "省令"在此指文部科学省之令。——译者注

学校法人早稻田大学校规（基本章程）

[学校法人早稲田大学校規（寄附行為）]

1951年2月15日校管第379号
经文部大臣批准、1951年3月1日登记 管理：法人科长

主译人　刘苏曼　周　锋
校阅者　王春政　鲍　威

修订：
2005年5月27日规则第05-14号之1
2006年1月20日规则第06-52之1
2006年3月17日规则第06-52号之2
2006年5月26日规则第06-52号之3
2006年9月26日规则第06-40号
2006年11月7日规则第06-41号
2007年12月3日规则第07-70号之1

第1章　总则

（名称）

第1条　本校规所指法人为学校法人早稻田大学。

（事务所）

第2条　本法人的行政管理办公地点设于东京都新宿区户塚町一丁目104番地。

（目的）

第3条　本法人力求通过设大学、高中、专修学校及其他研究设施，致

力于探索真理和应用学术理论研究,传授学问和技艺并力图促其普及,培育有用之才。

（设立学校的名称）

第 4 条 本法人为达成前述规定之目的,特设立学校如下:

一、早稻田大学

研究生院	政治学研究科、经济学研究科、法学研究科、文学研究科、商学研究科、商学研究科（专业学位课程）、理工学研究科、核心理工学研究科、创新理工学研究科、先进理工学研究科、教育学研究科、人类科学研究科、社会专业学研究科、运动科学研究科、亚洲太平洋研究科、亚洲太平洋研究科（专业学位课程）、国际信息通信研究科、日语教育研究科、信息生产系统研究科、公共经营研究科、公共经营研究科（专业学位课程）、法务研究科（专业学位课程）、财政研究科（专业学位课程）、会计学研究科（专业学位课程）、环境·能源研究科、教职研究科（专业学位课程）
政治经济学部	政治专业、经济专业、国际政治经济专业
法学部	
第一文学部	综合人文专业
第二文学部	
文化构想学部	文化构想专业
文学部	文学专业
教育学部	教育专业、国语国文专业、英语英文专业、社会专业、理专业、数学专业、复合文化专业
商学部	
理工学部	机械工程专业、电气电子信息工程专业、环境资源工程专业、建筑专业、应用化专业、物质开发工程专业、电子·信息通信专业、经营系统工程专业、社会环境工程专业、应用物理专业、数理科专业、物理专业、化学专业、信息专业、电气·信息生命工程专业、电脑网络工程专业
核心理工学部	数专业、应用数理专业、信息理工程专业、机械科学·航空专业、电子光系统专业、表现工程专业
创造理工学部	建筑专业、综合机械工程专业、经营系统工程专业、社

	会环境工程专业、环境资源工程专业
先进理工学部	物理专业、应用物理专业、化学·生命化学专业、应用化学专业、生命医学专业、电子信息生命工程专业
社会专业学部	社会科学专业
人类科学部	人类基础科学专业、人类健康科学专业、运动科学专业、人类环境科学专业、健康福祉科学专业、人类信息科学专业
人类科学部	（远程教育课程）人类环境科学专业、健康福利科学专业、人类信息科学专业
运动科学部	运动医学专业、体育文化专业
国际教养学部	国际教养专业
别科*	日语专修课程

二、早稻田大学高级中学　全日制课程　普通科

三、早稻田大学本庄高级中学　全日制课程　普通科

四、早稻田大学艺术学校　产业技术专门课程

五、早稻田大学川口艺术学校　艺术专门课程

（收益事业）

第5条　本法人经营不动产租赁业，其收益用于经营学校事业。

（土地信托）

第5条之2　本法人经营土地信托业，其分红用于经营学校事业。

（公告办法）

第6条　所有依照法规应予以公示的条文，法人应在早稻田大学的公告场所进行公示。

第2章　管理

第1节　校长

（校长制）

第7条　本法人设校长1名。

（校长的职务）

第8条　校长为本法人的理事长，并在该法人设立的大学中担任校长。

---

* 意思是和普通本科课程不同，有点像语言预科，但是正式学生而非预科生上的课程。——译者注

（校长选举）

第 9 条 校长选举应依照另行制定的校长选举规则。

（校长任期）

第 10 条 校长任期为 4 年，届满可再选。但其连任不能超过两届。

（校长的交接日期）

第 11 条 任期届满时，新老校长的交接于 11 月 5 日进行。但由于特殊理由未能在 10 月 31 日结束校长选举的，可在选举程序结束 5 日之后，于次日进行新老校长的交接，此类情况不受前述规定所限。

2 前项但书中的校长任期与前条规定无关，不可超过任期届满当年的 11 月 4 日。

（校长任期的调整规定）

第 12 条 任期届满前校长职位空缺的，若后任校长的选举于 5 月 5 日之前举行，可不按照第十条规定，而是根据本条规定，直到其任期届满年份前一年的 11 月 4 日为止；若选举于 5 月 6 日之后举行，则不可超过任期届满当年的 11 月 4 日。

（名誉校长）

第 13 条 本法人有权对评议会所推举之人选授予名誉校长的称号。

第 2 节 理事及理事会

（理事的规定人数及理事长）

第 14 条 本法人设 16 人以上 19 人以下的理事（包括校长在内）。

2 校长作为理事长，统一管理本法人的业务，并代表本法人。

（理事会）

第 15 条 本法人设由理事组成的理事会。

2 理事会决定本法人业务，监督理事执行职务。

3 理事会由校长负责召集。

4 理事会设议长，由校长担任。

5 如超过理事总数三分之二以上的理事提出必须提交会议讨论的事项，要求召开理事会，则校长须在该请求提出 7 日之内召开理事会。

6 如校长未能按照前述规定召开理事会，则提出请求的全体理事可联名召开。在此情况下召开的理事会上，出席理事互选产生议长。

7 理事会须在三分之二以上理事出席时方可召开，否则视为流会。

8 理事会的决议须得到半数以上的理事同意。

（理事的选任、任期及再选）

第 16 条 除校长之外的理事职位从下列人员中选拔产生，须经评议会表决同意，并由校长任命。

一、从本法人的教职员中选拔出来的人员，12人以上14人以内

二、从本法人教职员之外选拔出来的人员，3人以上4人以内

2　根据前项第2号规定选举出的理事中，必须有评议委员。

3　理事任期为4年，但可再次参选。

4　由于补缺而选任的理事，任期为其前任的剩余任期。

第17条　删除

第18条　删除

（任期的延长）

第19条　除校长外，理事在任期结束之后，如下任理事还未选任，则其任期自然延长至新任理事的选任时间。

（常务理事）

第20条　校长为确保本法人的业务顺利执行，可设常务理事若干。

2　常务理事所分管的业务范围由校长决定。

3　校长可将本法人的部分业务分配给非常务理事负责。

（代理校长职务）

第21条　校长出于某种事由无法到任，或校长职位空缺之时，按照校长事先确定的排序，由常务理事临时代理或执行校长职务。

2　校长职位空缺的情况下，校长业务的代理期为4个月以内。但若此期间由于特殊情况校长选举未能完成的，则不在此限。

（理事的免职）

第22条　校长得到评议会的同意决议之后，可罢免理事。

（特别决议）

第23条　前条规定的同意决议，须在有三分之二以上的评议委员出席的评议会上获得出席会议的三分之二以上多数委员同意才能通过。

（理事的卸任）

第24条　理事卸任有下列几种情况：

一、任期已满

二、辞职

三、根据第16条第1项第1号规定选任的理事离开教职员队伍，或根据同项第2号规定因评议委员身份选任的理事不再担任评议委员。

四、符合《学校教育法》第9条各号所规定的条件。

第3节　监事

（监事的规定人数）

第25条　本法人设监事2名。

(监事的职务及权限)

第 26 条 监事执行下列各项所述职务：

一、审计本法人的业务。

二、审计本法人的财产状况。

三、每财务年度就本法人的业务或财产状况制作审计报告书，并在该会计年度结束后 2 个月之内提交至理事会及评议会。

四、根据第 1 号或第 2 号规定所得出的审计结果，如发现本法人的业务、财产方面有非法行为，或有违反本校规的严重事实，应将情况报至文部科学大臣，或理事会及评议会。

五、为实行第 4 号规定的报告，若有必要，应向校长提出召开评议会的申请。

六、应出席理事会，就本法人的业务情况或财产状况陈述意见。

(监事的选任、任期及再选)

第 27 条 监事从本法人教职员及评议委员之外的人员中选拔产生，经过评议会表决同意，由校长选任。

2 监事的任期为 2 年，可再选。

(监事的选任方法、任期延长、免职及卸任)

第 28 条 第 16 条第 4 项（候补者任期）、第 19 条（任期延长）、第 22 条（免职）、第 23 条（特别决议）以及第 24 条第 1 号、第 2 号及第 4 号（卸任）的相关规定，适用于监事。

第 4 节 评议会及评议委员

第 28 条之 2 本法人设评议会。

(评议委员的规定人数)

第 29 条 评议会由 90 人以上 92 人以下的评议委员组成。

(评议委员的选任及区分)

第 30 条 评议委员包括下列各号所述人员：

一、校长、各学术院长、图书馆长、附属高中校长、本庄高中校长及艺术学校校长 15 人

二、在独立研究生院运营协议会选出研究生院长作为学术院长委员会的成员 1 人

三、身为职员的理事以及总务部长或同等级别的人员 3 人以上 5 人以下

四、由属于各学术院的专职教员互选产生的人员各 2 人，合计 20 人

五、若专职教职员来自不属于任何学术院的独立研究生院、研究所或研

究教育中心或艺术学校,则每次都以联合会的组织形式,从中互选产生3人

　　六、在各高级中学学院的正规教师中经互选产生人员各1人,合计2人

　　七、由专职行政人员选出的、在职务编制上担任特定服务,或与此情况相同的职员4人

　　八、由评议会在商议委员中推荐的人员21人

　　九、从商议委员中互选产生21人

（评议委员的选举）

第31条　　根据前条第4号及第5号规定进行评议委员选举,采取单记名、无记名投票的方式。

　　2　前条第7号及第9号规定的评议委员选举,将另行规定。

　　3　若教员既属于学术院或独立研究生院,同时又属于学校,则在参加评议委员选举时,其所属仅限于学术院或独立研究生院。

（评议会的职务）

第32条　　遵照第16条第1项、第22条（包括第28条适用的情形）、第27条第1项、第51条、第54条之3第1项第1号及第2号、第55条之2第1项的规定。此外,下列各号规定事项还须经过评议会决议获得通过:

　　一、借款（以该财务年度内的收入进行偿还的暂时借款除外）、与重要资产的获得及处分相关事项

　　二、对学部、大学院、学校及其他重要设施的设置及废止

　　三、校规的变更

　　四、收益事业相关重要事项

　　五、其他与本法人运营相关、经理事会判定有必要通过决议的重要事项

　　2　与前项第3号事项相关的决议,须得到出席的评议委员三分之二以上多数同意。

　　3　关于本法人的业务、财产状况以及理事、监事的业务执行情况,评议会可向理事、监事陈述意见,就其咨询作出答复,也有权要求理事、监事提交报告。

（评议会的召开）

第33条　　评议会由校长负责召开。

　　2　评议会每年必须至少召开4次。

　　3　若评议委员总数三分之一以上的评议委员提出需要在会议上进行讨论的事项,要求召开评议会议,或监事根据第26条第5号的规定要求召开评议会时,在该要求提出之日起20日内校长必须召开评议会。

　　4　召开评议会时,须通知各评议委员开会的地点、时间及会议的目的事项。

5　前项规定的通知,须在会议开始 5 天之前送达。但在依据第 3 项规定召集评议会等紧急情况下,在会议开始 2 天之前通知即可。

（评议会会长）

第 34 条　评议会通过互选产生一名评议会会长。

2　评议会会长的互选采用无记名投票的方式,但须得到有效投票的半数以上方可通过。若无人获得有效投票的过半数支持,则在前两名得票者中举行第二轮投票。

3　评议会会长的互选中,若出席的三分之二以上的评议委员同意,则可不受前项规定所限,可不经投票选出会长。

4　评议会会长负责整理评议会的各种讨论事项。

5　会长因事故等特殊原因不能执行职务时,由出席的评议委员互选决定会长职务的临时代理者。

第 35 条　删除

第 36 条　删除

（评议会的决议）

第 37 条　评议会须有过半数的评议委员出席方可召开,否则视为流会。

2　评议会之议事,由出席的评议委员半数以上的意见决定,赞成与反对票数相同时,由会长作出最终决定。

3　会长不能作为评议委员参与决议。

4　非评议委员理事也可以出席评议会参与意见陈述。

（评议会的内部选举）

第 38 条　评议会的内部选举,如无另行规定,都采取无记名连记（并列写上名字）的投票方式。但是,若经出席的三分之二以上的评议委员同意,可通过其他的方式进行。

（评议委员及评议会会长的任期、再选及任期的延长）

第 39 条　评议委员及评议会会长选举适用第 16 条第 3 项、第 4 项（任期及再选）以及第 19 条（任期的延长）之规定。

（评议委员的卸任）

第 40 条　评议委员可因下列的情况卸任：

一、第 24 条第 1 号、第 2 号以及第 4 号所示的原因。

二、根据第 30 条第 1 号、第 2 号或第 3 号规定选出的评议委员退职之时。

三、根据第 30 条第 4 号至第 7 号的规定选出的评议委员不再是本法人的教职员,或不再是在职务编制上担任特定职务的职员或担任与此职务相当的人员之时。

四、根据第 30 条第 8 号以及第 9 号选出的评议委员不再担任商议委员之时。但继续当选出任商议委员的人员除外。

五、除名

（评议委员的除名）

第 41 条　评议委员的除名须得到三分之二以上评议委员的同意。

（评议委员的补充）

第 42 条　根据第 30 条第 8 号规定选定的评议委员队伍，若存在总额 1/5 以上缺额时，则必须进行补充。

第 5 节　商议委员及商议委员会

（商议委员的规定人数及任命）

第 43 条　本法人设商议委员若干。

2　商议委员遵守另行制定的商议委员会规则，据此进行选举、任命。

（商议委员的任务及权限）

第 44 条　商议委员负责组织商议委员会，实行本校规及据本校规规则所规定的事项。除此之外，听取教务报告、会计报告，审议相关咨询事项，必要时可根据其决议内容向校长提出建议。

2　商议委员除实行前项规定事项以外，还应对大学工作的维持、发展以及财政基础的确立贡献自己的力量。

（商议委员的任期、再选、任期的延长、卸任及除名）

第 45 条　第 16 条第 3 项及第 4 项（任期及再选）、第 19 条（任期的延长）、第 40 条第 1 号及第 5 号（卸任）及第 41 条（除名）的规定，适用于商议委员。

第 6 节　资产与财务管理

（财产目录）

第 46 条　本法人的资产情况必须刊登在财产目录上。

（资产的区分）

第 47 条　本法人的资产分为基本财产、运用财产以及用于收益事业的财产三种。

第 48 条　删除

（财务年度）

第 49 条　本法人的财务年度始于 4 月 1 日，结束于次年 3 月 31 日。

（会计）

第50条 本法人的财务管理分为学校经营相关的财务（以下称为"学校财务"）以及收益事业相关的财务（以下称为"收益事业财务"）两种。

（预算及事业计划）

第51条 本法人的预算及事业计划须在每个财务年度开始之前得到评议会的同意决议。

（决算）

第52条 本法人应在每财务年度结束后2个月之内作出决算，并接受监事的审计。

2 校长必须在每财务年度结束后2个月之内向评议会提出决算，并获得其承认。

3 收益事业财务决算上产生的盈利必须全部或部分转入学校财务。

（事业的实际业绩报告）

第52条之2 校长须在每会计年度结束后2个月之内，向评议会报告事业实绩，征求意见。

（预算及结算报告）

第53条 每年须定时向商议委员会报告预算及结算情况。

（会计规则）

第54条 本法人的财务管理除遵守本校规规定之外，须根据另行制定的财务规则处理相关事务。

（财产目录等相关资料的准备及阅览）

第54条之2 本法人须在每财务年度结束后2个月之内制作出财产目录，借出资产负债表、财务收支表以及工作报告书。

2 本法人须在各事务所备齐前项规定的文件以及第26条第3号规定的审计报告书。若本法人所设学校的在读人员或其他相关利害关系人要求查阅，除非有正当理由，否则不得拒绝提供阅览。

第3章 解散与合并

（解散）

第54条之3 本法人在下列情况下解散：

一、理事会总数三分之二以上的理事表决通过，且经评议会表决通过。

二、本法人不能实现事业成功之目的，经出席理事会三分之二以上的理事表决通过，且经评议会表决同意。

三、合并（合并后本法人为存续法人的情况不在此限）。

四、破产。

五、文部科学大臣的解散命令。

2　前项第 1 号及第 2 号的同意表决需要由出席的评议委员三分之二以上多数通过。

（剩余财产的归属）

第 55 条　本法人解散之时留下的剩余财产，属于评议会指定的学校法人或其他从事教育事业的相关人员所有。

（合并）

第 55 条之 2　本法人必须得到评议会的同意，并得到理事会理事总数三分之二以上多数表决同意才能进行合并。

2　第 54 条之 3 的第 2 项规定适用于前项的赞成表决。

第 4 章　规章的制定

（校规的变更）

第 56 条　删除

（规章的制定）

第 57 条　本法人设定下列规章。

一、规则

二、规程

三、细则

2　规则：制定与学术院、学部、研究生院、学校、研究所等组织、事务组织、会计、教职员的任免、养老金以及退职金等相关基本事项；规程：制定与本法人运营事务相关的其他事项，由理事会表决制定。细则：在规则、规程的范围内作出必要的细化规定。

附则

（施行日期）

第 58 条　本校规自登记组织变更之日起施行。

第 59 条 删除(昭和 35 年* 4 月 1 日施行)

(修订规定的施行日期)

第 60 条 本修订规定自昭和 29 年** 9 月 1 日起施行。

(校长、理事、监事、评议委员以及商议委员相关的情况规定)

第 61 条 修订规定施行之时,时任校长、理事、监事、评议委员、商议委员将被视为根据修订校规选任的职员,直至经修订规定选举产生的新任成员上任为止。

附则(略)

(最新版本参阅 http://www.waseda.jp/soumu/kiyaku/menu.htm。)

---

* 昭和 35 年为 1960 年。——译者注
** 昭和 29 年为 1954 年。——译者注

澳大利亚国立大学法 1991
(Australian National University Act 1991)

1991 年第 131 号法及其修正案

主译人　马　信　张　婷
校阅者　张　冉

该版本于 2008 年 7 月 7 日完成,包括直至 2008 年第 73 号法进行的修订。

曾有的但在 2008 年 7 月 7 日后不再有效的修订将在注释部分得以体现。

合并修正案的实施可能会受到注释中阐明的应用条款的影响。

由堪培拉首席检察院立法起草与出版办公室起草。

本法用于修正澳大利亚国立大学宪章,并在校内建立一个新的学院以取代原来的堪培拉艺术学院,并包括其他相关的内容。

第 1 章　序言

1. 简称(参阅注释 1)
本法可被称为《澳大利亚国立大学法 1991》。

2. 生效日期
本法于 1992 年 1 月 1 日开始生效。

3. 定义
在本法中,除非相反的目的出现:

院系学术雇员是指依据第 50 条(2)款(d)项的规定在院系中从事学术工作的雇员。

研究院学术雇员是指依据第 50 条(2)款(d)项的规定在研究院*中从事学术工作的雇员。

艺术学院是指依据《艺术学院条例》而成立的堪培拉艺术学院。

《艺术学院条例》是指《堪培拉艺术学院条例 1988》。

证书持有者，就其与学院的关系，是指被学院授予证书的人。

名誉校长** 是指根据第 32 条任命的大学名誉校长。

生效日期是指本法生效的日期。

理事会是指第 8 条中提到的理事会。

学院院长是指任何一个院系的负责人，不论该负责人的具体称谓如何。

常务副校长*** 是指依据第 35 条被任命的大学常务副校长。

选举包括了改选。

行政办公室是指：

(a) 校长的办公室；或者

(b) 常务副校长的办公室

当然成员，就其与理事会的关系，是指：

(a) 名誉校长；或者

(b) 校长****。

一般雇员是指除下列人员以外的大学职员：

(a) 行政办公室负责人；

(b) 研究院的学术雇员；以及

(c) 院系的学术雇员。

研究院是指由第 7 条(1)款(a)项所指的单位。

理事会提名委员会是指由第 10 条(2)款所规定的人员。

"原始法"是指《澳大利亚国立大学法 1946》。

副校监***** 是基于第 33 条被任命的副校监。

教授不包括助理教授和副教授。

---

*　是指高等研究院。——译者注

**　名誉校长，英文原文 Chancellor。——译者注

***　英文原文为 Deputy Vice-Chancellor。——译者注

****　Vice-Chancellor,相当于中国大学里的校长，主持日常行政事务。这个职位一般向社会公开招聘,任职终身。Pro-Vice-Chancellor,通常是校内任命的学者,相当于副校长,专门负责教学、科研、资产。——译者注

*****　英文原文为 Pro-Chancellor,香港一般译为副校监。——译者注

章程是指由校董会根据本法第 4 章制定的大学章程。
院系是指院系团体和在第 7 条(1)款(b)项中提到的其他团体。
大学是指根据第 4 条第(1)款所指出的持续存在的澳大利亚国立大学。
学校机关是指：
(a) 理事会；或者
(b) 评议会。
校长是指根据第 34 条任命的大学校长。

第 2 章　澳大利亚国立大学

第 1 节　大学的建立

4．大学的建立

(1) 在本法生效前依据"原始法"而存在的澳大利亚国立大学将以同一名称继续存在。

(2) 澳大利亚国立大学：

(a) 继续作为一个法人存在；并且
(b) 拥有一个印章；并且
(c) 可以取得、占有和处置不动产和动产。

注释：依据第 4A 条的规定，《联邦当局与公司法 1997》适用于澳大利亚国立大学。该法调整与联邦当局的事务有关，包括报告制度与问责制、银行业务以及高级管理人员的行为。

(3) 大学的印章依大学理事会的要求保管，仅在理事会授权下方可使用。

(4) 任何法院、法官和行使司法权的人都须注意到出现在文件上的大学印章的印记并须推定该印记是适时加盖的。

4A．对《联邦当局与公司法 1997》的修改适用

(1)《联邦当局与公司法 1997》第 14 条、第 18 条第 3 款、第 28 条、第 29 条和第 48A 条不适用于大学。

(2)《联邦当局与公司法 1997》中第 16 条的规定并不意味着要求理事会成员作出影响或者可能影响大学学术独立和诚信的行为。

4B．大学的财政年度始于每年的 1 月 1 日

就《联邦当局与公司法 1997》而言，大学的财年以 12 个月为一个周期，开始于每年的 1 月 1 日。

5．大学的功能

（1）大学的功能包括以下几个方面：

（a）通过高质量的研究和教学发展和传播知识；

（b）鼓励一般性的和对澳大利亚国家发展密切相关的科研和研究生教学，并为该项活动提供设施；

（c）为本国和来自海外的学生提供学习设施和包括职业教育在内的高等教育课程；

（d）为视觉和表演艺术提供高等教育或其他水平的设施和课程，使这些领域的实践达到最高水平；

（e）由理事会决定，颁发或者同其他机构联合颁发学位、文凭和证书；

（f）为学生包括已经具有专科学历的人提供获得高等教育的机会；

（g）致力于教育推广活动。

（2）在执行这些功能时，大学必须注意其在国家和国际中的角色，并考虑到澳大利亚首都特区以及周围地区的需要。

6．大学的权力

（1）依据第三章第二节中的规定，大学有权从事对实现其功能所必需或对实现其功能有帮助，或者有关联的事情。

（2）上节所提到的大学的权力应包括但不限于以下内容：

（a）购买、承租或以其他方式取得不动产和动产，以及出售、租赁，或以其他方式处置财产；

（b）对任何发现、发明和资产进行商业开发；

（c）对提供的工作、服务、商品和信息收取费用；

（d）成立或者参与他人组建的公司；

（e）认购和购买公司的股票、债券以及其他有价证券；

（f）与他人建立合伙关系；

（g）参与合资项目或者通过其他安排获得利润；

（h）订立合同；

（i）建造建筑物；

（j）占有、使用和控制联邦提供给大学的土地或建筑物；

（k）雇佣员工；

（l）使用大学的钱来投资并处置投资；

（m）开展天文学、地震学、气象学和其他自然学科的观测研究；

（n）向学生提供贷款和资助；

（o）接受赠品、赠款、动产和不动产遗赠。

（p）作为钱和其他信托财产的受托人；

（q）从事本法或者其他法授权的其他事项；

（r）从事因行使这些权力而附带的事项。

（3）大学依信托关系占有的财产必须依大学作为受托人的权利和义务进行管理，而不论本法或者《联邦当局和公司法1997》如何规定。

（4）以上大学的权力，可以在澳大利亚国内外行使。

7. 大学的组织结构

（1）大学内具有如下机构：

（a）依据第19条建立的高等研究院；和

（b）由理事会决定设立的院系及其他机构，这些单位被统称为"院系"。

（2）本法并不阻止理事会出于学术和行政的目的，在校内建立具有如下特征的组织机构：

（a）包括来自研究院或者院系的单位或成员；或者

（b）以其他任何方式利用研究院或院系的资源。

第2节 理事会

8. 理事会

管理大学的权威机构是理事会。

9. 理事会的权力

（1）除本法和章程另有规定的以外，理事会具有控制和管理大学的全部权力。

（2）理事会可以从事与大学相关的任何事务并以其认为最有助于大学利益的方式行事。

（3）理事会的权力包括但不仅限于大学内的人员任命（无论其原本是否是大学的成员）。

10. 理事会的组成

（1）理事会包括以下成员：

（a）名誉校长；

（c）校长；

（k）一名研究型学院的院长或者负责人，由研究型学院的院长和负责人共同选举产生；

（l）一名来自高等研究院的学术雇员，由该机构的学术雇员共同选举产生；

（m）一名来自院系的学术雇员，由院系的学术雇员共同选举产生；

（n）一名一般雇员，由大学的一般雇员共同选举产生；

（o）一名研究生，由大学的研究生选举产生；

（p）一名本科生，由大学的本科生选举产生；

（q）7 名由理事会提名委员会建议并由部长任命的成员。

（2）理事会提名委员会包括：

（a）名誉校长；和

（b）由名誉校长根据理事会的指导方针指定的其他 6 名成员。

（3）在依照本条第（1）款第（q）项向部长进行提名建议时，理事会提名委员会必须考虑到理事会成员间技能、专业知识和性别的平衡。

（4）依照本条第（1）款（q）项任命的成员中至少要有 2 人具有较高的金融财务方面的知识和经验。

（5）依照本条第（1）款（q）项任命的成员中至少有 1 人具有较高的商业知识和经验。

（6）本条第（1）款（q）项中的提名委员会不能提名：

（a）以下机构的现任成员：

（i）联邦国会；或者

（ii）州议会；或者

（iii）地区立法机关；或者

（b）本大学的现任学术或者一般雇员；或者

（c）本大学的学生；或者

（d）理事会任命委员会的成员。

（7）在收到理事会提名委员会的书面建议 60 天内，部长必须：

（a）任命提名的理事会人选，任期不得超过 4 年；或者

（b）决定不任命提名的人选，如果部长认为该任命并不是最有利于大学的。

（8）如果部长根据本条第（7）款（b）项的规定不任命人选，那么必须：

（a）以书面形式通报理事会予以拒绝；并

（b）给出拒绝的理由。

（9）在依照本条第（7）款（b）项的规定不任命人选时，部长必须考虑技能、专业知识、性别的平衡，以及已有理事和被提名理事的任期（或提议的任期）。

（10）除本法另有规定以外，本条第（1）款（k）、（l）、（m）、（n）、（o）及（p）项中涉及的理事会成员按照章程规定的任期行使权力。

11. 理事会成员的任职条件

某人没有资格成为或留任理事会成员（当然成员除外），如果：

（a）此人是 18 周岁以下；

（b）依据破产的相关法律规定，此人是未偿清债务的破产者或此人与其

债权人之间存在一个正在执行的个人无力偿债协议；

(c) 此人因为违反联邦、州或者地区的法律而被判有罪且正在被关押服刑；或者

(d) 依照州或者地区的法律规定，因精神不健全，此人的全部或者任何财产由另一个人控制。

12. 理事会会议

(1) 大学名誉校长在他出席理事会会议时，主持会议。

(2) 如果：

(a) 名誉校长未出席理事会会议；并

(b) 如果副校监是理事会成员，并出席会议；

则由副校监主持会议。

(3) 如果名誉校长或副校监（如果他/她是理事会的成员）都未出席理事会会议，出席会议的理事会成员必须选出一人主持会议。

(4) 在理事会会议上，法定人数是目前任职的人数半数以上。

13. 非会议决议

(1) 名誉校长或副校监（如果他或她是理事会的一个成员）可以书面要求成员通过一项决议，而无须召开会议。

(2) 该要求的副本和提交讨论的决议文本，必须送达到理事会的每一个成员。

(3) 除本条第(4)款规定的特殊情形以外，如果理事会对该决议具有表决资格的成员的半数以上在一份包含决议文本的文档中签字，并将它上交给名誉校长或副校监（如果他或她是理事会的一个成员），该决议即通过。

(4) 如果拟议的决议是就理事会某位成员是否违反本法第18A、18B、18C、18D、18E 或 18F 条规定下的职责进行判定，那么该决议的通过需要理事会中对该决议具有表决资格的成员中的三分之二多数：

(a) 在包含决议文本的文件中签字；并且

(b) 将该文件返回给名誉校长或名誉副校长（如果他或她是理事会的一个成员）。

(5) 理事会成员就某决议如果存在如下情况，则该理事会成员对此决议不具有表决资格：

(a) 决议涉及该理事会成员直接或者间接的金钱利益；或者

(b) 如果决议是就该理事会成员是否违反本法第18A、18B、18C、18D、18E 或者 18F 条规定下的职责进行判定。

15. 职位空缺

(1) 如果某个理事会的成员（除了当然成员）具备如下任何一个条件，则

该成员不再担任此职务：

（a）根据第 11 条，丧失了作为理事会成员的资格；或者

（b）死亡；或者

（c）辞去理事会成员的职务；或者

（d）在未经许可的情况下，连续三次缺席理事会会议；或者

（g）对于依第 10 条第（1）款下第（k）、(l)、(m)、(n)、(o)或者(p)项而产生的理事会成员，不再担当相应的职务或者不再是相应组织的成员；或者

（i）成为第 35 条中规定的常务副校长；或者

（j）依照《公司法 2001》2D.6 中的规定，不再具有管理公司的资格；或者

（k）理事会通过本条第 1A 款或者本法第 13 条第（4）款规定的决议程序认定，他或她作为理事会成员违背了第 18A、18B、18C、18D、18E 或 18F 条所规定的职责；或者

（l）理事会认为该理事会成员不胜任（临时情况除外）。

（1A）针对本条第（1）款第（k）项提到的情况，如果理事会三分之二的成员在理事会会议上表决通过了决议，该决议就成为理事会意见。

（2）如果某人基于第 10 条第（1）款中任一项［项（a）与项（c）除外］任职为理事会成员，而该人一旦又被任命为：

（a）大学名誉校长；或者

（c）大学校长；

该人则不再基于前述身份担任理事会成员。

16. 临时职位空缺

（1）如果出现第 15 条中的情况产生职位空缺，该空缺要以如下方式填补：

（a）如果大学章程对填补临时职位空缺有相关规定，则依照该章程填补；或者

（b）在其他情况下，依照第 10 条（1）款规定的任命方式进行。

（2）获委任的人，在前任工作者剩余的任期内展开工作。

（3）如果空缺符合第 10 条（1）款（q）项的有关规定，那么本条第（2）款不适用，理事会的成员可以在第 10 条（7）款（a）项规定的任期内开展工作。

17. 授权理事会成员或其他成员行使权力

（1）除本条另有规定外，理事会可以将其依本法所具有的全部或者部分职能与权力（除制定章程的相关权力以外）授权给如下人员行使：

（a）理事会的一名成员；或者

（b）大学的一名成员。

（2）理事会可以依本条的规定撤销其作出的授权。

（3）理事会不能将如下权力授权行使：

（a）任命大学名誉校长，副校监，校长；

（b）批准大学的年度预算或者商业计划；

（c）批准大学的年度报告；

（d）监测其商业活动以及其控制的附属机构和任何其他实体，该监测必须确保这些活动和实体对大学的财务和业务不会有任何重大不利影响或构成不合理的危险；

（e）审查和监测大学的整体管理或者整体表现（其中的界定遵循《高等教育支持法 2003》的规定）。

18．授权理事会委员会行使权力

（1）除本条另有规定外，理事会可以将其依本法所具有的全部或者部分职能与权力（除制定章程的相关权力以外）授权给由如下人员组成的委员会行使：

（a）理事会成员；或

（b）理事会成员及其他人员。

（2）授权的职能和权力由半数以上委员会成员共同行使，依授权不得以其他方式行使。

（3）理事会可以撤销给予委员会的授权。

（4）理事会不能将如下权力授权行使：

（a）任命大学名誉校长，副校监，校长；

（b）批准大学的年度预算或者商业计划；

（c）批准大学的年度报告；

（d）监测其商业活动以及其控制的附属机构和任何其他实体，该监测必须确保这些活动和实体对大学的财务和业务不会有任何重大不利影响或构成不合理的危险；

（e）审查和监测大学的整体管理或者整体表现（其中的界定遵循《高等教育支持法 2003》的规定）。

18A．成员的行为只能从大学的利益出发

理事会的成员的行为只能从大学的整体利益出发，充分考虑大学的职能。

18B．成员有注意和谨慎的义务

（1）理事会成员行使其权力和履行职务时有注意和谨慎的义务，该义务与一个理性的人在下列情形中行使注意和谨慎的程度是一样的：

（a）假使他/她在理事会的环境中是理事会的一名成员，而且

（b）与理事会成员具有同样的职务和职责。

(2) 理事会成员在作出公务决定时要满足本条第(1)款的要求,就该决定而言要尽到普通法和衡平法上相应的义务:

(a) 作出的决定是出于善意并且具有正当目的;

(b) 该决定并不涉及个人物质利益;

(c) 努力了解需要作出决定的事项,这种了解需要达到他/她认为合理的程度;

(d) 理性地认为这个判断是对大学最有利的。

如果该成员认为某个决定是最符合大学利益的,该成员的这个判断即被推定为合理的,除非一个理性人在同样的位置上绝不会作出同样的判断。①

18C. 成员的行为必须基于善意

理事会成员在行使其权力和履行其职责时必须:

(a) 善意地为了大学的最大利益;

(b) 为了正当的目的。

18D. 成员不可以不适当地行使职权

理事会成员不可以不适当利用他或者她的职位:

(a) 为自己或者他人谋取利益;或

(b) 损害大学或者其他人的利益。

18E. 成员不可以不适当利用信息

理事会因为他或她所在的职位而获得的信息,不可以不适当地使用:

(a) 为自己或者他人谋取利益;或

(b) 损害大学或者其他人的利益

18F. 个人物质利益

(1) 理事会成员的个人利益若是涉及了学校的事务,必须告知理事会其他成员此利益。

(2) 如果基于《联邦当局与公司法 1997》第 27F 条第(2)款的规定,理事会的成员并不需要进行该法第 27F 条第(1)款规定的信息披露,本条的第(1)款并不适用。

(3) 在学校事务中存在个人利益的理事会的成员可以依照《联邦当局和公司法 1997》第 27G 条的规定给理事会中的其他成员发送例行通知,告知该利益的性质和范围。

(4) 如果理事会成员在学校的某项事务中存在个人利益,除非是在《联

---

① 本款只适用于本条规定义务以及普通法或者衡平法上相应的义务(包括由普通法中过失责任原则产生的注意义务)。对于本法其他条目或者其他法规定的义务,本款并不适用。

邦当局与公司法1997》第27J条允许的情形中,在理事会会议讨论该项事务的会议中该成员不能:

（a）在会议讨论此问题时在场;

（b）参与针对此问题的投票。

18G.《联邦机构与公司法（1997）》的适用

本法18A至18F的规定并不影响《联邦机构与公司法（1997）》对理事会成员的适用。

第3节　高等研究院

19．研究院的构成

（1）研究院由理事会基于本条设立,包括研究型学院或者其他机构。

（2）在如下研究领域设立研究型学院或者其他机构:

（a）医学;

（b）物理;

（c）社会学;

（d）太平洋地区研究。

（3）经理事会决定,可以设立有关其他研究领域的研究型学院或者其他机构。

（4）与医学相关的研究型学院名为"约翰·科廷医学研究学院"。

（5）其他研究型学院和单位的名称,由理事会决定。

第5节　评议会

30．评议会的构成

（1）评议会由以下人员构成:

（a）现任和前任的理事会成员;

（b）前任艺术学院委员会成员;

（c）所有从澳大利亚国立大学、艺术学院以及前艺术与音乐学院毕业或者取得学位的人;

（d）从澳大利亚国立大学、艺术学院、前艺术与音乐学院取得证书、依照条例被认定为评议会成员的人;

（e）依照章程被认定为评议会成员的其他大学的毕业生或者其他的人。

（2）理事会必须制作记载评议会所有成员的花名册。

（3）评议会会议可以由校长召集或者根据章程的规定召集。

31. 评议会的法定人数

评议会的最低出席人数为 50 人。

第 6 节 大学的高级官员

32. 名誉校长

(1) 理事会必须任命大学的名誉校长。任名誉校长者不得是大学的学生或员工。

(1A) 当现任名誉校长成为大学的学生或员工时,其名誉校长职务必须终止。

(2) 除本条第(1A)款及章程另有规定外,名誉校长任职的任期与条件,由理事会决定。

33. 副校监

(1) 理事会可以任命大学的副校监,任副校监者必须是由部长根据第 10 条第(1)款(q)项所指定的理事会成员。

(1A) 副校监的任期可以短于他作为董事会成员的任期。然而如果:

(a) 如果他/她的理事会成员任期于一个特定的时间结束;或者

(b) 他/她的理事会成员任期基于第 15 条的规定于某个时间终止;

他必须同时终止他的副校监任期。

(3) 除本条第(1A)款及章程另有规定外,副校监任职的任期与条件,由理事会决定。

34. 校长

(1) 理事会必须任命大学的校长。

(2) 校长:

(a) 是学校的最高执政官员;并且

(b) 拥有章程规定的或者在章程约束下由理事会决定的权利和义务。

(3) 除章程另有规定外,校长任职的任期与条件,由理事会决定。

35. 常务副校长

(1) 理事会必须任命一名或多名大学的常务副校长。

(2) 常务副校长拥有章程规定的或者在章程的约束下由理事会决定的权利和义务。

(3) 除章程另有规定外,常务副校长任职的任期与条件,由理事会决定。

37. 代职人员的指定

(1) 理事会可以在如下情况发生时,指定一人代理行使高级官员的职务:

(a) 高级官员的职务出现了空缺时,无论是否之前已经指定了该职位的

任职人员；或者

（b）在任期内的任何时间或全部时间，原任职者不再行使他/她的职责，或离开了澳大利亚，或去担任另一公职，或无论由于什么原因而无法继续行使该职权时；

但是在职位空缺的情况下被指定的代职人员的连续任期不得超过12个月。

（2）声称依照本条规定而行使代职人员职权的行为或者与其有关的其他行为并不仅仅因为如下原因而无效：

（a）指派的时机场合不成立；

（b）指派存在瑕疵或者不规范之处；

（c）该指派已经中止生效；或者

（d）需要代职人员行使职权的情形并未出现或已经中止。

第7节 附则

38．合同的履行

（1）对于私人间的盖印合同，可以以学校的印章代表学校以书面的形式订立。

（2）对于第（1）款不适用的合同，可以由任何具有理事会明示或者暗示授权的人代表学校订立；当该合同是以书面形式订立时，可以由此人代表学校履行合同。

39．行为及程序的有效性

（1）本条适用于下列行为及程序：

（a）学校机关为行为或程序的主体；

（b）学校机关成员或其委员会的行为或程序；

（c）名誉校长、副校监或大学高级官员作出的行为。

（2）行为或程序并不仅仅因为如下原因而无效：

（a）在下列人员的任命、选举、选择或录用中存在瑕疵：

（i）名誉校长、副校监或大学高级官员；或者

（ii）学校机关或者学校机关下属委员会的任何成员；

（b）学校机关或其委员会的成员不再具备任职条件；

（c）召集会议过程中存在瑕疵；或者

（d）理事会或其委员会成员中出现空缺。

40．不进行宗教审查

大学在下列事务中不得审查相关候选人的宗教背景：

（a）招生；

(b) 授予学位、文凭、证书、荣誉；
(c) 雇佣。

第 3 章　经费事项

第 1 节　学费

41. 学费
(2) 进入本校就读需要缴纳的费用，包括《高等教育支持法 2003》规定的公助生学费和全部学费，按照章程的规定缴付。*

第 2 节　学校的财政

43. 学费及其他资金的使用
校理事会只能为了大学的目的运用下列资金：
(a) 符合《高等教育支持法 2003》所规定的付给大学的所有资金补助；
(b) 符合《高等教育支持法 2003》所规定的公助生学费；
(c) 符合《高等教育支持法 2003》所规定的全部学费；
(d) 符合法律法规的学校其他资金收入。

44. 借款
(1) 在符合本条第(2)款所规定的限制的前提下，学校可以借款；
(2) 学校的借款权限受财政部在如下方面确定的限制：
(a) 学校任何时候的借款总额（不包括利息）；
(b) 借款的期限。
(3) 财政部长可以通过正式书面方式，将本条规定的财政部长的任何权力和职能授权给一名官员行使（限于《财政管理及问责法 1997》的规定）。在行使授权的权力和职能时，该官员必须遵守财政部长的任何指示；
(4) 在本条中，财政部长指的是执行《财政管理及问责法 1997》的部长。

48. 赋税
(1) 除本条第(2)款的规定外，学校不受联邦、州或地区税法的约束；
(2) 学校按照州或地区的规定交纳薪水税。

＊ 当学生承担全部教学费用时，交的是全部学费(tuition fees)；当联邦政府进行资助、学生仅承担部分教学费用时，学生交的费用被称为公助生学费(student contribution amounts)。——译者注

第4章 章程

50. 章程

(1) 理事会可以就如下事项制定章程,但不得违反本法及《联邦当局与公司法 1997》之规定:

(a) 本法要求或者允许由章程来规范的事项;或者

(b) 制定相关的章程是执行或实施本法所必需的,或者能为执行或实施本法带来便利。

(2) 第(1)款所规定的理事会权力包括,但是不限于,在涉及下列事项时制定章程的权力:

(a) 大学的管理,良好的体制和纪律;

(b) 由大学或者代表大学进行的处罚,其对象包括:

(i) 学校的学生,或者

(ii) 学校的员工;

用于上述人员违反或未能遵守根据(a)项制定的章程;

(c) 本法所规定的任何选举所采用的方法,以及就选举的行为或结果产生疑问时的处理方法;

(d) 哪些人士可以被视为本法所规定的大学研究院或者院系的学术雇员;

(e) 哪些人士可以被视为本法所规定的大学的本科学生或研究生;

(f) 关于学校机关的如下事项:

(i) 召集、举行及休止会议的方式及时间;

(ii) 会议上的投票(包括邮寄投票或代理投票);

(iii) 在评议会会议上公开财产利益关系,以及

(iv) 会议主席的指定、权力与职责;

(v) 会议上的事务处理与记录;

(vi) 学校机关下属委员会的指定,以及

(vii) (vi)项中提及的委员会召开会议的法定人数以及该委员会的权力与职责;

(g) 下列人员的辞职:

(i) 名誉校长;

(ii) 副校监;

(iii) 任何大学高级官员;

（h）在特定情况下，由常务副校长行使和执行校长的权力和职责；

（i）依本法设立的职位的任职期限，但是本法：

(i) 并没有规定该职位的任期；并且

(ii) 不制定条例的话，单依照本法无法确定该职位的任期；

（j）学校雇员的聘用，包括聘用的任期与条件，及聘用终止的条件；

（k）校内岗位的任命，该任命的期限与条件，及任命的终止条件；

（l）学生的录取与注册；

（m）讲授、上课及考试的时间、地点和方式以及该讲授、课程及考试的数量及特征；

（n）学校教学的促进与扩展；

（o）学位、文凭、证书及荣誉的授予；

（p）奖学金与助学金及其他资金奖励的授予；

（q）对拥有其他学校授予的学位、文凭或其他奖励的人员，不需要再进行考试而授予其相应的学位、文凭或奖励；

（r）对为获取学位、学历或者其他奖励而开设课程的免修，以及关于相应工作之身份的授予，无论是否其他工作代替了免修指向的工作；

（s）评议会成员的批准与许可；

（t）接受转校生在本校学习；

（u）对学校费用的支付，包括《高等教育支持法 2003》所规定的公助生学费和全部学费；

（v）与学校有关的图书馆、实验室以及博物馆的建立、管理和控制；

（w）寄宿学校的建立和从属；

（x）将教育或研究机构吸纳到大学中来或与其建立隶属合作关系；

（y）学校财产的控制与投资；

（z）为大学高级官员和其他雇员及他们的家人提供养老金或类似福利。

（3）章程可以授予学校的任何权力机构（包括理事会）或行政官员制定如下规章制度的权力，但该规章制度不得与本法或其他任何章程相矛盾：

（a）规制任何可以由章程作出规定的具体事项，或者对规制的相关事项作出规定；或者

（b）用于贯彻执行章程。

（4）这样制定的规章制度，与章程具有同等效力。

（5）第（3）款不允许制定的规章制度如下：

（a）由第 51 条第（1）款调整的事项；或者

（b）为了执行或者使处理第 51（1）小节事项之章程生效，除非在这样的限度内，相关的规则或指令根据大学之原则并为了章程之执行而制定。

51．涉及交通的章程

（1）理事会可以制定如下章程：

（a）用于或者涉及交通规则或管控，或者大学在澳大利亚首都特区占用土地上的泊车、停车、等候或者离开，包括批准和订立有关交通标志标记的章程；以及

（b）对违反该章程禁止行为的，基于即席判决给予罚金处罚。

（2）基于本条制定的章程不能与澳大利亚首都特区法律相违背，包括《澳大利亚首都特区（自治政府）法 1988》第 3 条所规定的法令，但是如果某章程仅仅就别的法律所处理的问题作出了规定，同时章程的规定可以在不违反该法律的情况下被执行，那么该章程不能被认为是与澳大利亚首都特区的法律相冲突。

52．章程的发布

（1）当理事会制定出一则章程时：

（a）必须加盖大学公章；并且

（b）理事会有责任在公报上公开发布该章程；并且

（c）章程自公布之日起于始生效。

（3）包含了新发布章程的公报必须指明在什么地点可以购买到章程。

（5）以下的两种形式，在任何时候都应该被毫无疑问地认为是章程：

（a）一份由学校盖印的章程复本；或者

（b）一份主旨为章程复本的文档，并且已经由政府出版机构出版。

在所有会议中可作为章程的充分证据。

（6）章程应当按其在发布的公报上的顺序连续编号。

（7）只要在公报上发布了一则章程已经制定的通知，且该通知包括了章程的编号，即能满足第（2）款对章程需要在公报上公布的要求。

第 5 章　继起性及过渡性条款

第 1 节　导言

53. 释义

在本章中，除非出现相反的解释，则：

《拨款法》是指涉及财年支出拨款的法律，包括用于该支出的临时性拨款。

艺术学院法律文件是指以下这样的（包含立法文件在内的）文件或其他文档：

（a）艺术学院是该法律文件中的一方；或者

（b）是下发给或以艺术学院为收款人的；或者

（c）文件中涉及了艺术学院；或者

（d）其中涉及的资金是或者将是应支付给艺术学院的，或者涉及将要转移给艺术学院或从艺术学院转移的其他财产；

同时，在本法即将生效之前，该文件或文档持续有效。

资产是指各种财产，包括但不限于：

（a）权利上的财产；

（b）各种财产的权利、利益和主张，无论以什么方式产生的，也无论是否已清算，是确实或偶然，是已经增值的或正在增值的。

债务是指各种债务，包括但不限于，无论以什么方式产生的，也无论是否已清算，是确实或偶然，是已经增值的或正在增值的。

废止的规定是指按照第 54 条的要求被废止的规定。

第 2 节　废止

54. 废止

（1）"原始法"被废止。

（2）《艺术学院条例》被废止。

第 3 节　原则

55. 高级官员的连任

（1）在本法即将生效之前按照"原始法"在任的名誉校长、副校监、校长或常务副校长（在本节中被称为前任），从本法生效之时起，即被认为依据第二章被任命为：

（a）名誉校长；或者

（b）副校监；或者

（c）校长；或者

（d）常务副校长；

（将视情况决定）。

（2）视为被任命者：

（a）其任期等于他之前职务任期的剩余时间；并且

（b）适用本法即将生效前其任命所带有的限制性规定。

56. 学校作为艺术学院的法定继任人

学校是艺术学院的法定继任人，并且本节中的后续条款并不限制本条的推广适用。

57. 章程的持续有效等

（1）本条适用于：

（a）学校理事会基于"原始法"第27或27A条规定制定的章程；以及

（b）艺术学院理事会基于《艺术学院条例》所制定的章程；

并且在本法即将生效前仍然有效的章程（在本条中称为持续性章程）。

（2）持续性章程在本法生效后的效力如同：

（a）该章程是由理事会基于第4章的规定而恰当地制定的；并且

（b）该章程已经满足了第52条的要求；

并且持续性章程可以由理事会相应地修订或废止。

（3）任何基于在本法即将生效之前有效的持续性章程制定的规章制度在本法生效时和生效后继续有效，就如同它们是基于章程而制定的一样，并且可以被相应地修订或废止。

（4）当下列规则在某项具体适用中遇到困难时：

（a）持续性章程；或者

（b）第（3）款所提及的规章制度；

理事会可以制定适当的解决方案。

（5）第（4）款中提到的适用中产生的困难包括由于两个或两个以上持续性章程之间或者基于两个或两个以上持续性章程所制定的规章制度之间的冲突所造成的问题。

（6）不管持续性章程或者第（3）款中提到的规章制度如何规定，基于第（4）款所作出的决议都有效力。

58. 艺术学院的资产及债务的转移

（1）本法生效时，艺术学院的资产和债务将全部归属于大学。

(2) 下列规定将适用于基于第(1)款已经归属于大学的财产及债务：

(a) 即将生效前由艺术学院基于信托所掌握的财产，在本法生效后必须由大学基于信托掌握，并且大学与之前艺术学院在掌握财产上受到同样的限制；

(b) 艺术学院需要偿还的债务，在本法生效后，必须被视为大学在行使其权利和职能中产生的债务。

59. 艺术学院的法律文件

艺术学院的法律文件在本法生效后仍然有效，但是当其涉及法律生效后的行为、交易、事项或者事情时，法律文件中提到的艺术学院将被视为大学，具有同等的效力。

60. 州或地区政府官员进行权属登记

(a) 在不动产或地产利息基于本节规定而成为学校财产的情形中；

(b) 具有以下特点的权属凭证：

(i) 验明土地及不动产或利息；

(ii) 证实该不动产与利息基于本节的规定已经成为大学校的资产；并且

(iii) 由司法部长授权颁发、并由司法部官员签署；

将提呈给登记员、登记部主官或其他土地所在州或者地区的合适的官员；

接受证书备案的官员可以处理并使证书生效，如同这是依据州或地区的生效法律而将不动产或利益作为一种授予让与、买卖契约或指令而给予大学。

61. 未完成的诉讼

在本法即将生效前，艺术学院作为当事人的任何未进行的诉讼，在本法生效后，将由大学代替艺术学院成为诉讼当事人，并且在诉讼过程中享有与艺术学院同等的权利。

62. 艺术学院的员工

(1) 在本法即将生效前的艺术学院的员工：

(a) 从本法生效之时起，成为大学雇佣的员工；

(b) 被视为继续适用旧雇佣合同规定的条款；并且

(c) 有权享有与本法生效前作为艺术学院员工时一样的福利待遇。

(2) 基于第(1)款，按照本法已经成为学校员工的前艺术学院员工，其雇佣关系视为本法生效前作为艺术学院员工的雇佣关系的延续。

63. 艺术学院的学生

(1) 在本法即将生效前，被艺术学院录取、或有资格被艺术学院录取到的学生有权利在不晚于1992年12月31日被大学录取到相同或者实质上近似的学科学习。

（2）在下列这些情况中：

（a）在本法即将生效前,经艺术学院同意,某个人推迟入学；并且

（b）在本法即将生效前,该许可仍然未到期,或未被撤销；

该学生有权在许可中规定的入学年份被大学录取到相同或者实质上近似的学科学习。

（3）本条不适用于在本法即将生效前已经完成相关课程学习要求的学生。

（4）本条的效力受限于章程以及基于本法第50条第（3）款依据章程而制定的各项规章制度。

（5）为了本条的目的,大学必须提供适当的课程。

64. 艺术学院奖励的授予

在章程规定的具体情形中,对于在本法生效前由原艺术学院招收的学生,如果他/她完成了学位、文凭或证书的相关课程要求,大学可以为其颁发艺术学院的学位、文凭或证书。

65. 拨款的转移

在本法生效后拨款法的施行过程中：

（a）涉及艺术学院,即被视为涉及大学；

（b）涉及制度的废止,即被视为涉及本法。

66. 年度报告与财务决算

第47条与第49条在实施中如涉及1992年12月31日以后的问题,则服从下列规则：

（a）第47条涉及的账目和记录是学校的账目和记录,大学拥有属于艺术学院的账目和记录；

（b）理事会和总审计师在履行其按照第49条规定的职责时,可以使用学校持有的或者理事会被允许访问的艺术学院的账目和记录,以及任何依被废除法律任命的官员或艺术学院的员工提供给理事会的任何信息；

（c）为了第49条第（2）款（c）项的目的,本法包括了"原始法"及《艺术学院条例》。

《澳大利亚国立大学法 1991》相关注释

注释 1：本编目收录的《澳大利亚国立大学法 1991》包括 1991 年第 131 号法，该法基于下表列出的修正案进行了修编。

所有关于实施、保留或过渡性条款的信息，请参照表 A。

相关法律列表

法律	编号与生效年	通过日期	生效日期	实施、保留或过渡性条款
《澳大利亚国立大学法 1991》	131,1991	1991.09.02	1992.01.01	
《高等教育基金修正法（第 2 号）1992》	158,1992	1992.12.11	第 1 部分(ss.1,2)由王室批准 第 2 部分、第 3 部分(ss.3-46)及第 5 部分（ss.60-70）：1993.01.01 其余部分：1994.01.01	S.38(3)
《劳资关系与其他法修正案 1995》	168,1995	1995.12.16	ss.1-12，程序表 5 及程序表 7-10：由王室批准 s.13：1996.01.13 其余部分：1996.01.15（见 1996 年第 S16 号公告）	—
《成文法修正案 1996》	43,1996	1996.10.25	程序表 3（条款 5）：1991.09.02	—
《审计（过渡及复合）修正案 1997》	152,1997	1997.10.24	程序表 2（条款 415-422）：1998.01.01（见 1997 年第 GN49 号公告）[a]	—
《公司法经济革新计划法 1999》	156,1999	1999.11.24	程序表 10（条款 45）：2000.03.13（见 2000 年第 S114 号公告）[b]	—
《高等教育基金修正法 2001》	86,2001	2001.07.18	程序表 3：由王室批准[c]	—

(续表)

法律	编号与生效年	通过日期	生效日期	实施、保留或过渡性条款
《高等教育支持法（过渡性条款及相应修正案）2003》	150，2003	2003.12.19	程序表2（条款20-63）：2004.07.01	程序表2（条款37）
《破产法修正案》	80，2004	2004.06.23	程序表1（条款191、212、213、215）：2004.12.01（见2004年第GN34号公告）	程序表1（条款212、213、215）
《高等教育法修正案(第2号)2004》	114，2004	2004.07.13	程序表2（条款39-45、条款80）：2004.07.14 其余部分：由王室批准	程序表4（条款20-22）
《高等教育法修正案(第3号)2004》	157，2004	2004.12.17	程序表3：由王室批准	—
《经济构架法修正案2005年版》	8，2005	2005.02.22	程序表2（条款56、57、174）：由王室批准	程序表2（条款174）
《高等教育法修正案(2005年3号规定)2005年版》	143，2005	2005.12.14	程序表8（条款1）：由王室批准	—
《联邦机构与公司关系法修正案》	20，2008	2008.05.26	程序表2（条款3）：2008.07.01	
《成文法修正案2008年版》	73，2008	2008.07.03	程序表1（条款10）[d]	—

(a)《澳大利亚国立大学法1991》基于《审计(过渡及杂项)修正案1997》程序表2(条款514-422)的第2条第(2)款进行了修正，其内容如下：

(2) 程序表1、2和4与《财政管理与问责法1997》同日生效。

(b)《澳大利亚国立大学法1991》基于《公司法经济革新计划法1999》程序表10(条款45)的第2条第(2)款(c)项进行了修正，其内容如下：

(2) 下列规定将于公告指定的日期生效：

(c) 程序表10、11和12的所有条款。

(c)《澳大利亚国立大学法1991》基于《高等教育基金修正案2001》程序表3的第2条第(1)款进行了修正，其内容如下：

(1) 按照本节的要求，本法将于收到王室批准之日起生效。

(d)《成文法修正案 2008》第 2 条第(1)款(条款 8)内容如下：

(1) 列举在下列表格第一列中的本法规定依照表格第二列的要求生效。第二列中的任何其他声明在它的有效期内具有效力。

生效信息		
第1列 规定内容	第2列 生效条件	第3列 日期/细节
8. 程序表 1,条款 10	《高等教育支持法(过渡性条款及相应修正案)2003》程序表 2 的条款 36 生效后立即生效	2004.07.01

修正表

被修正的条款	修正内容
第 1 章	
S.3	经 2001 年第 86 号法、2003 年第 150 号法、2004 年第 114 号法修正
第 2 章	
第 1 节	
S.4(2)注释	经 1997 年第 152 号法补充
S.4A	经 1997 年第 152 号法补充；经 2008 年第 20 号法修正
S.4B	经 1997 年第 152 号法补充
S.6	经 1997 年第 152 号法修正
S.7	经 2003 年第 150 号法修正
第 2 部分	
S.10	经 2001 年第 86 号法、2003 年第 150 号法、2004 年第 114 号、第 157 号法、2008 年第 73 号法修正；
S.11	经 2004 年第 80 号法修正
Ss.12,13	经 2004 年第 114 号法修正
S.14	被 1997 年第 152 号法废除
S.15	经 1997 年第 152 号法、1999 年第 156 号法、2001 年第 86 号法、2003 年第 150 号法、2004 年第 114 号法修正
Ss.16-18	经 2003 年第 150 号法修正
Ss.18A-18G	经 2003 年第 150 号法修正
第 3 节	
S.20	经 2001 年第 86 号法修正；被 2003 年第 150 号法废除
Ss.21-24	被 2003 年第 150 号法废除
第 4 节	
第 4 节导言	被 2005 年第 143 号法废除
S.25	经 2001 年第 86 号法修正；被 2003 年第 150 号法废除
Ss.26-29	被 2003 年第 150 号法废除
第 6 节	
Ss.32,33	经 2004 年第 114 号法修正
S.36	被 1995 年第 168 号法废除

(续表)

被修正的条款	修正内容
第7节	
S.39	经2003年第150号法修正
第3章	
第1节	
S.41	被1992年第158号法废止并替代;经2003年第150号法修正
第2节	
S.42	被1992年第158号法废除
S.43	经1992年第158号法修正;被2003年第150号法废止并替代
S.44	经2005年第8号法修正
Ss.45-47	被1997年第152号法废除
S.49	被1997年第152号法废除
第4章	
S.50	经1992年第158号法、1997年第152号法、2003年第150号法修正
S.51	经2003年第150号法修正
S.52 导言	经2003年第150号法修正
S.52	经2003年第150号法修正
第5章的第4节	被2003年第150号法废除
Ss.67-75	被2003年第150号法废除
第5章的第5节	被1996年第43号法废除
Ss.76,77	被1996年第43号法废除

表A

实施、保留或过渡性条款

《高等教育支持法(过渡性条款及相应修正案)2003》(2003年第150号法)

程序表2

37 法生效前提名委员会的运作

如果基于《法律解释法1901》第4条的规定,提名委员会成员的任命发生在本法生效之前:

(a) 提名委员会可以向部长建议理事会的人选,就像这一条款已经生效;

(b) 尽管该法第4条第(2)款有不一致的规定,提名委员会成员的指定在作出理事会人选建议前生效。

《破产法修正案2004》(2004年第80号法)

程序表1

212 有关生效前契据与和解协议的过渡性规定

(1) 就本条款而言,如果一份转让契约或者一份和解契约由债务人和破产管理人按照《破产法1996》第10章执行,该契约就成为"生效前的契约"。

(2) 就本条款而言,如果在本条款生效前,基于《破产法1966》第204条的规定,债权人会议以特殊决议的方式接受了和解协议,则该协议就成为"生效前的和解协议"。
(3) 无论本程序表第1和第2章做过哪些废止与修正:
(a)《破产法1966》及依此法制定的法规;以及
(b) 依本程序表第2章所修正的法;
当涉及到下列内容时,仍然有效:
(c) 生效前的契约;以及
(d) 生效前的和解协议;以及
(e) 任何与下列内容相联系或由之产生的事件:
(i) 生效前的契约;或者
(ii) 生效前的和解协议;
就如同这些规定从未被废止和从未被修正。

213 有关生效前的权力的过渡性规定
(1) 为了本条款的目的,如果下列情况发生:
(a) 在本条款生效之前,由债务人基于《破产法1966》第188条的规定赋予的权力已经生效;以及
(b) 在本条款生效时,下列内容无一发生:
(i) 基于《破产法1966》的第10章的规定,债务人和管理人的转让契约执行行为;
(ii) 基于《破产法1966》的第10章的规定,债务人和管理人的和解契约执行行为;
(iii) 基于《破产法1966》第204条的规定,债权人会议以特殊决议的方式对和解协议的接受行为;
则该权力为"生效前的权力"。
(2) 无论本程序表的第1和第2章做过哪些废止和修正:
(a)《破产法1966》和基于该法所制定的法规;以及
(b) 依本程序表第2章所进行修正的法;
涉及以下内容时,将持续有效:
(c) 生效前的权力;以及
(d) 基于生效前权力对债务人财产的控制;以及
(e) 基于生效前权力召集的债权人会议;以及
(f) 出现下列任何一项情况:
(i) 基于《破产法1966》第10章的规定,债务人和管理人依据债权人会议特殊决议在本条款生效后执行的转让契约;
(ii) 基于《破产法1966》第10章的规定,债务人和管理人依据债权人会议特殊决议在本条款生效后执行的和解契约;
(iii) 在本条款生效后由债权人会议特殊决议所接受和解协议;以及
(g) 任何与下列内容有关或由之引起的:
(i) 生效前的权力;或者
(ii) 在(f)(i)项中提到的转让契约;或者
(iii) 在(f)(ii)项中提到的和解契约;或者
(iv) 在(f)(iii)项中提到的和解协议;
则视为从未发生废止以及修正。

215 有关规章的过渡性规定
(1) 就由本程序表第1和第2章规定的修正案引起的过渡性事项,可以制定规章进行调整。
(2) 总督可以出于前款目的而制定规章。

《高等教育法修正案(第2号)2004》(2004年第114号法)

程序表 4

20 定义

在本章中：

首要法律是指《澳大利亚国立大学法1991》。

21 有关名誉校长的修正

由本法作出的对首要法律第32条的修正，对于本条款生效时或者生效后每一位基于该条任职的名誉校长都有效，无论他/她当前是将要还是已经开始任职。

22 有关副校监的修正

(1) 本条款适用于本章程即将生效前任职的副校监。

(2) 对副校监的任命在本条款生效后持续有效，就如同其任命是基于本法修正过的首要法律第33条作出的一样。

(3) 就经过本法修正的首要法律而言，本条款生效时，副校监被视为：

(a) 已经由部长基于首要法律第10条(1)款(q)项的规定，在理事会提名委员会的建议下，任命为理事会成员；以及

(b) 如果本法没有对首要法律第33条作出相应的修订，其任期等于其副校监任期的剩余时间。

《财政框架法修正案2005》(2005年第8号法)

程序表 2

174 保留的条款——之前涉及财务主管的条款

(1) 任何事项：

(a) 基于受本修正案影响的条款，由财务主管或财务主管的代理人在生效前完成的；以及

在紧接生效前有效的；

(b) 在生效后仍然有效，就如同它是由财政部长基于该受本修正案影响的条款亲自完成的一样。

(2) 在本条款中：

受本修正案影响的条款是指经本程序表所修改的条款，该条款将涉及财务主管的地方改为财务部长。

生效时间是指王室批准本法的日期。

财政部长是指主管《财政管理与问责法1997》的部长官员。

(最新版本参阅 http://www.comlaw.gov.au/Details/C2008C00378。)

新加坡国立大学章程和规则

(Statutes and Regulations of National University of Singapore)

2009年8月3日

主译人　范少锋
校阅者　孙　琰

章程1　释义

1. 在所有的章程(定义见下文)和条例(定义见下文)中,未定义的首字母为大写字母的术语均与《联合会章程》(定义见下文)中的含义相同。除非上下文另有规定,下列词汇的含义为:

"学术单位"是指所、系、部门、中心、项目,或者学校的其他教学和研究单位。

"学年"是指始于第一学期首日、结束于下一学期首日前一天的时间段。

"《联合会章程》"指新加坡国立大学联合会的备忘录和条款。

"日"指公历日。

"学部"或"学院"是指按照章程3而随时成立的校内学部或学院。提及"学部"应包括"学院"。

"规则"是指由校长或评议会遵照章程随时制定的规则、规定和程序。

"研究所"是指按照章程4和规则而成立的校级研究所或研究中心。

"特殊建制的学院"是指按照章程3而随时成立的学校的特殊建制的学院,具有各自的规章。

"章程"是指由学校董事会随时制定或修订的学校章程。

"学生"是指:

(a) 为获得本校学位或学历而注册的,未毕业、未退学、未达到相关学位

或学历的要求,或者未依照章程 6 的纪律处分程序而被开除的人;或

(b) 为了在本校学习而注册,而不是为了学位或学历,未完成学习阶段、未退学,或者未依照章程 6 的纪律处分程序而被开除的人。

2. 代表单数的词汇应包括复数,反之亦然。代表男性的词汇应包括女性。

3. 任何章程或规则中任何规定的旁注或标题不得以任何方式加以变动、限制,或者延伸对任何章程或规则的解释。

4. 在解释任何章程或规则时,应考虑其精神、意图及制定的目的。

5. 凡符合《联合会章程》的规定,学校董事会可在有必要或有利时,为了妥善管理事务或履行学校职能而随时制定、修订或撤销学校的章程,只要这些章程所规定事项的管辖权为评议会,且仅能在评议会同意的情况下才可被制定、修改或撤销。

6. 凡符合相关章程的规定,校长可在有必要或有利时,为了妥善管理事务或履行学校职能而不时制定、修订或撤销学校的规则,而所叙述或提供的事项在评议会管辖范围内的规则可以由评议会制定、修订或撤销。

7. 如果出现:

(a) 任何与《联合会章程》不一致的章程;或

(b) 任何与《联合会章程》或章程规定不一致的规则。

《联合会章程》或章程的规定成立,而章程或规则中与其不一致的规定则无效。

章程 2 评议会和评议会代表团

评议会

1. 根据联合会章程的规定,校长是评议会的成员兼主席,评议会还应包括:

(a) 自动获取资格的成员

(i) 常务副校长;

(ii) 教务长;

(iii) 副校长(负责研究和技术);

(iv) 常务副教务长和副教务长;

(v) 负责研究的主任;

(vi) 负责生命科学的主任;

(vii) 学院或特殊建制学院的院长和副院长,或其等同者;

(viii) 负责招生的院长；

(ix) 负责学生事务的院长；

(x) 学术单位的负责人；

(xi) 研究所主任；

(xii) 所有终身全职教授；

(b) 评议会代表团成员

不属于上文(a)款(i)—(xii)的评议会代表团的其他所有成员（定义见下文）；和

(c) 选举成员

由评议会成员选举的其他 10 位成员。

2. 在不破坏《联合会章程》规定的普遍适用性的条件下，评议会的权力应为：

(a) 设立、组织、重命名和解散学院和学术单位；

(b) 制定、审查和终止学术项目；

(c) 规范纳入学习项目的学生的入学资格，以及他们在学习过程和考试中的出勤和连续性；

(d) 任命并指导考官和考试委员会，并监督考试；

(e) 授予、剥夺或撤销学位、学历、证书以及其他荣誉标志；

(f) 设立、审查和授予助学金、研究奖学金、学习奖学金、奖项和奖章；

(g) 按照规则规定的标准，在审定荣誉学位和名誉教授提名委员会的报告后，颁发荣誉学位和名誉教授称号；

(h) 对属于不同学习项目的毕业生，规定其学位服和不同学位的颜色标志；和

(i) 设立、组织、重命名和解散研究所。

3. 评议会应于每学期定期召开一次会议，以接收所有常设委员会和特别委员会的报告。

评议会代表团

4. 对于在两次评议会定期会议间隔发生的、需要评议会出面解决的事务，评议会应将其权力和职责授予"评议会代表团"，其中应包括：

(a) 自动获得资格的成员

(i) 校长，应负责主持评议会代表团；

(ii) 常务副校长；

(iii) 教务长；

(iv) 学院或特殊建制学院的院长，或者其等同者；

（b）通过选举产生的成员

（i）由每所学院或特殊建制学院的副院长、学术单位负责人、终身全职教授在本学院内部选举产生一名成员；

（ii）由评议会中不担任院长、副院长或学术单位负责人的终身全职教授在其内部选出 15 名终身全职教授；

（iii）由全校范围内不是院长、副院长、学术单位负责人或终身全职教授的终身制教师选出 10 名终身制教师；和

（c）指定成员

由校长任命的不超过 12 位学校的其他管理人员。

5. 根据第 4 条授权的一切权力或职责既应继续属于评议会，但也应归属评议会代表团。

6. 根据第 4 条，一旦被授权，代表团不得删除或减少评议会所行使、执行权力和义务的责任。

7. 只要在评议会代表团将相关备忘录或通知公示的 14 天内未被评议会的特别会议所否定，评议会代表团的所有行动和决策完全有效。

职务的任期

8. 评议会和评议会代表团成员的职务任期如下：

（a）自动获得资格的成员应继续留任，且仅在他们具有职务的期间继续其成员任期。

（b）通过选举产生成员，其任期最多达两学年，但不能连任超过两次。

（c）被指定的成员，其任期由校长确定。

（d）不符合第 4 条（a）至（c）款中的任何规定的个人，不应成为评议会代表团的成员。

9. 通过选举产生或被指定的评议会议员，或者评议会代表团成员（视情况而定）由于任期或在校服务终止、请假、丧失行动能力或任何其他原因而临时空缺时，应根据章程 2 第 1 条和 4 条的规定，由被选举或任命的一名成员来代替。新成员的任期为空缺成员的剩余任期。

规则

10. 校长有权制定规则，以管理规范评议会所任命的委员会和董事会所发布的会议通知。

章程 3 学部、特殊建制学院和学术单位

1. 根据《联合会章程》,新加坡国立大学应根据评议会的随时决定而被划分为学院、特别建制学院和学术单位等。

2. 新加坡国立大学的学院应指人文科学与社会专业学院、商学院、计算机学院、口腔医学院、设计与环境学院、工学院、综合科学与工程研究生院、法学院、杨潞龄医学院、理学院和大学学者计划。

(a) 学院内部的学术单位应按条例的规定而设立。

(b) 不隶属于任何学院的两个机构即英语语言交流中心和系统科学研究所。

3. 特别建制学院是指杜克大学—新加坡国立大学医学院、李光耀公共政策学院、杨秀桃音乐学院。特别建制学院根据其各自的规章来进行管理。

4. 每所学院应有学院董事会或等同的机构,其成员资格和职能应在规则中加以规定。

5. 下列规定适用于所有学院:

(a) 每个学院应由院长和学院内部学术单位的学术成员组成。

(b) 根据《联合会章程》,学院的院长应在校长推荐的基础上由董事会任命。

(c) 学院的副院长应由校长任命,院长助理应由院长任命。所有副院长和院长助理的任期应随院长任期的终止而终止。

(d) 学术单位的负责人应由教务长任命。

(e) 在基于学院的学术单位中,其副职负责人应由相应学院的院长任命,而在非基于学院的学术单位中,其副职负责人应由教务长任命。所有副职负责人的任期将随相应学术机构负责人任期的终止而终止。

章程 4 研究所

1. 研究所可根据其自身需要或与政府、学术界和工业界合作伙伴联合的需要,应经评议会批准后由学校设立。研究所的设置应符合规则中的规定。

2. 研究所的宗旨应是通过大力进行研究开发而在特定研究领域中完善发展。这些特定领域具有多学科的性质而不易于由某个单独的学院管理。

根据其宗旨,研究所可以:

（a）在特定的领域发展研究计划;

（b）构建研究的人力和设施;

（c）通过教授相关的课程和联合指导研究型学生的方式来协助学院发展教育项目;

（d）提供建议和顾问,并经常与政府机构以及本国或国际学术或工业机构交流;

（e）提升学科的认知度,促进研究成果的应用;和

（f）获取知识产权,并促使其得到商业开发。

3. 当研究所不再有进一步存在的需要时,应经评议会批准后方可解散。

4. 研究所应由一名由校长任命的所长领导。

5. 管理委员会可由校长任命,在研究所发展和运行期间向研究所所长提供指导和帮助。管理委员会主席应由校长任命。

6. 在必要的情况下,经与研究所所长商定,校长可任命由国际和本国专家组成的顾问委员会:

（a）就与科研相关的事宜和问题提供帮助和建议;以及

（b）定期评估研究所所取得的进展和成绩。

7. 学校也应赋予研究所以高度的自治权。

章程 5　学生团体和活动

新加坡国立大学学生会

1. 新加坡国立大学学生会(简称"学生会")应是一个学生团体,按照《联合会章程》的规定而建立。学生会应包括董事会可能随时批准的组成机构。这些组成机构应在规则中加以定义。

2. 董事会有权制定规则、规定、政策和程序,以管理学生会及其任何组成机构。

3. 学生会及其组成机构成员的资格和管理应在规则中加以规定。

4. 学生会及其组成机构组织的活动目标应与其各自章程中的定义一致。

（a）除了学生思想政治协会(按章程和规则所规定的学生会的组成机构之一)之外,其他组成机构不可从事政治性活动或发表政治性声明。任何事件是否具有政治性,由董事会全权决定。

(b) 除了学生会成员,未经董事会批准,其他任何人不得参加学生会及其组成机构的任何活动。这不适用于社会性活动,也不适用于经负责学生事务的院长批准、由学生会或其组成机构与外部机构联合组织的活动。

5. 如果由于任何原因而导致学生会终止,财务结算后的所有资产应移交给具有类似目标的继任组织;如果没有类似组织,则应移交给学校。

其他学生团体

6. 除了学生会之外,应有满足学生群体不同需求的其他俱乐部或社团。

7. "学校社团"是指尚未成为学生会组成机构的俱乐部或社团,但由新加坡国立大学学生成立,包括成员不仅限于学生的俱乐部或社团。

8. 校长有权制定管理学校社团的规则、规定、政策和程序。

章程6 学生纪律

1. 校长有权制定以下规则:
(a) 在纪律委员会之前的纪律处分程序;
(b) 在纪律上诉委员会之前的纪律处分程序,以及为了向纪律上诉委员会提出上诉所必须支付的保证金;和
(c) 对可经学院院长、学术单位负责人和非学术单位负责人裁决的过错(既定过错)进行分类,以及为了对某既定过错的任何裁决进行上诉而必须支付的保证金。

2. 为了本章程的目的,
(a) "非学术单位"是指学校的所有非学术机构及组成该机构的系或部门,其中包括但不限于计算机中心、新加坡国立大学图书馆、体育娱乐中心、公寓礼堂和其他学生宿舍的管理办公室;
(b) "既定过错"是指不涉及或不导致以下结果的任何过错:
(i) 恶作剧;
(ii) 有损于或可能有损于学校声誉、尊严、权益或福利的行为;
(iii) 犯罪活动;或
(iv) 教务长可批准院长和负责人作出裁决的其他过错(包括可能涉及或导致(i)、(ii)或(iii)项中所列举的任何过错)。

导致纪律处分的情形

3. 被指控犯有以下过错或导致任何其他学生犯有以下过错的学生可能

会受到纪律处分：

（a）违反《联合会章程》和学校制定的章程、规则、规定、政策、方针、行为规范或程序；

（b）涉及或导致犯罪活动的任何过错；

（c）与学校资金或财产相关的任何盗窃、欺诈或滥用；

（d）损害或损坏学校或其雇员、学生的任何财产；

（e）伪造或滥用学校文件或记录，包括与学位及其他学术资质相关的证书（不影响学校文件或记录的适用）；

（f）在学生的学术成绩或经济奖励、学校的招生录取或与学校相关的其他方面，在校内或校外欺诈、撒谎、任何不守信用的行为，或者假冒他人的行为；

（g）违反与学生录取相关的规定或学生作出的承诺；

（h）诽谤、攻击或殴打学校的任何雇员或学生；

（i）对学校的任何雇员或学生进行性、种族或任何其他形式的骚扰；

（j）恶意和无合理原由投诉学校的任何雇员或学生；

（k）在不违背普遍性的前提下，包括以下的故意行为的恶作剧：(i)羞辱其他学生或使得其他学生遭受嘲笑，或者(ii)干扰其他学生对其权益、利益、权利或设施的正当享用；

（l）剽窃，在学术工作上给予或接受未经授权的帮助，或其他形式的学术欺骗；

（m）破坏或不正当干预：(i)学校的学术活动或管理，或者(ii)学校的任何雇员履行职责；

（n）构成实际或潜在危害公众健康，包括但不限于不遵守或阻碍学校执行为控制传染病依照《传染病法》(第137章)所制定的任何措施；

（o）在任何纪律调查或处分过程中，拒绝或未能亲自出庭，不能全面回答问题或出示任何可能被要求的文件，或者作出虚假证词；

（p）不遵守对学生的行政处分或其他要求；或

（q）有损于或可能有损于学校声誉、尊严、利益或福利的行为方式。

纪律处分权力

4. 考虑到个人可能受到纪律处分的任何时间，下列纪律处分权力的任何一项或多项可被行使：

（a）签发命令，酌情包括遵守规定条件的适当要求，以及不遵守规定条件将被实施的裁决声明；

（b）发出申诉，这应是此人正式记录的组成部分；

（c）实行不超过 10 万新加坡元的罚款；

（d）发出公开谴责；

（e）撤销或终止任何学术上的或其他学校的优先权、利益、权利或设施（除了参加课程教学或考试的权利之外）；

（f）撤销或终止参加后续课程的课程教学或考试的权力；

（g）勒令退学；和

（h）剥夺即将授予或之前已授予的任何学位、学历、证书或其他学术资质。

5. 尽管可能属于纪律处分程序范围的人（简称"相关的人"）在依据纪律处分程序起诉、一审或上诉时已不再是学生，但只要引起纪律处分程序的事件是当此人作为在校生发生的或与他被学校录取有关，本章程所提供的任何纪律处分权力就可被行使。

6. 在不影响行使其他纪律处分权力，或者任何其他在《联合会章程》，学校章程、规则、规定、政策、方针、行为规范或程序中规定的权力，本章程所规定的任何纪律处分权力均可被行使。

简易诉讼

7. 尽管存在本章程的任何其他规定，当教务长认为应对学生提起诉讼时，可通过书面通知，简要告知中止或停止其任何优先权、利益、权利或设施，或者采取任何其他简单处理，如果教务长有理由相信这种处理是必要的：

（a）保护学校的权益，或者学校任何雇员或学生的权益；或

（b）确保学校职能的正常履行。

8. 由教务长依照上述第 7 条作出的决定应服从纪律上诉委员会作出的决定，并且是最终的和对学生具有约束力的决定。

合作

9. 在任何纪律处分或上诉过程中，有关人员应全力配合教务长、纪律委员会、纪律上诉委员会，或者任何其他机构或个人，可把任何纪律问题的裁决或任何上诉的考虑可以委托给他们，并应根据他们的需要提供所需的任何信息和文件。

决议的通知和公开

10. 教务部应视情况而定，将教务长所提起的任何简易诉讼，或者纪律委员会或纪律上诉委员会的决议通知相关的人。此外，通知可能以各种途

径、媒体或其他方式被公开，发送给所有学生或其他人。

大学的责任

11. 学校及其管理人员，或者任何其他人或与他们有关的实体，对相关的人可能遭受或承担的任何损失、伤害、索赔、诉讼费或其他费用不必负有任何责任，无论是由任何纪律处分、简易诉讼或依照本章程采取的纪律行动以及任何相关的公开或通知而导致的直接或间接损失（包括任何利润损失或任何名誉损害）。

章程 7　对学校的赠与

1. 除非上下文另有要求，否则在本章程、章程 8 和任何规则中：

"捐赠者"是指向学校捐赠的任何个人、公司、企业、协会、基金会或其他实体；

"捐赠"是指给予学校的任何馈赠，其本金一直保持不变，只有可用的且经过批准的本金的投资获利可以支出用于学校日常或特定的用途；

"赠与"指学校接受的捐献、赠与、遗嘱处置或其他内容，以及捐赠者提供的财产和款项。学校除了提供命名机会和按照捐赠者可能指定的目的使用赠与，不对资源作出任何承诺或提供具有商业价值回报的服务；

"赠与目的"是指按照捐赠者的意愿使用赠与，可包括但不仅限于支持本科生和研究生的教育、研究、奖学金、奖教金、设备、设施以及建筑物；

"历史赠与"是指于 2007 年 7 月 24 日前给予学校的所有赠与。

2. 校长有权确定筹集资金的优先次序，审查并确定学校受到的赠与的管理政策和程序。

接受赠与

3. 学校应促进赠与的招标、接受和管理，以确保资源；这些资源将有助于推动学校在教学、学习和研究上的优先权和义务。

4. 学校不得接受排斥本校接受其他捐赠者给予的任何赠与；不得接受任何违反现行法律或规则的赠与，并有权拒绝接受任何赠与。

5. 当给学校的赠与和赠与目的将被纳入学校现行政策和程序时，该赠与行为不能撤销。

6. 在识别捐赠者的赠与时，学校可向捐赠者提供一个校内的命名机会。校长有权随时设置可提供命名机会的最低赠与标准。

7. 如果获得学校命名机会的捐赠者,其声誉败坏,学校将保留停止使用相关名称的权利。

8. 所有与赠与相关的命名机会应由校长批准。对于学院的与赠与相关的命名机会,此命名应根据校长的推荐经董事会批准。

捐赠者的权利

9. 依照下文第14条,所有赠与的使用应符合赠与目的。所有与捐赠者及其赠与有关的资料应得到认真处理,并在法律允许的最大限度内被保密。

10. 学校应依据规则所规定的标准,适当地答谢和认可捐赠者及其赠与。

基金的管理

11. 学校具有管理赠与目的的唯一权利。

12. 学校具有对赠与进行投资的唯一权利,且所有捐赠都应遵守本章程的规定。

13. 学校可对管理赠与或与赠与目的相关的基金中产生的合理的费用和开支收取管理费。

赠与目的

14. 当依据赠与的目的已全部或部分无法找到合适、有效的使用方式时,在校长建议的基础上,仅当向捐献者进行合理咨询后,董事会有权更改赠与目的。当赠与价值在100万新加坡元或更低时,校长可行使这样的权力。学校应尽可能按照赠与的原始目的来使用赠品。

历史赠与

15. 适用于2007年7月24日之前的历史赠与的所有现行规定将继续有效,除非这些规定不符合本章程、章程8和其他根据这些章程随时修改的规则。

16. 任何关于历史赠与管理的规定(包括但不限于赠与目的)不符合或逐渐不符合本章程、章程8和其他根据这些章程不时修改的规则,在校长建议的基础上,董事会均有权对其进行变更或修订。当赠与价值在100万新加坡元或更低时,校长可行使此权力。在这种变更或修订生效前,学校应尽量把这些变更或修订通知相关捐赠者。

章程 8　新加坡国立大学的捐赠基金

1. 新加坡国立大学的捐赠基金（定义见下文）应按照下文所述进行管理和执行。

2. 除非上下文另有要求，在本章程中：

"财政年度"指当年 4 月 1 日到第二年 3 月 31 日的时间段；

"基金"或"新加坡国立大学的捐赠基金"是指已经设立的，已于 1991 年 10 月 1 日根据《新加坡国立大学法》（第 204 章，2002 年修订版）开始运作，现根据《新加坡国立大学（法人化）法》（第 204A 章）被转移到学校的基金；

"基金收入"是指基金投资产生的所有收入；

"投资委员会"是指董事会的子委员会，协助董事会执行委员会管理学校基金，以产生用于支持学校作为高等教育公共机构的相关活动的稳定收入来源。

基金

3. 所有给学校的捐赠都应归入基金，以构成基金的资本。根据本章程，所有需支付的款项都应从基金的收入中支出。

管理和权力

4. 学校具有管理和控制基金的唯一权力。

5. 投资委员会被授权通过法律和符合学校的现行政策所允许的任何投资手段，用学校的名义投资基金，以获取收入。

6. 学校应从基金的收入中支付所有管理基金的费用。根据以下的第 7 条和第 8 条，学校也可以向管理赠与的学院、学术单位、研究所、宿舍或非学术办公室等定期支付一定比例的管理费用，并将其中的结余应用到学校基金的公共账号，以实现学校的全部或任何目的。

7. 当需要保护基金资本的价值和抵消由于通货膨胀或其他因素导致的基金资本贬值时，学校可在任何时候分配基金收入中构成基金本金的部分，并应投资相应的款项。

8. 在每个财政年度初期，每项目赠与均应根据其预期的固定利率得到一个关于可支出收入的年度配额。校长应提出一个待董事会批准的固定利率。

账户

9. 学校应建立适当的账簿和基金记录，用以存档。

解散

10. 在征得董事会同意后，学校有权终止和取消基金。

规则 1　评议会的会议程序以及评议会委员会和理事会

1. 教务主任应是评议会和评议会代表团的秘书长。

2. 不是评议会代表团成员的评议会成员有权作为观察员出席评议会代表团的任何会议。

3. 除非另有说明，参加评议会委员会和理事会的所有评议会代表和评议会的其他成员均应通过选举产生，评议会委员会和理事会的所有任命应从每公历年的 7 月 1 日起执行。

4. 以下将适用于评议会、评议会各委员会和理事会的所有会议：

（a）除非在《联合会章程》、章程或规则中另有说明，应在任何会议召开前 7 日将会议通知和议程发送至有权投票的每位与会成员。在通知所要求的时间之前或之后，任何人均可放弃会议通知。任何人出席该会议均构成对该会议通知的放弃，除非他出席会议是为了指出该会议的召集不符合章程或规则。

（b）例会或特定会议，应符合章程和规则的规定，依照通知中指明的地点和时间举行。除非在《联合会章程》、章程或规则中另有说明，特定会议应在评议会 1/3 成员的书面要求或评议会主席的酌情决定下，由秘书长召集。

（c）除非在《联合会章程》、章程或规则中另有说明，评议会以及评议会委员会和理事会所举行的任何会议的法定人数，应达到 15 位成员或成员总数的 1/3，以二者中较小数为准。会议应实行多数有效投票制。在几方票数持平时，会议主席握有决定性的一票。

（d）所有会议的流程记录应存放完好，并易于供评议会以及评议会委员会和理事会成员审查。

（e）如果有权批准的成员被适时通知合理的措施，且在 5 天之内没有 1/3 或更多的成员提出书面反对意见，可以执行任何被要求或被允许的措施，而无需通过会议决定。决定这种措施的文件应与会议流程的有关记录一并归档。

（f）只要所有与会成员能够互相听到，任何或所有成员均可通过电话会议或其他通信手段参加会议，并且，这种参会形式应构成此人出席会议。

（g）对于本条而言，"成员"是指在某次会议上有权投票的个人。

规则2 其他评议会委员会和理事会

学校教育政策委员会

1. 在相关学院院长和学院理事会（或等同组织）以及有关学术单位负责人及其委员会给予建议的基础上，学校教育政策委员会应就建立、规划、制定、审查、修订和终止学术计划以及通过或修订教育政策，向评议会提出建议。

2. 学校教育政策委员会应包括下列成员：

（a）自动获得委员资格的成员

（i）负责教学的副教务长，或副教务长候选人，由其担任委员会主席；每所学院的一名副院长作为各自学院的代表；以及每所特殊成立的学院依据其各自章程的规定所推举的一位代表；

（b）选举产生的成员

由评议会成员选举产生的3名成员；

（c）指定成员

由教务长指定的5位成员。

3. 委员会成员的任期如下：

（a）自动获得委员资格的成员，其任期仅当他们担任职务时有效。

（b）选举产生的成员，其任期直到其被选举后的第二年年底，或评议会在某种情况下可能确定的日期终止。当选的成员可获得再次被选举的资格。

（c）指定成员，其任期直到其被指定后的第二年年底，或教务长在可能的情况下所确定的日期终止。指定成员可获得再次被指定的资格。

荣誉学位和名誉教授提名委员会

4. 荣誉学位和名誉教授提名委员会应对具有获得荣誉学位和名誉教授资格的候选人进行提名审议，并向评议会进行推荐。

5. 委员会应包括下列人员：

（a）自动获得委员资格的成员

教务长,或其任命者;

(b) 选举产生的成员

由评议会内部选举产生5名成员,并经其相互协商来确定委员会主席。

6. 委员会成员的任期如下:

(a) 自动获得委员资格的成员,其任期仅当他们担任职务时有效。

(b) 选举产生的成员,其任期直到被选举后的第二年年底,或评议会在可能的情况下所确定的日期终止。当选的成员可获得再次被选举的资格。

纪律委员会

7. 纪律委员会依据学校可能随时制定的章程、规则、规定、政策、方针、行为规范或程序,有权处理要求纪律处分和行使任何纪律权力的所有情况。

8. 纪律委员会应由下列人员组成,假设任何与某种情况的处理结果有重大权益关系的个人都没有资格成为纪律委员会成员:

(a) 主席

负责学生事务的院长(或院长缺席时,由其副手代替);

(b) 成员

在由评议会内部选举产生最多10位成员所形成的小组中,由教务长指定的2位。

9. 根据第8条(b)款,由评议会选举产生的小组成员,其组员任期直到其被选举后的第二年年底,或评议会在可能的情况下所确定的日期终止。当选的小组成员可获得再次被选举的资格。

纪律上诉委员会

10. 纪律上诉委员会应是依据教务长对有关学生纪律事宜所采取的任何纲领性诉讼或纪律委员会所形成的任何决议,受理上诉的主体机构。纪律上诉委员会依据学校随时制定的章程、规则、规定、政策、方针、行为规范或程序,有权行使任何纪律权力。

11. 纪律委员会由下列人员组成,假设任何与某种情况的处理结果有重大权益关系或已经参与先期决策的个人都没有资格成为纪律委员会的成员:

(a) 主席

由董事会主席所任命的1名董事会成员,将担任委员会主席;

(b) 成员

在根据本规则第8条(b)款,由评议会选举产生的小组成员之外,由校长随时所任命的2位评议会成员。

规则3 通知

1. 校长有权制定规则,用于管理任何章程或规则中要求发布通知的规定。

2. 除非在《联合会章程》、章程或规则中另有说明,凡是任何章程或规则中所要求发布的通知,均可以书面形式发送到人,或者以预付信函、商业信息传送服务、电子邮件或电子传真等方式发送给学校记录的指定收件人的通讯地址、电子邮件地址或电子传真号码。如果通过预付邮件向新加坡境内或境外的地址发送通知,通知发送时间应视为以预付邮资通知被寄存在新加坡邮局的次日。如果以商业信息传送服务发送通知,通知发送时间应被视为传送的当天。当以电子化形式向指定收件人的电子邮件地址或传真号码传送通知后,如果没有产生传送的错误信息,通知应被视为已发送。

规则4 学院和学术单位

1. 每所学院所属的学术单位包括:

(a) 人文和社会专业学学院包括汉语研究系、经济学系、英语语言文学系、地理系、历史系、日语研究系、马来语研究系、哲学系、政治学系、心理学系、社会服务系、社会学系,以及通信和新媒体的语言研究和项目中心、东南亚和南亚研究中心。

(b) 商学院包括会计系、商业政策系、决策科学系、金融系、市场学系、管理和组织学系。

(c) 计算机学院包括计算机科学系和信息系统系。

(d) 口腔医学院包括口腔与颌面外科系、预防口腔学系和修复口腔学系。

(e) 设计与环境学院包括建筑学系、建造学系和房地产系。

(f) 工学院包括化学与生物分子工程系、土木工程系、电子与计算机工程系、工业与系统工程系、材料科学与工程系、机械工程系,以及生物工程研究所、工程与技术管理研究所、环境科学与工程研究所。

(g) 法学院包括法律系。

(h) 杨潞龄医学院包括麻醉系、解剖学系、生物化学系、社区系、职业与家庭医学系、放射诊断学系、内科学系、微生物学系、护理学系、妇产学系、眼科学系、矫形外科学系、耳鼻喉科学系、儿科学系、病理学系、药理学系、生理学系、心理医学系和外科学系。

（i）理学院包括生物科学系、化学系、数学系、药学系、物理学系，以及统计与应用概率学系。

规则 5 学院委员会

1. 学院委员会或其等同组织应遵循以下规定：

（a）各学院委员会成员应包括学院院长和可以由教务长指定的学院其他成员，其中院长担任学院委员会主席。

（b）各学院委员会或其等同组织应就学院的学术性事务对评议会负责，并随时向评议会提交报告。

（c）各学院委员会或其等同组织在每学年的每个学期应至少召开一次会议。

规则 6 研究所

1. 新加坡国立大学的研究所包括：
亚洲研究所
国际法中心
海事研究中心
远程成像、遥感和处理中心
东亚研究所
能源研究所
数学科学研究所
房地产研究所
南亚研究所
交互和数字媒体研究所
中东研究所
新加坡国立大学环境研究所
新加坡国立大学生命科学研究所
新加坡国立大学纳米科学和纳米技术创新研究所
风险管理研究所

新加坡同步加速器光源研究所
新加坡太阳能研究所
淡马锡实验室
亚太物流研究所
热带海洋科学研究所

规则7 学位和学历要求

入学

1. 申请者仅当满足相关学院、学术单位的条件和标准时，经评议会核准，可被允许纳入获取学位或学历的学习项目。

2. 尽管存在第1条，但当申请者

（a）在任何时候，被裁定违反法律；或

（b）按学校的意见，曾作出虚假陈述或隐瞒申请的资料信息，

学校可全权撤销对申请者的录取，或开除已接受本校录取但尚未注册入学的申请者。

评价和考核

3. 对学生在本科、学位研究生和学历研究生阶段的表现，可通过考试和持续评估相结合的方式进行评价。所有的评估应由评议会任命的考试委员会进行管理。

4. 对学生在研究型学位研究生阶段的表现，可通过考试、持续评估、书面论文和口试相结合的方式来评价他们的论文和相关课题。

5. 只要学生满足相关学院或学术单位的要求，经评议会核准后，可继续其学位或学历学习项目。

6. 如果学生：

（a）未满足相关学院或学术单位对申请者在考试或课程完成方面的特定要求；

（b）拖欠学校费用（除非获得学校明确的贷款）；或

（c）依据已有条例、政策和程序中所规定的纪律处分程序，被拒绝参加考试或得到课程成绩，

学生可能被拒绝参加考试或得到课程成绩。

7. 根据第6条，被禁止参加考试或得到课程成绩的学生应被视为考试

不及格或课程成绩不及格。

8. 在等待依据已有规则、政策和程序中所规定的纪律处分程序给出结果前，评议会可全权扣留学生考试或课程的全部成绩或任何部分成绩。

9. 对法学博士、文学博士、理学博士研究生，应在其积累的已发表工作的基础上进行评估。对这些学位，也可依据已有的规则、政策和程序授予荣誉学位。

授予的学位或学历

10. 学校可授予下列学位：

口腔学博士
法学博士
文学博士
医学博士
药学博士
哲学博士
理学博士
外科学博士
职业学位
公共行政硕士
公共管理硕士
公共政策硕士
建筑学硕士
文学硕士
构造学硕士
工商管理硕士
临床胚胎学硕士
临床调查学硕士
比较法学硕士
计算机硕士
口腔学硕士
工程学硕士
风景园林硕士
法学硕士
内科学硕士
护理学硕士

药学硕士
哲学硕士
心理学硕士
公共卫生硕士
理学硕士
社会专业学硕士
外科学硕士
工艺设计硕士
工艺学硕士
应用科学学士
建筑学学士
文学学士
构造学学士
工商管理学士
计算机学士
牙科学士
工程学学士
法律学士
内科学学士及外科学学士
音乐学士
房地产学士
理学学士
社会专业学学士
技术学学士

11. 在授予以上学位时,学校可在所有正式文件中指明具体的学科或专业,或者区别性标志和学位的名称缩写。

12. 学校可准予毕业学历,并且在授予这种毕业学历时,可在所有正式文件中使用具体的学科或专业以及毕业学历的名称缩写。

13. 同一期间的学位、双学位、联合学位和联合学历应由评议会的决议批准,并且学校可将其授予完成一个学位、不止一个学位或学历所有要求的任何学生。

14. 除非明确授权,候选者为满足某个学位或学历要求而提交的工作,绝不能被用来满足本校或其他学校另一学位或学历的要求。

15. 只有当候选者:
(a) 已成功达到学位或学历的所有要求;且

（b）未拖欠学校费用（除非得到学校明确的贷款）时，方可被授予学位或学历。

16. 评议会可全权废止上述第 15 条的任何要求。除非有正当的理由和评议会的决议，否则不得剥夺任何人的任何学位、学历或学术奖励。

规则 8　荣誉学位和名誉教授

荣誉学位

1. 荣誉学位应由评议会的决议批准，并且可由学校授予因推动学习、知识或其他进展而为学校或社会作出杰出贡献的人，或者由于为人类获得更多财富而付出非凡努力或贡献而值得获得此学位的人。

名誉教授

2. 评议会可授予因学术卓著和为学校作出杰出而持续的贡献、已退休或即将退休的教授以名誉教授称号。

3. 名誉教授正式属于本校的教授等级，可以但无义务参加学校的常规学术活动及承担以下：

a. 教学

（i）从常规的本科生和研究生课程到专门的研讨会或特定的课题，进行所有层次的教学；

（ii）促进课程的设计、开展和审查；以及

（iii）指导本科生研究课题；

b. 研究

（i）与人合作研究项目；

（ii）与人合作指导研究生；以及

（iii）作为学校代表，参加研讨会、会议、讨论班或发言；

c. 服务

（i）指导青年教师；

（ii）担任学术单位、学院或学校的评估委员会成员，进行项目审查、研究资助的提案审查和决议；

（iii）担任学术单位或学院战略评论的顾问；

（iv）担任学校各级特殊学术创新组织的成员；以及

（v）作为学校代表，参加相关的校外委员会或小组。

规则9 学生团体和活动

（A）新加坡国立大学学生会

组成机构

1. 学生会应包括下列组成机构，只要这些组成机构由不少于50名成员组成：

（a）学生文学和社会专业学俱乐部；

（b）学生科学俱乐部；

（c）学生医学俱乐部；

（d）学生口腔学俱乐部；

（e）学生法学俱乐部；

（f）学生商业俱乐部；

（g）学生设计与环境俱乐部；

（h）学生工程学俱乐部；

（i）学生计算俱乐部；

（j）学生高校学者俱乐部；

（k）学生体育俱乐部；

（l）学生文化活动俱乐部；

（m）学生社区服务俱乐部；和

（n）学生政治协会。

2. 除非经董事会决议，否则任何组成机构不得解散。

会员资格

3. 学生会及其组成机构的成员应限于注册的全日制本科生，他们的会员资格应是必需的。

4. 当学生仅因完成本科课程学习而不再具有全日制注册学生资格时，经校长全权决定，可被视为保留其学生会成员资格，直至下届学生会常委会（定义见下文）选举之日或校长以书面形式指定的其他日期。

5. 学生会成员应是其注册所在相关学院的组成机构的成员。学生会成员可选择加入本条例第1条(k)、(l)、(m)和(n)款中所列出的一个或一个以上的其他组成机构,然而学生政治协会仅限于新加坡公民加入。

管理委员会

6. 每个组成机构应由其会员选举产生的"管理委员会"进行管理。

7. 每个管理委员会的规模应与相关组成机构的会员人数成比例。管理委员会成员数与会员总人数的比例应为1∶100或更低。尽管存在该比例数,但是:

(a) 不超过400名会员的组成机构应选出由5名成员组成的管理委员会;

(b) 超过1500名会员的组成机构应选出由20名成员组成的管理委员会。

8. 管理委员会为了组成机构的适当管理,将有权增选其他成员,但他们无投票权。

学生会常委会

9. "学生会常委会"应负责管理学生会,其组成如下:

(a) 每个管理委员会内部选举产生"学生会代表",学生会代表人数占管理委员会人数的比例为1∶5或更低。每个管理委员会的主席应是学生会代表。任何管理委员会的增选成员不得增加该管理委员会选举代表的比例,并不具有当选学生会常委会成员的资格。

(b) 每个组成机构内部选举产生"执行委员会"成员(不得兼任管理委员会成员)。执行委员会的成员人数应依照每个组成机构的规模确定:当组成机构不超过1000人时,可选出1名执行委员会成员;当组成机构超过1000人时,可选出2名执行委员会成员。

10. 如果学生会成员:

(a) 根据学生纪律的章程规定,被发现违反纪律;或

(b) 在选举当年受到学术警告或留校察看(或非课程制学院的学生重修某门课程),

则不具有当选学生会常委会或执行委员会成员的资格

学校场地或设施的利用

11. 董事会可指定学生会使用学校的任何建筑物或房间,在此条件和期间,只要董事会认为必要,无需任何理即可全权撤销任何指定。

12. 学生会及其任何组成机构在与校外人员签订涉及使用学校场地和设施的合同时,应获得董事会的批准。这不适用于合同价值低于10000新加

坡元的情况。

13. 除非经负责学生事务的院长批准,作为非在校学生的一般公众被邀请参加的会议不得在学校场地举行。这不适用于非在校学生的社团成员前来参加学校社团的会议。

财政

14. 会费和学生会的捐赠应由学校财务办公室或其等同机构对学生会及其组成机构各自的账户分别进行收缴和保存。

15. 在每学年初,学生会及其组成机构应向董事会提交与活动方案相符且在其财政资源限制内的预算,以获得批准。

16. 由学生会及其组成机构合理支出而产生的费用,应由学校财务办公室或其等同机构从相应的账户支付。

17. 所有对学生会及其组成机构的捐赠和提高的资金均应由学校财务办公室或其等同机构存入相应的账户。

(B) 其他学生团体

18. 未经校长批准,任何学校社团不得成立,或者如果批准被撤回,任何学校社团不得继续存在。

19. 未经校长批准,任何学校社团不得加入非学校的组织。

20. 除非经负责学生事务的院长批准,作为非在校学生的一般公众被邀请参加的会议不得在学校场地举行。这不适用于非在校学生的校友参加的学校校友会会议。

规则 10 有关学生的纪律

(A) 院长和负责人的职责、权力和职能

1. 学术单位负责人、非学术单位负责人、学院院长和负责学生事务的院长仅有权对在裁决被指控的过错时是学生的人的罪行进行处理。其他所有罪行应根据下文(B)段由纪律委员会处理。

2. 当学术单位负责人和相应的学院院长由同一个人担任,或学院只包括一个学术单位时,学院院长应指定副院长之一负责全院学生纪律。只要满足院长认为合适的条件,学生纪律负责人将被赋予本规则所规定的学术单位负责人同期的所有可行使的权力。

3. 对学生所犯表列罪行的任何指控应被提交给相关学术单位或非学术单位的负责人。如果确认某个学生犯有表列罪行,相关学术单位或非学术单位的负责人应通知学生:

(a) 他的罪行;

(b) 将实施的制裁;

(c) 该学生可在规定的时限内,按照规则规定支付保证金,向相应的学院院长上诉(在学术单位负责人给其纪律处分的情况下)或向负责学生事务的院长上诉(在非学术单位负责人给其纪律处分的情况下);和

(d) 相关学院院长或负责学生事务的院长(视情况而定)可改变一审的裁决。

4. 关于表列罪行,负责人和院长应有权行使章程6第4条(a)、(b)、(c)、(d)和(e)款所规定的一项或多项纪律权力。假设负责人和院长无权:

(a) 对一种独立的表列罪行施以超过1000新加坡元(S$1000)的罚款,或者为多种表列罪行合计施以总计超过5000新加坡元(S$5000)的罚款;

(b) 撤销或终止任何学术优先权、权益、权利或设施超过一个月;或

(c) 撤销或终止任何非学术的学校优先权、权益、权利或设施超过一个学期。

5. 在学生决定为对其表列罪行所作出的任何裁决进行上诉的情况下,必须支付50新加坡元(S$50)的保证金。如果相关学院的院长或负责学生事务的院长(视情况而定)随后撤销或减轻一审的任何裁决,此笔保证金应返还学生;否则将被没收。

6. 关于上诉,相关学院的院长或负责学生事务的院长(视情况而定)应负责对问题进行裁决,并可撤销或减轻一审的任何裁决。

7. 学院院长或负责学生事务的院长(视情况而定)依据本规则所作出的任何决定应是对学生有约束力的最终决定。

(B) 纪律委员会的职责、权力和职能

8. 纪律委员会有权处理要求采取纪律行动的所有情况,并行使章程6中所规定的任何纪律权力。

9. 当纪律问题被提交给纪律委员会时,委员会应召开会议对该纪律问题作出裁决,按照学校随时可能制定的章程、规则、规定、政策、方针、行为规范或任何其他程序,根据下列步骤,延期休会并以其他方式调整会议:

(a) 如果纪律委员会主席认为有对某人实施纪律处分的理由,教务部应

通知（以下简称"通知"）相关违纪者确认形成这些理由的背景。

（b）违纪者一旦收到有关通知，他可在通知中所说明的时间段，就通知中所指出的问题向纪律委员会提交意见并提供书面证据。

（c）如果纪律委员会认为需要举行任何适当的书面或口头听证会，可随时要求出示相关材料。

（d）学校的法律顾问可为了向纪律委员会提供合理化建议而参加任何书面或口头听证会。

（e）在举行书面听证会时，纪律委员会应基于通知、所提交的意见或书面证据以及纪律委员会可能要求出示的任何其他文件来裁决纪律问题。

（f）在举行口头听证会时，纪律委员会应确定听证会的日期和时间，并提前至少 14 天通知相关人员。

（g）在举行任何口头听证会时，有关人员有权出席听证会并提交意见。只要有关人员在听证会举办当日前至少 7 天向纪律委员会提供律师资格和委员会可能要求的其他资料，则他可由律师陪同出席。

（h）如果纪律委员会认为在任何口头听证会中有需要出席的有关人员，可随时要求其出席。

（i）如果有关人员或纪律委员会要求出席口头听证会的任何其他人员缺席，且有通知已送达的证据，纪律委员会可以继续听证并确定其缺席程序。

（j）关于证据的规则不适用于任何纪律听证会上纪律委员会的行为。当纪律委员会认为向其出示的材料适当时，可附加这些材料的权重，尽管这些材料可能不被民事或刑事法律程序所认可。

（k）基于通知，有关人员可能提供的任何进一步的意见或书面证据、纪律委员会要求出示的任何其他文件、参加口头听证会的人员应纪律委员会要求所提供的任何证据，纪律委员会将对通知中指出的问题进行裁决，并在其认为适当的情况下依照章程 6 中的规定行使纪律权力。

（l）纪律委员会在作出任何决定后，应向教务部提交调查结果，说明有关人员将受到的任何裁决。

10. 只要有关人员不提出反对，教务长可任命一名观察员出席纪律委员会的会议。这名观察员不得被视作纪律委员会成员，且不得参与纪律问题的判决。

11. 纪律委员会作出的任何决定，只要服从于纪律上诉委员会根据本规则就上诉所作出的决定，就应是对有关人员有约束力的最终决定。

(C) 上诉流程和纪律上诉委员会

12. 纪律上诉委员会应是受理对教务长按照章程 6 第 7 条所作出任何的决定和纪律委员会所作出的任何决定进行上诉的机构。纪律上诉委员会应有权行使章程 6 中规定的任何纪律权力。

13. 在教务长发出处分通知或纪律委员会作出任何决定后的 14 天内,有关人员根据规则规定支付保证金,可通过向教务部提交书面通知而向纪律委员会提出上诉。该上诉通知应陈述上诉理由和开罪的所有细节。

14. 向纪律上诉委员会提出上诉必须支付保证金 300 新加坡元(S$300)。如果纪律上诉委员随后撤销或减轻一审中的任何裁决,此保证金应返还上诉人,否则将被没收。

15. 纪律上诉委员会应依据学校随时可能制定的章程、规则、规定、政策、方针、行为规范或任何其他程序,对上诉加以考虑,延期休会并以其他方式调整会议:

(a) 上诉听证不应是对问题的全面审查。纪律上诉理事会不应考虑任何新的证据,除非教务长作出决定或纪律委员会开会前的听证(视情况而定)之前的任何时间,有关人员或教务长、纪律委员会无法合理获取某些证据。

(b) 如果纪律上诉委员会不认为上诉的形式为口头听证会是不恰当的,或者有关人员不要求上诉的形式为口头听证会,纪律上诉委员会就应将上诉作为书面听证会。

(c) 为了向纪律上诉委员会提供法律建议,学校的法律顾问可参加任何书面或口头听证会。

(d) 在举行口头听证会的情况下,纪律上诉委员会应确定听证会的日期和时间,并提前至少 14 天通知有关人员。

(e) 在任何口头听证会上,有关人员、教务长或纪律委员会的其他成员(视情况而定)应有权出席,并受到介绍前面所提到的提供证据的限制,有权提出基于上诉理由的意见。只要有关人员在听证会举办当日前至少 7 天向纪律上诉委员会提供律师资格和纪律委员会可能要求的其他资料,则他可由律师陪同出席。

(f) 如果纪律上诉委员会认为在任何口头听证会中有需要出席的相关人员,可随时要求其出席。

(g) 如果有关人员或纪律上诉委员会要求出席的任何其他人员缺席,纪律上诉委员会可以该人已收到听证会通知为依据,继续上诉。

(h) 关于证据的规则不适用于任何上诉听证会。当纪律上诉委员会认为向其出示的材料适当时,可附加这些材料的权重,尽管这些材料可能不被民事或刑事法律程序所认可。

(i) 在任何书面或口头听证会上,基于依据本条(a)款所表述的任何证据和依据本条(f)款(如果可能的话)纪律上诉委员会要求出席的人员所提交的意见,纪律上诉委员对上诉加以考虑,并在其认为适当的情况下行使章程6中规定的任何纪律权力。

(j) 纪律上诉委员会应告知教务部其所作出的决定:对上诉的驳回或受理;确认、更改或撤销由教务长或纪律委员会(视情况而定)作出的决定或对有关人员的裁决,或者在纪律上诉委员认为适当的时候对有关人员施以额外裁决。

16. 纪律上诉委员会可拒绝受理其认为无聊或毫无根据的任何上诉。

17. 对于任何上诉,在纪律上诉委员会没有结果之前,该上诉所反对的决定(除非这种决定涉及章程6第4条(f)、(g)或(h)款所规定的纪律权力的实施)应具有效力,并对有关人员具有约束力。

18. 纪律上诉委员会的决定应是决定性的且对有关人员具有约束力。

规则 11　学习阶段和节假日

1. 校长有权确定学年、学期和学习阶段的开始和结束日期,并可对不同学院和学术单位规定不同的日期。

2. 校长有权宣布任何公众假期为学校假期,并宣布学校的任何时间作为全校或学校任何部分的节假日。

规则 12　给学校的赠与

1. 如果不存在与上下文的冲突,在本规则中:

"延期赠与"是指将任何遗赠、遗嘱、慈善信托以及包括通过信托、退休计划或寿险保单在内的保有生命财产等,作为给学校的赠与;

"指定赠与"是指任何经学校同意,捐赠者已经指定目的或收受人的赠与;

"一次性赠与"是指任何所有本金可被用于赠与目的的赠与;

"固定认捐赠与"是指任何捐赠者作出捐赠特定金额的承诺,该捐赠可通过一次性付款或在三年内分期付款完成;

"赠与收受人"是指接受或管理赠与的学校任何学院、学术单位、研究所、宿舍和非学术办公室；

"非指定赠与"是指任何捐赠给学校且没有特别目的的赠与；

"认捐赠与"是指任何捐赠者作出捐赠的承诺，包括所有固定认捐赠与或重复认捐赠与；和

"重复认捐赠与"是指任何捐赠者作出捐赠的承诺，定期履行捐赠的时间表而没有确定的截止日期。

2. 除非在本规则中另有说明，否则校长有权撤销或修改本规则中的规定。

赠与的处理

3. 学校可以接受：

（a）完全的现金赠与、有价证券、单位信托基金、房地产、礼品实物或其他有形个人财产，只要赠与支持学校的学术、研究和教学用途和优先权或能结算成现金，以及一旦学校认为可行，可出售所有的非现金赠与；

（b）固定认捐赠与、重复认捐赠与和延期赠与；

（c）来自国际捐赠者的赠与。

4. 所有赠与必须辅以记录文件，或者是捐献者的信件、赠与收受人的感谢信、由学校发展办公室规定的赠与形式，或者是至少包括以下信息的捐赠协议：

（a）捐赠者的姓名，以及捐赠者是否是个人、公司、有限公司、协会、基金会或其他实体；

（b）捐赠的金额；

（c）赠与的用途，以及该赠与是否是指定赠与、非指定赠与、资助或一次性赠与；和

（d）捐赠履行的时间表（如果可行的话）。

5. 对于筹款活动，例如比赛、研讨会、慈善拍卖和幸运抽奖，计算赠与金额应根据收到的总金额减去组织活动的成本（或依照法律可适用的其他公式）。筹款的费用不得超过接受总额度的 30%（或依照法律可适用的其他比例）。赠与金额和筹款成本应各自独立记账。

6. 收到赠与的日期应是赠与合法转移到学校之日。

政府的配套资助

7. 政府提供的所有配套资助应被资助并累加到新加坡国立大学捐赠基金中相关学校或学院的账户，这里学校获得：

（a）至少 50 万新加坡元（S$500000）的一次性赠与。如果捐献者提出要求，学校的发展办公室将申请校长批准从政府经费提取配套资助，根据赠

与的相应用途,作为新加坡国立大学捐赠基金中新设捐赠基金的本金。

(b) 至少 25 万新加坡元(S＄250000)。如果捐献者提出要求,学校的发展办公室将申请校长批准从政府经费中提取配套资助,添加到之前捐赠的本金上。

命名机会——常规

8. 任何赠与(除延期赠与之外)可按最低标准要求获得在学校内命名机会的资格。当学校收到至少50%的捐赠总金额时,命名生效。

9. 当命名机会涉及使用已故或精神不健全人士的姓名时,必须获得其近亲或指定监护人的同意。

10. 不可撤销的延期赠与可与其他赠与(非延期赠与)组合使用,以获得命名机会的资格,但延期赠与部分不应超过组合赠与金额的50%,且组合赠与金额的现值达到了相关命名机会的最低标准。

11. 按照本规则第13条至19条的规定,学校内所有命名机会的最低标准(不论赠与是由校级管理,还是由学院、学术单位、研究所、宿舍或非学术办公室管理)为:一次性赠与的最低标准是15000新加坡元(S＄15000),捐赠的最低标准是75000新加坡元(S＄75000)。

12. 如果本已获得命名机会的认捐赠与在协议认捐期间未能达到可行的最低标准,学校在协议认捐期间结束时所收到的资金将与其他具有类似捐赠目的的资金合并,并且所提供的命名机会将失效。

支持学术研究的命名机会

13. 下表给出了支持学校学术研究而获得命名机会的最低赠与标准。

已命名的赠与	最低标准(单位:新元)	
	一次性赠与	捐赠
奖章或奖金	15000	75000
助学金	45000	150000
奖学金	45000	150000
教师研究基金	150000(最少3年且每年50000新元)	625000
奖教金(授予助理教授)	150000(最少3年且每年50000新元)	625000
奖教金(授予副教授)	300000(最少3年且每年100000新元)	1250000
奖教金(授予教授)	600000(最少3年且每年200000新元)	无法获得命名
研究员奖教金	无法获得命名	625000
教授奖教金	无法获得命名	2000000
杰出教授奖教金	无法获得命名	3000000

14. 设立一个命名的教师研究基金、奖教金、研究员奖教金、教授奖学金、杰出教授奖教金的最低资助标准,如上表所示,是基于以下假设:如果得到政府1:1的配套资金,则该配套资金将增加到此项资助的本金中。如果此项资助没有得到政府的配套资金,则设立支持学术研究的命名的最低捐赠标准应在上表中相应金额的基础上增加一倍。

命名机会(设施和建筑物)

15. 作为赠与可能的收受人的院长或负责人,经向学校发展办公室咨询,在校长批准的前提下,起草一份关于设施和建筑物(以内部多块场地)命名机会的清单。该清单将包括设施的确定、可被命名的建筑物和场地,以及为每个设施、建筑物或场地进行命名所需的恰当的赠与金额和赠与目的。

16. 除非相关的记录文件另有规定,只要有关建筑物、设施或场地仍然存在,任何已经授予的与赠与相关的命名机会应继续适用。

17. 授予某建筑物或设施以命名机会,不妨碍学校将其下属子单位或子设施的命名机会提供给其他捐赠者。

命名机会(学院、学术单位和研究所)

18. 在提供捐赠者以命名机会之前,作为赠与可能的收受人的院长或负责人,应向学校发展办公室咨询,在校长批准的前提下,提出对有关学院、学术单位、研究所或其子单位进行命名的方案。该提案应包括提供此命名机会的适当的赠与金额和赠与目的。针对涉及对学院进行命名的赠与,校长应征得董事会的批准。

19. 授予学院、学术单位或研究所的命名机会,不应妨碍学校将其下属子单位的命名机会提供给其他捐赠者。

规则 13 历史赠与

1. 下列条件应对本规则第 2 条列出的历史赠与有效:
(a) 每项奖学金应只在被颁发的学年有效;
(b) 每项奖学金每年颁发的金额应由评议会决定,且只使用原始赠与的收入;
(c) 评议会可指定选举委员会负责颁发奖学金;
(d) 如果评议会选举委员会认为奖学金获得者的进展和行为不令人满意,则可在任何时候撤销奖学金的颁发;

（e）在学年期间撤销或延迟颁发的奖学金不得在本学年剩余时间内再行颁发，由剩余资金或因撤销、失效造成的资金总额应加至或计入相关奖学金的收入部分；

（f）未经评议会批准，奖学金获得者不得同时持有任何其他奖项；和

（g）申请必须被制成表格，在任何规定的时间段提交给教务部，并且应对曾经的奖学金获得者公开。

2. 本规则第1条中提到的历史赠与是指：

（a）John Anderson 奖学金。为了纪念已故的 John Anderson 爵士——新加坡 Messrs. Guthrie 有限公司的创始人，于1928年设立，由其遗孀 Dame Winifred Ethel Dunbar Anderson 向莱佛士学院捐赠，目前利息总计16000新加坡元（S$16000）。该奖学金由学校管理。学校应根据新加坡公民、新加坡永久居民或马来西亚公民的入学考试成绩来进行颁发，而不考虑学生的种族或性别。

（b）Cecil C. Smith 奖学金。该奖学金在1940年被转移到莱佛士学院（参见政府批文第3242号，1940年），之前由当时的教育部进行管理。该奖学金由学校管理。学校应根据新加坡公民、新加坡永久居民或马来西亚公民的入学考试成绩来进行颁发，而不考虑学生的种族或性别。

（c）Tan Jiak Chuan 奖学金。由已故的 Tan Jiak Chuan 遗赠，目前利息总计1400新加坡元（S$1400）。该奖学金在1940年被转移到莱佛士学院（参见政府批文第3183号，1940年），之前由当时的教育部进行管理。该奖学金由学校管理。学校应根据学生的入学考试成绩来进行颁发，而不考虑他们的国籍、种族或性别。

（d）Ong Siang Song 爵士信托奖学金。为永远地纪念 Ong Siang Song 先生，由 Helen Song 夫人于1950年左右向马来西亚大学捐赠7000新加坡元（S$7000）而设立的奖学金、奖项或其他合适的奖品。该奖学金由学校管理。学校应根据学生的学术记录来进行颁发，不论国籍、种族或性别。

（最新版本参阅 http://www.nus.edu.sg/registrar/adminpolicy/statutes.html。）

耶路撒冷希伯来大学宪章与基本章程

(החוקה והתקנון הכללי של האוניברסיטה העברית בירושלים)

The Constitution and General Statutes of the Hebrew University of Jerusalem)

自 2006 年 6 月起生效

主译人　范　晓
校阅者　王　宇

耶路撒冷希伯来大学宪章（综合本）

导言

出于犹太民族对锡安主义的追求，并以鼓励和推动各学科的学习研究为目的，耶路撒冷希伯来大学于 1925 年创立（以下简称"大学"）；

依照奥斯曼法律，一个名为"希伯来大学社团"的组织在巴勒斯坦成立，其目标是建立并促进大学的发展，并极力促使犹太民族对大学的发展和壮大予以支持；

依照高等教育委员会法律 5718-1958，大学为公认机构，依法成为具备各项权利和义务的法人，并自主管理其学术和行政事务的机构；

因此，大学需制定一份宪章，该宪章应对大学学术和行政事务的管理作出规定，并表达以色列人民以及境外犹太人在大学的建立和成长中所应共同承担的责任。该宪章如下：

关于大学

1. 大学名称：האוניברסיטה העברית בירושלים（耶路撒冷希伯来大学）。

2. 大学向所有学生开放，对任何种族、性别、宗教信仰、政治主张或其他主张的学生一视同仁，不因其民族或社会出身、财产状况、家庭出身或其他状况而区别对待。

使命

3. 大学的使命是促进和推动犹太学研究，以及人文、艺术、自然科学和其他学科的研究，从事科研和教学工作，并为各学科的发展和传播竭尽全力。

4. 希伯来语将成为教学语言，但在特殊学科或特殊条件下，根据其他制定的专门规则，可不执行此项规定。

职权

5. 大学应具有以下职权：

（1）* 创立学部、学院、研究中心和机构；

（2）将研究成果应用于一般用途；

（3）根据需要设立学术、行政及其他职位，并任命官员；

（4）任命考官；组织考试；向完成大学规定或认可的学业、通过大学考试并符合大学相关要求者授予学位、毕业证和其他学术资格证明；

（5）在规定条件下，向经大学认可者授予荣誉学位或其他荣誉；

（6）向教员和其他从事研究和教学工作者授予职称；

（7）进行授课和教学工作；

（8）设立并颁发奖学金和奖励；

（9）对各学院和其他教育机构进行检查和审计；

（10）根据大学制定的规则和条款，与其他大学和高等教育机构合作，与其合并或将其兼并，全部或部分认同该机构或其成员和学生；

（11）成立大学出版社，负责对学术研究有促进作用的书籍、书册和期刊的出版工作；

（12）招收学生，按即将制定的规则来规定并收取学费和其他费用，并根据经济情况或其他情况而改变学费；

（13）修建并维护，或给予许可修建并维护礼堂、俱乐部、学生和教职员

---

* 耶路撒冷希伯来大学宪章与基本章程中所有序号均与原文一致，下同。——译者注

工餐厅；

（14）推动体育活动的开展，采取相应措施促进学生和教职员工的健康平安；

（15）对学生纪律进行监管，执行大学的纪律措施；

（16）争取、接受、管理赠礼、捐款、会员费、捐献、捐赠、遗赠、遗产、托管基金、补助金和各种援助金，并将它们用于实现大学的使命。

（17）在以色列注册公司职权允许范围内行事，以推动大学进步，促进大学使命的完成。

官员

6. 大学官员是指校长、教务长以及由理事会适时指定的其他官员；官员的任命方式，其职权、职能及其任职条件应由理事会规定，在紧急情况下也可由执行委员会规定，须服从于基本成文法规。

7. 校长是大学的最高领导，对理事会负责，负责大学管理、标准和质量，负责大学的职权机构和官员在大学的学术和行政体系内的职责履行。校长对外代表大学。校长享有管理大学所必需的行政职权，且须服从于本宪章与基本章程。

8. 教务长是大学学术最高领导，在学术事务中被授予全权，对评议会负责，须服从于本宪章与基本章程。

职权机构

9. 理事会是大学的最高职权机构。理事会将根据基本章程的规定，监督大学的管理、各项事务以及财产。理事会应批准大学财务活动的基本指导方针，审议并批准大学的年度预算，决定财务政策，还应审议并采纳大学的年终决算表、汇报以及财务评估。一般情况下，理事会有权采取一切被认为有必要或有益于大学的行动，但须服从于本宪章与基本章程规定。

10. 执行委员会由评议会代表和公众代表组成。执行委员会负责大学的管理，包括各项事务以及财产管理，并服从于理事会的职权。基本章程应规定并调整执行委员会的组成、职权以及职能，也应适当规定和调整与其相关的其他事务。

11. 管理委员会应按基本章程的规定组成。管理委员会应具有基本章程所规定的，或执行委员会委托的，一般的或是为特殊目的而设的职权和职能；在执行委员会未召开会议期间，对于由理事会理事长或校长确定的紧急事务，该委员会也应具有执行委员会所授予的职权和职能，须服从于执行委员会对该事务进行重新审议的职权。

12. 大学评议会管理大学的学术事务，并须服从于理事会和执行委员会的职权。评议会负责指导、维护和管理大学的教学、教育、研究和考试水平及学术纪律。对于所有与大学相关的事务，评议会具有向理事会和执行委员会提出建议和推荐的权利。基本章程应规定并调整评议会的组成、职权以及职能，也应适当规定和调整与其相关的其他事务。

13. 评议会常务委员会应由评议会适时确定的人选组成，并须服从于基本章程的规定。评议会常务委员会应行使评议会适时委托的、一般的或是为具体目的而设的职权和职能；在评议会未召开会议期间，对于任何特殊事务，如由教务长预先确定为紧急事务，则该常务委员会可行使评议会的职权和职能，须服从于评议会对该事务进行重新审议的职权。

14. 大学的学术政策委员会应决定大学的学术政策及其执行方式，并须服从于理事会、执行委员会和评议会的职权。基本章程应规定学术政策委员会的组成、职权以及职能。

15. 执行委员会应在评议会的推荐下适时确定大学的学部和学院。基本章程应规定学部委员会的组成、职权以及职能，各学院的组成、职权以及职能应按规则确定。

16. 校友会应由大学官员以及所有经过登记的大学校友组成。校友会的组成、职权以及职能应由基本章程规定。

17. 由理事会适时宣布大学职权机构的其他职权机构，该类机构的组成、职权以及职能应由基本章程规定。

基本章程与规则

18. 基本章程应包括所有根据本宪章应作出的规定，以及基本章程中由理事会决定的事务；基本章程内容将在本宪章之后的章节中列出。

19. 对基本章程进行的任何修订可由理事会、评议会或执行委员会提议，且应以在场投票的简单多数通过的方式通过这三个机构的决议，才能生效；如一项修订在两届理事会会议召开之间在评议会和执行委员会获得通过，并被校长和教务长确认为紧急事务，则该项修订可有效至下届理事会会议召开；如一项修订只在评议会和执行委员会这两个机构之一获得通过，理事会可以在场投票的三分之二多数通过的方式采纳该项修订。

20.

（a）按照本宪章与基本章程以及在其之下所设规则，大学的职权机构可针对下列事务适时设立或修订规则制度：

（1）各职权机构的议程；

（2）执行职权和职能的方式；

(3) 基本章程规定的其他事务。

(b) 依照本条款所设立的规则制度,除由理事会或执行委员会设立的规则制度以外,均要求获得执行委员会的批准。执行委员会可根据本条款规定,免除任一机构的总体或具体的规则制度。

21. 除第 20 条规定之外,每项规则制度均应附上副本公布于大学布告栏上,并应自规定之日起生效,如未规定日期,则自公布之日起生效。

杂项

22. 在任何文件中如涉及大学,无论在本宪章生效之前或之后,若不是以耶路撒冷希伯来大学之名,但能被识别为本大学的,则该指称应被认定为有效。

23. 大学任何职权机构若被本宪章或基本章程授权任命委员会,除非基本章程已作出规定,则该委员会应由该职权机构成员组成,或由该职权机构成员以及被该职权机构认为适合委任的人员组成。

24. 大学任何职权机构或其他机构成员(除当然成员外)的职位空缺应尽快由任命、选举或指派该成员的机构(视具体情况而定)进行填补,被任命、选举或指派到临时空缺的人员应在剩余的任职期限里成为该机构成员,因其填补空缺的人员已是该机构成员。

25. 如基本章程规定的大学职权机构或其他机构的法定人数并未受该空缺的影响,该机构的行动或决定都不应仅因其成员空缺而无效。

26. 大学的财产和收入的使用应有利于促进大学使命的完成;如进行清算或无法完成使命时,大学财产不应分配给大学官员或大学任何职权机构成员,而应由理事会决定转给与大学有相似使命的机构。

27. 本宪章与基本章程生效前所执行的任何行动,若符合本宪章与基本章程的规定,或符合当时有效的宪章与基本章程规定,视具体情况而定,均应被认定为正当行动。

28. 本宪章可经理事会、评议会或执行委员会提议,并以评议会和执行委员会在场投票的三分之二多数通过的方式或以理事会在场投票的简单多数通过的方式进行修订。

29. 本宪章自公布之日起生效,之前的《耶路撒冷希伯来大学宪章》自本宪章生效之日起自动作废。

第一章　理事会

1. 理事会应由以下委任理事和当然理事（下文简称"理事"）组成。

理事人数

2. 理事人数应由理事会适时决定，但不应超过两百人，当然理事除外。

理事的任命

3.

（a）理事的任命，无论是理事或副理事，应经过独立考量后增加到理事会中。为此，理事会应遵从下列原则：

（1）向大学提供极大支持的赞助机构应拥有相当数量的代表席位；

（2）大学执行委员会认为可代表学生机构的学生组织的主席和副主席应作为学生代表；

（3）知名学者和科学家应拥有相当数量的代表席位，包括希伯来大学的退休教授；

（4）除赞助机构外，大力协助大学工作的组织代表及地位卓著的个人应拥有相当数量的代表席位；

（b）理事人数中应有一半定居以色列，另一半定居国外。本款要求不应适用于下列人选：

（1）当然理事；

（2）依据第3(a)(3)项任命的理事中最多二十人；

（3）依据第3(a)(4)项任命的理事中最多十人。

薪金领取限制

4. 除当然理事和领取大学抚恤金的理事外，其他理事均不应从大学领取任何薪金。对理事行使职责的实际开支的退还不应认为是薪金。

当然理事

5. 当然理事应为理事会理事长、名誉理事长、校长、常务校长、副校长、教务长、副教务长，以及执行委员会的其他学术成员和各学部主任。各学部主任不具有入选执行委员会的资格。

理事的任职期限

6.

（a）理事的任职期限应为三年。

（b）任何缺席两届理事会例会的理事即没有资格再担任理事，除理事会认定其有充足的缺席理由外。

（c）即将退休的理事在其退休的当届会议上仍可担任理事，并具备连任资格。其任职期限应自其最近的一次任命开始计算。

（d）理事会可在某位理事不再担任理事的当届会议上填补其空缺职位。

理事和副理事的年龄限制

7. 自1981年4月1日，理事会进行此修订采纳之日起，任何非理事或副理事的人员在年满七十五岁之后均不具备被任命或连任理事或副理事的资格。

副理事的任命

8. 理事会在赞助机构或校友会提名下任命理事的同时或之后，也可根据该提名任命另外的人员担任副理事；在以色列的赞助机构提名下任命的副理事数量不应超过该提名下任命的理事数量的一半，在国外的赞助机构提名下任命的副理事数量应等同于该提名下任命的理事数量。

副理事的任职期限

9. 副理事的任职期限应为三年，并应具备连任资格。他们应收到大学寄给理事的全部报告和邀请，并应在任命之后具有参加任何理事会会议的权利，当出现理事缺席的情况时，他们应作为候补人选，并具有投票资格。

执行委员会对空缺职位的填补

10. 在两届理事会例会之间出现的理事或副理事职位空缺，可由执行委员会进行填补，填补人选应从副理事或参与大学行政事务的其他人员中选出，并在下届理事会会议召开之前一个月得到一个赞助机构的推荐。所任命成员应在其填补职位的理事本应离职的时间离职。

名誉理事

11. 理事会可任命终身名誉理事，人选须是对大学、科学、教育、犹太民族或以色列国作出过特殊或卓越贡献的人物。名誉理事应被邀请参加理事会会议，但不应具有投票权。

理事会会议

12.

（a）理事会应每年举行一届例会。特别会议的召开应在理事长认为有必要并得到多数副理事长同意后，或在不少于四分之一的理事和当然理事提出书面请求后进行。

（b）所有常规或特别会议都应在理事长与校长协商后于确定的日期举行，会议地点应在耶路撒冷，但若该地点不可行，理事长可在与校长协商后确定其他适宜地点。

理事长和副理事长

13.

（a）理事会应从其成员中选出一人担任理事长，任期三年，享有连任权，但连任不得超过两届，每届任期三年。

（b）理事会同样应从其成员中选出一人或多人担任副理事长，但不超过六人，任期三年或少于三年，享有连任权，但连任不得超过两届，每届任期三年或少于三年。

（c）理事长，或当其缺席时由任一名副理事长代替，应在其任期内主持理事会会议，并应在成员投出的赞成票与反对票票数相等时投下第二次决定票。

（d）理事会可适时任命一位或多位名誉理事长，其任职期限可由理事会决定。

法定人数

14. 在任何理事会会议中，法定人数应为全体成员的四分之一，至少十名与会成员为以色列理事或副理事，十名为国外理事或副理事。

会议嘉宾

15. 理事长可邀请一名或多名嘉宾参加理事会会议，嘉宾由校长或教务长提名，也可以是理事长认为适合的具有学术地位或公众名望的人物。受邀嘉宾可参与会议讨论，但不应具有投票权。

理事会委员会

16.（a）理事会可为任何适宜目标任命委员会。委员会的组成、职权以及职能应在由执行委员会和理事会批准的规则中予以规定。

（b）各委员会应有一名主席和一名副主席。

（c）各委员会的主席、副主席以及委员都应由理事会进行选举,任期三年,可连任。

理事会职权和职能

17．理事会应具有以下职权：

（1）选举理事长；

（2）批准对理事长的选举；

（3）批准财务和预算报告；

（4）任命理事会成员和理事会官员；

（5）批准大学宪章与基本章程的修订方案；

（6）讨论大学职能实施的基本指导方针；

（7）接收大学的财务及其他方面的报告；

（8）任命大学基金的托管人。

第二章　执行委员会

组成

18．执行委员会应由以下四十名成员组成：

（a）理事会理事长；

（b）教务长；

（c）副教务长；

（d）由评议会选举出的十一名正教授；

（e）由理事会从其成员中选举出的二十六名成员,包括以下当然理事：校长、常务校长、负责行政和财务的副校长、理事会财务委员会主席以及学术委员会主席。执行委员会成员中至少应有十二名非评议会成员定居以色列,至少应有十二名定居国外。

候补成员

19．

（a）理事会应从其成员中选举出十二名定居国外的候补成员,作为定居国外的执行委员会成员代表。

（b）理事会应从其成员中选举出四名定居以色列的候补成员,作为定居以色列的非评议会代表的执行委员会成员代表。

（c）评议会应选举出四名候补成员作为其代表。

（d）候补委员应被邀请参加所有执行委员会会议,并应具有参与会议商议的资格。执行委员会应就候补成员如何具备行使缺席成员投票权的资格制定规则。

空缺职位的填补

20. 在两届理事会例会之间出现的执行委员会成员职位空缺,应按如下方式进行填补：

（a）依据第18(b)条任命的成员职位应由评议会从其成员中挑选,并进行填补；

（b）依据第18(c)条任命的定居以色列的成员职位应由执行委员会从定居以色列的非评议会代表的理事会成员中挑选,并进行填补；

（c）依据第18(c)条任命的非以色列居民的成员职位应由执行委员会从非以色列居民的候补成员中挑选,并进行填补。

与会邀请

21.

（a）执行委员会或执行委员会主席可邀请非执行委员会成员的人员出席执行委员会的会议。

（b）上述受邀人员可参与执行委员会的讨论,但不应具有投票权。

成员的任职期限

22.

（a）执行委员会成员和候补成员的任期应为三年,有连任权,但连任不得超过一届,每届任期三年。

（b）执行委员会成员在其任期终止后可通过选举成为候补成员,候补成员在其任期终止后可被选为执行委员会成员,但任何人员担任执行委员会成员及候补成员的总期限连续不得超过十二年。这一时间限制不应用于担任以下职务的执行委员会成员：

（i）全国赞助机构主席；

（ii）管理委员会主席；

（iii）预算与财务委员会主席、提名委员会主席、竞选委员会主席；

（c）当然成员应在其任职期限内尽可能长久地在执行委员会任职。

法定人数

23. 执行委员会的每次会议的参加人数应为全体成员的多数。

参会义务

24. 选举出的执行委员会成员,若连续缺席三次会议则不宜再担任执行委员会成员,除非该成员向执行委员会主席告知其缺席,而执行委员会认为其缺席具备正当理由。

主席和代理主席

25.

(a) 理事会可按情况决定任命其理事长为执行委员会主席,或决定任命其他人为执行委员会主席。理事会应选举一名执行委员会代理主席。如执行委员会主席定居国外,则应选举一名定居以色列的执行委员会代理主席。

(b) 当执行委员会主席缺席时,代理主席应主持执行委员会的工作;当执行委员会主席和代理主席均缺席时,执行委员会应从公众代表中选举一名成员担任该次会议主席。

(c) 在成员投出的赞成票与反对票票数相等时,会议主席有权第二次投票,这将是决定票。

执行委员会会议

26.

(a) 执行委员会应按执行委员会主席的决定不定期召开会议,但每年不得少于三次。如主席无法行使其职能,会议次数应由代理主席决定。

(b) 执行委员会会议应通过执行委员会主席发出的相关通知来召集,如主席无法行使其职能,则由代理主席来召集。另外,执行委员会的特别会议应通过主席或代理主席发出的相关通知来召集,并应通过

(1) 校长;或

(2) 教务长;或

(3) 八名执行委员会成员的书面要求。

(c) 相关会议的通知应至少提前两周。理事长可召集执行委员会特别会议,会议通知应至少提前四十八小时。在需要召开特别会议的情况下,会议通知应通过电话、传真、电报或电传的方式发出,并应以书信形式确认。通知的发布应自该通知的最早寄件日期算起。

(d) 每次会议的议程应以主席名义进行准备,并应在会前一段合理时间

内在执行委员会成员中传看。

向理事会报告

27. 当主席认为执行委员会的某项特殊事务应向理事会报告时，主席应有权延缓执行委员会在该事务上通过任何决议，直至该事务由理事会处理；或，主席应有权按照自己判断，允许临时维持此类决议，并等候理事会作出决定后实施，但必须在讨论开始之前通知执行委员会。

紧急情况下的特别职权

28. 在理事会两次例会之间，若执行委员会主席认为某项特殊事务非常紧急，执行委员会可在此类事务中行使理事会的职权及职能，但理事会有权对该事务进行重新讨论并作出决策。

执行委员会的职权和职能

29. 执行委员会的职权和职能如下：
   a. 根据遴选委员会的推荐，选举校长；
   b. 批准成立或关闭学部和学院；
   c. 制定大学预算、财务报告、资产负债表、收支评估和账目审计的预备规则；
   d. 检查和批准经管理委员会批准的财务和预算报告，并将其呈交给理事会；
   e. 任命大学的年度会计师，为会计师的任命、免职以及任职期限制定规则；
   f. 依照管理委员会的推荐，批准对大学校内不动产进行出售、抵押或其他方式的留置，或将其租借或转让给非大学机构使用，期限超过五年；
   g. 根据评议会的推荐，批准教员纪律规则；
   h. 执行委员会可为其认为适合的目的任命委员会，并可依据规定将执行委员会的职权和职能委托给该委员会。该委员会一部分由执行委员会成员组成，另一部分可由大学的学术或行政职员组成，或只有行政官员，或执行委员会确定的其他人员。

执行委员会可将此职权和职能委托给管理委员会。

执行委员会秘书

30. 设一名执行委员会秘书。秘书对执行委员会或由执行委员会任命的委员会的任何讨论或决议的签字批准，将作为该讨论或决议内容的充分根据。

第三章　管理委员会

组成以及成员的任职期限

31.

(a) 管理委员会应由如下成员组成：

(1) 理事会理事长；

(2) 校长；

(3) 教务长；

(4) 负责行政和财务的副校长；

(5) 定居以色列、属于理事会成员的八名公众代表，其中至少三名是执行委员会成员；

(6) 三名大学教员，属于执行委员会中的评议会代表。

(b) 依据第 31 条(a)款(1)、(2)、(3)、(4)项任命的管理委员会成员应为当然成员。

(c)

(1) 依据第 31 条(a)款(5)、(6)项任命的管理委员会成员应由执行委员会选举产生，任期三年，享有连任权，可连任两届，每届任期三年。

(2) 依据第 31 条(a)款(5)、(6)项任命的管理委员会成员的成员资格，由执行委员会以在场投票人数的百分之七十通过的方式来决定。

(d) 管理委员会主席

(1) 管理委员会主席应由执行委员会任命，人选来自管理委员会的公众代表，包括定居以色列的理事会理事长。

(2) 当管理委员会主席缺席会议时，校长将担任代理主席。

(e) 管理委员会会议的主席应在成员投出的赞成票与反对票票数相等时投下第二次的决定票。

管理委员会的职权和职能

32. 管理委员会的职权和职能如下：

(1) 监督大学事务及其资产的管理；

(2) 监督校长的职权运用和职能履行；

(3) 审议和批准大学的财务和预算报告，并交由执行委员会和理事会批准；

（4）批准在大学年度财政预算执行过程中的预算变更，但变更不应扩大总的预算额度；

（5）收到评议会的推荐后，决定学部和学院的成立、关闭，及其变更，须服从于执行委员会的批准；

（6）确定大学发展计划；

（7）确定高级职员的任命制度；

（8）确定学校职员的雇佣条件；

（9）确定大学的授权签字人，规定其职权履行制度；

（10）除学术职权外，管理委员会保留所有根据大学宪章或基本章程还未被明确授予大学其他机构的行政职权。

需由管理委员会预先批准的事务

33.

（a）以下事务应由管理委员会预先批准：

（1）对校外不动产的出售、抵押或其他方式的留置；

（2）对不动产的租用或租借，期限超过三年的；

（3）主题价值超过由管理委员会适时确定的金额，或期限超过三年的合同，由管理委员会指定的合同类型除外；

（4）对会导致年度预算未覆盖的支出或附加特殊条件的捐赠或赠品的接收；

（5）对除学生贷款外的任何贷款的批准，或大学的任何担保或其他临时负债的批准；但管理委员会可授权给大学官员，批准贷款或向教员或非教员提供担保，金额不超过由管理委员会适时确定的金额。

（b）管理委员会可将其职权委托给其任命的下属委员会，成员从管理委员会成员或执行委员会成员中选出。

对管理委员会决议的限制

34. 如管理委员会通过一项执行委员会职权范围内的决议，管理委员会主席应书面通知执行委员会成员。若执行委员会任一成员提出申请，执行委员会应重新讨论该事务。

第四章 评议会

组成

35. 评议会应由以下成员组成：
(1) 校长；
(2) 教务长；
(3) 副教务长；
(4) 学部主任和独立学院院长；
(5) 教导主任；
(6) 海外学院院长；
(7) 研究生职权机构的两位主席；
(8) 研究与开发职权机构主席；
(9) 图书馆职权机构主席；
(10) 来自非实验学部和学院的二十五位正教授，由各学部/学院委员会依照下列标准选出：

(a) 每个学部将有两名代表，每个独立学院将有一名代表。剩余代表名额将依照各学部和独立学院的正教授数量相对于非实验学部的正教授总数量的比例进行分配。

(b) 如分配后的代表数量不是整数，将四舍五入到最接近的整数。等于或大于 0.5 的分数将被四舍五入，但如最后的代表总数超过二十五，则来自分数最低的学部的一名代表将被排除。当两个或多个学部的分数相等时，学部代表将在相关学部之间用抽签决定。

(c) 尽管上述，拥有至多五名代表的学部有权从其评议会代表中选一名副教授代替正教授，拥有五名以上代表的学部有权从其评议会代表中选择两位副教授代替正教授。

(d) 学部委员会可决定为其在评议会的代表之一、学部的某一官员（副教授或正教授）保留一个席位。此类决定一旦作出，将持续生效直至被学部委员会取消。

(11) 来自实验学部的二十五名正教授，依据本条详述的第(10)款规定选举产生。

(12) 一半来自非实验学部和学院，一半来自实验学部的八名正教授，由高级讲师以上级别的教员组成的全体教员大会选举产生，只有两名代表从任一学部或学院选出。会议每年召开一次,日期由常务委员会选择确定。在会议框架内,校长和教务长将递交报告,有关大学运转的中心议题将被讨论。讨论会也将在符合参会条件的至少一百名教员提出书面要求后举行。

(13)一半来自非实验学部和学院,一半来自实验学部的十名副教授或高级讲师,依据本条详述的第(12)款的规定选举产生。

(14)两名讲师级别的教员,一名来自非实验学部和学院,一名来自实验学部,在同级别的教员会议上选举产生。

(15)一名来自相同教学级别的代表,在同级别的教员会议上选举产生。

(16)两名本科生或硕士生代表,一名来自非实验学部和学院,一名来自实验学部。

(17)两名研究生代表,一名来自非实验学部和学院,一名来自实验学部。

学生代表将依据常务委员会确定的体系选举产生。

任职期限

36.

(a)依据第10至13条选举产生的评议会成员将任职三年,可连任,但不得超过三届。

(b)依据第16和17条选举产生的评议会成员将任职两年。

过渡条款

37. 依据上述第10至13条选举产生的首届评议会成员,任职期限为:

二十三名成员将任职至2006年9月30日

二十三名成员将任职至2007年9月30日

二十二名成员将任职至2008年9月30日

评议会主席

38.

(a)教务长应为评议会主席,当其缺席时,副教务长应主持会议。当教务长和副教务长均缺席时,评议会应从其成员中选举一名主席。

(b)评议会主席应在成员投出的赞成票与反对票票数相等时投下第二次的决定票。

评议会的职权和职能

39. 在不削减宪章规定的评议会一般职权的前提下,评议会应具有以下职权和职能：

（a）采取任何行动，包括制定规则制度，以确保对大学各学部、学院、研究机构、分支机构、系和其他学术单位，及其各自的委员会或职权机构的监管，并确保其正常运行；

（b）制定、修改或校订，并通过执行委员会向理事会递交关于成立或关闭某学部或学院的计划，包括宣布某单位为独立学院，以及向任何学部或学院分配学科；

（c）就任何有关大学的事务，向执行委员会和管理委员会进行推荐；

（d）批准博士学位论文，向荣誉博士授予荣誉学位；

（e）指导犹太国家大学图书馆和大学其他图书馆的政策；

（f）与执行委员会合作，任命学术纪律法庭，用规则对其职权和运作程序进行规定；

（g）将自身职权委托给其任命的委员会、学部委员会或下属的委员会。

必需的预先通知

40．对第39条（a）、（b）款中指定的事务，除非相关的学部主任在之前得到有关通知，否则评议会不作讨论或作出决议，而是在学部委员会就此事务进行讨论并作决定。该讨论应在教务长或评议会规定的时间内进行和结束。

41．对于宪章规定的由评议会负责的事务，理事会、执行委员会或管理委员会不应作出决议，除非该事务已首先由评议会讨论，而且相关决议或报告已由其他相关职权机构过目。与教务长商议后，若校长确认某特别事务具有紧急性，相关决议可在评议会讨论之前、评议会常务委员会讨论之后被通过。但若评议会不赞同该决议，则批准该决议的职权机构应再次讨论该决议。

评议会常务委员会

42．

（a）评议会常务委员会应由以下成员组成：担任主席的教务长、校长、副教务长、担任当然成员的各学部主任以及由评议会从其成员中任命的其他成员。当教务长缺席时，副教务长应担任常务委员会主席。评议会任命的其他成员的数量应比学部主任的数量少两名。

（b）除当然成员外，常务委员会成员应任职两年。在任职期满后可连任，但总的任职期限不应超过四年。

评议会常务委员会的职权

43.

(a) 评议会常务委员会应具有如下职权：

(1) 讨论评议会议事日程上的事务及向评议会递交有关该事务的报告；

(2) 推荐建立新的学术职位，现有学术职位向更高级别提升，向教师授予终身教职，决定关于学术任命或提升的学术程序的生效；

(3) 讨论所有有关学生机构的一般问题；

(4) 决定有关整所大学的当前学术事务，决定有关个别学部的既不在学部委员会能力范围内，也不需要评议会讨论和决定的当前学术事务。

(b) 评议会常务委员会可将其职权委托给其任命的下属委员会。

评议会成员注意事项

44. 若评议会常务委员会已就评议会职权范围内的事务作出决定，应通知评议会。若评议会的任何成员提出要求，评议会应对该事务进行重新讨论。

提名委员会

45. 学术任命以及提升应由提名委员会决定。提名委员会的组成、职权以及职能应经理事会批准，由评议会和执行委员会规定。

委员会任职限制

46. 除当然成员外，评议会代表不应同时担任评议会常务委员会成员和管理委员会成员，或同时担任评议会常务委员会成员和提名委员会成员。

第五章　学术政策委员会

组成

47. 学术政策委员会应由以下成员组成：

(a) 校长；

(b) 教务长和副教务长；

(c) 五名管理委员会成员，经校长推荐，由管理委员会任命，其中至少应有两名为管理委员会的评议会代表；

(d) 经校长推荐，由管理委员会任命的另一名成员，该成员为管理委员会或理事会成员；

(e) 七名评议会成员，经教务长推荐，由评议会常务委员会任命，其中至少应有四名为评议会常务委员会成员，且不是学部主任。

委员会职权

48.

(a) 学术政策委员会应具有以下职权：

(1) 决定大学的学术政策及其实施方式；

(2) 决定学术单位和学术行政单位，如研发机构的成立或关闭，但不包括学部和学院；决定学术单位和学术行政单位的扩大或缩小，该单位在更大的单位中的分类或从一个体系转移至另一体系，以及在该单位中的区域分配；以上职权的执行都需在核准预算的设限范围之内；

(3) 决定大学的招生政策和原则；

(4) 决定各学术单位和学术行政单位的预算分配原则；

(5) 就常规预算和发展预算框架的相关问题向管理委员会进行推荐；

(6) 规定学生奖学金分配以及学费分配原则；

(7) 为大学的学术发展政策、优先课题以及发展规模制定指导方针；

(8) 依据大学的学术发展政策、优先课题以及发展规模，就基金筹募问题向校长提议。

(b) 就各学部和独立学院的相关事务，学术政策委员会不应按照本条(a)款(2)或(3)项作任何决定，除非相关学部主任得到将该事务带至学部委员会上讨论的通知，且对该事务的讨论在教务长设定的期限内完成。就涉及多个学部的此类事务，学术政策委员会不应行使任何职权，直至该事务已由评议会常务委员会讨论。

(c) 学术政策委员会的议事日程应分发给评议会常务委员会成员和管理委员会成员。

委员会主席

49. 学术政策委员会主席应为校长或教务长，取决于委员会议事日程上的事务；校长应在处理第48条(a)款(5)项至(8)项所规定的事务的会议上担任主席，教务长应在处理第48条(a)款(1)项至(4)项所规定的事务的会议上担任主席。如教务长就是校长，则他应在所有会议上担任主席。

任职期限

50. 学术政策委员会成员的任职期限应为两年,但可连任,连任连续不得超过两届,每届任期两年。当然成员在学术委员会任职期限应为其担任公职的期限。

法定人数

51. 法定人数为学术政策委员会全体成员的三分之二。

特别职权

52. 学术政策委员会可从大学所有单位接收信息和其他帮助,可任命访问委员会,依据该委员会的推荐作决定,并监督该决定的执行。

决定的终结

53.

(a) 服从于基本章程规定,学术政策委员会的决定不应要求大学其他任何机构的确认,但应告知评议会成员,评议会可以在场投票成员的三分之二多数通过的方式废除任何此类决定。

(b) 学术政策委员会记录应公开并接受评议会成员的检查;当评议会对委员会任何决定进行辩论时,对处理有争议决定的委员会记录应预先分发给评议会成员。

(c) 学术政策委员会的决定应告知执行委员会成员。执行委员会可以在场投票成员的三分之二多数通过的方式被授权将某事务返还至学术政策委员会作进一步讨论和最终决定。

第六章　学部委员会

组成

54.

(a) 各学部应有一个委员会,包括下列成员:

(1) 作为当然成员的教务长和副教务长;

(2) 各学部教授、副教授和高级讲师;

(3) 担任各系主任的讲师;

（4）由评议会常务委员会确定的，在两个或两个以上学部执教的副教授和高级讲师；

（5）由评议会或评议会常务委员会确定的其他教授、副教授和高级讲师；

（6）依照评议会或评议会常务委员会适时规定的方式和数量选举出的学部讲师代表；

（7）经评议会常务委员会批准，为确保各学科均被代表，避免出现不被代表或代表不充分的情况，学部委员会可任命学部的其他讲师。

(b) 由评议会常务委员会决定，犹太民族和大学图书馆馆长应成为学部委员会成员。

学部委员会主席

55. 学部主任应担任学部委员会主席，当其缺席时，由该职位的前任主持会议。

学部委员会的职权

56.

(a) 各学部委员会应具有如下职权：

（1）促进和协调研究，对分配给各学部的学科的教学进行系统管理；

（2）拟定学习课程，监管各门课程的教学大纲和考试规则；

（3）对各学科的校内和校外监考员的任命进行监管；

（4）系统管理各学科的招生，任何招生规则，若偏离之前由委员会制定的政策，都应得到学术政策委员会的预先核准；

（5）就与学部有关的一切事务进行讨论、决定并向评议会提议；

（6）授予学士和硕士学位。

(b) 各学部委员会可因一般目的或指定目的将其职权委托给一个特别委员会。

联合委员会

57. 经评议会推荐，由执行委员会确定，两个或两个以上学部有意愿在涉及共同利益的事务中采取联合行动，则该类学部应为此目的联合组成一个具有联合委员会的学部组。该委员会包括各学部委员会的全部或部分成员，由执行委员会在评议会推荐下决定。联合委员会会议主席应由资深学部主任担任。

学部内部机构委员会

58. 如某学院或研究所包含于某学部内,则该学院或研究所委员会的组成、职权以及职能应由学部委员会经评议会常务委员会批准后确定。如某学院或研究所包含于一个以上的学部内部,则该学院或研究所委员会的组成、职权以及职能应由评议会规程确定。

第七章 官员

校长

59.

(a)

（1）校长应管理大学事务,按照宪章与基本章程的规定执行理事会赋予的职权。

（2）若无其他说明,校长应负责执行理事会、执行委员会以及管理委员会通过的各项决议。

（3）校长应是评议会和评议会常务委员会的当然成员,有权参与大学任何职权机构的会议和磋商。

(b) 校长应由理事会选举,任期不超过四年,任期结束时可再度当选。一位校长连续担任该职务不可超过十二年。

(c)

（1）执行委员会应任命一个特殊遴选委员会,由九名成员组成,目的是选举校长,成员组成如下:六名由管理委员会推荐的公众代表,其中至少要有一名不参与大学行政事务的院士;三名由评议会选举产生的成员。

（2）遴选委员会应向执行委员会推荐在任校长的连任,或另推荐一名校长候选人。校长候选人应具备适当学历,并全面掌握和了解大学生活的各个方面以及高等教育的目标。执行委员会应以在场投票成员的百分之七十通过的方式批准候选人。

（3）由执行委员会批准的候选人应由理事会以在场投票成员的简单多数通过的方式选举为校长。

（4）如执行委员会未批准该候选人,或理事会选举出由执行委员会批准的候选人,遴选委员会应向执行委员会推荐一名新的候选人。

(d) 校长自其任期开始时就应是定居以色列国的以色列公民。

常务校长

60.

(a) 经校长和理事长推荐,理事会可任命一位常务校长。

(b) 常务校长的任期应由理事会决定,条件是其任期的终止不应晚于校长现届任期的终止。常务校长应具备连任资格。

(c) 常务校长拥有校长与之磋商后委以他的职能。

副校长

61.

(a) 经与校长协商后,理事会可任命一名或多名副校长。理事会可将此项职权授权给执行委员会。

(b) 副校长的任期应由理事会决定,条件是其任期的终止不应晚于校长现届任期的终止。副校长应具备连任资格。

(c) 副校长应具备校长委托的职权。任何职权委托应告知管理委员会。

职权委托

62. 校长可将其职权委托给大学的任何职权机构或官员。

代理校长

63. 当校长不在以色列或暂时无法履行其职能时,教务长应担任代理校长。如校长任期终止,教务长应担任代理校长,除非理事会决定任命他人担任代理校长。当校长任期终止时,应立即展开新校长选举工作。

行政副校长

64. 除依照第61条任命的副校长外,理事会还可任命一名或多名行政副校长。理事会应决定行政副校长的职能以及职权,包括一般任命和特殊任命。

教务长

65.

(a) 教务长应由评议会从大学正教授中选举产生。教务长职位候选人应由一个为此目的而特设的遴选委员会向评议会提名。评议会应以在场投票成员的简单多数通过的方式从遴选委员会提名的候选人中选举出教务长。如候选人中无人获得多数票数,遴选委员会应另外提名候选人。

(b) 在即将进行新教务长选举时,应按如下要求成立一个新的遴选委员会:

(1) 委员会主席由校长担任,六名成员由评议会从其成员中选举产生,其中一半应来自实验学部,另一半来自非实验学部。即将离职的教务长和下届教务长候选人不应具备在该委员会任职的资格。

(2) 评议会的任何五名成员即可提名候选人担任遴选委员会成员。

(3) 遴选委员会的决议应以参与投票成员的大多数通过的方式获得通过,该大多数包括该委员会主席。

(4) 遴选委员会应持续工作直至为选举新教务长而进行的新的遴选委员会的选举开始。

(5) 如该委员会某成员职位空缺,或某成员无法履行其职能,评议会应选举另一名成员来代替。

(c) 教务长任职为四年,可按上述规定的方式连任一届。评议会可在校长的建议下将教务长的第一届任期延长一次,但延长期限不得超过一年。如教务长的第一届任期延长,教务长可连任一届,但其连续任期不可超过八年。

(d) 经与校长商议,教务长可决定当其缺席或无法履行其职责时,由谁担任代理教务长。代理教务长应为下列官员之一:校长、副校长或曾经担任过教务长且为正教授的人员。教务长应将其决定通知评议会常务委员会。如教务长未决定由谁担任代理教务长,副教务长应担任代理教务长。未经评议会批准,代理教务长的连续任职期限不得超过三个月。

(e) 如教务长任职期限已满,而新的教务长还未被选举出,则即将离职的教务长应持续任职,期限不得超过三个月。期满之后,在新的教务长选举出来之前,应由副教务长担任教务长。

副教务长

66. 经评议会批准,教务长应任命大学一名正教授担任副教务长。其任职期限不得超过任命他的教务长的任职期限。其职责是处理教务长委以的学术事务。

学部主任

67.

(a) 各学部应有一名主任(各独立学院应有一名院长),学部主任应由各学部委员会以在场投票成员的大多数通过的方式选举产生。候选人应由一个为此目的而特设的遴选委员会提名,并应在正教授当中选出。在特殊情况下，委员会可提名一名副教授作为候选人。

(b) 在将要进行新的学部主任选举时，应按如下要求成立一遴选委员会：

（1）委员会主席由教务长担任，六名成员由学部委员会选举产生。即将离职的学部主任和下届学部主任候选人不应具备在该委员会任职的资格。

（2）学部委员会的任何五名成员即可提名候选人担任遴选委员会成员。

（3）遴选委员会的决议应以参与投票成员的大多数通过的方式获得通过，该大多数包括该委员会主席。

（4）遴选委员会应持续工作直至为选举新的学部主任而进行的新的遴选委员会的选举开始。

（5）如该委员会某成员职位空缺，或某成员无法履行其职能，学部委员会应选举另一名成员来代替。

(c) 除非本人预先提出任职三年的意愿，则学部主任应任职四年，并可按上述规定的方式连任一届。学部委员会可在教务长的建议下将学部主任的第一届任期延长一次，但延长期不得超过一年。如学部主任的第一届任期延长，学部主任可连任一届，但其任期连续不可超过八年。

(d) 经与教务长商议，学部主任可决定当其缺席或无法履行其职责时，由谁担任代理主任。代理主任应为学部委员会的正教授或副教授。学部主任应将其决定通知学部委员会。如学部主任未决定由谁担任代理主任，教务长将指定代理主任。未经教务长和学部委员会批准，代理主任的连续任职期限不应超过三个月。

(e) 如学部主任任职期限已满，而新主任还未被选举出，则即将离职的学部主任应持续任职，期限不得超过三个月。期满之后，教务长将任命一名代理主任，未经学部委员会同意，该代理主任的任职期限不得超过三个月。

(f) 学部主任负责学部的管理工作，在教务长和大学其他职权机构面前代表本学部。

(g) 学部主任应主持学部委员会的工作，并有权参与由学部委员会和学部下属的系或其他单位成立的任何委员会。

(h) 需由评议会或其常务委员会讨论和决定的学部委员会提议，应由学部主任提交给评议会常务委员会。

学部副主任

68. 通过学部主任的推荐，经评议会常务委员会批准，各学部可从本学部教授、副教授或高级讲师中任命一名学部副主任。学部副主任的任职期限应等同于学部主任的任职期限，学部副主任应在学部主任委以他的所有学术事务上协助学部主任的工作。

学术机构负责人

69.

（a）在除独立学院、研究所、系和专业以外的学院（以下称"学术机构"），学术机构负责人应按下列方式决定：

（1）在拥有至少五名讲师及讲师以上级别教师的学术机构，负责人应从该机构高级讲师及讲师以上级别的教师中选举产生。选举需经院长批准。如院长未批准此次选举，则应选举出候补候选人。如院长仍未批准该选举，候选人可再次参加选举，如该候选人获得参与投票人数的三分之二多数通过，则该次选举应被批准。助教、讲师及其以上级别的所有教员都应参与投票。

（2）在拥有少于五名正规教师的学术机构，负责人应由院长在与本机构教师商议后任命。

（3）在大的学术机构，评议会常务委员会可引入一套与院长选举相平行的选举程序。常务委员会的建议应呈交该机构批准。

（b）特殊情况下，经教务长推荐，评议会常务委员会可决定学术机构负责人不应依据上述（a）款的规定被选举或任命，而应由教务长在评议会常务委员会的批准下任命。此类决定应仅对一届任期有效。

（c）

（1）按照本学术机构选举时的决定，各学术机构负责人的任职期限应为两年或三年。学术机构负责人可被连选或被连续任命一届。

（2）如某学术机构负责人由院长任命，经与该机构教师商议，院长可将该负责人的任期延长一次，延长期限为一年。

（3）如某学术机构负责人由该机构教师选举产生，院长可提议将该负责人的任期延长一次，延长期限为一年，但该提议应获得简单多数通过。

独立学院

70.

（a）各独立学院由一名院长领导。

（b）基本章程中的第67条、68条和75条的规定适用于各独立学院的院长和副院长。

（c）基本章程中的第54条、55条和56条的规定适用于各独立学院的委员会。

名誉官员

71. 理事会可适时任命一名名誉财务主管和其他名誉官员。名誉官员不应领取薪金。理事会应决定名誉财务主管和其他名誉官员的职能和职权。

大学审计长

72. 执行委员会可按其规定的条件和职权任命一名独立的大学审计长。

官员任职期限的延长

72a. 尽管存在本章的上述规定,但选举单位可决定某官员的任职期限应在9月30日终止,即在本章规定的期限之后(以下简称:"附加任职期限"),但该附加任职期限不超过六个月。

官员任职期限的终止

校长

73. 经管理委员会三分之二的成员或评议会三分之二的成员签字提交申请,在听取校长意见后,执行委员会可以其在场投票成员的百分之七十以上通过的方式决定终止校长的任职期限。该决议自执行委员会确定的日期起生效。

教务长

74.

(a) 校长或评议会三分之一的成员可在其签字提交的申请中,向遴选委员会建议终止教务长的任职期限。

(b) 根据上述申请,在听取教务长意见后,遴选委员会可决定终止教务长的任职期限,如遴选委员会认为此举有利于大学的发展。

(c) 该委员会关于终止教务长任职期限的决定需经其成员中的五名的多数通过。

(d) 如该委员会决定终止教务长的任职期限,该决定应尽快经评议会批准,并应自该委员会确定的日期起生效,除非评议会投票中的三分之二多数反对委员会的推荐。

(e) 如教务长任职期限已被终止,该委员会应任命一名代理教务长,直至新的教务长选举产生。

(f) 如终止教务长任职期限的决定已被采纳,则应立即执行新教务长的选举步骤。

学部主任

75.

（a）教务长或学部委员会三分之一的成员可在其签字提交的申请中，建议终止学部主任的任职期限。

（b）关于终止学部主任任职期限的提议应提交给一个为此目的而特设的委员会，该委员会由教务长遴选委员会成员和该学部主任遴选委员会成员组成。校长应担任该委员会主席。

（c）根据上述提议，在听取学部主任意见后，该委员会可决定终止学部主任的任职期限，如该委员会认为此举有利于该学部或大学的发展。

（d）该委员会关于终止学部主任任职期限的决定需经其成员中的九名的多数通过。

（e）如该委员会决定终止学部主任的任职期限，该决定应尽快传达给学部委员会，并应自该委员会确定的日期起生效。

（f）如学部主任的任职期限已被终止，该委员会应决定人选填补其职位，直至新的学部主任选举产生。

（g）如终止学部主任任职期限的决定已被采纳，则应立即执行新的学部主任的选举步骤。

学术机构负责人

76.

（a）教务长或任命学术机构负责人的人员可同院长一起，根据情况主动地或在该单位教师申请下，向评议会常务委员会提议终止该机构负责人的任职期限。

（b）根据上述提议，在听取该机构负责人意见后，评议会常务委员会可决定终止该机构负责人的任职期限，如该委员会认为此举有利于该机构或大学的发展。

（c）常务委员会关于终止该机构负责人任职期限的决定需经其成员中的九名的多数通过。

（d）如评议会常务委员会决定终止该机构负责人的任职期限，该决定应尽快传达给该机构的教师，并应自该委员会确定的日期起生效。

（e）如该机构负责人任职期限已被终止，评议会常务委员会应决定由该机构一名教师填补其职位，直至该机构新的负责人选举产生。

（f）如终止该机构负责人任职期限的决定已被采纳，则应立即执行新负责人的任命或选举的相关步骤。

第八章　校友会

77.

（a）包括校友会成员姓名以及申请登记的其他校友姓名的登记簿应在大学保留。

（b）校友会会议应至少一年召开一次，或在校友会确定的其他时间召开。

（c）教务长应担任校友会主席。若校友会无另外的决定，教务长可在他认为适合的时间召集会议。校友会可适时任命其他官员并确定其职能。

第九章　杂款

法定人数

78. 根据基本章程规定，大学的任何职权机构的法定人数应为其成员的三分之一，因故不在国内或安息日告假者除外。

（希伯来语最新版本参阅 http://www.huji.ac.il/huji/univer_rules1.htm，英文最新版本参阅 http://www.huji.ac.il/huji/eng/univer_rules1_e.htm。）

后　记

　　《大学章程》第二卷主要收录美国、欧洲、亚太等外国十六所大学的章程。在编辑过程中,2007 年,北京大学章程调研小组秦春华、冯支越两位组长协同周详、万芊等同学将外国大学章程列入调研的范围,并着手搜集哈佛、斯坦福大学行政指南,牛津、剑桥大学章程,东京大学宪章和新加坡国立大学章程等文件的相关信息。在起草和修订《北京大学章程》(草案)第五至第九稿的过程中,章程起草委员会工作组和秘书组参考了十余所国外大学章程,在向学校领导及学校战略研讨会汇报章程草案时也汇报了国外大学的章程情况,并展示了代表性大学的章程目录、主旨和治理结构图等,引起了大家的关注和兴趣。

　　随着北大章程建设的逐步推进,我们越来越感到翻译若干所国外知名大学的章程具有十分重要的意义。为此我们加大了对国外大学章程的收集力度。于是,秘书组联系相关教师牵头,组织若干院系的研究生分专题参与翻译的初期事务,并在秘书组的指导下,分头开始工作。鲍楠、谢婷、王栋、莫菲、崔悦、吴昕栋、谢珂珺、李燕、蒋英林、郑裕璋等同学分为三组,很快就汇集了耶鲁、加州、慕尼黑、早稻田等十几所国外大学的章程文本。

　　经过试运作,2009 年 1 月,张国有副校长集中大家的想法,起草了《关于〈北京大学章程〉起草与研究工作的建议》,设计了研究专题,明确地提出要翻译、选辑国外《大学章程》。继而秘书组又请校长助理李强推荐,规划部副部长冯支越等和大家一起策划值得译介的章程篇目。在陈丹的组织下,研究生们利用假期时间,译出了五部章程的初稿,筛选出了翻译过程中遇到的问题。2009 年 3 月 16 日,章程起草工作组基本确定了选译的篇目。为充实翻译队伍,规划部冯支越副部长邀请科研部的同仁及青年才俊参与翻译工作。何洁、范少锋、蔡辉、马信、周锋、冉泽、戴甚彦、孙汭睿、周森、杜丽婧、刘苏曼、刘一璇、王晓宇、李莹莹、欧阳潇潇、李夏、祁萌、范晓、张婷、王春政等先后加入到译者行列中来。

　　社会科学部程郁缀部长、萧群常务副部长、耿琴副部长等关注章程编译工作,给予了多方面的支持。编译过程中,因涉及英文、法文、德文、俄文、日文、希伯来文等诸多语种,翻译质量成了共同关注的问题。2009年4月1日,秘书组召开了第一次翻译工作会议,特邀请北大外国语学院王逢鑫教授与会,以伦敦大学章程译稿为例,就翻译中应当注意的问题进行指导。5月29日,秘书组举行第二次翻译工作会议,对篇目进行了调整。6月,吴昕栋、周森、余奕珠等通读了十余篇译稿,归纳出了一系列翻译问题。为此,吴昕栋专门写了"章程翻译中需重视法言法语"的短文供译者参考。暑假期间,在冯支越副部长的组织下,秘书组成员对英文译稿进行梳理。8月5日,确定了10篇章程译稿进入审读序列,另有4篇返给译者进一步修订。

在此基础上,秘书组确定了按地域、国别编排的体例,将《大学章程》第二卷分为美国编、欧洲编和亚太编,进而又增补了有译介价值的章程篇目。2009年9月23日,秘书组召开第三次翻译工作会议,总结出翻译工作中普遍存在的知识背景和语言表述问题,并提出了修改建议,强调进一步了解章程所属学校的基本情况,参阅《高等教育法》和中国大学章程,使译文符合基本语言规范的要求,并给译者提供了国外大学章程和治理方面的研究论文,作为编译参考。会上,王逢鑫教授又结合剑桥大学组织系统讲解大学机构专有名词的译法。会后,秘书组对每一篇章程译稿归纳出了具体的修改意见,并由胡少诚逐一回复给译者。译者对各自的译稿又进行了逐项修订。

尽管绝大部分译者是从事科研管理的教师和来自教育学院、外国语学院以及法学院的研究生,但由于大学章程具有深厚的文化积淀和严密的法律规范性,非亲历者不能深刻领会。为保障译稿质量,冯支越副部长建议由北大曾在章程所属学校获得学位或留学访问过的中青年教师来承担章程译稿的校对工作。2009年11月,秘书组请北大相关教育专家、精通各语种的学者和曾在选译章程所属大学留学的教师作为校对者,对译稿进行校阅修改。他们主要来自三个单位,包括教育学院的陈洪捷教授、鲍威副教授、朱红和张冉老师,外国语学院王逢鑫、王东亮、王辛夷教授、胡蔚和王宇老师,参与校对的还有信息科学技术学院孙琰老师以及研究生郝状敏和高佳。大家都费尽心力,使译稿尽善。

2009年12月9日,秘书组汇总译稿的校对情况,考虑到耶鲁章程的初译稿的问题,我们又联系了外国语学院英语系陈薇、韩笑和张甜甜三位高年级同学进行重译和补译。国际合作部的周曼丽、陆娇和北大—耶鲁联合本科生项目耶鲁方主任余宁平老师校对了新的译稿。

在校对过程中,王逢鑫教授多次修改词汇表,为整个翻译工作做出示范。陈洪捷教授逐条修改,字斟句酌,留下了非常宝贵的校对手稿。张冉和陆娇老师都做了很细致的校对笔记,常常为一个名词的译法多方求证。老师们对学术的敬业精神令我们十分钦佩。

此前,2009年9月15日,张国有副校长召集出版社、国际合作部和章程起草秘书组的负责同志出席专门讨论《大学章程》收录的国外大学章程翻译出版的授权事宜。在出版社提供的相关文件基础上,秘书组起草了版权征询函和授权书,国际合作部的同事将其译为英文,并以周其凤校长的名义致函选译章程所属大学的负责人,征询章程建议及版权事宜。

耶鲁大学副校长兼秘书长 Linda Koch Lorimer、南加州大学法律总顾问兼秘书长 Carol Mauch Amir、新加坡国立大学校长陈祝全（Tan Chorh Chuan）先后复函周校长,对北京大学组织编译《大学章程》丛书表示高度赞赏,并热忱地提供了章程的正式文本及相关文件。

加州大学伯克利分校校长 Robert J. Birgeneau 在收到周校长的信函后,认为《大学章程》应当收入加州大学总校而不仅仅是伯克利分校的章程,并将函件转呈加州大学校长 Mark G. Yudof,Yudof 校长专门复函周校长,介绍该校章程相关情况。《澳大利亚国立大学法》的版权归属于澳大利亚总检察署。经澳大利亚国立注册与学生服务处国际开发负责人 Darren Brown 从中联系,澳大利亚总检察署联邦版权局 Alison Mora 为北大签发了该法令的版权许可。为此,澳大利亚国立大学副校长 Robin Stanton 和法律办公室副主任 Rachel Vance 也提供了帮助。Darren Brown 与编者之间有多达十余封邮件往来,给我们介绍了很多与澳国立章程相关的情况。2011年春节,他还发来邮件关心《大学章程》编译工程的推进情况,我们对他的热忱和从中体现的友好合作深表敬意。

早稻田大学总长白井克彦（Katsuhiko Shirai）、慕尼黑大学副校长 Reinhard Putz、洪堡大学副校长 Uwe Jens Nagel、希伯来大学副教务长 Yaacov Schul、密歇根大学助理秘书长 Nancy Asin、伦敦大学法律顾问 Ian Budden、牛津大学注册部主任 Junlie K. Maxton、剑桥大学教务主任 Jonathan Nicholls 博士、东京大学铃木（N. Suzuki）等也都先后签署了翻译出版的授权书。

国际合作部的同事还通过各种渠道与斯坦福大学、莫斯科大学、巴黎第一大学、巴黎高师、京都大学相关人员取得联系,对方均以邮件的方式对北大编译《大学章程》表示支持和认可。为妥善处理好版权事宜,国际合作部交流项目办公室李洪权、周曼丽、李昀、马岚、陆娇、赵海秀、王硕和留学生办公室林百学,出版社海外合作部王妍、李兵都积极参与联络工作,付出了大量的辛劳。李岩松副校长,国际合作部夏红卫部长、郑如青副部长、王勇副部长等都给予了鼎力支持。

国外各大学对于章程授权问题的看法不尽相同。加州大学和密歇根大学表示,章程属于公共文件,无须授权,而南加州大学和伦敦大学则慎重地提出了签署出版协议的请求。校长法律顾问办公室陆忠行律师审核并修改了对方提出的协议文本。2010年8月,校务委员会副主任张国有教授、出版社刘乐坚副书记分别代表北京大学和北京大学出版社与伦敦大学校长Graeme Davies、南加州大学教务长和负责学术事务的常务副校长Elizabeth Garrett签署了出版协议。经过一系列周密细致的工作,北京大学得到了选译章程所属大学或政府机关的唯一授权,授权北京大学翻译并出版发行该校章程的中文版本。在授权过程中,不少世界知名大学的校长对北大组织编译《大学章程》丛书给予了高度评价和大力帮助。为保护译校者的劳动成果和学校的知识产权,秘书组在2010年9月请章程的翻译者签署了著作权归属的承诺书,把《大学章程》的版权工作做得更加规范。

出版社对《大学章程》的编辑、编译出版工作高度重视,王明舟社长从章程丛书启动以来,亲自督促编审进度。周雁翎主任全力支持,组织教育出版中心最精干的力量编辑《大学章程》。确定由周志刚为第二卷责任编辑。2010年5月后,秘书组将整理好的《大学章程》第二卷书稿陆续交出版社录排。8月26日,陈丹通览了第二卷的清样。9月1日,举行《大学章程》第一次编辑协调会,秘书组与各卷编辑面对面交流校阅意见,周志刚汇总并反馈了编辑意见。11月26日,张国有主编主持召开了第二次编辑协调会,梳理了一校过程中发现的问题。为加快第一、二卷的出版进度,王明舟社长特意加强了编辑力量,由周志刚、刘军和泮颖雯分别承担第二卷欧洲编、美国编和亚太编的编辑工作。

2011年1月,第二卷进入二校。编辑与部分校译者进行了直接沟通,吴昕栋、戴甚彦、崔悦、刘一璇和王晓宇参与核改。秘书组请外国语学院德语系巫锐、法语系冯玮玮、日语系陆玉蕾和英语系陈微等同学帮忙解决了编辑提出的具体问题。由于《大学章程》编译工作从启动到现在,历时两年多,美国大学章程的译者或升学,或就业,或出国交流,刘乐坚副书记特别委托泮颖雯额外统改了美国编的译稿。在复审过程中,我们又请教育学院沈文钦和国际合作部周曼丽、陆娇集中解决了遗留问题。3月8日,张国有主编又召集了第三次编辑协调会,《大学章程》出版进入倒计时。截至4月中旬,第二卷稿件已基本清定。

校务委员会副主任、前常务副校长王义遒、迟惠生教授对序言中的外国大学体例、名称及相关内容的增删提出了许多修改建议。

《大学章程》外国大学部分的编译工作,既是集体智慧的结晶,也是一项极为严肃认真的学术研究工程。《大学章程》第二卷的编译过程凝结了科研部、教育学院、外国语学院、国际合作部等单位译校师生的辛劳和智慧。北京大学章程起草委员会专家组成员给予了精心的指导,学校领导、发展规划部、社会科学部、国际合作部、出版社、校长法律顾问办公室的同仁们为此也倾注了大量心血。在此，我们深致谢意。

我们在组织章程翻译工作过程中，虽然力求译稿臻于信达雅的境界，也请专家、学者和熟悉该校情况的老师对译稿进行了多次校对，但由于外国高等教育的专业术语并无统一的翻译标准，加上翻译中又遇多种语言的转换问题，因此译稿中的错误在所难免。敬请读者不吝赐教，我们将在国外卷再版时加以更正。

编者
2011 年 7 月 16 日